품격 있고 협력적인 시민을 위한

토론의 미학

정창우 · 김형렬 · 정혜인 지음

교육과학사

머리말

> 어찌하여 너는 네 이웃의 눈에 든 티는 보면서 너 자신의 눈에 든 들보는 보지 못하느냐? …위선자여, 먼저 너 자신의 눈에 든 들보부터 빼내어라. 그러고 나야 비로소 또렷해진 눈으로 네 이웃의 눈에 든 티를 빼줄 수 있을 테니(〈마태복음〉 7:3-5).

『바른 마음(The righteous mind)』에서 조너선 하이트(J. Haidt)는 깨달음이나 지혜를 얻고자 한다면, 먼저 자신의 눈 안에 든 들보부터 빼낸 후에, 우리 안에서 끝없이 일어나 편을 가르는 옹졸한 이분법적 논리에서 벗어나야 한다고 주장합니다. 사실 이런 하이트의 주장에 기대지 않고도 인식의 제한성이나 한계를 낳는 메커니즘을 쉽게 유추해 볼 수 있습니다. 예를 들어, 우리는 나름의 신념을 가지고 사고와 행동을 하지만, 우리가 지닌 신념의 일부는 자기중심적, 내집단(in-group) 중심적 태도와 경솔하게 형성된 습관에 뿌리를 두고 있습니다. 또 어떤 것은 인류 진화의 오랜 역사 속에서 형성된 것이고, 또 어떤 것은 허위조작정보를 여과 없이 받아들였거나, 편협하고 배타적인 동질집단에서 나온 주장을 자신도 모르게 그대로 수용해 생긴 것일 수도 있습니다.

따라서 만약 우리가 지닌 믿음에 대해 깊이 성찰하지 않거나 비판적으로 검토하지 않는다면, 자신의 편견과 무지에서 벗어날 길이 없게 되고, 수동적으로 체화된 마음에 의해 자동반사적인 행동을 반복할 수밖에 없을 것입니다. 또한 자신의 내면을 탐색하여 그 속에 들어있는 허구적 이야기를 간파하지 못한다면, 그 이야기에 계속 사로잡혀 거짓된 자아정체성을 가지고 살게 될 것이고, 이로 인해 우리의 사고는 온갖 자기기만, 편견과 무지에 사로잡혀 타인과 갈등을 일으키게 될 것입니다. 이것이 더 심해지면 자신과 다른 생각을 가진 사람을 '적'으로, 자신과 다른 생각을 '오류'로 간주하게 될 것이며, 이런 구성원들이 증가하는 공동체는 필연적으로 갈등과 대립이 난무하는 암울한 상태가 될 것입니다.

이와 같이 우리에게는 잘못된 경로를 거쳐 형성된 신념에 대한 비판적 검토가 필요할 뿐만 아니라, 해결해야 하는 문제의 복잡성이 점점 더 증가함에 따라 지혜로운 판단 및 의사결정을 위해 숙고와 논의의 필요성도 계속 증가하고 있습니다. 즉 오늘날 민주주의 사회에서 발생하고 있는 심각한 사회 문제들은 단일한 관점이나 특정 학문 분야만으로 접근하기에 너무 복잡한 성격을 띠고 있습니다. 따라서 문제 해결을 위해 개인적으로 더 포괄적인 시각을 취해 보거나 다른 사람들과 머리를 맞대고 대화를 나눠보기도 하지만, 결과적으로 더 나은 해석과 대안을 갈망하게 되거나, 불만족스러운 수준에서 대화가 끝나기 십상입니다.

필자가 보기에, 자신이 믿고 있는 바를 비판적으로 검토하고, 복잡한 사회 문제에 대한 보다 높은 수준의 결론을 도출하기 위해 필요한 것은 '다른 사람들과 함께 양질의 합당한 근거를 가지고 상호 입장을 존중하며 소통해 나가는 것'입니다. 특히 서로 다른 문화적, 학문적 배경, 신념, 자아정체성, 능력, 가치·태도 등을 가진 사람들, 즉 다양성과 차이를 가진 이들이 합당한 이견에 대해 상호 존중하는 소통 과정에 참여함으로써 보다 양질의 해석과 대안 찾기가 가능해질 수 있습니다. 이러한 이유에서 이 책에서는 진정한 소통, 특히 합당한 논증과 상호존중의 태도를 중시하는 토론의 중요성에 주목하고자 합니다. 토론은 무엇보다 불확실성에 대해 인내하고, 균형 잡힌 관점과 합당한 이견에 대해 관용적 태도를 취해야 하기 때문에, 시민적 덕을 함양할 수 있는 학습 기회를 풍부하게 제공할 수 있는 장점이 있습니다.

의심의 여지 없이, 우리는 교육의 장(場)뿐만 아니라 민주시민으로 살아가는 생활 공간에서 시민다움이나 시민적 덕의 계발을 진지하게 열망하고 적극적으로 추구해야 합니다. 이러한 시민적 덕의 계발은 토론을 통한 사회적 상호작용을 매개로 반복적인 연습을 필요로 하며, 이때의 연습은 단순한 반복을 의미하지 않습니다. 즉 연습은 매뉴얼에 나와 있는 내용을 단순히 반복적으로 적용하는 것이 아니라, 적용 과정에서 어떤 참여 방식이 보다 가치 있고 정당한지 혹은 적절한지(특히 어떤 방식이 인간의 권리와 품격을 서로 경청하고 수용하는지) 평가하는 과정이 수반되어야 하며, 이를 토대 삼아 더 나은 방향으로 계속해서 적용해 나가야 합니다. 이렇게 꾸준히 해나간다면, 토론을 통한 사회적 상호작용은 시민적 덕의 계발을 위한 일상적인 기회를 제공할 수 있을 것입니다.

보다 거시적이고 궁극적인 관점에서 보자면, 토론 활동은 '진정한 시민 되기(Becoming citizens)'의 차원에서 요청됩니다. 공적 영역에서 무엇을 위해 어떻게 해야 하는지에 대해 논의를 할 때, 논쟁은 쉽게 그리고 자연스럽게 일어납니다. 여기서 제기되는 정치적 · 도덕적 입장의 다양성, 또 그에 따른 갈등이나 논쟁이야말로 민주주의의 본질입니다. 어떤 면에서 보면, 민주주의란 시민들이 다양한 사안들에 대해 합당한 의견을 누구나 평등하게 가질 수 있다는 점을 인정하는 정치체제라 할 수 있습니다. 이와 같은 합당한 다원주의를 기초로 하는 민주주의 체제에서 진정한 시민이 되기 위해서는 생각이 다른 사람들과 논쟁 문제에 대해 양질의 논거를 활용하여 상호 존중하며 협력적으로 소통할 수 있는 역량을 반드시 함양해야 합니다. 즉 다원성을 바탕으로 협력적인 관계를 형성하고 진정한 민주주의를 성취하고 싶다면 그 구성원들이 성숙한 민주시민으로 살아갈 수 있는 역량을 길러야 하는데, 그 역량의 중심에는 숙의의 과정에 참여하여 논쟁 문제를 협력적으로 해결할 수 있는 소통 능력과 태도가 놓여 있는 것입니다. 토론 수업은 이와 같이 깊게 숙고하고 충분히 논의하면서 논쟁 문제를 협력적으로 해결하는 기회를 제공함으로써, 진정한 민주시민으로 성장할 수 있도록 도울 수 있습니다.

이러한 필요성과 방향 및 지향점을 가지고 집필된 이 책은 서울대 시민교육 역량강화사업단의 지원과 참여에 힘입어 발간될 수 있었다는 점을 밝혀두고자 합니다. 사실상 김형렬 단장(서울대 윤리교육과 교수)의 관심과 열정, 노력이 없었다면, 이 책은 세상에 나올 수 없었을 것입니다. 또한 이 책의 집필에 함께 참여해 준 딸 혜인이에게 고마운 마음을 표하고 싶습니다. 직장 생활을 하면서도 이 책의 1장과 4장 체제 구성 및 집필에 참여했고 전체 원고에 대한 교정 · 윤문을 해 준 덕분에, 책의 구성이 보다 체계화되었고 내용이 보다 풍부해질 수 있었으며 더 정교하게 다듬어질 수 있었습니다. 사실 몇 년 전에 넬 나딩스가 자신의 딸 브룩스와 함께 쓴 『논쟁 수업으로 시작하는 민주시민교육』(풀빛, 2018)을 번역하면서 나도 내 자녀와 함께 책을 만들어보면 좋겠다는 바람을 가져본 적이 있었습니다. 이런 나의 꿈, 희망, 기대가 이번 공동 집필을 통해 실현될 수 있어서 너무나 기쁘고 행복하게 생각합니다. 아울러, 2024년도 1학기에 「현대도덕교육이론연구」 과목을 수강하면서 소통 및 토론에 대한 논의와 과제 작성에 참여해준 대학원생들(권혜주, 김상원, 김여량, 김정래, 김지원, 박미진, 박정선, 박하성, 안소연, 이사라, 이소연, 이송희, 이창용, 이희지, 조수영 선생님)에게도 고마운 마음을 전하고 싶습니다. 이들은 이 책의 초고를 수정 · 보완하는 데 많은 도움을 주었을 뿐만 아니라, 이 책의 끝부분에 수록된 부록('논쟁 문제에 관한 찬반 토론 자료') 구성에도 중대한 기여를 하였습니다.

끝으로, 이 책이 출간될 수 있도록 배려해 주신 교육과학사의 한정주 사장님과 정경식 부장님, 이정호 편집실장님께 진심으로 감사의 마음을 전하고자 합니다. 부디 좋은 토론을 위한 안내서적 성격을 띠고 있는 이 책이 우리들의 시민다움과 인간다움을 보다 증진하고, 논쟁적인 주제에 대한 생산적인 소통을 더욱 촉진하여 궁극적으로 공동체의 안녕과 번영에도 기여할 수 있기를 기대합니다.

2024년 9월

저자들을 대표하여 정창우 씀

Contents

머리말 3

CHAPTER_ 1

소통의 중요성과 원칙 11

1. 소통의 의미와 의사소통 윤리의 필요성 14
2. '시민다움'과 소통 역량 22
3. 참된 앎에 이르는 길, 소통 30
4. 설득의 세 요소: 에토스, 파토스, 로고스 37
5. 소통을 위한 원칙 43

CHAPTER_ 2

토론자가 갖추어야 할 소양 67

1. 토론 관련 주요 개념 70
2. 생산적 토론과 비생산적, 역효과적 토론 76
3. 토론의 기술과 태도 79
4. 권리 중심 토론 시 유의점 98
5. 성숙한 토론 문화 조성 방안 103

CHAPTER_ 3

토론 교육의 목표, 내용, 방법, 평가 111

1. 토론 교육을 바라보는 두 관점: '토론을 통한, 토론을 위한' 가르침 114
2. 토론 교육의 필요성 및 목표 115
3. 토론 교육의 내용: 주제 선정 기준 및 내용의 질 118
4. 토론 교육의 방법: 상호작용 방식 및 교사의 역할 123
5. 토론 교육의 평가 136

Contents

CHAPTER_ 4

토론법 연구 개발 우수 사례 141

1. 토론 대회용 '아카데미식 토론법' 사례 144
2. 브리태니커의 'ProCon.org': '비판적 사고 세미나' 모형 157
3. 앤텔과 해리스의 '쟁점 찬반 토론' 모형 195
4. 존슨의 '프로-콘 협동학습' 모형 204
5. 린트의 '콘스탄츠 딜레마 토론 방법' 209
6. 서울특별시교육청의 '역지사지 공존형 토론수업' 모형 215
7. 서울대의 'SNU 토론한마당' 220

부록

논쟁 문제에 대한 찬반 토론 자료 231

1. 생태계 교란 생물종 지정 논쟁 233
2. 동물 안락사 논쟁 243
3. 의료 조력 사망(MAiD) 합법화 논쟁 252
4. 인간 유전자 편집 기술을 둘러싼 논쟁 262
5. 허위조작정보 및 가짜 뉴스에 대한 법적 규제 논쟁 272
6. MTF 트랜스젠더의 여성 스포츠 대회 참여 논쟁 281
7. 성매매 합법화 논쟁 288
8. 초저출생 문제의 해법: 물질적 지원의 우선성 논쟁 298
9. 동성결혼에 관한 윤리적 논쟁 310
10. 인공지능에 관한 윤리적 논쟁 319

본문 미주 328
부록 미주 349
찾아보기 360

마틴 루서 킹 목사는 "인성과 지성, 이것이 교육의 진정한 목표이다."라고 말했다. 우리는 여기에 "이런 목표를 달성하기 위한 가장 효과적인 통로는 토론이다"라는 말을 덧붙이고자 한다. 토론을 통해 생각의 확장과 사고의 질적 변화가 일어나고, 규칙 준수, 시민적 예의와 정중함, 존중과 배려, 건전한 회의주의, 개방성, 관용, 지적 겸손 및 용기, 협력적 태도 등이 길러질 수 있기 때문이다.

CHAPTER_ 1

소통의 중요성과 원칙

"진정한 합리주의자는 타인의 생각과 주장으로부터
기꺼이 배울 의향을 가지고 있는 존재이다."
– 칼 포퍼, 『삶은 문제해결의 연속이다』

CHAPTER_ 1
소통의 중요성과 원칙

진정한 소통은 상대방에 대한 예의와 존중을 바탕으로 조화로운 움직임을 통해 깊은 의미를 낳고 관객들에게 여운을 주는 즉흥 댄스와 비슷하다. 댄스는 말과 목소리 대신에 몸짓으로 의미와 심정을 전달하고 서로 호응하며, 상대방에 대한 배려 속에서 상호 조화를 추구함으로써 종국적으로 새로운 무언가를 만들어내게 된다. 이런 필자의 생각과 유사하게, 훌륭한 협상가들에 대한 분석 결과를 바탕으로 애덤 그랜트(Adam Grant)는 소통의 일환인 토론을 '즉흥 댄스'에 비유한 바 있다.

> 좋은 토론은 전쟁이 아니다. 있는 힘껏 줄을 당겨서 상대방을 자기 쪽으로 끌어와야 이기는 줄다리기도 아니다. 오히려 다른 스텝을 마음에 두고 있는 상대방과 협상해서 함께 추는 춤, 그것도 미리 안무가 짜여있지 않은 춤을 즉흥적으로 추는 것이라고 할 수 있다. 만일 한쪽이 상대방을 너무 강하게 이끌려고 하면 상대방은 저항한다. 반면에 자기 움직임을 상대방에게 맞출 수 있고 상대방을 자기에게 맞추려고 한다면, 이 두 사람은 한층 더 우아하게 리듬을 탈 것이다.[1]

이처럼 즉흥 댄스에 비유될 수 있는 인간적인, 인간 간의 소통은 우리에게 더 깊은 연결과 이해를 불러일으킨다. 우리가 상호 작용하면서 소통하는 방식

은 우리의 삶의 의미와 존재를 구성하며 새로운 인식과 깊은 깨달음, 상호 만족 및 이해 공유 등을 가능하게 한다. 삶의 의미와 존재 구성은 혼자 길을 걷다가 우연히 발견하는 맛집과 같은 것이 아니라, 경험을 공유하고 이해하며 의미를 부여해서 '새롭게' 형성되는 것이다. 이를 위해, 그리고 그 과정에서 우리는 자기 자신, 타인, 사회 · 공동체, 자연 등과 끊임없이 소통해 나간다고 볼 수 있다.

이 장에서는 소통의 의미를 밝힌 후에, 소통 실패의 가장 큰 원인을 '의사소통윤리 위반'에서 찾고자 한다. 그리고 이런 소통 역량이 시민다움이나 시민적 덕을 갖추기 위해 필수적으로 요구되는 토대 역량임을 강조할 것이다. 아울러, 참된 앎에 이르기 위해서는, 혹은 이에 근접하기 위해서는 진정한 소통이 필요함을 강조할 것이다. 이어서, 소통의 목적을 '설득'에 둘 경우, 이러한 설득을 위해 필요한 요소들로 에토스, 파토스, 로고스를 꼽을 수 있으며, 이는 아리스토텔레스의 사상에 토대를 두고 있음을 강조할 것이다. 끝으로, 존 맥스웰, 타네시니, 롤스, 하버마스, 하이트 등의 주장을 활용하여 소통의 원칙들을 몇 가지 열거하고자 한다.

1. 소통의 의미와 의사소통 윤리의 필요성

'커뮤니케이션(communication)'이라는 단어는 나눔 혹은 공유(sharing), 전달(imparting)을 의미하는 라틴어 명사 *communicatio*에서 유래했다. 우리나라에서는 커뮤니케이션이라는 단어를 그대로 사용하기도 하지만, '소통'이나 '의사소통'이라는 용어를 더 일반적으로 사용하는 경향이 있다. 표준국어대사전에서는 소통(疏通)을 "① 막히지 아니하고 잘 통함. ② 뜻이 서로 통하여 오해가 없음"으로, 의사소통(意思疏通)을 "가지고 있는 생각이나 뜻이 서로 통함"으로 정의 내리고 있다. 요즘에는 의사(意思), 즉 뜻과 생각이란 말을 탈락시키고 줄여서 '소통'으로 표현하는 경우가 많다.

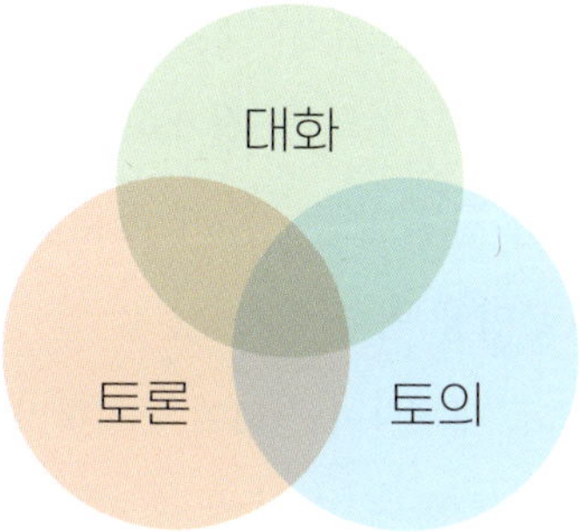

[그림 1] 소통의 범위

일반적으로 소통은 대화(dialogue), 토의(discussion), 토론(debate)과 같은 다양한 분야를 포함한다. 이 세 방식을 엄격하게 구분하기는 어렵지만, 특징을 중심으로 구분해 보자면, 우선 대화(dialogue)는 참여자들이 공통된 이해 또는 이해의 공동 토대를 갖기 위해 함께 노력한다는 점에서 '협력적 특성'을 갖는다고 볼 수 있다. 대화에서는 이해하고, 의미를 찾고, 연결점을 찾기 위해 상대방의 말에 귀를 기울인다. 그리고 상대방에 대한 진정한 관심사를 포함하고, 소외시키지 않으면서도 자신을 위해 진실된 것을 말하기를 추구한다. 대화 과정에서 우리는 흔히 다른 입장(position)으로부터 강점을 찾으며, 실수와 편견으로부터 배움으로 나아갈 수 있다는 개방성을 중시한다. 한편, 토의(discussion)에서는 정체성, 지위, 권력에 거의 또는 전혀 관심을 두지 않고 '동등한 경쟁의 장'을 가정하는 경우가 많다. 그리고 문제의 명확성과 이해를 높이고 함께 대안을 찾는 것을 목표로 수행되는 경우가 많다. 이와는 달리, 토론(debate)에서는 서로 다른 입장을 가진 둘 이상의 사람들이 논쟁적 성격의 문제에 대해 자신의 입장이 옳다는 것을 보여주기 위해 증거와 논거를 바탕으로 설득을 하는 특징이 있다. 따라서 자신의 관점을 확증하고 입장을 옹호하며, 다른 사람의 입장에 반론을 제기하거나 비판을 하기도 하지만, 상대방의 입장을 존중하고 서로의 차이를 이해하려고 노력하는 동시에 입장 변화의 가능성을 열어두는 '개방성'을 견지하는 가운데 보다 나은 논증을 협력적으로 해 나가려는 자세가 요구된다.

이 글에서는 토론을 중심으로 논의를 전개하되, 쇼펜하우어가 말한 "칼 대신 머리로 하는 검술"로서의 찬반대립토론이 아니라, 개방적이면서(즉 서로 다른 관점을 공정하게 청취하고 입장 변화의 가능성을 열어둔 상태에서), 협력적인(즉 상대를 자신과 동등한 인격으로 대우하며 진리에 근접하기 위해 함께 노력하는 과정을 중시하는) 개방적, 협력적 토론의 측면에 더 초점을 맞추고자 한다. 누구나 알고 있는 바와 같이, 토론에서는 논쟁적인 주제를 둘러싼 공정한 설득 및 논증의 기회를 제공할 수 있는 장점이 있다. 따라서 정치적 사안에 대한 공적인 의사결정을 위해 토론은 필수적인 도구가 될 수밖에 없으며, 자신의 입장을 옹호하다 보면 개방적 마인드나 관용과 같은 시민적 덕을 발휘하기 어려운 상황이 흔히 발생하기 때문에 안내만 잘 된다면(혹은 좋은 토론을 위한 조건들이 충족된다면) 진정한 시민적 덕을 함양하는 데에도 유익한 수단이 될 수 있다. 그리고 토론은 상호작용이나 반응이 주로 즉각적으로 나타나는 특성이 있기 때문에 피드백을 효과적으로 제공할 수 있는 장점도 있다. 이러한 토론뿐만 아니라 토의, 대화 또한 각각 장단점을 지니고 있고, 소통의 과정에서 이 세 가지가 서로 섞여서 사용되는 경우가 많기 때문에, 이 글에서는 토론을 논의의 중심에 두면서도 토의와 대화의 장점도 최대한 고려하고자 한다.

앞서 이뤄진 사전적 개념 정의 수준을 넘어서 소통에 새로운 뜻을 부여해 본다면, 소통은 인간(시민)을 인간(시민)답게 만드는 인간(시민) 간의 문화적 · 민주적 · 정신적 상호작용 행위를 의미한다. 여기서 '문화적 상호작용'은 다양한 문화적 맥락과 관점을 가진 주체 간의 유의미한 상호작용을 의미하고, '민주적 상호작용'은 모든 사람이 인종, 민족, 신분, 성별, 재산 등에 관계없이 상호존중과 배려를 바탕으로 상호작용에 참여한다는 것을 의미하며, '정신적 상호작용'은 가치관, 국가관, 세계관 등을 바탕으로 능동적으로 정신적 교류에 참여한다는 의미를 담고 있다. 또한, 방법 및 과정의 관점에서 보자면, 소통은 강제 · 폭력 · 협박 · 사술이 아닌 대화 · 설득 · 진정성 · 공감에 기초한 감정, 의견, 지식의 교류 행위로 규정될 수도 있을 것이다.[2)] 이와 더불어 교육적 관점에서 보자면, 소통은 '단순히 정보나 지식, 생각, 느낌 등을 전달하는 것이 아니라, 이를 넘어서 더 나은 혹은 새로운 의미를 공동으로 구성하는 과정'이라고도 할 수 있다. 여기서 우리는 '의미를 구성함'의 의미가 무엇인지 숙고해 보아야 한다. 우리가 어떤 대상에 대한 의미를 구성한다는 것은 그 대상에 대한 순간적인 생각이나 느낌을 단순히 표현하는 것이 아니라, 그것이 나의 삶, 이 세상과 어떤 유기적인 연관을 맺고 있는가를 알아차리고, 그것이 어떻게 변해야 하는지(즉 어떻게 하면 더 나은 자기, 더 나은 세상으로 나아갈 수 있는지)를 인식한다는 뜻이다. 따라서 소통을 위해 우리가 해야 할 일은, 각자가 일차적으로 생각이나 뜻을 생산하고, 이를 서로 나누면서 보다 정교하고 가치 있는 생각으로 나아갈 수 있도록 서로를 돕는 것이다.

이와 같이 '인간을 더 인간답게 만들거나, 시민을 더 시민답게 만들기 위해 서로 문화적 · 민주적 · 정신적으로 상호작용'하고 '대화 · 설득 · 진정성 · 공감에 기초해서 감정, 의견, 지식을 교류'하며 '더 나은 혹은 새로운 의미를 공동으로 구성하는 과정'으로 소통을 새롭게 정의한다면, 이렇게 해서 이뤄지는 진정한 소통 행위는 (동료 시민을 존중하고 사적 이익을 넘어 공동선을 지향하며 민주주의를 실천할 수 있도록 하는) 시민적 덕으로부터 나오는 것이면서 동시에 이를 신장시킬 수도 있다.

이런 시각을 가지고 이 세상을 조감해 본다면, 오늘날을 살아가는 현대인들은 깊이 있는 소통을 통해 진리를 향해 함께 나아가기보다는 시 · 공간적 통념 속에 자신의 의식을 맡겨 놓거나 자신이 가진 신념이나 믿음이 무조건 옳거나 정당한 것으로 착각하는 경향이 있다. 우리는 나름의 신념을 가지고 사고와 행동을 하지만, 우리가 지닌 신념의 일부는 자기중심적인 마음과 경솔하게 형성된 습관에 뿌리를 두고 있다. 또한 이런 믿음 중에서 어떤 것은 부족중심주의와 같은 인류 진화의 오랜 역사 속에서 형성된 것이기도 하고, 또 어떤 것은 우리 정치공동체나 동질집단으로 구성된 SNS 커뮤니티에서 나온 것을 자신도 모르게 그대로 수용한 것일 수도 있다. 특히 필터 버블(filter bubble), 에코 체임버 효과(echo chamber effect)[3] 등이 발생하는 디지털 미디어 시대에는 인간이 가진 각종 편견과 확증편향이 더욱 강화될 가능성이 높다.[4] 실제로 소셜 미디어를 포함한 디지털 미디어의 오남용과 인간의 인지적 편향성의 결합은 우리 시대를 차츰 '진실을 하찮게 여기는 시대', 즉 탈진실(post-truth)의 시대로 이끄는 경향이 있다. 즉 사람들 대부분 언제든지 접속 가능한 강력한 커뮤니케이션 도구를 휴대하고 있지만, 이 도구는 진실이 더 이상 의미가 없는 자기기만과 망상을 강화하는 방향으로 활용되는 경향이 있다. 더 나아가 디지털 미디어의 오남용과 인간의 인지적 편향성의 결합은 만인의 만인에 대한 분노가 분출하고 정치적 양극화로 치닫는 싸움이 일어나게 만들며, 오직 하나의 목표, 즉 누가 진실을 추구하느냐가 아니라 적이라고 상정된 대상을 이기는 것을 향해 나아가게 만든다. 그 속에서 사실과 허구, 진짜와 가짜를 구별하는 우리의 능력은 나날이 약해져 가고 있다.[5]

이런 상황에서 진정한 소통을 통해, 우리가 지닌 믿음에 대해 깊이 성찰하지 않거나 비판적으로 검토하지 않는다면, 편견과 무지에서 벗어날 길이 없게 되고, 주입되고 수동적으로 형성된 마음에 의해 자동반사적인 행동을 반복할 수밖에 없을 것이다. 또한 진정한 소통을 통해 자신의 내면을 탐색하여 그 속에 들어있는 허구적 이야기를 간파하지 못한다면, 그 이야기에 계속 사로잡혀 거짓된 자아정체성을 가지고 살게 될 것이고, 이로 인해 우리의 사고는 온갖 자기기만, 편견과 무지에 사로잡혀 타인과 갈등을 일으키게 될 것이다. 이것이 더 심해지면 자신과 다른 생각을 가진 사람을 '적'으로, 자신과 다른 생각을 '오류'로 간주하게 될 것이며, 이런 구성원들이 증가하는 공동체는 필연적으로 갈등과 대립이 난무하는 암울한 상태가 될 것이다.[6)]

그렇다면 구체적으로 우리의 현실은 어떠한가? 최근 들어 우리나라에서는 저출생 위기 대응을 둘러싼 문제, 의대 정원 증원 문제, 9 · 19 군사합의 파기와 각종 무력 도발을 일삼는 북한에 대한 대응 문제, 한일 관계 설정 및 후쿠시마 오염수 방류에 따른 문제, 사회 · 경제적 불평등과 양극화 해소 문제, 장애인 및 성소수자 인권 문제 등 다양한 논쟁점을 둘러싼 대립과 갈등이 발생해왔다. 이렇게 쉽게 답을 찾을 수 없는 민감한 주제에 대한 논쟁이 협력적인 토론 및 숙의를 통해 건설적으로 이루어진다면, 다양한 입장과 견해가 존중받는 민주주의의 성숙에 도움을 줄 수 있을 것이다. 하지만 이와는 정반대로 비생산적인 수준을 넘어 매우 소모적이고 파괴적인 논쟁 방식이 사회로 확산되면 사회적 연대감은 약화되는 반면, 사회적 비용은 증가하는 결과를 피할 수 없게 된다. 이런 현상을 특히 부채질하는 요인, 즉 소통에 가장 큰 걸림돌이 되는 것은 아마도 정치적 양극화(polarization)와 포퓰리즘(populism)일 것이다.

양극화는 의견의 불일치 자체가 아니라 '서로 동의하지 않는 방식이 낳게 된 결과'를 가리킨다.[7)] 사실상 의견의 불일치 자체는 '강한 자유민주주의'의 필수적 요소라고 말할 수 있다. 이는 상호존중 및 존경을 수반할 수도 있고, 반대로 무관심이나 경멸, 증오를 수반할 수도 있다. 우리가 쉽게 짐작할 수 있듯이, 서로 다른 정치적 성향을 가진 사람들 간에는 서로에 대한 불신을 품는 경향이 있다. 이러한 불신은 생산적인 대화에 실질적인 방해가 된다. 타인에 대한 불신은 의견의 불일치를 자세히 들여다보거나, 심지어는 가장 기본적인 수준에서 서로를 이해하는 우리의 능력을 심각하게 방해한다. 공감의 부족 또한 이해의 부족을 영속시키고 오해를 만들며 깊은 불신으로 이어지게 한다. 이처럼 정치적으로 양극화된 사회에서는 시민들 상호 간에 공동선을 공유하고, 공정한 정의를 믿으며, 최선의 대안을 찾기 위해 협력할 수 있는 동등한 존재(또는 가능한 한 논리적이고 진실된 설득과 동의를 통해 합의에 도달할 수 있는 동료)로 서로를 인식하기 어렵게 된다. 결국 소통에 실패한 상황에서 우리는 최소한 유덕한 시민으로 성장할 수 있는 기회를 낭비하게 될 것이며, 최악의 경우에는 악덕을 기르게 될 것이다.

한편, 잘 알고 있는 바와 같이 포퓰리즘은 선동주의와 동일한 의미로 사용된다. 이러한 포퓰리즘은 입으로는 민주주의를 내세우면서도 오히려 민주주의를 포기하도록 하는 것이자, 자유민주주의(혹은 민주적 입헌 정체)에 필수적인 개인의 권리와 다양한 목소리에 대한 보호를 포기하도록 하는 것이다.[8] 포퓰리즘은 악덕한 동시에, 사회에 대해 상당히 교화적이고 분열을 조장하는 부패한 정치적 리더십의 형태이기 때문에, 대중을 분열시키고 이들이 공존하며 살아갈 수 있는 능력을 훼손하게 된다. 양극화를 통해 시민사회의 규범성과 건전성이 이미 훼손된 사회일수록 이러한 포퓰리즘이 뿌리내리기 용이하며, 그 영향력은 이러한 시민사회의 규범성 및 건전성을 더욱더 훼손해 나간다. 이러한 현상은 사실상 우리나라뿐만 아니라, 미국과 영국을 포함한 서구 선진국에서도 뚜렷하게 나타나고 있다. 즉 이들 국가에서도 정치적 담론이 점차 쇠퇴하고 제로섬 정치가 만연해 가고 있으며, 정치적 이슈에 대한 논쟁이 점차 과민해지고 양극화되고 있는 명백한 징후가 나타나고 있다.

이러한 잘못된 풍조에 대해 사람들이 갖게 되는 공통된 우려는, 그 주된 원인이 '시민적 덕'의 결핍에 있다는 것이다.[9] 특히 의사소통 과정에서의 독선적이고 폐쇄적인 태도와 같은 '시민적 덕'의 결핍으로 인해 이런 현상이 나타나고 있다는 점이다. 실제로 덕의 부족에서 나오는 태도들은 특히 공적 논쟁에 참여할 때 가장 피해야 하는 것들이며, 반대로 겸손함과 시민적 품위, 개방적이고 협력적인 태도와 같은 시민적 자질은 필수적으로 함양해야 하는 것들이다. 그렇다면 지금과 같은 상황을 개선하기 위해서는 구체적으로 어떤 노력이 필요할까?

예를 들어, 공적 논쟁의 장(場)에서 요구되는 태도에 관해 심층 연구를 실행한 알레산드라 타네시니(Alessandra Tanesini)는 소통 실패의 가장 큰 원인을 '의사소통윤리 위반'에서 찾으면서, 특히 다음과 같은 화자와 청자의 오만함을 줄여 나가야 한다고 지적한 바 있다.

> 논쟁에 참여할 때의 오만함은 여러 가지 형태로 나타난다. 오만한 화자들은 종종 순서대로 발언해야 한다는 암묵적 규칙을 존중하지 않는다. 그들은 타인의 말을 가로막는 경향이 있으며, 장황하게 말하면서 다른 사람들의 동등한 기회를 빼앗기도 한다. 게다가 오만한 화자들은 도전받는 것을 좋아하지 않고, 순수한 질문에 분노로 답한다. 반대 의견에 대해 그들이 마땅히 해야 할 일이 있음에도, 그들은 이를 고려하지 않고 묵살한다.
>
> 오만함은 화자만의 전유물이 아니며 청자 또한 오만함을 드러낼 수 있다. 오만한 청자들은 화자들을 무례하게 대하는 경향이 있다. 그들은 화자의 발언 후에 고개를 젓거나 눈을 굴리면서 화자의 주장에 대한 불신을 드러내기도 하고, 대화에서 화자의 기여를 일부러 무시하거나, 그의 기여가 전혀 없는 듯이 굴 수도 있다.[10]

타네시니가 날카롭게 지적한 바와 같이, 이러한 오만한 행동들은 대화에 참여하는 다른 사람들에게 보이는 무례함의 전형적인 예시가 된다. 그의 지적대로, 다른 사람의 말을 가로막는 것은 의사소통윤리를 위반하는 전형적인 경우이다. 모든 사람은 대화를 할 때 자신의 의견을 끝까지 제시할 수 있는 권리를 가진다. 뒤집어 말하면, 사람들은 화자가 이야기를 마칠 때까지 기다려야 하는 의무를 갖는다. 또한 사람들은 화자가 제시한 관점에 대한 변호를 화자에게 요청할 수 있는 권리가 있기 때문에, 정당한 비판이나 질문에 답하지 않는 사람 역시 의사소통 윤리를 어기는 것이다.[11] 이러한 문제를 개선하기 위해서는 소통에 참여하는 이들 모두 기본적으로 오만함과 무례함에서 벗어나는 것으로부터 출발해야 하며, 더 나아가 규칙 준수, 권리 존중과 배려, 지적 겸손, 개방성, 관용 등과 같은 시민적 덕의 함양이 요구된다.

2. '시민다움'과 소통 역량

폭력, 위협, 속임수를 통해 목적을 달성하기보다 대화로 해결하려는 의지, 상대방을 이용해 이익을 얻을 수 있는 기회가 전혀 없는 경우에도 그와 협력하고자 하는 의지, 더 신뢰할 수 있는 존재가 되는 것, 충동적이기보다는 자제하는 것, 무임승차하지 않는 것, 만족 지연을 할 수 있는 인내와 의지를 갖는 것 등은 사실상 시민사회에 필수적인 자질들의 예시이다. 이러한 '시민다움의 자질'은 시민사회가 기능하고, 자발적인 약속과 결사를 위한 지속 가능한 환경을 제공하기 위해 필수적인 것들이다. 그렇다고 모든 시민이 현저하게 도덕적이어야 한다거나, 그들이 최고 수준의 덕과 실천적 지혜를 열망해야 한다고 가정하는 것은 아니다.

이 글에서 말하는 '시민다움'이란 곧 '성숙한 시민성'을 의미하며, 보다 구체적으로는 '시민적 품격과 협력적 태도를 바탕으로, 사적 이익을 넘어서 공동선을 추구하고, 국가와 인류, 나아가 생태 공동체의 번영에 기여하는 데 필요한 성품과 역량'을 의미한다. 여기서 품격(品格)이란 사전적으로 "사람 된 바탕과 타고난 성품", "사물 따위에서 느껴지는 품위(品位)" 정도로 간단하게 풀이되지만, 보다 구체적으로 이 글에서는 화이트헤드(A. Whitehead)가 강조한 '품격(style)'과 유사한 의미로 사용하고자 한다. 화이트헤드는 『교육의 목적』에서 "품격이란 가장 뛰어난 의미에서 교육받은(교양 있는) 정신의 최종적인 획득물이다. 그것은 또한 가장 유용한 것이기도 하다. 품격은 존재 전체에 퍼져있다. 예컨대, 품격에 대한 감각을 가지고 있는 예술가는 걸작을 선호한다. 품격이란 정신의 궁극적 도덕성이다. … 품격은 무엇에 소용되는 것인가? 우리는 품격으로 말미암아 옆길로 쏠리지 않고, 딴생각하지 않고 목적 달성을 하게 된다."라고 주장한 바 있다.[12] 이와 유사하게, 장상호 또한 교육에서 품위(品位)의 속성을 다음과 같이 강조한 바 있다.

> 품위는 몸 안에 내재한다. 체득(體得)과 같은 표현을 쓰는 것은 그런 이유에서다. … 품위는 고유한 내재적 가치를 지니고 있다. 그 모든 외재적 가치를 제외하고도 그것을 몸에 지니고 사는 것만으로 충분한 삶의 보람과 행복을 느낀다. 슬기롭고, 착하고, 아름답게 사는 것은 그 자체로서 좋다. 그 위계가 바로 고귀한 작품으로서 내세울 수 있는 우리 자신에 해당하기 때문에 인간으로서의 자존심과 자긍심의 핵이며 원천이다. 그것이 존중받을 때 자아의 가치가 상승되고, 그것이 손상을 입을 때 자아의 상실감을 느낀다. 그 때문에 오로지 품위를 그 유용성으로만 판단해서는 안 된다. … 품위는 외부적 조건의 구애를 받지 않고 개인 안에 있다. 외계와 직접 접촉하는 것을 막는 보호막으로서 품위는 그 여실함의 광대한 넓이와 깊이의 변화무쌍함에도 불구하고 내적인 주체성과 자기동일성을 취할 수 있다. 외부의 상황이 혼탁해도 부화뇌동하지 않고 몸 안의 품위는 그 맑음을 유지한다. … 우리 각자는 자신의 처소로서 품위

를 어떻게 가꾸느냐에 따라 스스로 지옥을 천국으로 만들 수 있다. 품위가 높을수록 더 많은 것을 보고 느낄 수 있으며, 외부의 불확실한 상황 안에서 기회가 증대한다.[13)]

이런 선행연구들을 통해 볼 때, 품격 있는 시민은 시민적 교양과 예의, 정중함이 체득 · 체화된 존재로서 남이 알아주지 않아도 자신이 정한 기준에서 어긋나지 않으려 하고, 그렇기 때문에 높은 품위에 오를수록 (시민적 행동) 실패와 문제로부터 해방될 수 있으며, 품위 있게 살아가는 것 자체를 보상으로 여기는 특징이 있다.

다음으로, 시민다움을 위해서는 반드시 협력적 태도가 필요하다. 인간관계와 인간의 생존 방식을 크게 둘로 나누자면, 경쟁(특히 선의의 경쟁)과 연대 · 협력 · 공생으로 분류할 수 있다. 협력은 관련된 모든 사람에게 이익이 되고 참여자 모두의 성공을 보장하는 특징이 있기 때문에, 집단 내에서 경쟁보다 더 일반적이다.[14)] 진화적으로 볼 때 협력은 가장 잘 정립된 인간의 적응 중 하나이며, 어떤 면에서 우리 종(species)은 지구상에서 가장 협력적인 존재에 해당한다. 실제로 사람들은 크고 작은 집단 속에서 협력한다. 보다 엄밀하게 말하면 우리는 누구나 내집단/외집단의 경계를 의식적으로 혹은 무의식적으로 설정해 놓고 있기 때문에, 협력적 관계 형성이 용이한 내집단의 범위는 누군가에게는 자신의 가족 · 친족, 도시, 지역, 국가가 될 수도 있고, 누군가에게는 인류 전체, 더 나아가 생태 공동체 전체일 수도 있다. 이때 내집단의 경계가 확장되어 인류와 생태 공동체로 나아갈수록 더 '좋은 시민'에 해당한다. 선행연구에 따르면, 협력은 많은 장점이 있지만, 그리고 대다수 인간은 협력하는 경향이 있지만, 소수는 기회주의적이거나 그 성향상 악의적이라는 한계가 있다.[15)] 예를 들어 범죄자, 선동가, 아무 생각이 없거나 부주의한 시민들은 나쁜 목적을 위해 협력하거나 누군가의 문제성 있는 목적에 협력하기도 한다. 따라서 시민다움의 자질을 갖추기 위해서는 내집단의 범위를 최대한 확장하고 가치 있는 좋은 목적을 지향하면서 연대하고 협력할 수 있는 태도를 반드시 길러야 한다. 즉 지역 및 국가 공동체 차원뿐만 아니라 국경을 초월하는 지구적 차원의 문제 해결을 위해 연대하고 협력적으로 참여할 수 있는 자질을 길러야 한다.

이와 같이 '품격'과 '협력적 태도'를 중심으로 '시민다움'의 개념을 바라볼 때, '시민다움'이라는 개념에는 민주주의 사회에서 품격 있고 양심적으로 살아갈 수 있을 뿐만 아니라, 국가 · 인류 · 생태 공동체가 직면한 거대한 도전[16] 앞에서 세상과 자신의 연결감을 갖고, 공동의 번영과 행복을 가치 있게 여기며, 세상의 변화를 만들어야 한다는 당위를 동료 시민들과 협력적으로 실천할 수 있는 시민적 자질 및 면모 등이 내포되어 있다. 이러한 '성숙한 시민성'으로서의 '시민다움'의 중요성은 아래와 같은 인용문을 통해서도 확인할 수 있다.

> 자유민주주의 국가의 시민들에게 시민다움의 기술은 매우 중요하다. 정치문화의 타락은 (자유민주주의적) 법치의 가치와 원리에 대한 헌신을 약화시킬 수 있다. 비록 사람들이 시민적 덕에 전적으로 헌신하지 않더라도, 시민다움의 기술은 개인의 존엄성과 지위의 보장, 국가 권력의 제한, 그리고 정치적으로 합리적이고 수용 가능한 기준에 근거한 정치적 · 법적 질서 유지 등을 위해 필수적이다. 만약 사람들에게 시민다움의 기술이 부족하거나 이들이 자유민주주의적 법치를 적절하게 이해하지 못한다면, 공적 영역은 호혜적인 관계, 다양한 협력의 가능성, 그리고 어떤 접근이 사회 문제를 다루기 위해 폭넓게 지지될 수 있는지에 대한 공유된 이해가 존재하는 공간으로 더 이상 여겨지지 않을 것이다.[17]

> 도덕적, 시민적 덕과 역량이 뒷받침되는 성숙한 민주시민성을 길러주어야 한다. 민주 시민성을 충분히 높은 수준까지 발달시킨 시민들이 없으면, 우리는 민주주의의 높은 도덕적 이상에 도달할 수 없다. 만약 우리가 현실에서 참된 민주주의를 성취하기 원한다면, 우리 모두는 도덕적 이상을 기반으로 타인과 숙의 및 토론을 통하여 문제와 갈등을 해결할 수 있는 능력을 발달시켜야 한다. 이 능력 없이는 민주주의의 참된 의미인 '국민의 자기지배'를 실현할 수 없다.[18]

위의 글에 제시된 바와 같이, 성숙한 시민성을 갖춘 시민이 없으면, 민주주의는 제대로 작동할 수 없고 민주주의의 이상에도 결코 도달할 수 없다. 즉 민주주의는 (의사결정 과정을 거쳐 이뤄지는) 공동체의 결정에 영향을 주고받는 사람들의 능력에 의존할 수밖에 없으므로,[19] 정의와 민주적 가치들, 공동선과 시민적 덕에 대한 일정한 지향과 실천 역량을 갖춘 시민들이 없다면, 제도적 장치로서의 민주주의는 빈껍데기에 불과할 것이다.[20] 또한 이런 이유에서 민주주의 국가라면 어느 곳에서나 교육 제도를 통해 민주시민에게 요구되는 자질을 향상시켜 진정한 시민으로 거듭나도록 돕는 일을 보편적으로 추구하고 있다. 민주주의와 교육의 불가분리성에 주목했던 듀이의 주장처럼, 민주주의는 "삶의 양식 그 자체"이기 때문에[21] 일상화된 삶의 양식으로서의 성숙한 시민성을 구현하기 위한 교육적 노력이 필수적으로 요청될 수밖에 없는 것이다.[22]

이와 같이 자유민주주의 사회에서는 그 구성원들이 시민다움을 갖추어야 하는데, 이것의 중요성은 특히 국가에서 정치적 담론이 쇠퇴하고 제로섬 정치가 만연해 가거나, 무례하고 공격적인 사람들이 소통을 가로막게 될 때, 더 크게 부각될 수밖에 없다. 상호존중과 배려가 붕괴되고 다른 사람들의 동기에 대한 불신과 의심으로 가득 찬 사회에서, 가치에 대한 관점은 방어적으로 변하고 비판에 무감각해질 가능성이 높다. 그것은 시민다움에 반대되는 한 형태이다. 이런 현상이 현저하게 심화되면 민주주의의 목적이 실현 가능할 것이라는 믿음, 즉 희망이 사그라들게 될 것이다. 하지만 사람들이 만약 시민다움의 기술을 가지고 이를 발휘한다면, 시민적 덕의 결핍이 일으킬 수 있는 최악의 상황들은 피할 수 있게 될 것이다. 모든 시민들이 그와 같이 될 것이라고 기대하는 것은 비현실적이겠지만, 충분히 깨어 있고, 숙고적이며, 지속적인 방식으로 시민적 삶에 건설적으로 참여하는 시민이 '많이' 존재한다면, 그 사회는 갈등을 겪으면서도 보다 성숙한 방향으로 나아가게 될 것이다.[23)]

이처럼 '충분히 깨어 있고, 숙고적이며, 지속적인 방식으로 시민적 삶에 건설적으로 참여하는 시민'이 되기 위해, 그리고 앞서 강조한 '품격 있고 협력적인 시민'이 되기 위해 필수적으로 요구되는 것이 바로 '소통 역량'이다. 소통 역량이란 서로의 생각과 정서를 제대로 이해하는 것은 물론, 이를 바탕으로 상호 협력적으로 의미를 구성할 수 있는 능력을 말한다. 소통 역량에는 자신의 생각을 효과적으로, 그리고 설득력 있게 표현할 수 있는 '스피치 능력', 상호존중과 배려를 실천할 수 있는 '타인 이해 및 존중 능력', 진리 탐구를 위해 상대방과 진검승부를 하거나 상대방과 함께 더 나은 문제해결 방안을 찾아 나가는 '토의 · 토론 능력', 갈등을 예방하고 생산적으로 관리할 수 있는 '갈등관리능력' 등이 포함될 수 있다. 이러한 소통 역량은 소위 '21세기 핵심역량'으로 다음과 같은 기관과 연구자들에 의해 강조되어 왔다.

〈표 1〉 21세기 핵심역량(core competencies) 종합[24)]

NACE (미국대학 및 사업주 연합, 2003)[25)]	Partnership for 21st Century Learning (2009)	Golinkoff & Hirsh-Pasek (2016)	Hilton(2012) / Greenstein (2012)[26)]	Fadel, Bialik, & Trilling (2015)	OECD 2030
– 협업능력 – 의사결정능력 – 문제해결능력 – 의사소통능력 – 정보획득 및 처리능력 etc.	– 비판적 사고 – 의사소통 – 협업 – 창의성	– 협업 – 의사소통 – 콘텐츠 – 비판적 사고 – 창의적 혁신 – 자신감	– 문제해결 – 비판적 사고 – 의사소통 – 자기관리	– 창의력 – 비판적 사고 – 의사소통 – 협업 – 마음챙김 – 호기심 – 용기 – 회복탄력성 – 윤리성 – 리더십 – 성장 마인드세트 – 메타인지	– 새로운 가치 창조하기 – 긴장과 딜레마 해소하기 – 책임감 갖기

위의 〈표 1〉에 제시된 바와 같이, 소통 역량은 미래의 삶에 성공적으로 대처하기 위해 필수적으로 요청되는 보편적인 역량이고, 훌륭한 시민성과 집단적 지혜를 발휘하고 협력적인 세계를 만들기 위한 토대 역량에 해당한다. 다시 말해 소통 역량은 시민다움과 협력적 상호작용을 위해 필요한 자질들, 예컨대 문제해결 역량이나 협업 역량, 정치적 참여, 갈등해결 역량, 비판적 사고 등을 위한 토대로 기능한다. 비유적으로 표현하자면, 효과적인 소통 역량은 시민다움과 협력적 상호작용을 위한, 좁게는 성공적인 문제해결과 화합 · 연대 · 협력, 정치적 참여 등을 촉진해주는 연료와도 같다.

소통 역량과 '문제해결 및 협력'의 관계를 더 구체적으로 살펴보면, 소통 역량은 집단이 가진 문제를 해결하고 집단적 지혜를 신중하게 도출하기 위한 시민적 협력의 필수적인 토대이다. 세계의 연결성, 복잡성, 협업 가능성이 커짐에 따라, 그리고 일터에서, 지역적, 글로벌 수준에서 상호의존성이 점차 확대됨에 따라 우리는 이제 다른 이들과 함께 문제를 해결하고 협력해서 일할 수 있는 역량을 더욱 필요로 한다. 특히 21세기 초연결사회에서는 수많은 문화 간 차이와 갈등을 넘어 현실과 가상공간에서 협업과 팀워크 형성이 더 중요해질 것이다. 또한 오늘날과 같은 지식과 정보 폭발의 시대에는 그 누구도 지식과 정보를 모두 습득할 수 있는 것이 아니며, 복잡한 문제에 대해 하나의 시각 혹은 단일 해법으로 해결책을 찾는 데에는 명확하게 한계가 있다. 이런 상황에서 성공적으로 대처해 나아가려면, 다른 사람의 강점과 욕구/요구를 이해하고 섣부른 결론을 피하며 상호의존성과 연결성에 대한 인식을 바탕으로 반드시 '소통 역량'을 발휘할 수 있어야 한다.

다음으로 소통 역량과 정치적 참여의 관계에 대해 논의해 보도록 하자. 최근 들어 정치적 · 사회적 · 기술적 · 문화적 발전으로 인해 야기된 충격들과 복잡한 쟁점들로 공적 영역이 크게 흔들리고, '탈진실'이나 '가짜 뉴스'와 같은 용어들이 소셜 미디어와 공적 논쟁들을 지배하고 있는 이 시대에, 소통 역량을 중심으로 한 시민다움의 형성이 이런 높고 험난한 파고를 헤쳐나갈 수 있는 동인이 될 수 있다. 즉 공적 영역에서 진리에 대한 무관심, 형편없거나 권위주의적인 리더십, 속임수, 심한 편견의 위협으로부터 공동체를 보호하려면, 소통 역량에 의해 뒷받침되는 시민다움의 형성이 반드시 요청된다.

민주주의는 활기찬 시민사회와 역동적인 정치적 공론장을 먹고 산다는 하버마스의 주장처럼, 민주주의의 발전은 참여적, 논증적 대화가 가능한 시민들과 이를 표출할 수 있는 공론장이 마련되어야 가능하다. 제도적으로 공론장을 보장하는 것은 국가의 책임이지만, 법과 정책의 타당성을 둘러싼 논쟁적 이슈에 대해 합리적, 윤리적 의사소통을 통해 민주주의를 발전시킬 수 있는 동력은 시민의 민주적, 윤리적 역량으로부터 나온다. 이처럼 나와 가치관이 다른 사람들과 공적 논쟁 문제에 대해 의견을 나누는 방법과 이들을 존중하는 법을 배우는 것은 민주주의의 핵심이며 민주주의를 지키고 인간의 존엄성과 권리를 존중하

고 지지하는 문화의 확산을 위해서도 필수적이라 하겠다.[27)]

3. 참된 앎에 이르는 길, 소통

우리가 가진 각종 편견과 무지에서 벗어나고, 정치공동체 내에서 발생하는 각종 사회 문제에 대한 해결을 평화적이고 건설적으로 해나가려면 무엇보다 참된 앎에 어떻게 접근할 수 있는지에 대한 생각을 제대로 정립할 필요가 있다. 다시 말해 더 깨어 있는 시민이 되고, 숙의 혹은 심의를 통해 민주주의가 더 제대로 작동할 수 있기를 기대한다면, 복잡한 사회 현상에 관한 참된 앎에 어떻게 접근할 수 있는가에 대한 올바른 인식론적 기초를 새롭게 정립할 필요가 있다는 것이다. 이러한 맥락에서 여기서는 참된 앎을 추구하기 위해 필요한 진리관과 이에 도달하기 위한 방법에 대해 살펴보고자 한다.

우선 참된 앎을 추구하려면 어떤 진리관을 추구하는 것이 타당할까? 복잡한 사회 문제와 이슈를 다루어야 하는 시민교육 영역에서 참된 앎을 얻으려면 절대적인 의미의 진리를 보장하는 지식을 상정하지 않는 것이 타당하다. 그러한 지식은 현실적으로 존재하지도 않고 존재할 수도 없다. 그렇다면 우리의 진리체험은 어디에서 어떠한 방식으로 가능한가? 이것은 단지 "이전보다 더 진리에 가깝다"거나 "진리에 도달하는 도상에 있다"는 지향성을 가짐으로써 체험할 수 있다.[28)] 이러한 방식으로 우리는 목적지를 향한 중간지점에서 그때그때마다 진리의 방향을 감지할 수 있기 때문에, 진리의 체험은 어떠한 지적인 단계에 있는 사람들에게도 현실적으로 개방되어 있다. 따라서 학자이든 교사이든 학생이든 절대적인 진리가 존재하고 그런 진리에 도달할 수 있다는 성급한 믿음을 내려놓고 '거기에 접근하는 과정에 있다'는 겸손한 마음을 가져야 할 것이다.

다음으로, 참된 앎에 도달할 수 있는 주요 통로 중 하나가 '소통'이라는 점에 대해서는 모두가 동의할 수 있을 것이다. 그렇다면 소통의 과정을 통해 참된 앎에 이르기 위해서는 어떤 노력이 요구될까?

첫째, 참된 앎에 다가가기 위해서는 소통 과정에서 참여자의 '주체적 참여'가 기본적으로 전제되어야 한다. 그렇지 않고 그저 남의 견해나 지배적인 입장을 따르는 사람은 이 문제에 관한 한 하나의 허수아비와 같이 나약하고 부적격한 사람일 뿐이다. 그것은 음식의 맛을 단지 남의 말을 듣거나 관찰함으로써 알 수 없는 경우와 마찬가지이다. 오늘날과 같이 디지털 미디어의 오남용이 판을 치는 시대에는 지배적 견해도 다수인 양 조작된 소수의 횡포일 때가 많다. 온라인 선전가들은 알고리즘 증폭과 허구의 인물을 활용해, 가령 차별을 정당화하려는 소집단을 그럴싸한 대규모 개혁 단체처럼 보이게 만들 수 있는 것이다. 주변 신호를 따라가는 사람들은 이런 가짜 여론 분포를 잘못 해석해 자신이 고립되어 있다고 추정하고, 급기야 자신의 생각을 숨기고 지배적 견해에 동조하거나 편승하려는 쪽을 택할 수 있다. 이렇게 되면 공동체는 인식론적 버블(epistemic bubbles)로 전락한다. 버블 안의 사람들은 자신이 활발한 논쟁과 비판에 참여한다고 믿지만, 실제로는 공통의 편향을 확인하고 재확인하는 작업만 반복할 뿐이다.[29] 하나의 주체로서의 시민만이 탐구와 성찰을 통해 어떤 사회 현상을 제대로 해석하고 의미 있는 대안을 설정할 수 있다. 여기서 '주체성을 가진 시민으로 입문한다는 것'은 어떤 명령이나 지시, 관습이나 제도, 상투적 사고나 진부한 사고 등에 전혀 의지하지 않고 주체적으로 살아간다는 것을 뜻한다. 어떤 명령이나 지시에 의존하지 않고, 자기의 내면의 목소리를 판단의 기준으로 삼으며 살아가는 것이고, 이는 곧 양심의 소리에 귀 기울이는 일이기도 하다. 이런 자세는 한나 아렌트(H. Arendt)가 '사고의 불가능성(inability to think)', 즉 '전적인 생각 없음(sheer thoughtlessness)'에서 벗어나 반성적 능력과 태도를 갖추어야 한다고 주장한 것과도 연결된다.'[30]

둘째, 어떤 사회 문제에 대해 대립적인 혹은 서로 다른 입장을 가진 지식체계를 적어도 두 가지 이상 고려할 수 있어야 하고, 개방성과 건전한 회의주의, 지적 겸손 및 용기와 같은 시민적 덕을 함양해야 한다. 의식적인 숙고 과정뿐만 아니라 특히 즉각적이고 무의식적이며 자동적인 반응 패턴 속에는 인지편향 및 오류(즉 자신이 가진 단일한 지식체계가 전부라고 생각하는 것)가 내재되어 있을 가능성이 있기 때문에, 이와는 정반대의 목소리에 귀를 기울이고 이에 대해 깊은 이해를 가져야 한다는 것이다. 이런 생각은 존 스튜어트 밀의 『자유론』에 다음과 같이 명징하게 강조되어 있다.

> 어떤 사실을 자기 관점에서만 보려는 사람은 그 사실을 거의 알지 못하는 사람이다. 그의 주장이 옳을 수도 있고, 누구나 그에게 반박할 수 없을 수도 있다. 그러나 만일 그가 반대쪽에서 주장하는 이유를 논박할 수 없다면, 또 그것이 무엇인지를 알지 못한다면, 그는 어느 의견을 택할 근거를 갖지 못한다. … 진리란 쌍방의 의견을 공정하게 듣고, 그 쌍방이 주장하는 이유를 가장 강한 빛에 비추어 보려고 하는 사람에게만 실제로 알려진다.[31)]

누군가 "나의 견해만 유일하게 옳고, 따라서 모두에게 수용 가능한 견해야."라고 말한다면, 그는 다른 이들에게 귀 기울이지 않을 이유를 갖게 되는 것이다. 또한 누군가 세계를 해석하는 데 있어 하나의 관점만을 주장하는 이상, 그는 다른 관점을 고려하기를 꺼려 하거나 고려할 능력 자체를 상실하게 될 것이다. 이러한 접근은 다원주의 사회에서 생산적인 대화를 가로막는다. 하지만 진짜 문제는 자신의 견해가 옳다고 생각하는 것 자체가 아니다. 다시 말해 문제는 어떤 사람이 특정한 세계관을 지지하고 있거나, 자신의 세계관이 진짜라고 주장하는 것에 있지 않다. 우리 각자는 모두 스스로의 견해가 옳다고 생각할 수 있다. 문제는 올바른 견해를 분별하는 우리의 능력을 지나치게 확신하는 것이다. 이로 인해 한 사람이 취한 관점이 다른 관점들을 정당하게, 그리고 존중하며 맞이하는 것을 막을 때 문제가 발생한다. 이와 같은 일이 일어나면 생산적인 대화는 불가능해진다. 다양한 관점을 통해 세상을 바라볼 수 없는 것, 혹은 이를 내켜하지 않는 것은 사실 세계를 완전히 다른 방식으로 보고 있는 다른 시민들을 이해하는 우리의 능력을 제한한다. 조너선 하이트(Jonathan Haidt)는 오늘날 행해지고 있는 고등 교육(특히 대학 교육)이 세계를 바라보는 하나의 관점만을, 그리고 하나의 해석 틀(grid)만을 고수하게 하는 경향이 있다고 지적한다.[32] 이러한 식의 접근은 학교 교육의 기본 이념에 반영된 다양성과 모순되며, 활기차고 건강한 다원주의를 유지하는 것과 조화될 수 없다. 이것이 만들어내는 결과는 풍부한 대화가 이루어지지 않는 것이다.

의심의 여지 없이, 진리를 탐구함에 있어서 가장 위험스러운 상황은 스스로를 변화시키려는 용의나 용기 없이, 자신의 생각이 진리라는 자신감을 과도하게 갖는 것이다. 우리는 보통 확실한 세계, 즉 논란의 여지가 없이 확실하게 지각할 수 있는 세계 안에서 생활하고 있다고 생각한다. 그러면서 우리가 접하는 현상이란 오로지 우리들에게 보이는 그대로 존재할 뿐이라고 확신한다. 그러나 인식의 문제를 다룸에 있어서, 우리는 그러한 확실함에 대한 유혹으로부터 벗어나야 한다. 그것은 특정한 집단 안에 있는 사람들이 의심 없이 받아들인 일상의 방식이나, 더 나아가 한 개인이 만든 세계에 불과한 것이다. 우리가 세상을 달리 보기 위해 노력한다면, 평소에 그처럼 탄탄한 것으로 보이던 것이 전혀 다르게 인식될 수도 있다. 밀이 강조한 바와 같이, 진리는 서로 질이 다른 두 개 이상의 지식체계를 깊이 이해하고 서로 비교하면서 그중 어떠한 지식이 다른 지식보다 더 나은 것이라는 판단을 하는 가운데 터득하게 되는 것이다. 요컨대, 자신의 특정 견해에 대한 확신을 포기하지 않으면서도 경쟁적인 견해에 기꺼이 주의를 기울일 수 있어야 하는데, 이것이 제대로 되지 않는 것이 문제이며, 이를 개선하려면 개방성, 건전한 회의주의, 지적 겸손, 지적 용기와 같은 시민적 덕의 함양이 요구된다. 이런 시민적 덕을 바탕으로 우리는 그중 어떠한 것이 다른 것에 비해서 더 나은 것임을 스스로 깨닫게 된다. 그리고 우리는 이러한 상대적인 자각을 지팡이 삼아 아직 알 수 없는 진리를 향해 무한히 접근해 갈 수 있다.

셋째, 메타인지 능력을 갖추어야 한다. 메타인지(metacognition)는 일반적으로 "생각(thinking)에 대한 생각", "앎(knowing)에 대한 앎"으로 정의되며, 학습하는 방법에 대한 학습 능력(learning–to–learn skills), 자신의 지식, 기능, 가치 · 태도를 인식하는 능력, 자신의 학습과 사고과정을 인식하고 조절하는 능력 등을 포함한다.[33] 메타인지를 연구한 다수의 학자들은 메타인지가 일반적인 인지 능력과는 독립된 인지 기능이라는 점에 합의하고 있다.[34] 보다 구체적으로 말해, 인지는 특정 과제를 처리하기 위한 지적 활동이고 어떤 것을 학습하거나 이해하는 것에 해당하지만, 메타인지는 이러한 인지적 활동을 모니터링하는 활동이자, 어떻게 배울 것인지를 알고 있는 상태를 의미한다는 점에서 인지와 차이점이 있다는 것이다. 즉 일차적인 의지적 행위로서 특정한 과제를 처리하기 위해 작동하는 '인지'와 이러한 인지적 활동을 모니터링하고 조절하는 '메타인지'는 서로 구별되는 독립적 정신작용이라는 것이다. 이와 같이 인지와 메타인지는 서로 구별되는 독립적인 정신작용이지만, 동시에 끊임없는 상호작용을 통해 사고과정을 이끌어나가는 관계에 있다. 시민으로서 시민답게 살아가기 위해서는 메타인지 함양을 통해 무비판적 사고 혹은 전적인 생각 없음(sheer thoughtlessness), 성급하고 어리석은 판단, 어림짐작에 기초한 직관적 판단, 인지편향에 대한 무관심에 맞설 수 있는 힘을 길러야 한다.

넷째, 토론 및 의사결정 과정에서 발생하는 가치 간의 충돌 문제를 가치 다원주의(pluralism) 관점에서 바라봐야 한다. 가치 다원주의는 대체로 다음의 세

의미를 내포하고 있으며, 가치 상대주의 및 다양성과는 구분될 필요가 있다.[35)] (i) 어떤 문제 상황을 둘러싼 (복지, 권리, 자율성과 같은) 다양한 가치의 원천이 존재한다는 것, (ii) 개인이 선(good)으로서 추구할 수 있는 서로 다른, 혹은 통약 불가능한 목적들이 있다는 것, (iii) 서로 다른 집단 간에 통약 불가능하지만 정당한 목표 실현을 추구할 수 있다는 것. 이처럼 가치 다원주의는 합리적으로 지향하고 옹호할 수 있는 가치가 반영된 다양한 관점이 존재한다는 점을 전제한다. 하지만 이런 특징이 바로 상대주의로 연결되는 것은 아니다. 엄밀하게 말하자면, 상대주의는 본질적으로 다원주의적인 것이 아니다. 가치 상대주의의 극단적인 형태는 매우 독단적이고 편협한 도덕이자 정치로 나타나며, 자신의 것과 다른 가치들에 대해 전혀 관심을 보이지 않는다. 반면에, 다원주의는 세계 및 인간 존재와 관련된 가치의 복잡성에 대한 주장이다. 이는 사람들이 하나의 특정한 가치 집합에 따라 그들의 삶을 영위하도록 요구하거나 강요하는 것이 국가가 할 적절한 일이 아니라는 인식을 통해, 부분적으로 정치에 반영되고 존중될 수 있다.

'다양성(diversity)' 또한 다원주의와 구분될 필요가 있다. 다양성은 흔히 다원주의와 밀접한 관련이 있다고 간주되지만, 상대주의와도 연결되는 특징이 있다.[36)] 다양성이란 문화적 · 인종적 배경, 종교, 성별 및 성적 지향, 젠더, 언어 차이 등에 따라 한 사회 내에 다양한 집단이 있음을 의미한다. 하지만 이와 같이 다양성이 존재한다는 사실이 곧장 진정한 다원주의를 가능하게 하지는 않으며, 상대주의를 옹호하는 것이 자동적으로 다원주의에 대한 옹호로 이어지는 것도 아니라는 점에 유의해야 한다. 종종 '다양성에 대한 찬양'을 동반하면서, 동시에 성별, 젠더, 성적 지향, 종교, 인종, 문화 등의 측면에서 특정 정체성을 공유하는 사람끼리 뭉쳐 차별에 맞서자고 호소하는 정체성 정치(identity politics)[37)]와 같은 것들이 시민다움을 심각하게 해칠 가능성이 있다는 것은 꽤 명백해 보인다. 이는 자주 다원주의를 지지하는 것으로 제시되지만, 사실 대체로 일관성 없는 상대주의의 형태에 지나지 않는 경향이 있다. 다양성에 대한 찬양이 타인으로부터 배울 것이 없다는 식의 거부, 혹은 타인의 가치와 관점에 대한 무관심을 동반하는 경우, 이는 시민적 상호작용뿐만 아니라 시민들이 호혜적으로 정보를 주고받고 지도할 가능성을 방해하고 저해할 수 있다.[38] 이와는 대조적으로, 시민다움은 타인의 다른 가치와 관점을 실질적이고 효과적으로 인식하고 존중하기 위한 기초가 된다. 시민다움은 단지 다양성에 대한 찬양이 아니라, 자유민주주의 정체를 지지하기 위해 사회적으로 가장 필요한 것이다.

끝으로, 협업 또는 협력적 관계를 기반으로 진리를 향해 나아가야 할 것이다. 지식을 평가하는 '진리'라는 가치가 진정 보편성이 있는 것이라면, 그 가치를 타인들과 더불어 확인할 수 있는 기회가 풍부하게 열려있어야 할 것이다. 그것은 내가 진정으로 가치가 있는 것이라고 믿고 있는 지식을 타인들과 공유하면서 그들을 통해서 그것의 진리 가치를 재검토하는 기회를 갖는 것이다.[39]

우리 사회에서 일어나고 있는 복잡한 문제를 어느 한 사람이 완전히 이해하기는 어려우며, 새로운 해결책을 찾아나가는 일은 더 까다롭고 어려울 수밖에 없다. 따라서 참된 앎에 이르기 위해서는 해석과 대안 제시를 어느 한 사람이 완벽하게 할 수 없다는 가정하에, 다른 사람과 함께 협력적으로 복잡한 문제에 접근할 필요가 있다. 즉 문제를 이해하고 새로운 대안을 찾기 위해서 우리는 반드시 다른 사람들, 특히 이해관계에 있는 사람들과 협력적인 관계를 맺어야 한다. 특히 인내심을 갖고 다양한 목소리에 귀를 기울여야만 그 문제의 맥락에 의해 야기되는 복잡성을 더 풍부하게 이해할 수 있다. 다양한 요소들 혹은 요인들의 복잡한 집합을 '함께 혹은 공동으로' 신중히 고려해야만 창조적이고 생산적으로 문제 해결을 할 수 있다는 것이다.

4. 설득의 세 요소: 에토스, 파토스, 로고스

설득(persuasion)이란 타인의 신념, 가치, 태도, 행위에 영향을 미치고자 하는 의사소통으로 정의될 수 있다. 이러한 설득을 위해 필요한 요소에는 여러 가지가 있겠지만, 여기서는 '레토르(연설가)의 기술'을 뜻하는 '레토리케(Rhētorikē)'에서 답을 찾아보고자 한다. 레토리케 개념을 처음으로 사용한 인물은 플라톤이다. 그는 『고르기아스』에서 연설술이 공공의 선을 목적으로 사용되기보다 도덕적으로 타락하고 이기적인 욕망에 사로잡힌 정치가들의 탐욕을 채우기 위한 수단으로 전락하게 되면 파멸적인 결과를 가져올 수 있다고 우려했다.[40] 아리스토텔레스 또한 자신의 저서 『수사학(Technē Rhētorikē: 이하 RH)』[41]에서 로고스의 측면(즉 논리적 설득)을 거의 무시하면서 청중의 감정을 자극하는 파토스 측면을 지나치게 강조하는 소피스트들을 비판했다. 그러면서 '진정으로 설득력 있는 것'과 소피스트들이 그러하듯이 궤변을 통해 '설득력 있게 보이는 것'을 분명하게 구분하였다. 이를 통해 진정으로 설득력이 있으려면 에토스(ethos, 화자의 성격과 성품), 파토스(pathos, 청중의 감정과 심리 상태), 로고스(logos, 논증)라는 세 가지 요소가 필요하다고 강조한 바 있다.

우선 에토스(ethos)는 사회의 관습이나 개인의 성격, 품성, 습관 등을 가리키는 고대 그리스어이며, 『수사학』에서는 화자의 성품이나 도덕성, 진실성 등을 의미한다. 아리스토텔레스는 바로 이 에토스가 청중에게서 신뢰를 받을 수 있는 통로라고 보았다. 다시 말해 화자의 성품으로 인한 신뢰는, 청중이 그를 신뢰할 만하다고 생각하도록 화자가 말할 때 생긴다는 것이다.[42] 이처럼 정의로움, 용기, 절제, 고결함, 관용을 비롯해 좋은 성품과 미덕을 가진 화자의 말에 청중들이 더 경청하고, 신뢰하는 것은 어쩌면 당연한 일인지 모른다. 이렇게 본다면, 공동체가 화자를 얼마나 신뢰할 수 있느냐의 문제가 곧 에토스에 해당하는 것이다. 이런 에토스의 중요성은 아리스토텔레스의 다음과 같은 말들에 잘 나타나 있다.

> 화자를 신뢰하게 하는 요인에는 세 가지가 있다. … 실천적 지혜(practical wisdom), 성품(character), 선의(goodwill)가 필요하다. 사람들이 말이나 조언에서 거짓을 행하는 것은 이 세 가지 전부 또는 일부가 원인이다. 즉, 사람들은 실천적 지혜가 없어 올바르게 생각하지 못하거나, 올바른 생각은 했지만 악해서 자기 생각을 말하지 않거나, 실천적 지혜가 있고 악하지도 않지만 선의가 없어 최고의 조언을 알면서도 해주지 않는 것이다. 그 밖의 다른 원인은 없다. 따라서 이 세 가지를 모두 갖춘 화자가 청중에게 신뢰를 받을 것은 두말할 필요가 없다.[43]

> "나는 이것을 원했고, 그래서 이것을 선택했습니다. 이 선택이 내게 아무 이익도 가져다주지 않는다고 해도, 이것이 저것보다 더 훌륭한 일이기 때문입니다." 이 말은 '저것은' 영리한 사람들이 선택하는 것이고, '이것은' 훌륭한 사람들이 선택하는 것임을 보여준다. 영리한 사람은 이득이 되는 것을 선택하고, 훌륭한 사람은 미덕을 선택하기 때문이다.
>
> 우리가 그런 의도로 훌륭한 쪽을 선택했음을 청중이 믿으려 하지 않는다면 그렇게 선택한 이유를 덧붙여야 한다. 소포클레스가 『안티고네』에서 보여준 것이 그 좋은 예이다.[44] 거기에서 안티고네는 남편이나 자녀들보다 자기 오빠가 더 걱정이라고 말하면서, 남편이나 자녀들은 죽더라도 또다시 얻을 수 있지만, "내 어머니와 아버지가 저승에 계셔서, 오빠는 다시 얻을 수 없기 때문입니다."라는 말을 덧붙인다.[45]

두 번째 설득의 요소는 파토스(pathos)로서, 감정, 경험, 감정 상태를 의미하는 고대 그리스어이며, 우리가 일상적으로 감정이라고 부르는 것들을 포함해 외부 자극을 겪는 상태 일반을 지칭한다. 이와 같이 우리가 겪게 되는 모든 일을 지칭하기 때문에 '경험'이라고 번역할 수도 있다. 『수사학』에서는 청중의 심리 상태나 감정을 말하며, 분노와 평정심, 우의와 적의, 두려움과 자신감, 수치심, 연민, 증오, 시기, 질투 등을 예로 들고 있다. 아리스토텔레스에 따르면, 파토스는 비극적 이야기가 진한 슬픔을 유발하듯, 설득적 요소가 청자의 감각적 반응을 산출해 논증에 대한 청자의 수용성을 더 높일 때 채택된다. 이런 이유에서 아리스토텔레스는 청중을 설득하려면 여러 감정이 어떤 것으로 생겨나고 없어지는지, 화자가 사람들을 설득하거나 그들의 감정을 어떤 상태로 이끌기 위해 이를 어떻게 활용할 수 있는지 고려해야 한다고 강조한 바 있다.

> 감정이란 사람들이 자신의 판단을 바꾸게 되는 모든 느낌을 말하는데, … 각각의 감정은 세 가지 측면으로 나눠 살펴보아야 한다. 분노를 예로 들어보자. 우리는 분노한 사람이 어떠한 심리 상태에 있고, 통상적으로 어떤 사람에게 분노하며, 어떠한 것에 분노하는지를 보아야 한다. 이 세 가지 중에서 모두가 충족되지 않고 한두 가지만 충족되면 분노가 일어나지 않기 때문이다.[46)]

세 번째 설득의 요소인 로고스(logos)는 말, 이성, 추론, 설명, 이치, 논리, 법칙 등의 개념을 포함하고 있는 고대 그리스어로서 『수사학』에서는 자신의 주장을 펼치기 위해 요구되는 논리와 합리적인 근거를 말한다. 보다 전문적으로는 앞뒤가 서로 맞는 말, 근거나 이유에 대한 설명을 통해 설득할 수 있는 말, 또는 그렇게 말할 수 있는 영혼의 능력을 의미하고, 이런 점에서 분노, 수치심, 연민, 자신감과 같은 파토스와 구별된다.

> 증명을 통해 설득하려는 사람은 누구나 예증[47)]이나 생략삼단논법[48)]에 의거

해야 하고, 이것 외에 다른 수단은 존재하지 않는다. 따라서 어떤 것을 증명하려고 할 때 반드시 삼단논법이나 귀납법을 사용해야 한다면, 생략삼단논법은 삼단논법에 해당하고 예증은 귀납법에 해당하는 것일 수밖에 없다.[49]

먼저 발언하는 화자는 자신이 준비한 논거를 제시하고 난 후에 상대 진영에서 제시할 것으로 예상되는 논거를 내놓고 반박하거나, 논증을 통해 반박해야 한다. 하지만 상대방이 제시할 논거가 많다고 예상한다면, … 이를 먼저 다룬 후에 자신이 준비한 논거를 제시해야 한다.[50]

그 외에 아리스토텔레스는 대상에 따라 다른 접근이 필요함을 강조하였다. 즉 청년기, 노년기, 장년기 사람들은 서로 다른 성격과 성품을 가지고 있어서 설득의 기술을 적용하는 데 큰 영향을 미치기 때문에, 대상의 특성에 부합하는 기술을 적용해야 한다고 보았다. 예를 들어, 청년은 용기가 있지만 절제가 부족하고, 노인은 절제가 있지만 겁이 많은 반면에, 장년은 청년과 노인이 각각 지닌 장점을 함께 갖고 있다는 것이다.[51] 이와 더불어, 그는 주장의 단계를 입론(도입부), 본론, 최종 발언(맺음말)으로 구분한 후, 각 단계에 맞는 발언을 해야 한다고 보았다.[52] 즉 입론 단계에서는 쟁점을 밝혀 청중에게 자신이 판단해야 할 것이 무엇인지를 분명하게 알게 하고, 최종 발언 단계에서는 그 쟁점과 관련해 어떤 것이 증명되었는지를 요약 제시해야 한다는 것이다. 최종 발언 단계에서 해야 할 일에 대해 아리스토텔레스가 강조한 바를 보다 구체적으로 말하자면, 화자는 먼저 자신이 무엇을 말했고 왜 그렇게 말했는지 보여주어야 하고, 이를 위해 상대방이 한 말과 자신이 한 말을 서로 비교 제시해야 한다. 그리고 맺음말을 할 때에는 접속사가 생략된 문체를 사용하는 것이 적절하다.[53] 그렇게 해야만 주장을 계속하는 것이 아니라 맺음말로 마무리하는 중임을 청중도 알게 될 것이기 때문이다. 예를 들어 "나는 …라고 말했습니다. 여러분은 들었습니다. 이제 여러분은 모든 것을 알았습니다. 여러분이 판단하십시오"라는 식으로 마무리할 수 있다는 것이다.

이상에서 살펴본 바와 같이 아리스토텔레스는 설득의 요소로서 로고스, 파토스, 에토스를 강조했지만, 그중에서도 "에토스가 청중에게 신뢰를 주고 그들을 설득하는 데 가장 강력한 수단"이라고 보았다.[54] 논리적이거나 감정적인 내용보다 화자의 에토스, 즉 성품, 지혜, 선의를 더 중시한 것이다. 그 이유는 에토스가 파토스, 로고스보다 가장 먼저, 그리고 매우 심대하게 영향력을 발휘하는 요소라고 보았기 때문이다. 다시 말해, 애초에 설득을 들어보고자 하는 청중의 의지를 형성하는 전제가 되는 것이 에토스이고, 에토스가 없다면 설득을 위해 사용되는 파토스와 로고스가 무용지물이 될 것이기 때문이다. 이러한 주장의 타당성은 마틴 루서 킹(Martin Luther King Jr.) 목사와 에이브러햄 링컨의 사례를 통해서도 충분히 확인할 수 있다. "나에게는 꿈이 있습니다"로 유명한 킹 목사의 연설과 "국민의, 국민에 의한, 국민을 위한 정치"로 대표되는 링컨의 "게티스버그 연설"이 역사적인 명연설로 손꼽히는 이유는 무엇보다 그들이 가진 훌륭한 성품이 청중의 마음에서 깊은 신뢰감이 우러나오도록 만들었고, 파토스와 로고스를 잘 활용해 청중의 감동을 이끌어냈기 때문인 것이다. 결론적으로 아리스토텔레스의 사상을 통해 볼 때, 에토스를 바탕으로 파토스와 로고스를 모두 갖추어야 비로소 자신의 메시지가 타인 및 공동체에 보다 설득력 있게 전해질 수 있는 것이다.

이와 같은 아리스토텔레스의 주장에 기본적으로 동의하더라도 다음과 같은 몇 가지 점들에 대해서는 유의할 필요가 있다. 먼저, 정보의 제약이나 (남에게 잘 보이고 싶어 하는) 인간의 욕구 및 (일관된 행동을 하기 어렵게 만드는 요인인) 상황의 힘 등으로 인하여 화자의 성품에 대해 평가를 온전하게 내리기 어려울 수 있다는 점에 유의할 필요가 있다. 우리는 오랫동안 누군가를 관찰해보지 않은 이상 그에 대해 완벽하게 알지 못하고, 인간이라면 기본적으로 자신을 도덕적 존재로 보이고자 하는 욕구가 있어서 자신의 참모습을 의도적으로 감출 수 있으며(특히 누군가를 선동할 의도가 있는 사람들은 위선을 행할 가능성이 매우 높으며), 인간은 물질적 유혹, 책임의 분산, 권위 있는 존재의 요구와 같은 상황의 힘에 영향을 받는 존재이기 때문에, 어떤 이의 참모습을 확인하기가 쉽지 않다. 또한 비록 우리를 설득하고 있는 사람이 현시점까지는 훌륭한 사람으로 보이더라도 어느 시점부터는 도덕적으로 타락할 수도 있고, 특정 사안과 관련해서는, 또는 특정 집단의 구성원으로서는 비도덕적인 결정을 내릴 수도 있는 것이다.

다음으로, 인신공격의 오류를 범하지 않도록 유의해야 한다. 인신공격의 오류는 상대방의 나쁜 성격을 공격하여 그 사람의 주장이 틀렸다고 비판할 때 저지르는 오류를 말하는데,[55] 이는 상대방의 '에토스의 결여를' 지적하며 화자의 논변이 틀렸다는 판단을 도출하는 것이 오류일 수 있음을 의미하는 것이다. 화자의 에토스가 결여되었다고 해서 화자에게 설득될 수 없다고 하는 것이 인신공격의 오류를 범하는 것이라면, 화자의 에토스가 충족되었다고 해서 화자에게 설득되었다고 하는 것 또한 청자로서 바람직한 태도라고 볼 수 없을 것이다. 아리스토텔레스가 명시적으로 강조한 바와 같이, 화자의 에토스는 청자의 설득 여부에 영향을 미치는 가장 중요한 요소이며, 이를 고려하여 신뢰 여부를 판단하는 것이 비합리적인 태도라고는 볼 수 없다. 그러나 동시에 화자가 에토스를 소유하고 있다고 해서 그의 주장에 무조건적으로 설득되는 것이나, 에토스를 소유하지 않고 있다고 해서 그의 주장을 무조건적으로 거부하는 태도는 적절하지 못하다. 결국 에토스가 결여된 화자의 발언에 대해 신뢰성을 의심할 수는 있어도 대화 과정에서 배제하거나 소외시켜서는 안 된다. 거꾸로 에토스를 충족한 화자의 발언에 대해 합리적인 검토 없이 무조건적으로 받아들여서도 안 될 것이다. 아리스토텔레스가 에토스를 가장 강조하면서도 파토스와 로고스의 요소를 함께 언급하며 이를 모두 갖추어야 할 것을 주장한 것도 바로 이에 대한 혜안이 있었기 때문일 것이다.

5. 소통을 위한 원칙

소통을 제대로 하기 위한 원칙에는 어떤 것들이 있을까? 동서고금을 막론하고 어느 시대 어느 사회에서나 소통의 중요성은 강조되어왔고, 이를 현실에서 실현하기 위해 꼭 필요하거나 권장할 만한 원칙 혹은 기준들이 제시되어왔다. 동양적 전통에서는 대표적으로 원효의 화쟁(和諍)과 공자의 화이부동(和而不同)을 예로 들 수 있다. 원효는 모든 종파와 사상을 분리시켜 고집하지 말고, 더 높은 차원에서 하나로 종합해야 한다는 화쟁(和諍) 사상을 통해 포용과 존중의 중요성을 강조하였다. 원효의 사상은 불교의 여러 종파 간 갈등을 해소하고 더 높은 차원에서 대승적으로 융합해야 함을 주장한 것이다. 공자는 "군자(君子)는 조화를 이루고 뇌동하지 않으며, 소인(小人)은 뇌동하고 조화를 이루지 못한다."(子曰: 君子 和而不同, 小人 同而不和)라는 화이부동(和而不同) 구절을 통해 조화의 중요성을 강조하였다(『논어』「자로」편). 이를 보다 구체적으로 풀이하면, 군자는 화합하지만 자기의 생각이나 주장을 굽히면서까지 남의 의견에 동조하지는 않고, 소인은 이익을 위해서라면 남의 의견에 동조하고 무리를 짓지만 화합하지는 않는다는 것을 의미한다. 이를 통해 공자는 옳고 그름에 대한 고려 없이 개인의 사사로운 이익에 따라 무조건 남에게 동조하지 말고, 도덕 원칙을 지키는 가운데 주변과 조화를 이루며 다양성을 존중해야 함을 주장한 것이다. 위와 같은 원효와 공자의 사상은 갈등 상황에 놓인 개인이나 집단이 자신의 입장만을 고집하기보다 상호 간의 차이를 인정함으로써 서로 화해하고 포용하며 조화롭게 살아가야 함을 시사한다.

다음으로, 서양 쪽으로 시선을 돌리면, 롤스, 하버마스, 타네시니, 맥스웰, 하이트 등을 통해 소통의 원칙을 확인할 수 있다. 우선 서요련의 연구에 따르면, 롤스적 관점(Rawlsian perspective)에서의 교육적 시민상은 '공적 이성의 제약을 준수하면서 자신의 주장을 정당화하는 합당한 시민' 또는 '공적 논증을 수행하는 합당한 시민'에 해당한다.[56] 롤스적 관점에서 보자면, 입헌민주주의의 시민이 공중(the public)으로서 행사하는 공적 이성을 따르지 않거나, 공적 논증 역량이 없는 시민은 공적 토론에서 요구하는 공적 이유를 제시하지 못하고 대신 포괄적 이유(예를 들어 자신이 가진 특정한 종교적 신념, 자신의 인생관이나 세계관, 자신이 가치 있게 여기는 특정 철학 이론 등)만을 강변할 가능성이 크다. 만약 정치 공동체에서 이러한 시민이 다수를 차지한다면 공적 토론은 의미와 역할을 잃게 될 것이다. 반면에 공적 논증 역량을 충실히 학습한 시민은 공적 이유를 논거로 삼으면서 정치적 문제의 해법을 추론해 나가는 특징이 있다. 이런 시민은 정치적 정의관의 구체적인 내용을 깊이 이해하고, 이를 구체적인 제도와 정책에 적용하며, 제기된 제도와 정책이 합당한지를 능숙하게 논증할 수 있을 것이다. 여기서 롤스가 말하는 정치적 정의관은 일군의 자유주의적 정의관을 의미한다. '공정으로서의 정의'는 그 일부이다. 이 외에도 개인의 자유와 권리를 최대한 보장하여 모든 시민이 기본적 자유의 가치를 누릴 수 있도록 하는 것 등이 포함된다.

롤스적 관점에서 볼 때 바람직한 시민은 이처럼 공적 논증 역량을 학습해야 할 뿐만 아니라, 합당성 원칙을 지향하고 준수할 수 있어야 한다. 롤스는 '합당성'을 완결된 형태로 정의 내린 적이 없다. 따라서 서요련이 제안한 바와 같이, 롤스의 합당성 개념을 이해하기 위해 핀레이슨과 프라이언하겐(Fabian Freyenhagen)이 제시한 '합당한 인간 혹은 합당한 신조의 특징들'을 파악하는 것이 도움이 될 수 있다. 이들은 모두 네 가지(ⓐ~ⓓ)를 제시했지만, 두 가지 특징들(ⓐ와 ⓑ)이 특히 의사소통과 직접적으로 관련되어 있기 때문에, 여기서는 이 두 가지를 중심으로 살펴보고자 한다.

ⓐ 가치에 관한 합당한 다원주의(reasonable pluralism: 자신의 인생관, 세계관을 중시하면서도, 이를 넘어서 헌법적 기본권의 취지를 포함한 입헌민주주의의 본질적 요소를 승인하고 수용하는 것. 이러한 여과 과정을 거친 양립할 수 없는 합당한 입장들이 공존하는 상태)를 수용하기: 논증에 따라 설득될 의사가 있는 사람들끼리 자유로운 토론을 거친 후에도 남아 있는 가치에 관한 다원주의를 받아들인다. 즉 이러한 다원주의가 합당하다는 것을 받아들인다. 예를 들어, 기독교인 갑과 무교인 을이 진화론의 진위를 주제로 논쟁을 벌이고 있다고 가정해 보자. 이때 갑은 창세기의 말씀이 진리라는 점은 너무나도 자명하므로, 이를 받아들이지 않는 을은 자신과 평등한 시민으로서 자격이 없다고 생각한다. 을 역시 확립된 과학 이론을 부정하는 갑이 평등한 시민으로서 자격이 없다고 본다. 이들에게 설득을 멈추어야 하는 한계는 없다. 이 경우 갑과 을은 합당하지 않다.

ⓑ '판단의 부담'을 인정하고 합당한 이견을 관용하기: 입헌민주주의 사회의 구성원들이 이성과 판단력을 올바르고 양심적으로 행사하더라도, 종교적 · 철학적 · 도덕적 신조와 사실적 판단의 문제에서 합당한 의견의 불일

> 치를 예상하지 않을 수 없다. 이러한 '판단의 부담'을 인정한다면, 합당한 사람과 합당한 신조에 '관용'을 보여야 한다는 결론이 따라 나오게 된다. 예를 들어, 채식주의를 실천하는 병이 가까운 사람들에게 채식의 정당성을 설득한다고 가정해 보자. 그는 채식만으로 인간에게 필요한 모든 영양분을 공급받을 수 있고, 채식이 동물의 고통을 줄이는 데에 기여할 수 있다는 등의 논거를 든다. 설득은 일부 성공하기도 하지만 대개 실패한다. 그러나 병은 판단의 부담을 인정하기에 설득하지 못한 사람들을 여전히 존중한다. 자신과 다른 사람들이 채식의 가능성과 정당성을 뒷받침하는 논거의 힘을 달리 평가한다는 점을 인식하기 때문이다. 곧 병은 채식주의를 받아들이지 않는 사람들에게 관용을 보인다. 병은 합당하다.

이렇게 볼 때, 롤스적 모델에 따라 교육받은 시민은 (공적) 논증에 따라 설득될 의사가 있는 사람들끼리 자유로운 토론을 거친 후에도 남아 있는 가치에 관한 다원주의를 받아들이고, 상호 관용적 태도를 취할 수 있어야 한다. 이 역량이 뒷받침되지 않으면, 롤스가 강조하는 정치적 자유주의의 이상은 결코 실현될 수 없는 것이다.

다음으로, 하버마스에 따르면, 근대 이후 사회는 '생활 세계의 합리화'가 고도로 진행되어 의사소통행위에서 심각한 의견 불일치의 위험성이 높다.[57] 여기서 '생활 세계의 합리화'란 전통 및 관습 대신에 합당한 논거를 주고받는 의사소통행위(즉 비판 가능한 타당성 주장을 결합하는 언어 행위)를 통해 행위를 조정하는 비중이 늘어나는 현상을 의미한다. 의사소통행위의 참여자는 상대방이 제시한 논거를 해석하고, 수용 여부를 결정하며, 그에 따라 행위를 조정한다. 이러한 의사소통행위는 전략적 행위와는 명확하게 구분된다. 하버마스에 따르면, 인간은 똑같은 상황에서 의사소통행위를 할 수도 있고 전략적 행위를 할 수도 있다. 비판 가능한 타당성 주장을 결합하는 의사소통행위와는 달리, 전략적 행위는 비판 가능한 타당성 주장을 결합하지 않고 자신의 목적을 달성하고자 상대방의 결정에 영향을 미치려는 행위를 말한다. 전략적 행위가 아니라, 의사소통행위의 반성적 형태가 바로 '논증대화'에 해당하며, 이러한 논증대화의 규칙에 따라 의사결정을 내린다면, 의사소통적 합리성을 실현할 수 있게 된다.

이와 같은 맥락에서 하버마스가 강조한 세 수준의 '논증대화 규칙'을 서요련의 글을 바탕으로 소개하면 다음과 같다.[58] 하버마스가 제시한 논증대화 규칙의 첫째 수준은 '논리적 규칙과 의미론적 규칙'에 해당하며, 무모순성 원칙과 일관성 요건이 바로 이 수준에 속한다. 둘째 수준은 절차를 규제하는 규범에 해당하며, 모든 참여자는 자신이 진실로 믿는 주장만을 할 책임이 있다는 '진실성 원칙'과, 참여자는 요청이 있을 시 자신의 주장을 정당화하거나 정당화하지 않는 이유를 제공할 책임이 있다는 '해명 책임의 원칙'이 이 수준에 속한다. 셋째 수준은 논증대화 과정을 강제, 억압, 불평등에서 벗어나게 하고 '보다 나은 논증의 강제 없는 강제'만이 지배하도록 보장하는 규범에 해당한다.

이에 덧붙여, 최근 들어 하버마스는 자신이 발전시킨 의사소통의 합리성과 맥을 같이하면서도 자유민주주의의 이상을 대변하는 장점이 있는 '소통 정의를 위해 필요한 세 가지 절차적 조건'을 제시한 바 있다.

> 첫째, 모든 시민은 누구나 자신의 삶과 관련된 의제에 관하여 자신의 견해를 공평하고 자유롭게 표현할 기회를 갖는다. 둘째, 상대의 견해를 나에게 익숙한 방식이 아니라 상대의 관점에서 해석하는 상보성의 원칙을 지킨다. 셋째, 이렇게 형성된 합의에 기초해서 추가 합의를 만드는 방향으로 나간다면, 비록 합의가 한시적이고 불완전하더라도 이에 기초해서 우리는 강제 없이 차근차근 소통 정의를 구현할 수 있다.[59]

하버마스는 앞서 언급한 '논증대화 규칙'이 논증대화에 참여하는 모든 이들에게 예외 없이 적용된다는 점에서 필수적이라고 역설한다. 논증대화에 진입한다는 말은 곧 진실하기를 약속하고 자신의 발화를 정당화하는 한편, 모순을 범하지 않고 다른 참여자를 배제하지 않는다는 말과 다르지 않으며, 이 규칙 적용에 있어 예외가 있을 수 없다는 것이다. 우리가 여기서 또한 주목해 봐야 할 부분은 하버마스가 둘째 수준의 규칙으로 제시한 '진실성 원칙'과 '해명 책임의 원칙'이 (뒤이어 살펴보게 될) 타네시니의 '주장의 책임' 및 '답변(혹은 해명)의 책임'과 일대일로 매칭된다는 점이다. 조심스러운 예상이기는 하지만, 아마도 타네시니가 하버마스의 영향을 받아서 이러한 두 가지 원칙을 제시했을 가능성이 높아 보인다.

타네시니(Alessandra Tanesini)는 의사소통이 제대로 일어나려면 화자가 청자에 대한 약속을 지켜야 한다고 강조한다. 그에 따르면, 발화 행위는 화자가 수행하는 두 가지 약속이라는 특징이 있다.[60] 그는 첫 번째를 '주장의 책임(accountability)'으로, 두 번째를 '답변(혹은 해명)의 책임(answerability)'으로 명명하고 이에 대해 차례로 논의해 나간다. 우선 발화 행위의 맥락에서 주장을 할 때, 화자는 기본적으로 발화 내용의 진실과 관련하여 신뢰할 수 있는 사람이 될 것을 약속하는 것이다. 이렇게 본다면 '말하는 것'은 '말하는 내용이 사실이라고 약속하는 것'과 유사한 것이 된다. 화자가 자신이 말하는 내용의 진실에 대해 스스로를 신뢰할 수 있다고 표현할 때, 그는 자신에게 그 내용을 주장할 권리가 있음을 암시하는 것이다.

이처럼 화자는 자신의 주장에 대한 책임을 갖는다. 만약 그가 말한 것을 믿었음에도 불구하고 그것이 거짓으로 판명될 경우, 다른 화자들이 그에게 책임을 물을 수 있는 것은 그가 바로 이러한 책임을 갖기 때문이다. '답변의 책임'은

'주장의 책임'에 대한 약속과 다르다. 어떤 주장을 할 때, 화자는 자신의 주장에 대한 그 어떤 합리적 도전에도 답변함으로써 이를 해결하겠다고 암묵적으로 약속하는 것이다. 그러나 자신의 발화 내용에 대한 변론을 요구받지 않는 경우에도 그는 여전히 그 내용의 진실에 대한 책임을 가져야 하기 때문에, '주장의 책임'은 '답변의 책임'과 별개의 개념이다.

또한 앞서 살펴본 바와 같이 타네시니는 의사소통이 합리적이고, 윤리적으로 일어나기 위해서는 오만한 화자와 청자가 되어서는 안 된다고 역설한다.[61] 그가 보기에 오만한 화자가 가지는 문제는 증거 제시의 책임이 마치 자신에게는 적용되지 않는 것처럼 행동하는 것이다. 즉 오만한 화자는 자신이 심판이나 판사인 것처럼 행동한다. 이들은 다른 사람들이 자신에게 의문을 제기할 권한을 갖고 있지 않기 때문에, 어떠한 도전에도 대답할 필요가 없다고 생각한다. 이것이 바로 오만한 화자가 완벽하게 정당한 질문 요구에 대해서조차 분노로 반응하는 이유이다. 이렇게 도전에 응답하는 것 자체가 다른 사람들도 자신만큼의 권위를 가진다는 것을 함축하기 때문에, 그들은 이를 모욕으로 해석한다.

오만한 사람은 자신이 다른 사람들보다 인식론적으로 우월하다는 것을 말과 행동으로 드러내고, 따라서 그는 모든 화자가 가져야 하는 '답변의 책임에 대한 약속'으로부터 자신을 면제시킨다. 자신이 면제될 수 있다는 이러한 주장은 오만함, 즉 자신이 가지는 권위를 부당하게 고려한 것이기 때문에, 오만한 화자는 이러한 처우가 정당하지 않음에도 불구하고 상대방을 자신보다 인식론적으로 열등한 사람으로 취급하며 암묵적으로 그들을 무시한다.

오만한 청자 또한 증명을 받아들이는 사람들의 행동과 관련된 규범이나 윤리를 위반하면서 화자를 존중하지 않는다.[62] 기본적으로 청자는 화자가 말하는 내용 자체를 이해해야 할 뿐만 아니라, 화자가 진실을 제시하고 있는지에 대해서도 관심을 두어야 한다. 즉, 청자는 화자가 '주장의 책임'과 '답변의 책임'에 대한 약속을 이행하고 있는지에 대해 집중해야 한다. 그럼에도 불구하고, 마치 대화 상대자가 한 번도 무언가를 주장하지 않았던 것처럼 대화를 계속 이어나가는 사람은, 화자가 자신의 주장이 적절하게 이루어졌다는 것을 약속, 즉 주장의 책임을 다함으로써 스스로를 신뢰할 수 있는 존재로 내세웠다는 사실을 인식하지 못한다. 불신에 찬 눈으로 응시하거나 눈을 굴리는 사람 역시, 화자가 이의 제기에 응답하겠다는 약속(즉 답변의 책임을 이행하겠다는 약속)을 했다는 사실을 인지하지 못하는 것이다. 이렇게 눈을 굴려 이의를 표현하는 행동은 화자로 하여금 자신의 견해를 변호할 수 있는 능력을 박탈한다는 점에서 무례한 것이 된다. 오만한 화자의 경우와 마찬가지로, 오만한 청자 또한 대화와 논쟁에 참여하는 평범한 참가자들이 갖는 의무로부터 자신이 면제된 것처럼 행동한다. 따라서 오만한 행동이 왜 잘못되었는지 생각하는 한 가지 방법은, 이것이 자신을 위해 타인의 특정한 지위를 침해하고 결과적으로 타인에게 무례하게 행동하는 것이라는 사실에 주목하는 것이다.

다음으로, 리더십 이론의 대가인 존 맥스웰(John Maxwell)은 비교적 최근까지 리더십 및 팀워크 향상, 그리고 개인적인 성장을 추구하는 사람들을 돕기 위해 다양한 저서들을 출간해 왔는데, 이번에는 『16가지 부정할 수 없는 소통의 법칙(The 16 Undeniable Laws of Communication: Apply Them and Make the Most of Your Message)』(2023)이라는 책을 통해 **의사소통을 위한 16개 법칙**을 제시한 바 있다. 이 책에서 그는 억만장자 사업가이자 자선가인 워런 버핏이 "지금보다 50%나 더 가치 있는 사람이 되는 쉬운 한 가지 방법은 최소한 글과 언어 모두에서 의사소통 능력을 연마하는 것이다. … 만약 여러분이 의사소통을 하지 못한다면, 그것은 어둠 속에서 소녀에게 윙크를 하는 것과 같다. 여러분은 세상의 모든 지력을 가질 수 있지만, 그것을 전달할 수 있어야 한다. 그리고 그 전달이 바로 의사소통이다."라는 말을 인용하면서 의사소통 능력의 중요성을 강조하였다.[63] 그러면서 "이런 의사소통 능력은 하루아침에 길러질 수 있는 것이 아니다. 의사소통 기술을 개발하는 것은 시간이 걸리는 여정이다. 하지만 그 여정은 모든 단계에서 가치가 있다."라고 역설하였다. 이와 더불어 다음과 같은 조언을 덧붙였다.

- 의사소통의 법칙들은 학습될 수 있다. 어떤 법칙은 다른 것에 비해 이해하고 적용하기 쉽지만, 기본적으로 모든 법칙들에 대한 학습은 가능하다.
- 각 법칙은 단독으로 존재할 수 없다. 각 법칙은 다른 모든 법칙을 보완하지만, 다른 법칙을 배우기 위해 어떤 법칙을 알아야 하는 것은 아니다.
- 법칙은 그에 따른 결과를 가져온다. 각 법칙을 적용하면 메시지를 최대한 활용하고 영향력을 높일 수 있다. 반면에, 법칙을 위반하거나 무시하면 다른 사람들과 소통하는 데 효과적이지 못할 것이다.
- 법칙들은 시공간을 초월한다. 젊든 늙었든, 경험이 있든 없든 관계없이 법칙들은 동일하게 적용된다. 이는 조부모에게 적용되고 증손자에게도 적용된다.
- 법칙들은 좋은 의사소통의 기초이다. 일단 여러분이 그 법칙들을 배우면, 여러분은 그것들을 연습하고 여러분의 삶에 적용해야만 할 것이다. 만약 그렇게 한다면, 여러분은 더 나은 의사소통을 하는 사람이 될 것이다.

이러한 조언을 바탕으로, 사람의 마음을 사로잡고, 효과적으로 설득하며, 행동으로 나아갈 수 있는 용기를 북돋아 주기 위해 맥스웰은 다음 〈표 2〉와 같이 16가지 법칙을 제안하였다.[64]

〈표 2〉 존 맥스웰의 '16가지 의사소통 법칙'

영역	법칙	핵심 내용
누가 말하는가	① 신뢰성의 법칙	당신의 가장 효과적인 메시지는 당신이 살아온 삶 자체이다.
	② 관찰의 법칙	좋은 의사소통자들은 탁월한 의사소통자들로부터 배운다.
	③ 확신의 법칙	당신이 더 강하게 믿을수록, 사람들도 더 많이 느낀다.
무엇을 말하는가	④ 준비의 법칙	미리 준비된 것이 아니면 전달할 수 없다.
	⑤ 협력의 법칙	최고의 아이디어는 다른 사람들과 함께 만들어진다.
	⑥ 콘텐츠의 법칙	가치 있는 말을 할 때 사람들은 귀를 기울이기 시작한다.
어떻게 말하는가	⑦ 연결의 법칙	공감대의 형성이 중요하다.
	⑧ 지렛대 활용의 법칙	좋은 의사소통자는 자신의 장점을 끌어내고 이를 자주 사용한다.
	⑨ 기대의 법칙	당신이 빨리 말하고 싶어할 때, 그들은 빨리 듣고 싶어한다.
	⑩ 단순성의 법칙	좋은 의사소통자는 복잡한 것을 단순하게 만든다.
	⑪ 시각적 표현의 법칙	그냥 말하는 것보다 보여주면서 말하는 것이 더 좋다.
	⑫ 스토리텔링의 법칙	사람들은 자신의 삶을 이야기로 본다.
언제 말하는가	⑬ 온도조절의 법칙	좋은 의사소통자는 분위기를 읽고 온도를 조절한다.
	⑭ 변화의 법칙	동일성은 소통의 죽음이다.
왜 말하는가	⑮ 가치 더하기의 법칙	사람들은 당신이 한 말은 잊어버릴 수 있지만, 당신이 그들을 어떻게 느끼도록 만들었는지에 대해서는 결코 잊지 않는다.
	⑯ 결과의 법칙	의사소통의 가장 큰 성공은 행동이다. 청중을 행동으로 이끌어야 한다.

① 신뢰성의 법칙[65]: 소통에 있어서 신뢰는 가장 큰 자산이다. 아무리 고상하고, 고무적이며, 기억할만하고, 영향력 있는 말을 한다고 하더라도, 그 내용이 화자 자신 혹은 화자의 삶과 일관성을 갖지 않는다면, 아무 소용이 없게 된다. 화자의 가장 효과적인 메시지는 그가 살아온 삶이기 때문에, 소통 과정에서 메시지와 화자 간의 불연속성과 비일관성이 나타나

게 되면, 청자는 그저 공허한 말로 받아들이게 된다. 이것이 바로 '신뢰성의 법칙'이다. 맥스웰은 신뢰성 있는 의사소통자가 되기 위해서는 투명할 것, 일관될 것, 좋은 본보기가 될 것, (전달하는 메시지 관련하여) 전문가가 될 것(예: 자녀 교육에 관한 메시지를 전달할 경우, 자신이 자녀 교육에 대해 어느 정도 전문성이 있어야 함)을 강조하였다.

② 관찰의 법칙: "좋은 의사소통자가 소통하는 모습을 보면서 많은 것을 배울 수 있다."라는 것이 바로 '관찰의 법칙'이다. 맥스웰은 관찰을 통해 뭔가를 배우려면, 관찰할 때마다 '공감대를 형성하기 위해 의사소통자가 무엇을 시도했는지, 도입부에 어떤 말을 했는지, 말의 전체적인 구조를 어떻게 구성했는지, 가장 인상적인 순간은 어느 부분이었는지, 무엇이 그 의사소통을 기억에 남게 만들었는지, 그의 가장 뛰어난 소통 기술은 무엇인지' 등에 대해 스스로 물어볼 필요가 있음을 강조하였다. 그러면서 그는 존 F. 케네디를 관찰하여 '자연스러운 소통의 가치'를 배웠고, 월터 크롱카이트로부터 '친밀감'을 배웠으며, 마거릿 대처를 보면서 '확신을 주는 것'에 대해 배웠고, 로널드 레이건으로부터 '명료성'에 대해 배웠으며, 윈스턴 처칠을 관찰함으로써 '용기'에 대해 배웠고, 마틴 루서 킹 목사를 보면서 '운율 사용'에 대해 배웠다고 말하였다.

③ 확신의 법칙: 당신이 진정으로 믿고 있는 것은 무엇인가? 당신의 마음과 영혼 속에 깊이 새겨져 있을 만큼 당신은 어떤 가치를 소중히 여기고 있는가? 당신이 기꺼이 목숨을 바칠 만큼 강하고, 그것을 위해 목숨을 바칠 만큼 중요한 믿음은 무엇인가? 이런 것이 있다면 그것은 당신에게 있어서 '확신'에 해당하는 것이다. 맥스웰은 스스로 강한 믿음을 가지고 있을

수록 더 많은 사람들이 그것을 느끼기 때문에, 의사소통자로서 스스로 깊이 믿는 것, 즉 자신이 가진 가장 강한 신념과 관련된 주제에 관해 이야기하려고 노력해야 한다고 강조하였다. 이것이 바로 '확신의 법칙'이다. 예를 들어, 성공적으로 변화를 이루려면 변화를 만들 수 있다는 믿음이 자신에게 있어야 한다. 즉 "나는 변화를 만들 수 있다고 믿는다. 나는 이 세상을 바꿀 수 있다고 믿는다. 당신도 이것을 믿기 바란다."라고 말할 수 있어야 한다는 것이다. 또한 다른 사람들의 삶에서 차이를 만들고자 한다면, 우선 자기 스스로 그들의 삶이 향상될 수 있다는 확신을 견지해야 한다는 것이다.

④ 준비의 법칙: 발언을 하기 전에 충분한 준비를 하게 되면 의사소통이 보다 용이해지고, 청중들이 자신이 던지는 메시지를 더 좋아하도록 만들 수 있다. 사실 자신의 청중에게 말을 하기 전에 자기 자신이 최초의 청중이 되어 자신과 소통해 볼 필요가 있다. 자신이 이를 통해 뭔가 배울 점을 찾지 못했다면, 청중도 이를 발견하지 못할 것이다. 이것이 바로 '준비의 법칙'이다. 맥스웰은 준비 과정에서 '사람들이 무엇을 보고, 알고, 느끼며, 행동하기를 원하는지' 자기 자신에게 질문을 던져보면서 자신이 전달할 최고의 메시지를 뽑아내야 한다고 강조하였다.

⑤ 협력의 법칙: 맥스웰은 "혼자 생각하는 것보다 함께 생각하는 것이 더 빠르다. 공유된 사고는 혼자 생각하는 것보다 성숙도가 높다. 혼자 생각하는 것보다 함께 생각하는 것이 더 창의적이다. 공유된 사고만이 위대한 사고를 가질 수 있는 유일한 방법이다. 위대한 생각은 수많은 좋은 생각에서 탄생한다. 공유된 생각은 혼자 생각하는 것보다 더 큰 가치를 가져

온다."라고 말한 바 있다. 그러면서 좋은 생각을 하는 사람들과 생각을 공유할 때마다 그들은 자신이 결코 생각하지 못했던 아이디어를 생각해 낸다고 강조하였다. 달리 말하면, 개인적으로 어떤 좋은 아이디어를 가지고 회의에 참석할 수도 있지만, 협력을 통해 더 나은 아이디어를 가지고 나갈 수 있다는 것이다. 이것이 바로 '협력의 법칙'이다.

⑥ 콘텐츠의 법칙: 누구나 거의 모든 주제에 관한 콘텐츠에 즉시 접근할 수 있는 세상에서, 우리는 어떻게 자신의 콘텐츠와 메시지를 돋보이게 할 수 있을까? 어떻게 사람들의 관심을 사로잡고 그들에게 긍정적인 영향을 미칠 수 있을 정도로 충분히 오래 그 관심을 유지하게 할 수 있을까? 어떻게? 중요한 점은 뭔가 말할 가치가 있는 것이 있을 때, 사람들이 귀를 기울이기 시작한다는 점이다. 이것이 바로 '콘텐츠의 법칙'이다. 맥스웰은 사람들이 자신이 만든 콘텐츠에 주목하도록 만들려면, 우선 청중에 대한 이해로부터 출발하고, 자신의 강점 분야(맥스웰 자신의 경우, 소통, 리더십, 관계 등)를 중심으로 말하며, 연구를 하고 개요를 작성해 보며, 항공기가 활주로를 통해 이륙의 추진력을 얻듯이 명언명구, 질문, 최근 사건 등을 사용하여 이륙을 시도해야 한다고 강조했다.

⑦ 연결의 법칙: 저자는 글을 쓸 때 자기 책의 일부가 다른 부분보다 더 중요하다는 것을 알고 있다. 모든 아이디어의 무게가 동일하지는 않으며, 어떤 아이디어는 다른 아이디어보다 훨씬 더 큰 가치를 가지고 있다고 생각한다. 그러면서 많은 경우, 자신이 생각하는 가장 중요한 아이디어를 발견하고 메모하는 것을 독자들의 몫으로 남긴다. 이와 같이 글을 쓰는 것과는 달리 의사소통은 타인에 관한 것이기 때문에, 이런 식의 접근에는

한계가 있다. 맥스웰의 시각에서 보자면, 연결(connection), 즉 공감대의 형성이 훨씬 더 중요한 것이며, '연결의 법칙'이 이 책에서 가장 중요한 아이디어일 수도 있다는 것이다. 그는 너무 많은 화자들이 콘텐츠에만 중점을 두면서 콘텐츠가 연결보다 더 가치 있다고 믿는 경향이 있지만, 그렇지 않다는 점을 분명히 하였다. 콘텐츠와 연결이 모두 중요하지만(즉 최상의 상황은 유익한 콘텐츠와 연결이 동시에 충족되어 홈런을 치게 되는 상황이지만), 둘 중 상대적인 중요도를 가려야 한다면 훌륭한 의사소통자의 경우 콘텐츠보다 연결이 더 중요하다는 것이다. 그러면서 그는 "자기 자신에 초점을 맞추는 사람은 주의집중(attention)을 얻으려고 하고, 콘텐츠에 초점을 맞추는 화자는 정보를 제공하려고 하며, 타인에 초점을 맞추는 의사소통자는 연결을 시도하려고 한다."라고 언급하였다. 또한 연결이 이뤄지기 전까지는 자신과 그들 간에 경계가 있게 되고, 아무리 좋은 콘텐츠를 다루더라도 연결이 없다면 흥미를 느끼는 수준에서 끝나지 고무되지는 않을 것이라고 지적하였다. 결론적으로 이런 연결을 위해서는 다른 사람의 입장이 되어 입장을 바꿔놓고 생각해 볼 필요가 있다고 보았다.

⑧ 지렛대 활용의 법칙: 맥스웰은 누군가가 훌륭한 의사소통가로 성장하고 싶다면, 자신의 주요 강점을 찾아서 그것들을 사용해야 한다고 강조하였다. 이것이 바로 '지렛대 활용의 법칙'이고, 화자 스스로 자신의 강점을 발견하고 최선을 다해 활용하는 것을 의미한다. 맥스웰은 자신의 강점을 발견하게 되면 자신의 목소리를 찾게 된다고 보았다. 그때부터 자신이 시도하는 의사소통은 자기 자신에게 알맞고 자연스러워진다는 것이다. 따라서 그저 다른 화자를 모방하려 들기보다 자신의 강점을 발견하여 특히 앞서 강조한 '연결'을 시도할 때 활용할 필요가 있다. 예를 들어, 진실한

마음에서 우러나는 공감이나 뜨거운 가슴 등이 자신의 강점일 때 이것의 활용은 다른 사람들과 정서적 연결을 보다 용이하게 하고, 유머가 자신의 강점일 때 이것의 활용은 다른 사람들을 웃게 만들고 경직된 혹은 꼬여있는 상황을 풀어갈 수 있게 한다. 만약 강점 발견이 어렵다면 자신의 발표 혹은 연설 영상을 보고 분석해 보거나, 발표나 연설을 듣는 사람들에게 "어떤 부분이 가장 마음에 들었는지, 어떤 부분이 가장 기억에 남는지" 등에 대해 물을 수 있다. 이를 통해 자신과 청중 간의 연결 강도에 대한 단서들을 찾을 수 있고, 자신의 강점을 발견할 수도 있게 된다.

⑨ 기대의 법칙: 최근 들어 자신이 던지는 메시지에 스스로 흥미와 열정을 느끼지 않는 연사의 말을 듣고 기뻤던 때가 있었는가? 아마도 그런 일은 없었을 것이다. 왜? 발표자가 주제에 대해 열정이 없으면 청중도 마찬가지이기 때문이다. 그리고 그 역도 성립될 수 있다. 즉 발표자가 큰 열정을 갖고 있다면 청중도 마찬가지라는 것이다. 따라서 맥스웰은 당신이 말하고 싶어 참을 수 없을 때, 청중들도 그것을 듣고 싶어 참을 수 없다고 강조하였다. 그것이 바로 '기대의 법칙'이다. 맥스웰은 청중의 기대치를 높이려면, 먼저 자기 스스로 성장을 위해 꾸준히 노력해야 하고, 이런 노력 없이 섣불리 자신을 '전문가'에 위치시키려고 노력해서는 안 된다고 조언한다. 무엇보다 자기 자신에 대한 기대감을 계속 더 높이는 것이 중요하다는 것이다. 이런 기대감과 기술의 수준이 상승하게 되면 자연스럽게 청중들의 반응도 상승할 것이며, 화자 자신이 좋은 사람이 될 때, 사람들의 기대는 최고조에 달하게 될 것이다.

⑩ 단순성의 법칙: 맥스웰에 따르면, 연사의 말은 가급적 단순하고 자연스

러우며 이해하기 쉬워야 한다. 따라서 훌륭한 의사소통자가 되려면 (지나친 단순화의 오류나 성급한 일반화의 오류를 범하지 않으면서) 복잡한 것을 단순하게 만들 수 있어야 한다는 것이다. 이것이 바로 '단순성의 법칙'이다. 복잡해 보이는 내용이더라도 정교화(sophistication)의 꼭대기에는 단순성이 있다고 생각하면서 청중에게 최대한 메시지를 단순화하여 전달할 필요가 있다. 복잡한 것을 더 간단하게 전달하려면 명료성(clarity), 간결성(brevity), 초점(focus), 이 세 가지를 기억하면서 발표나 강연을 준비하고 이를 적용해야 한다.

⑪ 시각적 표현의 법칙: 맥스웰에 따르면, 그냥 말하는 것보다는 보여주면서 말하는 것이 훨씬 효과적이다. 따라서 훌륭한 의사소통자가 되려면 자신의 발표 효과를 높이기 위해 시각적으로 무엇을 보여줄 것인가를 결정할 필요가 있다. 이것이 바로 '시각적 표현의 법칙'이다. 우리는 이미지가 풍부한 문화(예: TV, 영화, 비디오, 페이스북, 인스타그램, 유튜브 등)에서 살아가고 있기 때문에, 시각적 이미지의 힘에 익숙해져 있는 상태이다. 맥스웰은 사람들 대부분이 시각적 학습자라는 점, 이미지가 사람들의 마음에 쉽게 자리 잡는다는 점, 사람들이 이미지에 잘 반응한다는 점, 이미지가 공감이나 상상력을 자극한다는 점 등을 고려하면서 이미지를 잘 활용하며 발표를 해야 한다고 강조하였다.

⑫ 스토리텔링의 법칙: 이야기는 적어도 인간만큼 오래된 것이다. 맥스웰에 따르면, 사람들은 그들 자신의 삶을 이야기로 보기 때문에 탁월한 의사소통자가 되려면 '스토리텔링의 법칙'을 배울 필요가 있다. 그러면서 인지심리학자이자 교육과정 사상가인 제롬 브루너(Jerome Bruner)가 "사람들은

어떤 사실이 이야기로 전달될 때 그 사실을 기억할 가능성이 22배나 높다. 왜냐하면 이야기가 기억에 남기 때문이다."라고 한 말을 인용하였다. 또한 14만 명의 팔로워를 보유한 척 스윈돌이 "이야기는 우리를 다른 세계로 이동시켜 준다. 그리고 우리를 집중하게 하며, 진리의 소통을 위한, 쉽게 잊을 수 없는 의미 있는 교훈을 위한 탁월한 수단이다."라고 한 말을 인용하였다. 맥스웰은 훌륭한 스토리텔러가 가장 기억에 남을 만한 리더이고, 가장 매력적인 화자이며, 가장 좋은 멘토이고, 일생 동안 기억할 선생님이라고 규정하면서, 우리가 이야기를 효과적으로 나누려면, 우선 '내가 그들에게 무엇을 보여주고 들려주고 싶은지, 스토리텔링이 그들에게 어떤 도움을 줄 것인지, 이야기를 통해 그들이 무엇을 상상하길 원하고 무엇을 느끼길 원하는지, 어떻게 하면 그 이야기를 재미있고 잊지 않도록 할 수 있는지' 등에 대해 생각하면서 스토리텔링을 준비하고 적용할 수 있어야 한다고 조언한다.

⑬ 온도조절의 법칙: 해리 트루먼 대통령은 "모든 독자가 리더가 될 수 있는 것은 아니지만, 모든 리더는 반드시 독자가 되어야 한다."라고 말했다. 맥스웰은 트루먼이 훌륭한 리더는 항상 배우고 성장을 추구해야 도달 가능하며, 이를 위해 항상 책을 읽어야 한다고 말한 것에 깊은 의미를 부여하였다. 그러면서 그는 트루먼이 '리더라면 책뿐만 아니라 사람의 심리, 상황, 추세, 기회 등 다른 것들도 읽을 수 있다는 사실 또한 알고 있었을 것'이라고 보았다. 맥스웰은 리더와 마찬가지로 좋은 의사소통자도 책과 기사를 읽고 정보를 소비하여 지속적으로 배우고 성장하며 아이디어를 찾을 뿐만 아니라, 자신이 말하고 있는 공간이나 방의 분위기를 읽고, 필요할 때 방의 분위기를 바꿀 수도 있어야 한다고 강조했다. 이것이

바로 '온도조절의 법칙'이다. 맥스웰은 방의 온도를 읽고 온도를 변경하려면, 기본적으로 청중들이 모두 착석하기 전에 분위기에 영향을 미치는 요인들(예: 방의 조명, 음향, 스크린, 단상, 좌석 배치 구조 등)을 미리 살펴볼 필요가 있고, (아래와 같이) 차가운 방과 따뜻한 방 분위기의 차이를 알고 방 분위기를 바꾸기 위해 노력할 필요가 있다고 강조했다.

- 격식을 차리는 자리 vs. 격식 없는 편안한 모임
- 사람들의 참여를 요구함 vs. 사람들이 자발적으로 참여를 원함(화자와 청중 간 상호작용 원활)
- 청중들이 화자와 모르는 관계 vs. 청중들이 화자와 비교적 친숙한 관계
- 청중들이 주제와 친숙하지 않음 vs. 청중들이 주제에 관심을 갖고 친숙하게 받아들임
- 화자 자신이 말하면서 불편함을 느낌 vs. 화자가 확신을 갖고 말함
- 청중들이 중간에 일어남 vs. 청중들이 끝까지 자리를 지킴

⑭ 변화의 법칙: 맥스웰에 따르면, 화자는 자신의 청중들이 흥미를 갖고 참여적인 태도를 갖도록 만들 책임이 있다. 이런 책임을 다하려면 무엇보다 '동일성은 소통의 죽음'이기 때문에 '변화의 법칙'을 적용할 수 있어야 한다. 똑같은 목소리 톤과 표정, 움직임 없는 경직된 자세의 지속, 충분히 예측 가능하고 다른 곳에서도 흔히 볼 수 있는 반복적인 콘텐츠(내용) 등은 청중들을 지루하게 만들고, 메시지를 쉽게 잊어버리도록 만든다. 이는 마치 일 년 52주 내내, 일주일 내내, 하루 세 번, 똑같은 음식을 먹는 것과 다르지 않다. 따라서 소통 과정에서 변화를 주기 위해서는 움직이고 표정과 목소리 톤에 변화를 주도록 하되, 타이밍을 살려서 해야 하고, 일시 정지나 침묵 또한 효과적으로 사용해야 하며, 새롭고 참신한 메시지를

전달할 수 있어야 한다.

⑮ 가치 더하기의 법칙: 맥스웰에 따르면, 사람들은 화자가 어떤 말을 했는지에 대해서는 잊어버릴 수 있어도, 그가 그들을 어떻게 느끼도록 만들었는지에 대해서는 결코 잊지 않는다. 이것이 바로 '가치 더하기의 법칙(law of adding value)'이다. 훌륭한 의사소통자는 청중들로 하여금 더 크게 느끼도록 만든다. 맥스웰은 의사소통자로서 가치 더하기를 실천하기 위해서는 다음과 같이 할 수 있어야 한다고 강조했다. 우선 화자는 좋은 가치를 실천해야 한다. 좋은 가치를 실천하는 것은 사람들로 하여금 다른 사람들을 소중하게 여기도록 안내할 수 있다. 그것은 우리의 동기를 옳음의 상태로 유지시키고 옳음을 실천할 수 있도록 돕는다. 이것은 또한 사람들에게 가치를 더해줄 수 있도록, 즉 가치 더하기로 나아갈 수 있도록 힘을 부여해 준다. 합당한 이유를 가지고, 사람들과 함께, 그리고 이들을 위해 옳은 일을 하는 것은 그들에게 가치를 더해주게 된다. 화자와 그의 메시지가 사람들에게 가치를 더해 줄 때, 훌륭한 의사소통이 일어날 수 있는 것이다. 이러한 가치 더하기의 법칙을 실천하려면, '수확'이 아니라 '파종'에 초점을 맞춰야 하고(즉 '받는 것'으로부터 '주는 것'으로의 초점 변화, 다시 말해 '내가 오늘 무엇을 받을 것인가'가 아니라 '무엇을 줄 것인가'에 대해 스스로 묻는 사람이 타인에게 가치를 더해 줄 수 있고), 관점이 신념에 영향을 미치고 신념이 우리의 행동을 결정하기 때문에 사람들을 긍정적으로, 우호적으로 바라보기 위해 노력해야 한다.

⑯ 결과의 법칙: 맥스웰에 따르면, 의사소통에서 가장 큰 성공은 바로 행동이다. 대체로 좋은 리더들은 사람들이 행동을 취하고, 변화를 만들고, 세

상을 더 나은 곳으로 만들기 위해 노력하도록 영향을 미치기를 원한다. 좋은 의사소통자도 마찬가지이며, 좋은 의사소통 기술이 효과적인 리더십의 기초가 되는 이유이기도 하다. 만약 화자가 비전을 던지고, 사람들에게 앞으로 가는 길을 보여주고, 로드맵을 제공하고, 그들이 행동하도록 영감을 줄 수 없다면, 리더로서의 역할을 수행하는 데 어려움을 겪을 수밖에 없는 것이다. 제2차 세계대전 중에 영국 국민이 결코 포기하지 않도록 이끌었던 윈스턴 처칠의 의사소통 기술을 떠올려 보고, 억압받는 흑인의 권리를 옹호하고 더 나은 세상을 위한 꿈을 공유했던 킹 목사의 연설을 상기해 본다면, 이 강력한 의사소통자들과 다른 평범한 연설자 간의 차이점을 쉽게 확인할 수 있을 것이다. 바로 그들의 의사소통은 단순히 공허한 미사여구가 아니라 '행동'으로 이어졌다는 점이다. 다시 말해 청중들을 행동으로 나아가게 만들었다는 것이다. 이런 의미에서 의사소통에서 가장 큰 성공은 행동인 것이고, 그것이 바로 '결과의 법칙'인 것이다. 맥스웰에 따르면, 이를 위해서는 우선 자기 스스로 행동에 헌신적이어야 하고, 이를 바탕으로 사람들이 생각하는 방식이나 프레임을 변화시켜야 하며, 행동으로 나아가기 위한 다리를 놓는 데 의사소통을 활용할 필요가 있는 것이다.

끝으로, 하이트(J. Haidt)와 루키아노프(G. Lukianoff)가 『나쁜 교육』에서 제시한 교육론을 바탕으로 소통을 위한 원칙을 소개하고자 한다. 하이트와 루키아노프는 자극에 대해 반사적으로 나타나는 감정과 그 감정에 뒤따르는 감정적 추론을 바탕으로 잘못된 판단이 내려질 수 있음을 경계하며, 아이들과 대학생들을 보다 더 지혜롭게 만들 수 있는 몇 가지 방법을 제시한 바 있다. 그 과정에서 중심이 되는 것은 '생산적 의견 충돌'을 경험하는 것이다. 즉 이들은 교육의 장면에서 생산적인 의견 충돌을 통해 창의성을 기를 수 있다고 역설하며, 상처받지 않고 비판을 주고받을 수 있도록 도와야 한다고 언급하였다. 그 과정에서 심리학자 애덤 그랜트(Adam Grant)가 언급한 생산적 의견 충돌의 원칙에 따라야 한다고 제시하였는데, 그 구체적인 내용은 다음과 같다.[66]

- (단순한) 갈등보다는 (건설적) 논쟁이 되도록 틀을 짜라.
- 주장을 펼칠 때는 내 생각이 옳다는 식으로 하되, 상대의 이야기를 들을 때는 내가 틀렸다는 마음가짐으로 하라(나아가 기꺼이 생각을 바꾸려 해라).
- 상대방 관점을 최대한 존중하면서 그 뜻을 해석하라.
- 내 의견에 비판적인 사람이라도 나와 어디서 의견이 일치하는지, 거기서 무엇을 배웠는지 인정하라.

이처럼 하이트와 루키아노프는 소모적인 언쟁과 생산적 의견 충돌을 구분하면서, 체계적이고 공식적인 토론에 참여하는 것의 중요성을 강조하였다. 토론에의 참여를 통해 자신과 관점이 다른 사람을 상대로 자기 주장을 제시하는 연습을 하고, 토론 기술을 배우는 것이 필요하다고 본 것이다.

하이트와 루키아노프의 논의를 바탕으로 의사소통 과정에서 따라야 하는 원칙을 제시한다면, 다음과 같이 다섯 가지를 제시해볼 수 있다. 첫째, 상대에 대한 믿음을 가져야 한다. 하이트와 루키아노프는 상대방이 어떤 진술을 했을 때 악랄한 저의나 공격적인 형태로 그 말을 한 것이 아니라, 선한 의도를 갖고 합리적인 차원에서 말했다고 해석하자는 철학 및 수사학의 원칙, 즉 '자비의 원칙'을 소개한다.[67] 이처럼 의사소통 과정에서는 '자비의 원칙'에 따라, 상대에 대한 믿음을 토대로, 상대방의 의견을 존중하면서 진의를 파악하고자 노력하는 태도를 가져야 한다. 이러한 원칙을 따른다면 문제가 불거질 때도 공격의 틀로 바라보기보다 서로에 대한 예의를 지키고 배려하는 태도를 가질 수 있을 것이다.

둘째, '지적 겸손'의 덕을 가져야 한다. 지적 겸손이란 자신의 추론이 편향적이기 쉬우므로, 자신이 옳다는 확신을 갖기가 무리라는 것을 인정하는 것을 의미한다.[68] 지적 겸손함을 토대로 의사소통 과정에 참여함으로써, 내가 틀렸다는 것을 깨달았을 때는 그 사실을 순순히 인정하고 받아들이며, 기꺼이 수정하고자 하는 태도를 가져야 한다. 나아가 자신의 오류를 깨닫게 해 준 상대방에게 고마워할 수 있는 태도를 가져야 할 것이다.

셋째, 소통 과정에서 적극적으로 자신의 인지 과정에 대해 반추해야 한다. 앞서 언급한 바와 같이 자신의 추론에는 오류가 있을 수 있다. 그 가능성을 토대로 자신의 인지 과정에 대한 끊임없는 검토가 필요하다. 하이트와 루키아노프는 그 구체적인 방법으로 마음챙김과 인지행동치료 기법을 활용할 것을 제안하고 있다. 마음챙김이란, 의식적으로 지금 이 순간에 몰두하되 어떤 판단도 내리지 않는 것으로서,[69] 감정적 추론으로부터 야기될 수 있는 오류에 빠지지 않도록 판단을 유보하는 데에 도움을 줄 수 있다. 인지행동치료란 왜곡된 사고 기법을 발견하고 바로잡기 위해 활용하는 기법으로, 자신의 자동적 사고 과정이 왜곡된 사고 유형에 해당하지 않는지 검토해보며 자신의 생각에 반하는 증거를 탐색해보는 과정을 의미한다.[70] 생산적이고 건전한 소통이 이루어지기 위해서는 이와 같은 방법들을 바탕으로 자신의 사고 과정에서 확증 편향과 인지 왜곡이 얼마나 많이 일어나는지를 인지하고, 비판적 사고를 할 수 있도록 노력해야 한다.

넷째, 인신공격을 자제해야 한다. 하이트와 루키아노프는 토론 과정에 활발하게 참여시킴으로써, 근거가 충분한 논변을 성립시키는 것뿐만 아니라 토론을 통한 생각 비판과 인신공격을 구분하고 그 차이점을 이해하도록 도울 수 있을 것이라고 보았다.[71] 이처럼 논증과 인신공격을 구분하고, 소통 과정에서는 충분히 합리적인 주장을 하되 사람 자체를 비판하는 인신공격을 삼가야 한다.

마지막으로, 발언의 자유를 확보하여 다양한 관점에 귀 기울여야 한다. 하이트와 루키아노프는 표현의 자유 원칙에 대한 '시카고대 선언문'을 제시하며, 이에 따라 어떤 상황에서도 공평한 발언 기회가 보장되어, 누구에게나 발언의 자유가 지켜질 수 있어야 한다고 보았다. 선언문 내용의 일부를 소개하면 다음과 같다.[72]

> 한마디로 ○○[기관명]은 원칙을 지키는 데 전념할 것이니, 그 원칙이란, 누군가가 내놓은 아이디어에 ○○의 일부 혹은 그 대부분 성원이 그것을 공격적이거나 어리석거나 그릇되었다고 여겨도 그에 대한 논쟁이나 숙의가 억압당하는 일은 없게 한다는 것이다. 아울러 그런 판단을 하는 것은 기관으로서 힘을 가지는 ○○이 아닌, ○○에 속한 개개인 스스로가 되어야 할 것이며, 그러한 판단을 실행에 옮길 때에는 발언을 억누르는 식이 아니라 자신들이 반대하는 생각들을 주제로 공개석상에서 치열하게 다퉈보는 식이어야 할 것이다. (중략) ○○ 공동체의 성원들은 캠퍼스 안에서 표현되는 관점을 비판하고 그것과 다툴 자유가 있으며, 캠퍼스에 와서 의견을 표명하게 된 연사를 비판하고 그들과 다툴 자유도 있으나, 누군가가 거부하거나 심지어 혐오한다고 해서 다른 이들이 그런 관점을 표현할 자유를 방해하거나 그 외 어떤 식으로든 장애를 줘서는 안 될 것이다.

이처럼 소통 과정에서는 아무리 이해할 수 없는 입장이라고 하더라도 발언의 기회 자체를 막아서서는 안 되며, 오히려 그러한 의견에 대해 합리적으로 비판하고 소통하며 상호 발전할 수 있는 기회로 삼아야 한다. 이를 통해 다양한 관점 간의 소통이 이루어질 수 있을 것이며, 보다 더 넓은 차원의 진리를 발견할 수 있는 기회를 가질 수 있을 것이다. 이상에서 논의한 바와 같이 소통 과정에서의 다섯 가지 원칙이 지켜진다면, 사회 내에서 보다 생산적인 의견 충돌이 이루어질 수 있을 것이며, 이를 통해 유덕한 시민들이 함께 최적의 대안을 찾아 나서는 시민사회를 구성해나갈 수 있을 것이다.

CHAPTER_ 2

토론자가 갖추어야 할 소양

"이성적 토론에서의 논증은 '나와 너의 대결'이 아니라, '우리와 무지의 대결'이다.
… 토론하는 양측은 뗏목과 같고 논증은 강과 같다. 강은 고요한 부분과
소용돌이 부분을 가지고 있다. 아마도 바위와 폭포도 있을 것이다.
그러나 목표는 바다를 발견하는 것이지 상대방의 뗏목을 뒤집는 것이 아니다."
– 피터 크리프트, 류의근 편, 『비판적 사고와 철학 논술 교육』, "소크라테스적 논술"

CHAPTER_ 2
토론자가 갖추어야 할 소양

우리는 기후변화 위기, 부의 분배 문제 등과 같은 공통 관심사에 대한 의사소통행위를 통해 합리적이고 윤리적인 방향으로 자신들의 행위를 조정해나갈 수 있는 자질을 배양할 수 있다. 이를 바탕으로 협력과 연대, 참여의 공동체를 만들어나갈 수 있기 때문에, 토론은 시민이 주인으로 참여하여 함께 결정하고 책임지는 참여 민주주의와 숙의(또는 심의) 민주주의의 중심에 있다. 이러한 맥락에서 월터 파커(Walter Parker)는 민주 시민에 대해 언급하며 "시민은 관용, 평등 및 공정한 정의, 권력에 대한 제한의 필요성 등과 같은 민주주의의 원리를 이미 이해한 상태에서 '자연적으로' 태어나지 않는다."라고 기술한 바 있다.[73] 그러면서 학생들은 민주 공동체에 참여하는 방법을 배울 필요가 있으며, 토론이 이러한 참여의 중심에 있음을 강조하고 있다. 또한 다수의 선행연구[74] 에 따르면, 복잡한 사회 문제에 대한 학생의 토론은 다양한 관점에서 문제를 논의하는 방법뿐만 아니라, 문제에 대한 학생의 이해를 높일 수 있다. 그리고 모든 다른 삶의 기술과 마찬가지로, 토론의 기술과 태도 또한 가르침과 배움, 반복적인 연습을 통해 향상될 수 있다. 이처럼 토론 역량은 학습이 가능할 뿐만 아니라 반드시 학습되어야 한다는 점을 전제로, 이 장에서는 토론 역량 증진을 위해 좋은 토론자가 갖추어야 할 소양과 기술에 대해 살펴보고자 한다.

1. 토론 관련 주요 개념

논쟁 문제: '논쟁 문제'란, 자유롭고 평등한 시민들에 의해 제시된 '합당한 의견들'[75]이 심각하게 불일치하거나 상반되게 나타나는 쟁점이나 이슈를 말한다. 이때 '합당한 의견'이란 사회의 협동적 구성원이 되고자 하는 동기(협력적 동기)를 가진 이가 자신의 의견을 지지하는 고유하고 타당한 논리와 근거를 바탕으로 설득력 있는 사고체계를 갖춘 생각을 의미한다. 특히 논쟁 문제가 안고 있는 '쟁점'의 속성이 논쟁적이라거나, 갈등이 존재한다거나, 의견의 불일치가 있다거나, 미심쩍다는 것은 그 쟁점에 대한 '어떠한 최종적인 유일한 정답'도 존재하지 않음을 의미한다.[76] 이러한 논쟁 문제는 격한 감정을 수반하면서 심각하게 의견 불일치가 발생하지만 실제로는 옳고 그름이 분명한 '표면적 논쟁 문제'와는 구분되는 것이다.

'논쟁 문제 수업'이란, 이러한 '논쟁 문제를 자유롭고 평등한 학생 시민들이 토론과 숙의 또는 심의(deliberation)를 통해 주체적으로, 협력적으로 해결해 나가는 수업'을 의미한다. 일반적인 토의 · 토론과 달리 논쟁 문제 수업은 논쟁 문제와 관련한 상반된 입장을 모두 검토함으로써, 협력적 의사결정을 가능하게 하고 의사결정의 타당성을 확보하고자 한다. 따라서 여기서 숙의(또는 심의) 과정은 어떠한 쟁점에 대해 찬반 논쟁을 통해 한쪽이 승리하는 것 자체를 목표로 하는 것이 아니다. 숙의의 핵심은 바로 사려 깊은 저울질(weighing)로서, 서로 다른 주장들을 대비시키고 논거의 질에 따른 설득력의 정도를 저울질하여 평가를 하는 과정이다.[77] 좋은 논쟁 문제 수업은 어떤 논쟁 문제에 대해 자유롭고 평등한 학생 시민들이 양질의 논거를 교환하며 보다 나은 논증으로 향하는 과정을 거쳐 의미 있는 결론을 협력적으로 산출하고, 참여자들이 이 모든 과정을 자기교정(self-correction)이나 양적 · 질적 변화를 위한 학습의 기회로 삼는 특징이 있다.

논증: 논증(argumentation)이란 무엇인가? 논증은 행위, 신념, 가치, 태도를 정당화하고자 하는 사람이 의사소통 상황에서 하는 추론을 의미한다. 논증은 '정당한 이유'에 기반을 두고,[78] 의사결정이나 판단을 이끌어낸다. 일반적으로 논증 방식은 '원리'와 구체적인 '사례'가 '추론'에 어떻게 관계하느냐에 따라 연역주의 모델, 귀납주의 모델, 정합주의(반성적 평형) 모델로 나눌 수 있다.[79] [그림 2]에서 알 수 있듯이 연역주의 모델은 원리를 구체적 사례에 적용하여 판단을 이끌어 내는 접근이고, 귀납주의 모델은 원리와 상관없이 사례분석을 통해 판단을 이끌어 내는 접근이다. 이러한 귀납주의 모델의 전형적인 예로는 아리스토텔레스가 강조한 예증을 들 수 있다. 즉 아리스토텔레스가 수사학에서 강조한 예증이 이러한 귀납적 접근에 해당한다. 예증은 어떤 사례를 제시한 후, 그 예들이 보여주는 일반적이고 보편적인 사실이나 명제가 참임을 증명하는 것이다. 이것은 유비와 유추를 통해 구체적인 예에서 어떤 유사성이나 동일성을 찾아낸다.[80]

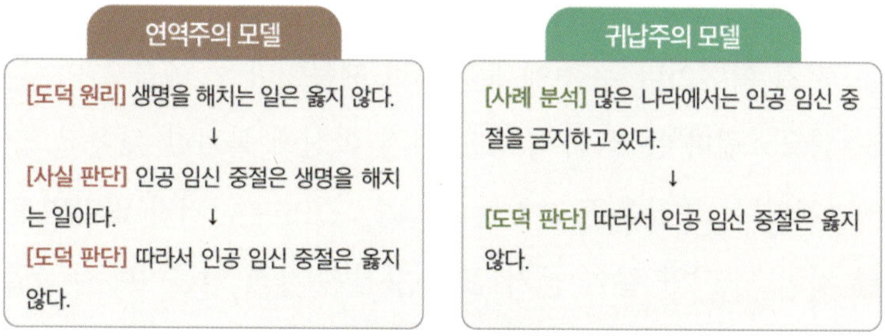

[그림 2] 연역주의 모델과 귀납주의 모델 적용의 예(윤리 영역)[81]

반면 정합주의(반성적 평형) 모델은 원리와 구체적 사례에 따른 판단이 상호 교정의 과정을 거치면서 평형 상태에 도달하도록 하는 접근이다. [그림 3]을 통해 정합주의 모델의 논증 과정을 살펴보자.

정합주의 모델

[도덕 원리]	생명을 해치는 일은 옳지 않다.
	↓
[구체적 사례에 따른 도덕 원리의 반성]	모기를 잡거나 고기를 먹는 일도 생명을 해치는 것이므로 해서는 안 되는가?
	↓
[도덕 원리의 수정]	인간의 생명을 해치는 일은 옳지 않다.
	⋮

[그림 3] 정합주의 모델 적용의 예(윤리 영역)[82]

위에서 알 수 있듯이 정합주의 모델은 기존의 원리가 절대적으로 옳다고 생각하는 대신, 구체적 사례에 적용하고 반성하는 과정을 거쳐 수정될 수 있는 것으로 본다. 그리고 이렇게 수정된 원리 또한 반성의 대상이 된다. 즉 수정된 원리를 새로운 사례에 적용했을 때 받아들일 수 없는 결과가 생긴다면 사례와의 평형을 위해 또다시 원리를 수정할 수 있다. 이처럼 정합주의 모델은 원리와 사례 분석이 상호 보완적이라고 전제하고, 끊임없는 반성을 통해 원리와 사례가 평형 상태를 이루어 나간다고 본다.

이처럼 논증이 중요한 이유는 근거나 증거가 없는 일방적인 주장은 일반화가 어려운 '자기 확신이나 추측'에 불과하기 때문이다.[83] 예를 들어, "사형제는 누가 봐도 혐오스럽다"는 식의 주장은 자기 확신에 불과한 것이고, "사형제가 범죄를 예방한다"는 주장을 뒷받침할 수 있는 증거나 근거가 없다면 단순 추측에 불과한 것이다. 이와 같이 근거 없이 자신이 가진 믿음이나 추측을 중심에 두고 흥분해서 말하다 보면 상대편과 대립 및 충돌이 일어나기 십상이다. 따라서 토론을 할 때에는 반드시 자기가 한 말을 뒷받침할 수 있는 근거나 증거를 논리적으로 제시할 수 있어야 한다.

토론: 엄밀하게 말하자면, 토의와 토론은 서로 다른 개념이다. 토의(討議,

discussion)는 희랍어 'dischos'에서 온 것으로, '주의 깊게 검사하다'라는 의미를 담고 있다. 반면에, 토론(討論, debate)은 라틴어 'debattuo'에서 온 것으로, '서로 떨어져 분리되어 다툰다'라는 뜻을 담고 있다.[84] 또한 표준국어대사전을 참고하자면, 토의는 '어떤 문제에 대하여 검토하고 협의하는 것'을 말하고, 토론은 '어떤 문제에 대하여 여러 사람이 각각 의견을 말하며 논의하는 것'을 말한다. 정리하자면, '토의'는 어떠한 사안에 대해 '협의'하는 것이 목적이고, '토론'은 서로 다른 주장을 가지고 있는 사람들이 자기의 주장을 펼쳐 상대방을 설득하는 것이 목적이라는 점에서 차이가 있다. 하지만 앞서 살펴본 바와 같이, 실제 의사소통의 과정에서는 토의와 토론이 서로 섞이거나 왔다 갔다 할 수 있다는 점에 유의할 필요가 있다. 예를 들어, 토의를 하다 보면 토론이 붙기도 하고, 토론을 하다 보면 토의가 되기도 한다. 따라서 두 소통 방식 간의 차이점에 대한 이해와 함께, 실제적 소통 과정에서 일어나는 두 방식 간의 상호 연계성에 대한 이해도 동시에 필요하다.

최근 들어, 토론이 아닌 다른 용어를 대안적으로 사용하자는 주장이 제기되기도 한다. '토론을 넘어 숙론으로' 나아가야 한다는 최재천의 주장이 이에 해당한다. 그는 토론(討論)에서의 토(討) 자에는 '공격하다', '정벌하다'와 같은 부정적인 의미가 내포되어 있고, (아마도 정치 영역을 중심으로 전개된 이전투구식 정쟁, 말싸움, 입씨름 등으로 인해) 토론은 너무 많이 오염된 용어가 되어버렸기 때문에, '토론'보다는 '숙론(熟論, discourse)'이라는 용어를 사용하자고 제안한다.[85] 그러면서 남아공에서 있었던 숙론의 성공 사례(몽플뢰르 콘퍼런스)라든가, 각종 위원회에서 위원장 역할을 맡았던 자신의 숙론 경험담을 근거로 숙론의 필요성을 역설한다. 특히, 최재천은 논쟁 문제에 대한 비생산적인 토론이 이뤄지거나 심지어 심각한 갈등적 대결 국면에 봉착했을 때, 진행자이자 기획자로서 자신이 성공적인 역할 수행을 했던 사례들을 활용하여 자신의 주장(즉 숙론의 필요성 주장)을 뒷받침한다. 필자의 입장에서 볼 때 이러한 최재천의 제안은 상당한 설득력이 있긴 하지만, 토(討)에 담긴 의미를 다소 일면적으로 해석했을 뿐만 아니라(즉 '토'의 본래적 의미보다 파생된 의미를 선택적으로 강조했을 뿐만 아니라),[86] 토론과 숙론의 차별점을 명확하게 포착하는 데 성공한 것으로 보이지도 않으며,[87] 최재천의 주장대로 토론 대신에 '숙론'이라는 용어를 사용한다고 해서 작금의 토론 문화가 얼마나 개선될 수 있을지에 대해서도 약간 의문의 여지가 있다. 이보다는 우리에게 친숙한 '토론'이라는 개념을 사용하면서 이것이 어떤 식으로 실천되어왔고, 어떤 문제가 있으며, 어떻게 개선해 나가야 하는지 심층적으로 살펴보는 것이 더 나은 선택지가 될 수 있을 것이다. 왜냐하면 이미 학교와 사회에서 '토론'은 올바른 의사결정을 위한 가장 중요한 수단이자 효과적인 과정(process)으로 인식되고 활용되어 왔기 때문에, 개념 선택의 문제(즉 어떤 개념이어야 하는가, 어떤 개념이 대안적 개념인가)가 아니라 일상언어의 실천적 적용의 문제(우리에게 친숙한 어떤 개념을 어떻게 실천할 것인가, 어떻게 교육할 것인가)로 접근하면서 개선책을 모색하는 것이 보다 적절해 보이기 때문이다.

비판적 사고: 비판적 사고를 가르치고 배우는 것이 곧 교육의 중요한 역할이자 과제이며, 토론은 흔히 이런 비판적 사고력을 향상시키는 데 기여하는 것으로 알려져 있다. 미국철학회가 발표한 「델피보고서」에 따르면, 비판적 사고란 '해석, 분석, 평가 및 추론을 산출하는 동시에 그 판단에 대한 근거가 제대로 되어 있는가, 개념적, 방법론적, 맥락적 측면들을 제대로 고려하고 있는가에 대한 설명을 산출하는 의도적이고 자기 규제적인 판단'을 의미한다.[88] 즉 비판적 사고는 자신의 판단과 그 근거의 합리성 및 논리성을 점검하는 종합적인 사고 능력에 해당하는 것이다. 이 보고서에 따르면 비판적 사고의 차원은 비판적인 인지적 기술과 비판적인 정의적 성향(affective dispositions)으로 나뉠 수 있다.[89]

이러한 비판적 사고를 할 수 있는 능력과 태도는 타당하고 합리적이며 윤리적인 의사결정을 내리고자 하는 모든 시민이 필수적으로 갖추어야 할 요소에 해당한다. 비판적 사고를 통해 우리는 논증의 타당성과 힘을 평가할 수 있으며, 어떤 메시지의 본질과 특성을 더 잘 이해할 수 있게 된다. 특히 후자와 관련하여 넬 나딩스(N. Noddings)는 "비판적 사고를 하는 목적이 논쟁에서 상대방을 패배시키는 데 있지 않고, 상대방의 입장을 이해하는 데 있다"고 강조한 바 있다.[90] 또한 비판적 사고를 통해 우리는 잘못된 사고 습관이나 인지편향, 자기중심성(egocentrism)과 자신이 속한 집단에 대한 이기성을 극복해 나갈 수도 있다.[91]

이와 같이 비판적 사고를 바탕으로 토론에 참여하는 것이 중요하기는 하지만, 그렇다고 이것만으로는 생산적 토론을 이끌어나가기에 충분하지 않다. 비판적 사고는 그 자체로 도덕적 선이 아니기 때문이다. 실제로 우리 사회에는 비판적 사고에 기술적으로 아주 능숙한 악한 사람들이 있으며, 그들은 악한 목적을 위해 비판적으로 사고하는 경향이 있다.[92] 탁월한 비판적 사고 능력과 잘 숙련된 토론의 기술 및 태도를 가지고 토론에 임한다 하더라도, 그가 도덕적 동기와 목적을 가지고 있지 않다면 토론의 결과는 긍정적인 성과를 얻기 쉽지 않을 것이다. 따라서 토론에 참여하는 토론자는 자신이나 특정 집단의 이익만을 대변해서는 안 되며, 공동선을 지향하는 도덕적 동기를 가지고 비판적 사고를 활용해야 한다. 비판적 사고의 활용은 도덕적 헌신과 긴밀하게 연결되어야 하며 비판적 사고 능력은 도덕적 헌신에 대한 요구 안에서 진리 추구와 인간 복지를 위해 사용되어야만 한다.[93]

2. 생산적 토론과 비생산적, 역효과적 토론

해리 존스(Harry Jones)는 토론에 참여하는 방식으로 최소한 세 가지가 있다고 주장하면서, 이를 각각 '생산적(productive) 토론', '비생산적(unproductive) 토론', '역효과적(counterproductive) 토론'으로 명명하였다.[94)] 먼저 그는 토론의 목적에 따른 최소한의 긍정적인 결과를 포착하고자 '생산적'이라는 용어를 사용하였다. 즉 생산적 토론이 일어날 때, 토론을 통해 최소 수준 이상의 성과를 얻게 된다. 다음으로 비생산적 토론은 그러한 최소한의 성과를 산출하지는 못하지만, 그렇다고 부정적인 결과를 산출하지도 않는다. 이와는 대조적으로 역효과적 토론은 부정적인 결과를 산출한다. 예를 들어, 역효과적 토론은 다른 대안들을 수용하지 않은 채 하나의 입장만을 고수하고 장벽을 세우거나 강화하기 때문에, 결국 상호관계를 무너뜨리고 협력이나 연대 가능성을 차단하는 등 전반적인 상황에 해악을 끼친다. 이것은 심리적으로 퇴행을 경험하게 된다는 점에서 나쁘지만, 악덕의 수행을 수반한다는 점에서 특히 문제가 될 수 있다.

더 구체적으로 말하자면, 창의성, 호기심, 공정성, 감사, 정직, 겸손, 친절, 사랑, 자기조절 등과 같은 덕과 관련된 자질들은 생산적 토론에서 비교적 분명하게 나타날 것이다. 한편 비생산적 토론은 무관심(indifference)으로 특징지을 수 있겠지만, 반드시 악덕으로 이어지지는 않을 것이다. 반면에 역효과적 토론이 이루어질 때, 우리는 앞서 나열된 덕목의 일부 또는 전부가 결여되었음을 알게 될 것이다. 다시 말해 상상력의 부족, 호기심의 실패, 부정직, 교만, 비열함 등의 악덕이 이러한 역효과적 토론에서 등장할 것이다. 언어 행위의 출발점을 기준으로 본다면, 역효과적 토론은 타인에 대한 고려의 심각한 부족으로부터, 최악의 경우에는 타인에 대한 적극적인 경멸 혹은 멸시로부터 출발할 가능성이 높다. 이러한 경멸이나 멸시의 태도는 대체로 인간의 존엄성과 같은 평등한 가치에 대한 거부를 내포하고 있으며, 흔히 평등의 의미와 기능에 대한 불신을 조장한다. 하지만 각자가 지지하는 인간의 존엄성과 평등에 대한 입장이 어떤 것인지와는 관계없이, 모든 인간이 동등한 도덕적 가치를 갖고 있으며 이에 상응하는 기본적 수준의 존중을 받아야 한다는 생각은, 21세기를 살아가고 있는 대부분의 세계 시민들에게 논쟁의 여지가 없어 보인다.

이러한 생산적, 비생산적, 역효과적 토론 방식을 포함해서 한 국가 내에서 지배적인 토론 방식이 무엇이냐 하는 것은 그 국가 구성원들의 시민성 수준과 민주주의가 추구하는 목적이 실현 가능할 것이라는 믿음, 즉 희망의 정도와 관련하여 우리에게 많은 것을 알려줄 수 있다. 예를 들어, 만약 비생산적 토론이 한 국가 내에서 지배적인 토론 방식이 되고, 심지어 역효과적 토론 방식이 등장하여 차츰 확대되기 시작한다면, 해당 국가 내에서는 시민적 덕의 함양 기회를 갖기 어렵게 될 뿐만 아니라, 악덕과 불평등을 조장함으로써 악덕을 습관화하는 방향으로 나아가게 될 것이다. 이렇게 된다면, 국가 구성원들의 시민성 수준은 크게 하락할 것이고, '함께 잘 살고자' 하는, 그리고 자유와 평등을 통한 인간 존엄성의 실현을 위한 열망이나 희망은 시민들 사이에서 크게 사그라들게 될 것이다.

그렇다면 한 국가 내에서 생산적 토론 방식이 지배적인 토론 방식으로 자리 잡게 하기 위해서는, 생산적 토론의 비중을 확대해 나가기 위해서는 어떤 노력이 요구되는가? 이에 대한 구체적인 논의는 다음 세 개의 절에서 전개될 것이기 때문에, 여기서는 '특히 경계해야 할 점'과 '나아가야 할 핵심 방향'을 중심으로 간략하게 살펴보고자 한다. 먼저 구성원들이나 참여자들의 인성 혹은 덕이 충분히 높은 수준에 도달하게 되면 생산적 토론이 자연스럽게 이뤄질 것이라고 단순하게 보아서는 안 된다. 구성원들의 인성 수준이 향상되면 생산적 토론이 이루어질 가능성 또한 어느 정도 높아지겠지만, 인성 수준이 높다고 생산적 토론을 할 수 있는 조건을 모두 갖추었다고 볼 수는 없기 때문이다. 이런 분절적 접근보다는 시민적 덕을 실천하면서 생산적 토론을 경험하고 연습하게 할 필요가 있다. 인간의 존엄성과 가치를 존중하면서 토론에 진지하게, 그리고 적극적으로 임할 때, 우리는 동료 시민에 대한 존중, 배려, 겸손 등의 다양한 시민적 덕을 발휘하게 되고 생산적 토론을 할 수 있는 역량을 기르게 된다. 다시 말하지만, 시민적 덕의 실천과 생산적 토론이 유기적으로 결합되기 위해서는 단순히 인간의 평등과 존엄에 동의하거나 이를 내면화하는 것만으로는 한계가 있다. 토론과 같은 사회적 상호작용의 과정에서 평등을 포용하는 방식으로 서로를 실제로 대함으로써, 시민적 덕도 기르고 생산적 토론을 할 수 있는 역량도 강화해야 한다. 만약 한 국가의 일원으로서, 그리고 동시에 시민단체나 이익집단의 일원으로서 인간의 존엄과 평등에 대해 입에 발린 말만 잔뜩 할 뿐 이를 실제로는 믿지 않는다면, 그리고 심지어 정책 결정의 주체가 생산적 토론을 할 수 있는 역량을 결여하고 있다면, 국가 수준에서 비생산적 토론과 역효과적 토론이 이뤄질 가능성이 높으며, 이는 의료 및 생명과 같이 매우 중요한 이슈를 둘러싼 논의의 진전을 실질적으로 어렵게 만듦으로써 시민들에게 심각한 피해를 입힐 수도 있다.

이러한 상황을 예방하는 데 '잘 준비된 토론 설계'가 무엇보다 도움이 될 수 있을 것이다. 특히 토론의 방향을 '전투가 아닌 협력'으로 설정하는 것은 강력한 첫걸음이 된다. 아울러, 공감과 이해, 경청과 같은 요소들을 토론의 행위 자체에 적용하는 것은 긴장과 분노가 아닌 우정과 협력을 바탕으로 생산적인 결론을 도출하는 데 도움이 될 수 있다. 이와 같이 '잘 준비된 토론 설계'는 생산적 토론이 더 많이 일어날 수 있는 조건을 조성하는 것뿐만 아니라, 전통적으로 뜨거운 감자가 되어 왔던 문제 상황들을 진전시키는 데에도 도움이 될 수 있을 것이다. 물론, 이상적인 희망은 생산적 토론을 설계하는 것이 모두를 위한 더 나은 정책을 만들어낼 뿐만 아니라, 사람들이 가진 정치적 성향에 관계없이 서로 더 나은 시민적 관계를 맺을 수 있게 하는 것이다. 결론적으로, 인성교육 및 시민교육적 관점에서 볼 때, 생산적 토론 수업을 잘 설계하는 것은 시민적 덕을 실천하면서 생산적으로 대화할 수 있는 실질적 맥락을 제공하는 것이 된다.

3. 토론의 기술과 태도

공동체의 구성원으로서 시민답게 살아가기 위해서는 민주국가의 주권자로서의 시민적 삶에 능동적으로 참여할 수 있는 토론의 기술과 태도를 갖추어야 한다. 따라서 시민교육을 통해 토론에 필요한 기술과 태도를 체계적으로 안내하고 지도할 필요가 있다. 그렇다면 '기술'과 '태도'란 각각 무엇을 의미하고, 토론과 관련하여 필요한 기술과 태도에는 어떤 것들이 있을까?

우선 '기능 혹은 기술(skills)'이란 지식을 습득할 때 활용되는 탐구 및 사고 기술이면서, 동시에 학습의 결과로서 학생들이 '할 수 있어야 하는' 능력을 의미한다.[95] 'OECD 교육 2030 프로젝트'에서는 기술(skills)을 "과정을 수행할 수 있고, 목표를 달성하기 위해 책임 있는 방식으로 자신의 지식을 활용할 수 있는 능력"으로 규정한다.[96] 그러면서 인지적, 메타인지적 기술과 사회정서기술을 그 예로 제시하고 있다. '인지적, 메타인지적 기술'은 비판적 사고능력, 창의적 사고능력, 학습하는 방법에 대한 학습(learning-to-learn) 능력, 자기조절능력(self-regulation)을 포함한다. '사회정서기술'은 공감 능력, 자기효능감(self-efficacy), 책임과 협력을 포함한다.

한편, '태도'는 가치와 신념에 의해 뒷받침되고 행위에 중요한 영향을 미친다. 또한 태도는 무엇 혹은 누군가에 대해 긍정적, 부정적 반응을 보이는 성향을 반영하고, 상황이나 맥락에 따라 달라질 수 있는 것이다.[97] 이런 이유에서 태도는 '어떤 대상에 대한 요약된 평가'로 간주되기도 한다. 누구든지 어떤 사람이나 집단, 평등과 같은 가치, 또는 그 밖의 어떤 것에 대해 긍정적인 태도를 가질 수 있다. 이때 긍정적인 태도는 어떤 것을 좋아하고 그것에 대해 우호적인 감정을 느끼는 것과 유사한 한편, 부정적인 태도는 불호에 관한 것이다. 이와 같이 태도는 대부분 평가적이다.

그렇다면 토론을 위해 필요한 기술과 태도는 무엇일까? 여기서는 토론의 기술과 태도에 대해 매우 유익한 지침을 제공하고 있는 뉴사우스웨일스대학교(The University of New South Wales: 호주 최고의 명문대학)의 사례를 소개하고자 한다.[98]

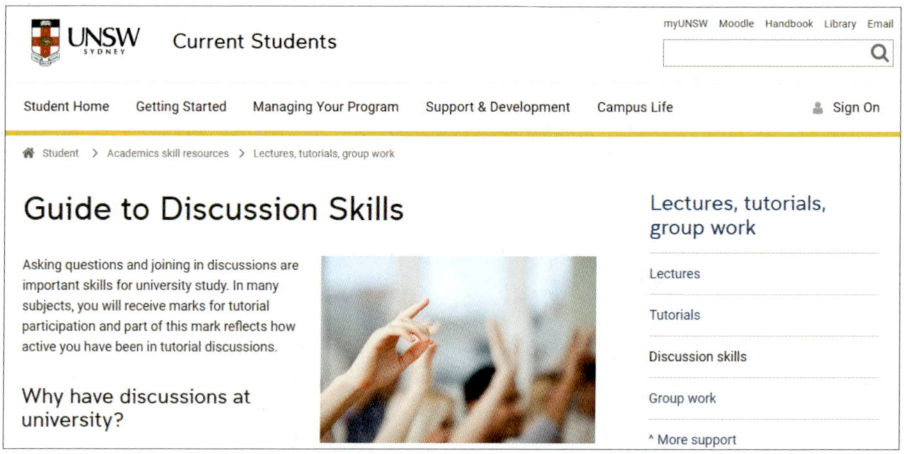

[그림 4] 뉴사우스웨일스대학교 토론 기술 가이드

1) UNSW의 토론 기술 안내

질문을 하고 토론에 참여하는 것은 학습을 위한 중요한 기술이다. 많은 교과목에서 학생들은 토론 참여에 대한 점수를 받게 될 것이고, 이 점수의 일부는 자신이 얼마나 적극적으로 토론에 참여했는지를 반영한다.

학교에서 토론을 하는 이유는 무엇인가?

- 주제나 주제 영역을 더 깊이 이해하기 위해
- 아이디어를 탐색하고 정보를 교환하기 위해
- 지식을 확장하고 명확히 하기 위해
- 비판적으로 생각하는 능력을 향상시키기 위해
- 언어 능력을 향상시키기 위해
- 말하는 것에 대한 자신감을 높이기 위해
- 자신의 태도와 생각을 긍정적으로 바꿀 수 있기 때문에
- 그룹이 어떤 결정을 내리거나 결론을 내리는 데 도움이 될 수 있기 때문에
- 토론을 통해 다른 학생들의 생각과 아이디어를 들을 수 있기 때문에

토론 기술 향상 전략

토론을 할 때 말을 하거나 질문을 하는 것이 어렵다면 다음 전략을 시도해 볼 수 있다.

관찰

가능한 한 많은 세미나와 튜토리얼에 참석하고 다른 학생들이 무엇을 하는지 알아보라. 스스로에게 다음과 같은 질문들을 던져보라.

다른 학생들은 어떻게 토론에 참여하는가?

- 그들은 어떻게 질문을 하는가?
- 그들은 어떻게 그 주제에 동의하지 않거나 지지하는가?
- 다른 학생들은 어떻게 비판적인 의견을 내는가?
- 그들은 의견 차이를 보일 때 공손함을 나타내기 위해 어떤 특별한 문구를 사용하는가?
- 그들은 어떻게 질문을 하거나 주장을 밝히는가?

듣는 법 배우기

경청은 어떤 토론에서도 필수적인 기술이고 중요한 요소이다. 나와 세상을 완전히 다르게 보는 사람들과 잘 어우러지기 위해서는 상당한 수준의 경청 기술 및 태도가 필수적으로 요청된다. 효과적인 청자들은 단순히 말하는 것을 듣는 것이 아니라, 그것에 대해 생각하고 적극적으로 처리해 나간다.

- 적극적으로 남의 말에 귀를 기울이라. 주의를 기울이고 말하는 것에 집중하라.
- 논의 중인 주요 아이디어를 파악하라.
- 들은 내용을 평가하라. 토론의 주요 아이디어/주제와 어떻게 관련이 있는지 생각하라.
- 열린 마음으로 듣고 새로운 아이디어와 관점에 대한 수용적 태도를 취하라. 그것들이 이미 배운 내용과 어떻게 조화를 이루는지 생각해 보라.
- 자신이 얼마나 제대로 이해했는지 확인해 보라. 다른 화자들이 말하는 것을 다른 말로 바꿔서 표현해 보라.

- 들으면서 스스로에게 질문을 하라. 수업 중에 자신이 대답할 수 있는 것들에 대해 메모를 하라.

소통을 가로막는 심각한 장애물은 이해당사자들이 서로 의견을 모으지 못할 때, 그리고 다양한 목소리를 낼 수 있게 하면서도 서로의 목소리를 적극적으로, 성심껏 듣지 못할 때 생겨난다. 이러한 경우에 우리는 대화를 하고 있다기보다도 동시에 일어나는 수많은 독백을 하고 있는 것이다. 이러한 상황은 경쟁하는 견해들이 명시적으로 부인되지 않는 한 겉으로는 다원주의로 보일 수 있지만, 이는 그저 겉모습에 불과하다.[99)]

상대방을 먼저 이해하는 데 초점을 맞추고자 한다면 내가 말하는 것보다 상대방의 말을 더 경청해야 하고, 스스로 다른 사람들을 어떻게 생각하는지, 왜 그렇게 생각하는지, 그리고 자신이 일반적으로 세계를 어떻게 바라보는지에 대해 진정으로 이해하려는 노력이 필요하다. 비록 우리가 여기서 토론 과정을 멈추고 더 나은 토론을 위한 탐색의 결과로 그저 공감만을 얻는다고 해도, 이는 올바른 방향을 가는 중요한 발걸음이 된다. 우리는 우리가 말하고 있는 내용을 이해한 후에야 비로소 '생산적 토론'에 참여할 수 있다. 대화 상대의 말을 적극적이고 공감적으로 경청하는 것은 오늘날 토론의 전형적 특징이라고 볼 수 있는 '마찰'을 완화하는 데 큰 도움이 된다. 우리가 진심으로 상대의 말에 귀 기울였을 때에만, 우리는 우리가 논쟁하고 있는 것이 무엇인지(또는 협력 프레임하에서 함께 협업하고 있는 문제 상황)를 정확히 파악할 수 있다. 그래야만 가치 있는 판단과 의사결정의 단계로 나아갈 수 있다.

준비

준비가 잘 되어 있지 않으면 토론에 참여할 수 없다. 수업에 참석하고 독서 또는 튜토리얼 과제를 완료해야 한다. 내용을 이해하지 못하거나 아이디어에 자신감이 없다면, 수업 시간 외에 선생님에게 말하는 것이 좋을 것이다.

연습

수업 시간 외에 수업 주제와 자료에 대해 토론하는 연습을 할 필요가 있다. 예를 들어 다른 학생이나 소규모 그룹과 함께 비공식적인 환경에서 시작할 수도 있다.

가장 먼저 동료 학생들에게 질문하는 것으로 시작한다. 그들에게 다음에 대해 질문할 수 있다.

- 교재나 읽기 자료
- 그들의 의견
- 교과목에 대한 정보나 조언
- 그들이 하는 말에 귀 기울이고 반응하는 연습을 해보라. 특정 학문 분야의 어휘나 개념에 대해 물어보라.

수업 시간 외에 자신의 견해를 표현하는 것에 익숙해지는 것은 보다 공식적인 토론 환경에서 취할 수 있는 기술을 개발하는 데 도움이 될 것이다.

참여

토론에 적극적으로 참여하는 것이 어렵다면, 매주 계획을 세우고 기여를 늘리는 것을 목표로 삼으라.

쉽게 참여할 수 있는 방법은 기존 토론에 뭔가를 추가하는 것이다. 작은 기여부터 시작하라.

- 누군가가 한 말에 동의한다.
- 그들에게 그들의 요점을 확장할 것을 요청한다(예를 들어 보거나 더 많은 정보를 요구한다).
- 질문을 미리 준비해 둔다.

다음으로, 아래와 같은 작업을 수행할 수 있다.

- 그룹에 주어진 질문에 답하기
- 논의 중인 점에 대한 예시를 제공하기
- 요지에 동의하지 않기

토론 참여: 의견을 내고 효과적으로 논증

논증(argument)은 주장과 근거를 담고 있는 글이나 말을 의미한다. 학문적 맥락에서 '주장'한다는 것은 근거에 의해 뒷받침되는 추론의 과정을 통해 의견을 제시하는 것이다. 논증은 합리적이고 비판적인 판단을 통해 설득하려고 시도하는 것이다. 학문적 글쓰기에서 논증은 주장(claim) 또는 논지라고 불리기도 하며, 이 또한 증거에 의해 뒷받침된다.

언쟁이라는 용어의 일상적인 의미는 한쪽이 '이기기' 위해 다른 쪽을 지배하려고 하는 적대자들 간의 공격적인 갈등이나 대립, 싸움을 암시한다. 학교에서 이런 종류의 소통 방식은 적절하지 않다. 바람직한 방향은 학문적 논증이며, 이것의 목적은 질문, 명제 또는 지식의 영역을 탐구하고 합리적인 상호 이해를 달성하는 것이다. 누가 '이기는가'가 중요하지 않으며, 가장 중요한 것은 논증 자체의 질이다. 토론에서 학문적 논증을 할 때, 참여자들은 아이디어를 개발하고 지식을 발전시키고 명확하게 하며 비판적으로 사고하는 것을 배우는 것이다.

세미나에서 의견을 내기 위한 3단계

자신의 의견을 말하고 효과적인 논증 기법을 사용하는 것은 중요한 기술이다. 특히 어떤 관점에 동의하고 싶지 않은데 이럴 때 어떻게 해야 하는지 또는 어떤 언어 구조를 사용해야 할지 확신이 없는 상태에서 토론에 참여하는 것은 다소 위험할 수 있다.

여러분은 좋은 아이디어를 가지고 있을지 모르지만, 그것을 효과적으로 전달하고 제시할 필요가 있다. 이를 위해 다음과 같은 세 가지 측면을 고려할 수 있다.

1. 타당한 의견(믿을 수 있는 관점)

- 저는 … 라고 믿습니다.
- 제 생각에는 …
- 제가 이해한 바로는 …
- 제가 알기로는 …

2. 이유

- 이것은 … 때문입니다.
- 왜냐하면 …
- 이게 무슨 뜻인지는 …

3. 증거

관련된 최신의 예, 통계, 전문가 의견이 있는 경우 출처를 참조하라.

- 이것은 … 을 통해 알 수 있습니다.
- 예를 들면 …
- … 한 예를 볼 수 있습니다.
- (전문가 또는 저자)는 다음과 같이 말합니다.
- (전문가 또는 저자)가 제안한 바에 따르면 …
- (출처)에 제시된 통계는 … 를 나타냅니다.

효과적으로 반론을 제기하는 방법

상대방의 논증에 무턱대고 동의하는 것은 이상적인 전략이 아닐 뿐만 아니라 일종의 자기기만이 될 수도 있다. 또한 상대방의 논증에 반박을 하거나 반론을 제시하는 것은 자기 자신이나 자기 편만을 위한 것이 아니다. 상대방의 논증에 제대로 대응을 해줘야 상대방도 자기 검토와 성찰을 통해 개선할 기회가 생길 수 있기 때문이다. 아울러, 생산적인 토론을 위해서도 반박은 반드시 필요하다. 이런 점을 잘 알고 있었기 때문에 존 듀이는 『공공성과 그 문제들』에서 "반박을 통해 비로소 사태의 핵심이 드러난다. 다시 말해 사람들이 문제 되는 대상을 서로 다르게 생각하고 서로 다르게 의미를 부여함으로써 생겨나는 그러한 차이가 드러난다."라고 주장한 바 있다. 이런 측면에서 본다면 반박이나 반론 제기는 토론자로서의 기본적인 의무에 해당한다. 단, 이러한 반박이나 반론 제기는 정중하게 이뤄져야 한다. 이처럼 다른 화자의 의견에 반론을 제기할 때 다음과 같은 표현으로 시작하는 것이 효과적일 수 있다.

1. 다른 사람의 생각과 아이디어를 존중하라.

- 당신의 요점을 이해할 수 있습니다. 그러나 …
- 좋은 지적입니다만 …
- 당신이 무슨 말을 하는지 알겠어요. 하지만 …
- 무슨 말인지 알겠어요. 하지만 …

2. 그런 다음, 왜 동의하지 않는지 정중하게 설명하라.

- 항상 그렇지는 않습니다. 왜냐하면 …
- 꼭 그렇지는 않습니다. 왜냐하면 …
- 이 아이디어는 통계/증거에 의해 뒷받침되지 않습니다 …
- 저는 그 저자의 말이 …

3. 자신의 의견을 뒷받침하는 이유를 충분히 제시하라.

- 제가 읽은 바로는 …
- 통계에 의하면 … 라고 표시되어 있습니다.
- 저는 (전문가 혹은 저자)가 실제로 제안하고 있는 것이 … 이라고 생각합니다.
- (전문가 혹은 저자)에 의한 다른 연구에 의하면 …

이제, 반론과 추가 토론을 준비하라!

자신감이 관건임을 기억하라. 토론 준비를 하고 생각을 미리 해본다면, 자신감 있게 말할 수 있고 자신의 기여가 유효할 것이라고 믿을 수 있다.

토론 에티켓에 주의

토론을 성공적으로 진행하기 위해서는 예의가 중요하다. 다음은 올바른 행동을 위한 몇 가지 기본 규칙들이다.

토론에서 꼭 기억해야 할 10가지 태도

- 다른 화자들의 기여를 존중하라. 그 그룹의 모든 구성원들에게 예의를 갖춰서 기분 좋게 말을 하라.
- 다른 화자들의 아이디어를 경청하라. 이를 통해 무언가를 배울 수 있을 것이다.
- 당신이 흥미롭다고 생각하는 것을 인정하라.
- 토론은 싸움이 아니라는 것을 기억하라. 정중하게 반대하는 법을 배우라.
- 다양한 견해를 존중하라. 그 견해를 가진 사람들이 반드시 틀린 것은 아니다.
- 말하기 전에 자신의 기여에 대해 생각해 보라. 질문에 어떻게 가장 잘 대답할 수 있나? 그 주제에 어떻게 기여할 수 있나?
- 토론 주제에서 벗어나지 않도록 노력하라. 관련 없는 정보를 소개하지 말라. 만약 주제에서 벗어나는 일이 생기면, "그것도 흥미로운 주제이기는 하지만, 나중에 그 주제에 대해 다루면 어떨까요?"라고 말하면서 자연스럽게 원래 주제로 돌아가도록 분위기를 유도하라.
- 자신의 보디랭귀지에 유의하라. 개방적이고 친근하게 표현하고, 공격적으로 보이는 제스처는 피하라.
- 생각이나 언어에 대해 불확실하다고 느끼더라도, 속삭이지 말고, 분명하게 말하라.

토론에서 예방해야 할 7가지 태도

- 다른 사람이 당신의 의견에 동의하지 않는다고 화를 내지 말라. 다른 관점을 제시하는 것은 토론에서 중요한 부분이다. 다른 사람들은 당신의 의견에 동의하지 않을 수도 있고, 그렇게 할 권리가 있다.
- 절대로 다른 사람들을 협박하거나 모욕하거나 그들의 기여를 비웃지 말라.
- "바보네" 또는 "어리석은 생각인 것 같네요", "당신 생각이 틀렸네요"와 같은 코멘트를 사용하지 말라. 적절하게 부동의를 표현하고 논쟁하는 방법을 배우라.
- 적당한 어조의 목소리를 사용하도록 유의하라. 만약 누군가의 목소리가 화가 나있거나 공격적으로 들린다면, 다른 사람들은 그의 말을 듣고 싶어 하지 않을 것이다.
- 확신과 자신감으로 충만해 있더라도, 토론을 지배하지 않도록 노력하라. 조용한 학생들이 기여할 수 있는 기회를 갖도록 배려하기 위해 잠시 멈추라.
- 개인적인 경험이나 일화를 지나치게 많이 다루지 않도록 유의하라. 학생들에게 그들 자신의 경험을 반성하도록 권장하더라도, 개별 사례를 너무 일반화하지 않도록 유의하라.
- 다른 사람의 말을 방해하지 말라. 자기 말을 시작하기 전에 다른 사람들이 그들의 요점을 끝낼 수 있도록 기다려라. 다른 사람들의 말을 듣는 것은 자신이 들을 권리를 얻는 것이다.

토론 주도

자신이 그룹 토론을 주도하거나 구두 발표 후에 토론을 주도해야 하는 상황에 놓일 수 있다. 이때 다음을 통해 토론을 주도할 수 있다.

- 자기소개와 토론의 목적 진술하기
- 토론을 자극하기 위해 질문하기
- 모든 학생들의 기여를 허용하고 장려함으로써 토론을 지배하는 사람이 없도록 하기
- 한 번에 한 명의 구성원만 말하도록 보장하기
- 토론이 관련성을 유지하고 주제에서 벗어나지 않도록 보장하기
- 화자의 요점을 요약하거나 다른 말로 바꿔 표현하기
- 논의를 요약하기

그룹 토론 의장

토론 그룹의 의장을 맡게 될 때 여러분은 참여자들이 그들의 목표를 달성하는 것을 돕기 위해 긍정적인 방법으로 의사소통해야 한다. 다른 사람들에게 긍정적으로 영향을 주고 자신이 속한 그룹이 토론 목적을 달성하는 것을 돕기 위해 사용할 수 있는 최소한 네 가지의 리더십 기술이 있다. 이러한 기술들은 다음을 포함한다.

- 토론의 주제와 목적 소개
- 자신과 다른 참여자들을 소개하기
- 모든 구성원이 거의 동일한 시간을 사용하며 발언할 수 있도록 공정하게 기회 부여하기
- 그룹 구성원들의 기여에 감사하기
- 그룹의 토론 내용과 성과를 요약할 때 객관적으로 하기

2) 서울대(윤리교육과)에서 제작한 토론 도입 부분 동영상

앞서 강조한 '생산적 토론'이 이뤄지기 위해서는 토론 활동의 도입 단계에서 토론을 해야 하는 이유, 토론의 규칙 및 에티켓, 토론 과정에서의 유의점 등을 참여자들에게 설득력 있게 안내할 필요가 있다. 이런 단계를 거치지 않고 곧장 토론 활동으로 들어가게 되면 참여 기회의 공정성, 토론 내용의 질적 수준, 관점의 다양성 등의 측면에서 문제가 발생할 수도 있다. 이런 필요성에 근거하여 (대부분 현직 교사들로 구성된) 서울대 윤리교육과 대학원생들이 제작해서 유튜브에 올려놓은 토론 동영상들을 효과적으로 활용할 필요가 있다. 이 중 몇 개를 소개하면, 다음과 같다.

〈표 3〉 토론 수업 도입부 동영상(서울대 윤리교육과 대학원생 제작: 유튜브)

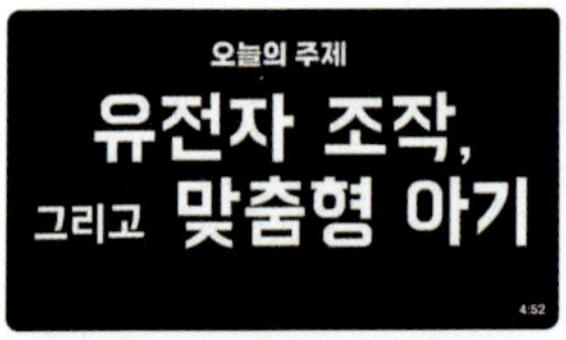	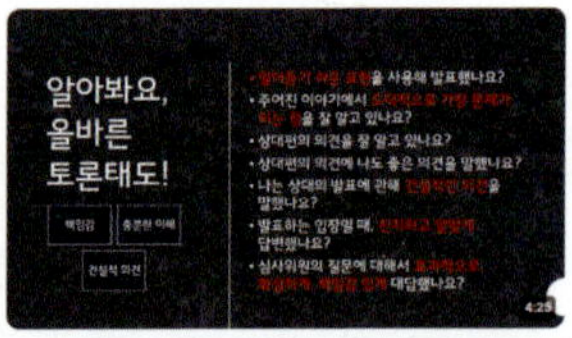	
[시민교육] 토론 수업 안내 영상 1	[시민교육] 토론 수업 안내 영상 2	[시민교육] 토론 수업 안내 영상 3
	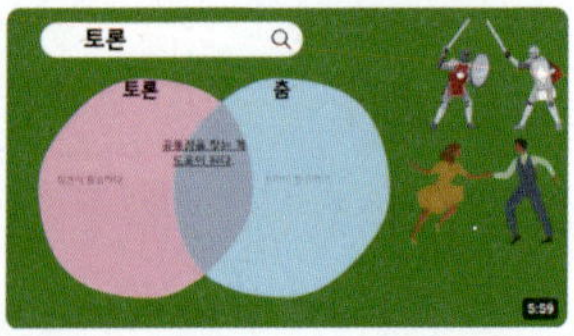	
[시민교육] 토론 수업 안내 영상 4	[시민교육] 토론 수업 안내 영상 5	[시민교육] 토론 수업 안내 영상 6

[시민교육] 토론 수업 안내 영상 7	[시민교육] 토론 수업 안내 영상 8	[시민교육] 토론 수업 안내 영상 9

예시: "토론 어떻게 할까?"(토론 수업 안내 영상 7: 개발자 이희지)

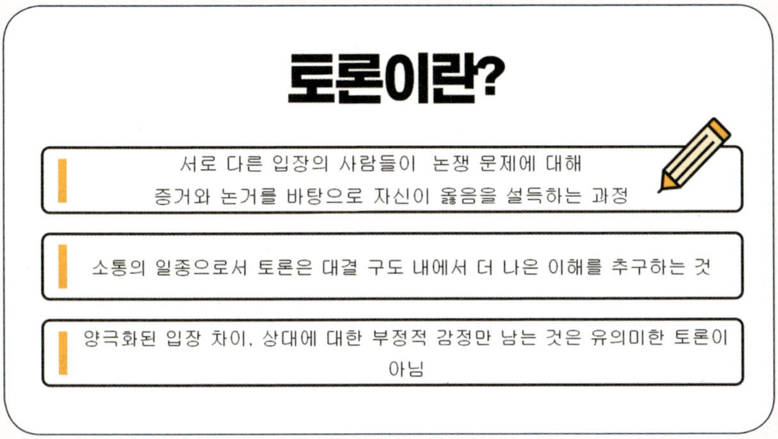

토론을 본격적으로 시작하기에 앞서, 잠깐 '토론'에 대해 생각해 봅시다. 토론은 인간 간의 '상호작용 행위'인 '소통'의 한 형태입니다. 소통이란 정보, 지식, 생각, 느낌 등을 전달하며 더 나은 혹은 새로운 의미를 공동으로 구성하는 과정인데요.

소통 중에서도 토론은 서로 다른 입장을 가진 사람들이 논쟁적 문제에 대해, 증거와 논거를 바탕으로 자신의 입장이 옳다는 것을 설득하는 과정입니다. 이러한 토론의 의미를 오해하여 자신의 관점만을 고집하거나, 다른 사람의 입장을 맹목적으로 비판하려고만 하는 태도는 '소통'으로서의 토론의 의미에 부합하지 못하는 것이지요. 토론은 결국 소통의 일종으로, 나와 상대의 대결 구도 내에서 더 나은 논증을 발견함으로써, 문제에 대해 더 나은 이해와 더 나은 해결책을 찾아나가는 과정입니다. 만약 토론 이후 극도로 양극화된 입장 차이와 서로에 대한 부정적 감정만이 남아 있다면, 유의미한 토론이 제대로 이루어지지 않은 것이라고 볼 수 있겠죠. 우리는 유의미한 토론을 위해 어떤 것들을 생각하고 지키며 토론에 참여해야 하는지 생각해 보겠습니다.

#지적 겸손함

자신이 옳다는 확신을 갖기가 무리라는 것을 인정하는 태도

- "언제든 나도 틀릴 수 있다."
- 자신의 입장에 대해 충분한 비판적 검토 과정
  - 서로 다른 입장을 모두 검토해보기
  - 판단을 멈추기
  - 내 입장에 반하는 증거 찾아보기

우리가 생각해 볼 첫 번째 키워드는 '지적 겸손함'입니다. 지적 겸손함이란, 자신의 추론이 편향적일 수 있으며, 자신이 옳다는 확신을 갖기가 어려움을 인정하는 태도입니다. 이것은 단순히 자신의 주장에 대해 확신이 없는 태도와는 다릅니다. 지적 겸손함은 '언제든 나도 틀릴 수 있다'는 사실을 인정하며, 자신의 입장에 대한 비판적인 검토 과정을 갖도록 하는 태도이지요. 비판적 검토를 위해 우리는 판단을 내리고자 하는 사회 문제에 대한 서로 다른 입장들을 모두 고려하면서, 내 입장이 정말로 타당한가를 한번 더 생각해볼 수 있습니다. 감정적인 추론에 빠질 수 있으니 잠시 판단을 멈추어 보거나, 판단 과정에서 오류는 없었는지 내 의견에 반하는 증거를 탐색해보는 것도 도움이 되지요. 이러한 비판적 검토 과정을 통해 더 정확한 논증을 바탕으로 의견을 제시할 수 있습니다.

#지적 겸손함

자신이 옳다는 확신을 갖기가 무리라는 것을 인정하는 태도

- 정확한 논증을 바탕으로 자신의 의견 제시
- 효과적인 의견 전달하기
  - 나의 의견: "~라고 생각합니다."
  - 의견에 대한 이유: "왜냐하면~"
  - 이유에 대한 근거: 구체적 사례, 통계 자료, 전문가 의견

이때 논증이란 합리적이고 비판적인 판단을 통해 설득하려고 시도하는 것을 말합니다. 토론을 할 때 논증 과정을 거친다면, 내가 가진 아이디어를 개발하고, 지식을 발전시키고, 명확하게 하면서, 비판적으로 사고하는 연습을 해 나갈 수 있습니다. 논증을 바탕으로 여러분의 의견을 제시할 때에는 "저는 ~라고 생각합니다."와 같은 형태로 의견을 제시하고, "왜냐하면~"과 같이 그렇게 생각한 이유와 함께, 여러분들이 제시하는 이유에 대한 증거를 함께 제시해주면 더 효과적인 의견 전달이 가능합니다. 이때 증거로는 출처가 분명한 관련 및 최신의 사례나 통계 자료, 전문가 의견 등을 활용할 수 있습니다.

#상대에 대한 믿음

상대도 나와 같이 선한 의도로, 합리적으로 검토하여 말했을 것이라는 믿음

- 상대방에 대한 존중, 예의, 배려
- 상대방 의견의 진의를 파악하고자 노력하는 태도
- 인신공격이나 무조건적인 비난 자제
- 열린 마음과 적극적 태도로 경청하기

두 번째 키워드는 '상대에 대한 믿음'입니다. 우리는 상대가 선한 의도를 갖고 합리적으로 검토하여 말했을 것이라고 믿으며 토론에 참여해야 합니다. 나와 다른 의견을 가졌더라도, 상대를 믿고 그 의견을 존중하면서 진의를 파악하고자 하는 태도를 가져야 하는 것이지요. 이러한 태도를 가진다면 토론 과정에서 갈등이 첨예해질 때에도 서로에 대한 인신공격이나 비난 대신 예의와 배려를 가지고 합리적으로 비판하며 토론에 참여할 수 있을 것입니다.

경청은 상대에 대한 믿음을 드러낼 수 있는 가장 필수적인 요소입니다. 상대방이 의견을 제시할 때 열린 마음으로 들으며 새로운 아이디어와 관점에 대해 수용적인 태도를 취해야 합니다. 나아가 상대방의 의견을 더 적극적으로 이해하기 위해 스스로에게 질문을 하며 내가 얼마나 이해했는지를 점검하거나, 메모하며 상대방의 의견에 담긴 가치를 파악하려고 노력하는 태도를 갖추어야 합니다.

#공동의 목표

토론의 궁극적인 목표는
참된 앎을 얻어, 문제에 대한 해결책을 찾는 것

표면적으로는 나와 다른 입장을 가진 상대도 궁극적으로는 함께 참된 앎을 찾아나가는 협력적 관계

- 가치 있다고 믿는 지식의 공유
- 지식의 가치에 대한 재검토
- 참된 앎과 창의적인 문제 해결 방식 습득

마지막 키워드는 '공동의 목표'입니다. 우리는 궁극적으로 토론을 통해, 나와 다른 입장을 가진 상대와 대결하면서도, 진리를 추구함에 있어서는 상대와 협력적인 관계에 있다는 것을 기억해야 합니다. 어떤 사회적인 문제에 대해 상대와 토론을 하고 있다면, 그 토론의 궁극적인 목적은 우리 공동체가 마

주한 사회적인 문제를 해결하는 더 나은 방법을 찾는 것이겠지요. 표면적으로 나와 다른 입장을 가진 상대방일지라도, 그는 결국 우리가 마주한 문제를 협력하여 함께 해결해 나가는 대상입니다. 이 사실을 기억하며 우리는 토론을 통해 내가 가치 있는 것이라고 믿는 지식을 상대와 공유하고, 토론을 그들과 함께 그러한 지식의 가치를 재검토해 볼 수 있는 기회로 삼아야 합니다. 복잡한 사회 문제에 대해 상대방과 함께 토론의 과정을 거쳐 참된 앎을 얻고자 노력할 수 있으며, 이를 통해 생산적이고 창조적인 문제 해결이 가능할 것입니다.

#공동의 목표

토론의 궁극적인 목표는
참된 앎을 얻어, 문제에 대한 해결책을 찾는 것

- 발언의 자유 보장
- 토론 과정에 대한 주체적 참여
  - 청자: 화자의 발언에 대한 비판적 검토, 정당한 비판
  - 화자: 청자의 정당한 비판에 대한 적극적 검토, 응답

공동의 목표를 달성하기 위해 먼저 우리는 모든 사람의 발언의 자유를 확보하고, 다양한 관점에 귀를 기울여야 합니다. 모든 사람은 자신의 의견을 끝까지 제시할 수 있는 권리를 가지고 있다는 생각을 가지고, 말하는 사람이 끝까지 자신의 이야기를 할 수 있도록 기다려주고 경청해주어야 합니다. 여기에서 한발 더 나아가, 우리는 토론 과정에 주체적으로 참여하며 토론 과정을 이끌어나가야 합니다. 말하는 사람이 제시한 내용에 대해 무비판적으로 수용하기보다, 비판적으로 검토해보고 정당한 비판이나 질문을 제기해야 합니다. 한편, 말하는 사람은 자신의 의견에 대한 정당한 비판이나 질문이 제기되었

을 때 그 문제에 대해 적극적으로 검토해보며 대답해 주어야 합니다. 이처럼 우리는 남의 견해나 지배적인 입장을 무비판적으로 따라가기보다 토론 과정에 적극적이고 주체적으로 참여해야 할 필요가 있습니다.

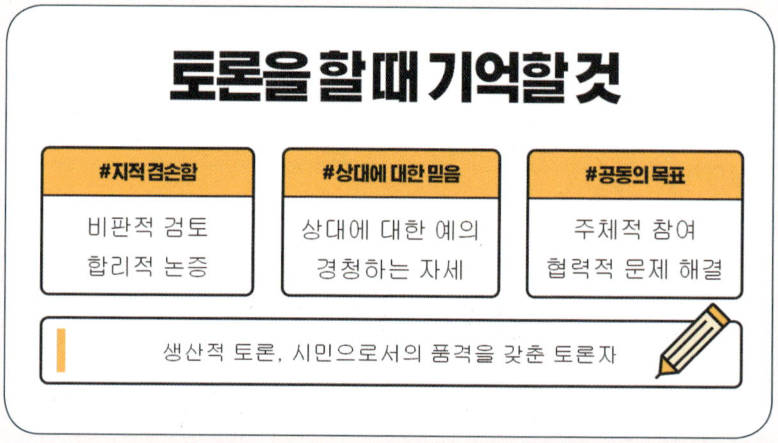

지적 겸손함, 상대에 대한 믿음, 공동의 목표라는 세 가지 키워드를 기억하며 토론에 참여한다면 우리 모두는 생산적인 토론 결과를 얻을 수 있을 것입니다. 나아가 여러분들은 시민으로서의 품격을 갖춘 토론자가 되어 우리 공동체가 발전하는 데에 필요한 성품과 역량을 갖추게 될 것입니다. 자, 토론을 위한 모든 준비가 되었다면, 이제 본격적으로 토론을 시작해볼까요?

4. 권리 중심 토론 시 유의점

우리 인류의 역사는 폭력의 감소와 인권의 확대로 점철된 과정이었다. 이렇게 될 수 있었던 배경에는 분명 인간의 본성이 영향을 미쳤을 것이다. 예를 들어, 스티븐 핑커(Steven Pinker)는 인간이 이기적이고 합리적인 동물이면서, 동시에 '도덕적 동물'이라는 점이 인류의 역사에서 인권의 확대와 폭력 문화의 개선에 기여했다고 말한다.[100] 그는 인간이 협동과 이타성을 추구하도록 이끄는 공감, 자기 통제, 이성 등의 선한 본성을 가지고 태어난다고 보고, 인간이 폭력으로부터 완전히 벗어나고 윤리적으로 더 진보하기 위해서는 공감의 범위를 더욱 넓히고 자기 통제를 강화해야 하며, 무엇보다 이성적 능력을 향상시키고자 노력해야 한다고 강조한 바 있다. 필자는 여기에 상상력에 기반하여 이상 세계를 꿈꿀 수 있는 인간의 존재 특성이 더해져야 한다고 생각한다. 즉 인간은 이상 세계를 꿈꿀 수 있는 존재이며, 인류의 궁극적 이상은 모든 사람들이 인간으로서의 존엄과 가치를 가지고, 행복을 추구할 권리를 향유할 수 있는 세상을 만드는 것에 있다고 봐야 할 것이다. 여기서 인간 존엄성은 인권의 목적이자 토대이고, 인권은 존엄성을 달성하기 위한 도구에 해당한다.

이처럼 인간 존엄성과 인권은 인간의 본성, 인간의 가치와 도덕적 지위, 인류의 과거, 현재, 미래, 사회적 당위성 등에 대해 논의를 하다 보면 거의 예외 없이 등장하는 개념들에 해당한다. 특히 사회 영역에서의 논쟁 문제를 다루다 보면, 이 개념들을 자주 언급하게 된다. 하지만 이러한 개념들을 무엇을 위해 어떻게 사용하느냐에 따라 득이 될 수도 있고, 반대로 독이 될 수도 있다. 독이 된다는 말은 토론 과정에서 이 두 개념이 혼란을 불러일으키거나 잘못된 방향으로 나아가게 만드는 요인이 될 수도 있다는 것이다. 실제로 토론 참여자들은 인간 존엄성 개념을 흔히 자의적이고 편의적으로 해석하는 경향이 있고, 권리 개념을 지나치게 중시하다 보면 어떤 가치와 원리를 지향해야 하느냐가 아니라 누구의 권리가 더 중요한가의 측면으로 협소하게 흘러가는 경향이 있다. 두 경우 모두 문제가 되지만, 특히 후자(어느 쪽의 권리가 더 중요하다고 주장하는 것)가 토론 과정에서 두드러지게 나타나는 문제점이기 때문에, 여기서는 이에 대해 더 심층적으로 논의해 보고자 한다.

권리에만 초점을 맞춰 논의하게 되면, 대체로 '누구의 권리가 더 중요한가'에 집중하게 되고 이렇게 되면 문제의 성격이 개인화되어 버리는 경향이 있다.[101] '나의 권리'이거나 '너의 권리', '우리의 권리', '그들의 권리'라는 식이다. 권리라는 것이 인권을 가리킬 때조차, 간혹 다른 존재(예를 들어 동물)의 권리를 침해했다는 식의 논의가 되고 만다. 이렇게 되면 논의는 바로 대결 구도로 치닫게 된다. 이러한 언어 게임에서 '나(우리)의 권리'를 능가할 수 있는 것은 과연 무엇이란 말인가? 그것은 결국 '너(그들)의' 권리밖에 없다. 이런 식으로 권리라는 단어가 토론에서 사용될 때에는 대승적이라기보다는 개인주의적이고, 적대적이지는 않더라도 개인 중심적인 경우가 많다. 이처럼 권리를 가지고 논하다 보면, 대결 구도를 만들어 내는 데에는 도움이 될지 모르나 소통, 진정한 대화와 토론 따위를 하기는 힘들어질 수도 있다. 즉, 이런 식의 토론이라면, 결국 상존할 수 없고 서로 대치되는 두 가지 권리 측면의 논쟁 수준으로 전락하거나, 내 것 아니면 네 것, 네가 X를 해야 할 권리를 지닌다거나 내가 Y를 해야 할 권리를 지닌다는 식의 논쟁으로 나아갈 수 있는 것이다.

권리 언어의 또 다른 일면은 의무와 책임감과 관련된 부분을 가볍게 본다는 것이다. 형식적으로는, 당신이 특정 권리를 가지고 있으면, 나는 당신의 그 권리를 존중해 줄 의무가 있다. 하지만 논쟁 문제를 순전히 권리의 문제로만 보는 것은 의무를 이행하고 특정 방식으로, 즉 친절하거나 도덕적으로 신중하게 행동해야 할 필요가 있다는 우리들의 인식을 약하게 만들 수 있다. 예를 들어, 총기를 소지할 권리만 강조하고, 그 권리가 헌법에 보장되어 있는지 아닌지에만 논의의 초점을 맞추다 보면, 총기 소지 로비에 반대할 도덕적인 이유가 있는지에 대한 생각이 공정하고 객관적으로 우리 머릿속에 들어올 틈이 없게 된다.[102] 이처럼 권리 언어에 대한 지나친 강조는 개개인의 책임 의식을 약화시키고 의무를 강조하지 않는 결과를 낳을 수 있게 된다. 정리하자면, 권리만 강조하게 되면, 도덕성의 핵심이라 할 수 있는 책임감과 타인 본위적 본성(아리스토텔레스의 표현을 빌리자면, 탐욕과 대조되는 덕인 영혼의 '관대함')의 개념을 흐리게 한다. 도덕성은 그저 행동 규범에 따라서 삶을 사는 문제가 아니며, 권리 규범에 따라 사는 것은 더더욱 아니다. 도덕성은 책임감과 의무를 인식하는 행위뿐만 아니라 어떤 종류의 정신 규범에 따라 살아가는 것을 의미한다. 정신 규범을 따라 살아간다는 것은 구체적인 규범을 지켜나가는 것이 아니라 기본적인 원리들을 염두에 두며 살아가는 것을 가장 중요한 문제로 여긴다는 것이다.

이와 더불어, 권리의 측면에서 논쟁을 수행하는 것에 대한 또 다른 반대 이유가 있다. 즉 권리에 대한 논의에서 흔히 발생하는 문제 하나를 더 짚어봐야 한다는 것이다. 그것은 사람들이 '법적 권리'와 '도덕적 권리'를 혼동하는 경향이 있다는 것이다.[103] 물론 이는 법적 가치와 도덕적 가치를 혼동하는 일반적인 경향과 그 맥을 같이한다고 볼 수 있다. 하지만 법적 권리의 경우에는 너무나 분명하게 성문화되어 있고 도덕적 권리보다 상대적으로 쉽게 인용할 수 있기 때문에, 우리가 권리라는 용어를 사용할 때, 이 두 가지 권리를 둘러싼 혼동이 해결되지 않고 더 가중되는 것이다. 실상 우리는 헌법이 정한 법이라면 그 어떠한 법도 도덕적으로 정당하다고 가정하는 경향이 있다. 하지만 설사 헌법이 정한 모든 법이 정당하다 하더라도, 많은 도덕적 분노와 옳음에 관한 사례들이 도덕적 권리가 아닌 법적 권리의 문제에 관한 이슈에서 다루어지는 것은 부적절하다는 것에 관해서는 거의 이견이 없다.

엄밀하게 말해, 우리 모두는 도덕성과는 별로 혹은 전혀 상관이 없는 법적 권리를 가지고 있다. 반대로 법제화되지 않은 많은 도덕적 의무들도 있다. 법적 권리가 있느냐, 법제화되어 있느냐에 관한 문제는 법을 어떻게 해석하느냐의 문제이지, 무엇이 법이 되어야 하는가의 문제는 아니기 때문이다. 반대로, 어떠한 법에도 성문화되어 있지는 않지만, 나는 나의 친구들에게 여러 가지 도덕적 책임을 가지고 있다. 사실상 찬반 주장 모두 헌법에 호소하고 있기 때문에 '미국에서 무기를 소지하는 문제에 있어서 헌법을 어떻게 해석해야 하는가'는 까다로운 문제이지만, 한 가지 분명한 점이 있다. 바로 모든 시민들이 무기를 소지할 권리가 헌법에 보장되어 있는 것과 사람들이 그렇게 하는 것이 도덕적인 권리냐 하는 것은 별개의 문제라는 사실이다. 더군다나, 사람들이 무기를 소지할 도덕적 권리를 가지고 있느냐는 것과 무기를 소지하는 것이 도덕적으로 바람직한 일이냐 하는 것 역시 미묘한 차이가 있다.

법적 권리와 도덕적 권리가 다른 것처럼, 법적 의무와 도덕적 의무 또한 차이가 있다. 성숙한 시민성, 즉 시민다움의 관점에서 볼 때, 우리는 강제 규범인 법적 의무에서 한층 더 나아가 (보편적 양심의 명령에 기반을 둔) 도덕적 의무를 이유로 법을 준수할 수 있는 시민의 모습을 지향할 필요가 있다. 이런 맥락에서 나딩스와 브룩스는 "도덕적 의무를 이유로 시민들이 법에 복종하도록 하는 것이 더 좋다. 사람들이 법에 대한 복종을 도덕적 의무로 보는 것은 여전히 건강한 공동체의 희망으로 남아 있다."라고 강조한 바 있다.[104] 한편 김명주는 "윤리는 바다와 같고 법은 이 바다 위를 항해하는 배와 같다"는 미국 전 대법원장 얼 워런(Earl Warren)의 말을 인용하면서,[105] 법은 주로 인간의 외부로 드러난 행동과 결과에 관여하는 반면, 윤리는 법의 영역을 포함하면서도 외부적으로 표출된 사안은 물론 표출되지 않은 생각과 태도까지 민감하게 다룬다고 말한다. 그러면서 어떤 사안에 대해 먼저 윤리가 세워진 후 이를 기반으로 법을 제정하는 것이 자연스러운 흐름임을 강조한다. 이와 유사하게, 손제연은 법적 맥락에서 사용되고 있는 인간 존엄과 인권 개념은 기본적으로 인간 존엄에 대한 여러 철학적 사유(예: 칸트 윤리학에서 인간 존엄 개념)와 규범적 이해에 기초한 것이라는 점을 강조하면서, '법이라는 강제 규범'과 '(인간만이 추구할 수 있는, 그리고 다른 가치보다 우위에 있는) 도덕성 혹은 도덕적 이상에 기반하고 있는 인간 존엄의 존중 차원의 도덕적 의무'를 구분할 것을 요구한 바 있다.[106] 그러면서 전자는 후자에 토대를 두고 있어야 하고, 후자를 지향해야 한다고 강조하였다.

5. 성숙한 토론 문화 조성 방안

토론 문화는 의도적이고 공식적인 학교 교육을 통해 체계적인 훈련과 충분한 학습 기회를 가진 구성원들에 의해 능동적으로 조성되는 측면이 있다. 이와 함께, 구성원들을 둘러싼 사회나 집단의 토론 문화가 어느 정도 수준인지가 구성원들의 소통 및 토론 역량 형성에 잠재적인 영향 요인으로 중요하게 작용하기도 한다. 여기서는 편의상 전자를 '공식적인 학교 시민교육을 통한 적극적인 토론 문화 조성'으로 이름 붙이고, 후자를 '잠재적인 영향 요인으로서 사회적 토론 문화 조성'이라고 명명하고자 한다.

우선 전자에 대해 논의해 보도록 하자. 학교에서 소통 및 토론에 대해 체계적으로 학습할 수 있는 기회를 갖지 못하고, 다른 사람으로부터 배제와 냉대, 모욕을 당해 온 사람은 윤리적으로 건전한 습관을 형성하기 어려울 것이다. 즉 시민다움의 형성 과정에서 학교 역할의 공백은 학생들로 하여금 스스로 의식하지 못한 채 잘못된 판단과 도덕적 무감각, 악덕을 초래할 수 있다. 그리고 이로 인해 형성된 특정한 인성의 상태가 제2의 본성으로 자리 잡게 되면, 행위자는 자신이 변화해야 하는 타당한 이유가 있다는 것조차 인식하지 못할 수 있다.

이와 같이 학교의 역할과 기능이 중요하다고 하더라도, 소통 역량을 갖춘 성숙한 시민으로 성장하기 어렵게 만드는 요인을 학교 교육의 실패로 몰아가서는 안 된다. 거트 비에스타(Gert Biesta)가 지적한 바와 같이, 시민교육 실패의 책임을 온전히 학교로 돌리는 것은 학교의 역할과 기능을 과대평가하는 것이고 학교에 과도한 부담과 책임을 지우는 것일 수 있다.[107] 또한 우리가 주체성을 가진 민주적 인간이 되기 위해서는 개인적 조건뿐만 아니라 사회의 구조적 조건이 뒷받침되어야 함에도 불구하고, 이런 접근에서는 이런 구조적 조건을 간과하는 문제가 발생할 수 있다. 이는 곧 학교 외에 시민다움의 형성에 영향을 미치는 다른 요인들에 대해서도 시선을 돌려보아야 한다는 것이고, 대표적인 영향 요인인 '사회 구조적 조건'에 주목해야 한다는 것이다. 이런 생각은 자연스럽게 후자에 대한 논의로 우리를 안내한다.

사실상 '시민사회의 성숙도가 낮은 상태'와 '시민교육의 장으로서 시민사회가 점점 신뢰를 잃어가는 것'은 닭이 먼저냐 달걀이 먼저냐의 관계에 있다.[108] 두 측면은 서로를 강화시킨다. 오늘날 미국을 포함한 다른 자유민주주의 국가에서 정치는 적대적인, 나아가 거의 복수심에 불타는 성격을 지니게 되었고, 개방적이고 협력적인 시민적 담화와 정치적 담론에 참여하려는 의지는 점점 감소하고 있다. 정체성 정치, 시민다움과 정치의 기본 원칙에 대한 냉소, 분개, 그리고 저속한 형태의 도덕적 우월성과 생색 및 다른 비자유주의적 가치에 대한 추구와 같은 것들의 조합은 시민사회가 시민교육의 장으로서 쇠퇴하고 있다는 사실을 반영한다. 이는 또한 시민교육의 원천으로서 시민사회를 더 타락시킨다.

정치는 거의 항상 논쟁적이며, 종종 한쪽의 탁월함과 반대쪽을 따를 때의 위험성을 지적하는 설득의 기술을 포함한다. 이러한 설득의 기술은 선거가 있을 때 가장 많이 활용되는데, 이와 같이 어떤 쟁점을 둘러싼 정책 토론이 정치인들 위주로 진행될 때, 해당 쟁점은 흔히 지나치게 단순화된 용어로 사용되고,

정치적으로 반대편에 선 사람들은 생산적 토론에 참여하는 대신 서로를 악마화하고 희화화하는 경우가 많다. 이와 같이 의견 불일치 상황을 위협이나 얄팍한 사술로 해결하려는 모습을 대중매체와 언론, SNS 등을 통해 자주 접하게 된다면, 사회 구성원들은 부정적인 혹은 유해한 환경에 노출되어 좋은 소통 및 토론에 대한 관찰학습의 기회를 충분히 얻지 못하게 될 것이다.

또한 시민사회가 존재하지 않거나 사회적 차원에서 의미 있는 소통과 토론 기회가 극히 제한적으로 일어난다면, 구성원들의 역량 결핍으로 인해 성숙한 토론 문화를 조성하는 데 어려움을 갖게 될 것이다. 이러한 맥락에서 칸트는 어려서부터 자신의 지성을 사용할 수 있는 기회가 주어지지 않고, 이성을 공적으로 사용할 수 있는 자유가 "따지지 말라"는 소리에 의해 제한되게 되면, 미성년 상태에 머무르게 된다고 지적한 바 있다. 그러면서 그는 진정한 계몽으로 나아가기 위해서는, 그리고 계몽을 촉진하기 위해서는 이성의 공적인 사용이 방해받아서는 안 된다고 보았다.[109]

이와 같은 미성숙한 토론 문화는 다양한 부작용을 불러올 수 있다. 이렇게 되면 시민교육의 주요한 잠재적 원천이자 건설적인 의견 불일치가 일어나는 곳으로서의 시민 세계를 크게 쇠퇴시키거나 훨씬 축소된 시민 세계를 만들게 된다. 사람들은 시민사회가 비공식적인 혹은 잠재적인 시민교육의 중심지라는 것에 점점 더 회의적으로 반응하게 될 것이다. 또한 사람들은 점점 더 이념적으로 분열되거나 서로 타협하지 않으려고 할 수 있고, 사회 전체의 공익보다 개별 집단 중심의 다양한 이익과 관심사에 더 전념하게 될 수도 있다. 미국을 중심으로 영국, 프랑스, 스페인, 이탈리아 및 다른 유럽 국가들에서 확인할 수 있는 것처럼, 정치는 점점 더 제로섬 차원으로 변질되어 갈 수 있다. 그뿐만 아니라, 공유된 가치 지향에 대한 의식이 약화됨에 따라, 사람들의 상호작용 방식은 심각한 대립과 충돌 양상을 띠게 되고 시민다움으로부터 멀어지게 된다.[110]

사람들은 정부 기관들이 특정한 이익집단에만 기여하고, 사법제도가 불공평하다는 강한 믿음을 가질지도 모른다. 그들은 특정 경제적 이익집단이 불균형적인 정치적 영향력을 가지고 있으며, 자신들은 그 영향력으로부터 득을 보지 못하고 있다고 느낄 수도 있다. 그 공간이 신뢰할 수 없는 사람들, 의심스러운 가치관, 각종 부패가 만연한 곳이 된다면, 시민사회는 오히려 시민교육의 타락한 원천이 되어 시민다움을 더욱 쇠퇴하게 할 것이다. 격심한 당파적인 정치적 분위기로 인해, 많은 개인과 단체들은 자신의 이익에만 더 편협하게 관심을 가지게 될 것이고, 정치의 마찰과 내분이 점점 더 심해질수록, 정치공동체에 참여하는 사람들 간의 서로 존중하는 마음은 약화될 것이다. 이것들은 모두 시민교육의 원천으로서 시민사회의 가치와 기능이 저하되었음을 반영하고, 상황을 점점 더 악화시키게 된다.

이상의 논의를 통해 볼 때, 성숙한 토론 문화의 정착을 위해서는 '공식적인 학교 시민교육을 통한 적극적인 토론 문화 조성'과 '잠재적인 영향 요인으로서 사회적 토론 문화 조성' 노력이 병행되어야 한다는 결론을 내릴 수 있을 것이다. 공동체의 구성원이라면 누구나 자신을 둘러싼 세계로부터 영향을 받기 때문에, 이러한 학교 및 사회 환경이 소통 역량 증진에 긍정적인 영향을 미칠 수 있어야 시민다움의 형성이라는 과업에 더 다가갈 수 있다는 것이다. 물론 현시점이나 '지금–여기'의 관점에서 보자면 매우 어려운 도전일 수 있지만, '학교'와 '사회'가 함께 노력을 적극적으로 기울인다면 토론 문화는 확실히 더 나은 방향으로 구축될 수 있을 것이다.

이를 위해 학교와 사회가 노력을 기울여야 할 과제들은 다양하겠지만, 여기서는 특히 '마음의 일치'에 주목하고자 한다. 국가 수준의 넓은 공동체이건, 학교나 교실 수준의 비교적 좁은 공동체이건 합의 도출을 목표로 삼으면서 의견

조율에만 치중할 것이 아니라, 문제의식을 공유하면서 함께 염려하고 최선의 안을 찾기 위해 함께 노력하려는 마음의 태도를 중시할 필요가 있다는 것이다. 즉, 성숙한 토론 문화를 조성하기 위해서는 구성원들에게 '의견의 일치'보다는 '마음의 일치'를 강조해야 한다는 것으로서, 이 점은 이미 아리스토텔레스에 의해 강조된 것이기도 하다.

> 호모노이아(homonoia)는 의견의 일치(homodoxia)가 아니다. … 또한 어떤 그리고 모든 주제에 대해 서로 견해가 일치하는 사람들에 대해서도 마음이 일치한다고 하지는 않는다.[111)]

아리스토텔레스가 강조한 '호모노이아'는 공공의 사안과 관련된 '선택과 결정(proairesis)'에 있어서의 '마음의 일치'를 가리킨다.[112)] 이것은 정치공동체 내에서 이뤄지는 바람직한 합의 도출의 조건이기도 하다. 좀 더 부연하자면, 호모노이아는 의견의 일치와 같이 숨 막히는 형태의 동질성을 의미하는 것이 아니라, 정치공동체 내에서 동료 시민들과 문제의식을 공유하고, 협력적인 문제해결을 위해 공동체의식을 갖는 것을 가리킨다. 또한 정치공동체가 완전히 소유하거나 전혀 소유할 수 없거나 하는 고정된 조건이 아니라, 정도 혹은 차이를 허용하는 '스펙트럼'의 성격을 갖는 것이기도 하다.

이러한 관점에서 볼 때 성숙한 토론 문화를 가진 집단의 특성은 세부적인 의견의 차이를 넘어 공동으로 지향할 수 있는 좋음을 발견하는 '마음의 일치'를 중시한다고 말할 수 있다. 아리스토텔레스에게 있어서 폴리스는 본질적으로 다수성을 가지는 것이기 때문에, 시민들 사이에서 '의견(doxa)'이 서로 다르게 나타나는 것은 잘못된 것이 아닐뿐더러 오히려 당연한 것이었다. 또한 국가의 지나친 통일성은 분명 바람직하지 못하기 때문에, 아리스토텔레스는 시민의 삶에 있어서의 다양성을 추구한다.[113] 이처럼 아리스토텔레스에게 있어 마음의 일치는 어떤 사안에 대한 만장일치와 같은 의견의 일치(homodoxia)가 아니라, 공동의 좋음을 달성하기 위해 실천할 수 있는 일들과 관련하여 시민들이 서로 협력하기로 마음을 모은다는 것을 의미한다.[114] 즉 우리는 세부적인 부분에 있어서 서로 의견을 달리할 수 있지만, 공동의 선을 이루고자 하는 방향이나 목적의식을 의지적으로 '선택'할 수 있다. 이렇게 된다면, 비록 의견의 일치를 이룰 수 없을 때에도 상호 간의 이해가 더 깊어질 수 있을 것이다.

한편, 마음의 일치가 소통을 위한 필요조건이자 전제조건이라는 점에서 볼 때, 전통적으로 마음을 '소통의 주체'로 생각해 온 한국인들은 진정한 소통과 성숙한 토론 문화를 형성하는 데 매우 유리한 위치에 있다고 볼 수 있다. 우리 한국인들은 진정한 소통이 '마음'으로 가능하다고 여겨왔고, 전통적으로 마음을 통한 이해가 수반되지 않으면 근본적인 소통이 이루어질 수 없다고 생각해 왔으며, 소통의 범위를 인간에 한정 짓지 않고 동식물이나 하늘과도 소통할 수 있다고 믿어 왔다.[115] 다음과 같은 이영경의 주장에 주목해 보자.

> (한국인은) 마음이 '소통의 주체'가 된다고 여긴다. 한국인은 타인과의 진정한 소통은 마음으로 가능하다고 생각한다. 그렇기에 자신의 마음을 다스리고, 다른 사람의 마음을 읽고 이해하는 데 상당한 의미를 부여하고 공력을 바친다. … 소통의 근본은 마음이기 때문에 '마음을 통한 소통'이야말로 인간 상호 간의 일체의식과 공동체에 대한 진정한 연대감을 강화할 수 있다고 생각한다. 또한 마음을 통해서 인간은 동물이나 식물과도 소통할 수 있다고 믿는다. 우리는 이러한 마음의 특성이 불교의 일심(一心)이나 유교의 천지지심(天地之心)에 공감하는 한국인의 사유 전통에서 나타나는 것을 볼 수 있다. 원효가 일깨우고자 한 일심은 인간을 포함한 모든 중생들의 마음이며, 퇴계가 표상한 천지지심

> 은 인간과 인간, 인간과 만물을 관통하여 소통하는 마음이다. … 마음이 소통의 주체가 될 수 있는 이유는 마음의 청정(淸淨)함에 있다. 마음이란 본래 맑고 깨끗하기에 서로 소통하는 데 장애가 있을 수 없으며, 표피적인 장애는 초월될 수 있다. 그러므로 마음이란 서로 이해할 수 있고, 함께 어울릴 수 있는 가장 본질적인 소통의 바탕이라고 여긴다.[116)]

이렇게 볼 때 훌륭하고 아름다운 전통을 가지고 오늘을 살아가는 우리들이 진심으로 뭔가를 마음속 깊이 원하고, 더 나은 공동체를 만들겠다는 한결같은 마음으로 함께 대응해 나간다면, 그 과정에서 소통은 훨씬 더 원활해지고 토론 문화는 한층 더 성숙해질 수 있을 것이다. 또한 각 개별 존재가 존재로서의 가치를 인정받고 자기 존재의 의미를 찾아 이를 실현해 나갈 수 있도록 서로 돕는 세상을 만들겠다는 한마음이나 공통의 목적을 향해 나아가려 한다면, 의견의 차이는 독이 되기보다 오히려 더 나은 길을 찾아나가는 데 도움이 될 것이다.

CHAPTER_ 3

토론 교육의 목표, 내용, 방법, 평가

"논쟁 수업에서 비판적 사고가 필요한 이유는
상대방의 입장을 이해하기 위해서이다."
– 넬 나딩스 & 로리 브룩스, 『논쟁 수업으로 시작하는 민주시민교육』

CHAPTER_ 3
토론 교육의 목표, 내용, 방법, 평가

우리는 학교라는 공간이 논쟁의 여지가 있는 문제들에 대해 열정적으로, 그리고 시민다운 방식으로 논의할 수 있는 소통의 장이 되기를 원한다. 하지만 교육 현실을 둘러보면, 초 · 중 · 고와 대학에서 논쟁 문제에 관한 시민적 대화와 토론이 제대로 일어나고 있다고 보기는 어렵다. 그렇다면 그 이유는 무엇일까? 논쟁의 여지가 있는 문제들은 교수자와 학생의 신념이나 가치관과 밀접한 관련이 있는 만큼, 아마도 논쟁 문제에 관한 토론의 과정에서 발생할 수 있는 충돌 및 대립의 가능성과 그에 따른 교수자의 심리적 부담이 교육 현장에서 토론의 활성화를 가로막는 가장 큰 요인일 것이다. 그러다 보니 설령 토론 활동을 실시하더라도 학생들이 각자 혹은 소집단 단위로 '나름의' 근거를 가지고 의사결정을 내리게 하고, 이를 통해 자신(들)이 믿고 있는 것을 더 옹호하게 만들기 십상이다.

이런 문제점을 개선하려면 무엇보다 논쟁 문제를 활용한 토론 수업을 적극적으로 실천하기 위한 조건(예: 교사 역할 설정 및 교사 준비, 토론의 필요성 및 목표에 대한 이해, 토론 주제 및 내용 선정의 기준 마련, 토론 수업의 방법 및 자료 개발, 토론의 평가 방법 개발 등)에 대한 연구가 선행되어야 할 것이다. 하지만 안타깝게도 논쟁 문제를 활용한 토론 수업의 방법과 교사의 역할 등에 대한 선행연구는 대부분 외국 자료들을 번역해서 소개하거나, 외국 사례로부터 얻을 수 있는 시민교육적 함의를 찾는 수준에 그치고 있다.[117] 이러한 문제의식을 바탕으로 이 장에서는 토론 교육을 바라보는 두 관점('토론을 통한 교육'과 '토론을 위한 교육')에 대한 이해를 도모하고, 토론 교육의 목표, 내용(주제 선정 기준 및 내용의 질적 향상 방안), 방법(상호작용의 활성화 전략 및 교사 역할), 평가에 대해 구체적으로 살펴보고자 한다.

1. 토론 교육을 바라보는 두 관점: '토론을 통한, 토론을 위한' 가르침

시민교육에 대한 대부분의 접근 방식에서 토론은 핵심 요소로 간주된다.[118)] 이러한 토론 교육 분야를 대표하는 학자들인 파커(W. Parker)와 헤스(D. Hess)는 민주시민 교육의 맥락에서 교실 토론의 목적을 '토론을 통한 가르침(teaching through discussion 또는 teaching with discussion)'과 '토론을 위한 가르침(teaching for discussion)'으로 구분한 바 있다. 우선 토론을 통한 가르침은 시민성 및 도덕성 발달에 포함될 수 있는 다양한 결과를 산출하기 위한 수단 차원에서 교실 토론을 교육 전략으로 사용하는 것이다. 예를 들어, 교실 토론은 학생들이 도덕적, 사회적 문제에 대한 자신의 개인적인 관점을 개발하고, 다양한 관점을 인식하며, 추론 및 비판적 사고 능력을 보다 향상시키기 위한 것이다.[119)] 실제로 도덕 발달 및 교육에 대한 연구에 따르면, 도덕적 딜레마에 대한 교실 토론은 학생들의 도덕적 추론 수준을 향상시킬 수 있다.[120)] 또한 다수의 선행연구에 따르면, 학생들이 정치적, 사회적 문제에 대해 공개적으로 토론하도록 격려받는 교실 분위기가 시민적 지식을 증진하고,[121)] 시민 참여와 관련된 자기효능감에 대한 믿음을 보다 강화시킴으로써[122)] 시민 참여를 촉진한다.[123)]

이처럼 교실 토론은 교육적 목적을 위한 유용한 수단일 뿐만 아니라, 다른 한편으로는 그 자체로 가치 있는 커리큘럼의 목표이기도 하다. 파커와 헤스는 이 후자의 목적을 토론을 위한 가르침[124]이라고 부른다. '토론을 위한 가르침'이 시민성 차원에서 중요한 이유는 토론이 숙의 민주주의의 작동을 위해 중심적인 역할을 하기 때문이다.[125] 또한 파커와 헤스에 따르면, 토론은 다양한 사회 내에서 차이를 인식하고 연결하는 민주적 실천 전통이다.[126] 따라서 학교가 학생들에게 토론에 참여하는 방법을 교육하고 논쟁의 여지가 있는 문제에 대한 공개 토론에 참여할 수 있는 기술과 태도를 가르치는 것은 그 자체로 민주적 실천 전통에 입문하는 것을 의미한다.[127]

보다 구체적으로, '토론을 통한 가르침'의 수준을 넘어 시민교육적 맥락에서 '토론을 위한 가르침'을 시도하는 방식은 다음과 같은 두 가지 이유로 일반적인 교실 토론과 다르다. 첫째, 일반적으로 교사들은 토론이라는 수단을 활용하여 학생들에게 다양한 주장과 관점에 대해 가르친다(즉, '토론을 통한 가르침'). 반면에 '토론을 위한 가르침'을 시도하는 교사들은 (이런 수준을 넘어) 학생들이 공동체 구성원으로서 토론에 참여하는 방법을 배우고 시민성 함양의 계기를 갖게 되는 것을 높이 평가하고, 이를 의도적이고 계획적으로 커리큘럼상의 목표로 설정한 후 시민교육적 맥락에서 토론이 체계적으로 실행되는 것을 중요한 과업으로 삼는다.[128] 둘째, '토론을 위한 가르침'의 맥락에서 이뤄지는 토론은 서로 다른 사회적, 문화적 배경을 가진 개별 '교사와 학생'이 모두 참여하여 사회적, 도덕적으로 논쟁의 여지가 있는 주제를 다룬다.[129]

2. 토론 교육의 필요성 및 목표[130]

토론 수업의 필요성: 초 · 중등 단계 및 대학교에서 토론 수업이 요청되는 이유는 무엇인가? 토론 수업은 학습자에 대한 다음과 같은 교육적 필요성에 의해 정당화된다. 첫째, 토론 수업은 진정한 시민 되기(Becoming citizens)의 차원

에서 요청된다. 공적 영역에서 무엇을 위해 어떻게 해야 하는지에 대해 논의를 할 때, 논쟁은 쉽게 그리고 자연스럽게 일어난다. 여기서 제기되는 정치적 · 도덕적 입장의 다양성, 또 그에 따른 갈등이나 논쟁이야말로 민주주의의 본질이다.[131] 어떤 면에서 보면, 민주주의란 시민들이 다양한 사안들에 대해 합당한 의견을 누구나 평등하게 가질 수 있다는 점을 인정하는 정치체제라 할 수 있다. 이와 같은 '합당한 다원주의'[132]를 기초로 하는 민주주의 체제에서 진정한 시민이 되기 위해서는 생각이 다른 사람들과 논쟁적 이슈에 대해 양질의 논거를 활용하여 상호 존중하며 협력적으로 소통할 수 있는 역량을 반드시 함양해야 한다. 즉 다원성을 바탕으로 협력적인 사회관계를 형성하고 진정한 민주주의를 성취하기 원한다면 그 구성원들이 성숙한 민주시민으로 살아갈 수 있는 역량을 길러야 하는데, 그 역량의 중심에는 숙의에 참여하여 논쟁 문제를 협력적으로 해결할 수 있는 능력과 태도가 놓여 있는 것이다. 토론 수업은 이와 같이 논쟁 문제를 숙의를 통해 협력적으로 해결하는 기회를 제공함으로써, 진정한 민주시민으로 성장할 수 있도록 도울 수 있다.

둘째, 토론 수업은 학습자의 발달 특성 및 권리 차원에서 요청된다. 인간 삶의 중심에 놓여 있으면서도 사회적으로 논쟁적인 쟁점을 수업에 풍부하게 반영하여 적용해 나가는 것은 학습자의 발달 특성 및 권리를 고려할 때 반드시 필요하다. 우선 아동 · 청소년기는 인지적 · 도덕적 추론 및 비판적 사고 능력, 정체성, 사회적 기술, 공동체에 대한 관심과 참여적 태도 등이 민감하게 발달하는 시기이기 때문에,[133] 이러한 측면들의 발달을 촉진하기 위하여 논쟁 문제에 대해 토론하는 것은 매우 중요하고 필수적이다.[134] 또한 삶과 연결된 논쟁 문제에 대해 자신의 의견을 자유롭게 표현하고 현실문제의 개선에 참여할 수 있는 '참여 권리' 및 민주시민으로서의 성장에 필수 불가결한 '학습권'을 보장하기 위해서도 토론 수업은 필요하다.[135] 특히 학습권의 차원에서 볼 때 논쟁 문제에 대한 논증적 대화에 참여하는 것은 학생들에게 지적으로 도전적인 일이고, 이러한 지적 자극과 도전을 통해 즐거움을 얻게 할 뿐만 아니라 수업에서 더 많은 동기를 부여받고 참여하게 됨으로써 더 큰 배움과 성장 기회를 갖도록 해주기 때문에,[136] 토론 수업에 대한 학습자의 요구는 정당하고 마땅히 존중받아야 한다.

토론 수업의 목표: 교사들은 다양한 이유로 자신의 수업에서 논쟁 문제를 사용하는데, 그 이유는 논쟁 문제가 시사적이면서도 학생들의 삶과 직 · 간접적으로 연관되어 있고, 학생들이 반드시 알아야 할 삶의 한 측면으로서 사회적, 정치적, 경제적, 도덕적 문제에 해당하며, '남녀 간의 관계, 희소 자원의 분배, 전쟁과 평화, 법과 질서 등과 같은 광범위하고 지속적인 중대한 문제'를 간과할 경우 심각한 교육 격차를 남기기 때문이다.[137] 토론 수업을 통해 교사는 학생들이 삶의 과정에서 직면하는 도덕적, 사회적 논쟁점을 토론과 숙의를 통해 협력적으로 다루어봄으로써, 자라나는 시민으로서 갖추어야 할 역량을 신장하기를 기대한다. 앞서 논의한 바와 마찬가지로, 학습자를 진정한 시민으로 길러내기 위하여 요청되는 토론 수업은 결국 오늘날의 민주시민에게 요구되는 자질을 신장하는 것을 목표로 한다. 그렇다면 토론 수업은 오늘날 민주시민에게 요구되는 어떠한 자질을 길러주어야 하는가? 다시 말해, 토론 수업의 구체적인 목표는 무엇인가?

토론 수업은 민주적, 윤리적 시민 역량을 함양하는 것을 궁극적인 목표로 상정하고 있다. 오늘날 교육은 민주 사회를 살아가는 학습자들의 합리적, 윤리적 의사소통행위 능력과 공동체의식을 바탕으로 민주적, 윤리적 시민으로서의 역량을 신장해주어야 한다.[138] 특히 합리적, 윤리적 의사소통행위 능력은 사실상 도덕적, 민주적 역량의 핵심이며[139] 나아가 미래 핵심 역량들의 근간에 해당한다는 점에서, 논쟁 문제 수업이나 딜레마 토론 수업 등을 통해 학습자들의 합리적, 윤리적 의사소통행위 능력을 우선적으로 길러줄 필요가 있다.

이를 위해서 첫째, 개인적 차원에서는 소크라테스가 강조한 바와 같이 '비숙고적 삶으로부터 양질의 근거에 의해 뒷받침되는 숙고적 삶으로의 변화를 이끌 수 있는 능력'이 필요하고, 둘째, 대인 관계적 차원에서는 '양질의 논거를 교환하며 의사소통적 자유를 실현하고 논쟁 문제를 숙의하여 집단적으로 의사결정을 내리거나 협력적으로 합의를 이끌어낼 수 있는 능력'이 필요하다. 이러한 상위 목표를 달성하기 위해서는 개념의 이해와 형성, 도덕적 추론 및 비판적 사고 능력,[140] 질문하는 능력, 도덕적 상상력, 관점채택(perspective-taking), 개방적인 마음과 불확실성에 대한 인내, 윤리적 자기성찰, 타인에 대한 관용과 존중, 평화적 갈등 해결 기술,[141] 시민적 예의 · 교양(civility) 및 정중함(civic politeness) 등이 필요하다. 이러한 합리적, 윤리적 의사소통행위 능력을 바탕으로, 셋째, 정치공동체와의 관계 차원에서는 자신이 참여 · 숙의 민주주의 사회의 구성원이라는 확신, 그리고 더 나은 공동체적 삶의 가능성을 모색하고 이에 헌신하는 태도 등을 포함한 공동체의식을 함양해야 한다.[142]

3. 토론 교육의 내용: 주제 선정 기준 및 내용의 질[143]

스트래들링(R. Stradling)과 그의 동료들은 학교에서, 특히 14세에서 16세 사이의 청소년들에게 가장 많이 가르치는 논쟁 문제를 조사한 결과, 다음 〈표 4〉에 해당하는 10대 논쟁 문제가 있음을 확인하였고, 이 밖에도 상당히 논쟁적으로 여겨져 많이 사용되는 논쟁 문제로는 소수자의 인권(가령 집시에 대한 처우), 환경 문제(보호, 오염, 에너지 자원 등), 노사관계, 공동체에서 경찰의 역할 등이 있다고 보고하였다.[144]

〈표 4〉 학교에서의 10대 논쟁 문제

1. 범죄와 처벌
2. 핵무기와 비핵화
3. 섹슈얼리티
4. 인종 간의 관계 및 인종차별
5. 건강 이슈(약물 남용, 환각제 흡입, 알코올 중독, 흡연 등)
6. 실업과 기근
7. 도덕적 이슈(낙태, 안락사 등)
8. 제3세계 및 남북 관계
9. 북아일랜드
10. 성차별 및 성차별주의

이러한 논쟁 문제들은 꽤 오래전부터 제기되었지만, 오늘날에도 여전히 중요한 사회적, 정치적, 도덕적 쟁점으로 간주되고 있다는 점에서 토론 수업을 위한 주제로 적절성을 갖는 것으로 평가받을 수 있다. 한편, 우리나라의 경우, 최근 서울특별시교육청에서 발간한 『역지사지 공존형 토론 수업』에 제시된 '사회 현안 주제와 예시'에 주목할 필요가 있다.

〈표 5〉 서울특별시교육청에서 제시한 '사회 현안 주제와 예시'[145)]

주제명	사회 현안	예시
정보화	인공지능	기술 공유화, 작업의 변화, 예술 인정(지적 재산권), 인공지능과 윤리
환경	기후 변화	그린워싱, 탄소배출권, 기후 난민
인구 변화	초고령화	노인복지 연령 기준, 정년 연장, 돌봄 비용 증가
	다문화 사회	난민 수용, 이주민 노동, 종교시설 권리
생명 존중	동물 복지	반려동물 가족 인정, 동물 실험, 반려동물세
문화 현상	대중 문화	연예인 군면제, 표현의 자유
인권	사회적 소수자	차별금지법, 촉법소년 기준연령, 노키즈존, 장애인 이동권

노동	노동 인권	청년 아르바이트, 최저 임금, 산업재해
평화	전쟁과 국제 협력	영토권 분쟁, 군비 경쟁, 국제기구의 역할
학생자치	학교운영 참여	학교운영위원회 학생 참여 의무화, 상벌점제 개선, 자치활동 의결 방식

실제로 이러한 논쟁 문제는 우리 사회뿐만 아니라 글로벌 수준에서도 깊이 고민해보아야 할 주제를 반영한다는 점에서 교육적 의미를 갖고 있으며, 도덕이나 사회, 과학 교과 등에서 단독으로, 또는 교과 연계 형태로 다룰 수 있다는 장점이 있는 것으로 보인다. 또한 논제를 설정할 때 유의해야 할 점, 즉 "① '정당한가?' 또는 '선택할 것인가?'와 같은 논제는 가급적 구성하지 않습니다. 정당성은 토론하는 과정에서 근거로 사용해야 하는 것이고, 선택의 경우는 개인적인 선호나 취향을 토론하는 것이 될 수 있으므로 주의해야 합니다. ② 인류사회가 그동안 지향해온 보편적 가치와 헌법에서 정한 기본권과 인권을 침해하지 않습니다. 이는 그 자체로 민주주의를 훼손하는 일이며, 사회 갈등을 부추겨 사회 통합과 유지를 힘들게 하는 것임을 깨달아야 합니다."와 같은 가이드라인을 의미 있게 제시하고 있다는 점도 이 안내서가 가진 장점으로 볼 수 있다.

그런데 여기서 한 가지 고민해봐야 할 점은 어떤 논쟁 문제이든 다양한 사회적 요인을 갖고 있고 정치적으로 민감한 사안인 경우도 많으며 다양한 입장을 취할 수 있기 때문에, 학습자가 일정 연령에 도달하였을 때 다루는 것이 보다 적절하다고 인식되어 왔고, 실제로도 중등학교를 중심으로 다루어져왔다는 점이다. 앞서 제시한 학교에서 가장 널리 사용되고 있는 10대 논쟁 문제 역시 중등학교급의 청소년을 대상으로 하는 것처럼, 일반적으로 지적, 도덕적 발달 특성과 흥미 및 경험 세계의 범위 등을 고려할 때 논쟁 문제에 대한 토론 수업은 중등 단계를 중심으로 적용해야 하는 반면, 초등학생들을 대상으로 적용하는 것에 대해서는 의문을 품는 경향이 있는 것이다.

그러나 초등학생들도 그들 수준에서 나름대로의 근거를 가지고 논쟁 문제 수업에 참여할 수 있다고 보아야 한다. 게오르그 린트(G. Lind)와 매튜 립맨(M. Lipman)의 효과성 검증 결과가 이를 뒷받침해 준다. 린트가 다양한 연령층을 대상으로 반사실적인(semi-real) 딜레마를 활용한 토론 방법(KMDD)을 적용해 본 결과, 이 방법이 성인들뿐만 아니라 만 10세에서 16세까지의 아동 및 청소년들, 그리고 그 이하의 어린아이들에게도 매우 효과적이라는 것을 확인한 바 있다.[146] 또한 립맨의 어린이철학이나 철학적 탐구공동체 접근도 사회적 이슈들에 관한 토의 · 토론을 하게 되면 능동적이고 유능한 시민이 되기 위한 역량을 기르는 데 효과적이라는 사실이 여러 차례 보고되어 왔다.[147] 이러한 경험적 근거를 통해 볼 때 초등학생들도 논쟁 문제에 관한 토론 수업에 참여할 수 있지만, 효과성을 높이기 위해서는 현실의 논쟁 문제를 그대로 제시하기보다 기존의 이야기(동화, 아동소설 등)를 활용하여 현실의 논쟁 문제와 연결시켜 보거나, 학생들의 지적 발달 수준에 맞는 반사실적인(semi-real) 혹은 가상의 딜레마를 만들어서 제시할 필요가 있다. 또한, 승리 위주의 경쟁적 수업 방식보다는 개방적, 협동적 수업 방식을 적용하고, 교사의 정치적, 교육적 중립성 확보 정도를 중등학교보다는 다소 낮은 수준으로 설정하여 학생들에게 공공선을 지향하도록 안내할 필요가 있다.

한편, 교사는 시민교육의 목표 및 교육과정의 관련성 등을 고려하면서 적합한 논쟁 문제를 엄선해야 한다. 특히 교과 교육과정에서 제시하는 성취기준과 긴밀하게 연결하되,[148] 관련된 다양한 논쟁 문제들 중에서 학습 목표 달성을 위해 가장 효과적일 것으로 추정되는 것을 선정해야 한다. 또한 논쟁 문제는 오랫동안 지속되어왔거나 시대 및 사회의 변화에 따라 새롭게 생겨난 문제들 중에서 견해의 불일치와 대립으로 인하여 강한 감정을 불러일으키는 특성이 있기 때문에, 관련 교과에서는 이러한 쟁점을 바라보는 학생의 균형 잡힌 안목과 통찰력, 가치관을 형성하는 데 유의미한 논쟁 문제를 선정할 필요가 있다. 그 외에도 아래 〈표 6〉과 같이 논쟁적 이슈의 시의성[149] 및 사회적 중요도, 효과적인 탐구 가능성, 학생들의 흥미 및 직접적 관련성 여부[150] 등을 종합적으로 고려하여 논쟁 문제를 선정할 수 있어야 하겠다.

〈표 6〉 논쟁 문제 선정 시 고려 사항[151]

학자(연도)	고려 사항
Hunt & Metcalf (1968)	• 사회의 금기 영역의 논쟁적 문제인가? • 학생들에게 개인적으로 의미 있는 문제인가?
Massialas (1966)	• 관련성(relevance): 학생들의 삶 및 사회적 맥락에 연관되는가? • 반성(reflection): 반성적 사고력 계발에 기여하는가? • 실천(action): 실천적 행위를 도출해 낼 수 있는가? • 실용성(practice): 실제 수업에서 다루어질 수 있는가? • 심층이해(depth of understanding): 인류의 영속적, 지속적인 문제인가?
Onosko & Swenson (1996)	• 그 문제가 논쟁적인가? • 사회적으로 중요한가? • 학생들에게 흥미로운가? • 효과적으로 탐구될 수 있는가?
Skill (1996)	• 정말 중요한가? • 지속적으로 반복되어 왔거나 그럴 것 같은가? • 쟁점 중심 교육의 목적 달성에 도움이 되는가? • 판단과 비판적 사고를 요구하는가? • 아이들이 그 쟁점을 다룰 만큼 충분히 성숙했는가? • 학습자들의 발달 수준에 적합한가?
Sweeney & Parsons (1975)	• 학생의 흥미를 반영하는가? • 시대적 문제 상황인가? • 학생 생활, 지역사회, 사회와 관련되는가?

이러한 논쟁 문제를 가지고 학생들의 추론 능력과 비판적 사고 능력을 발달

시키려면, 반드시 토론 내용의 질적 수준이 높아야 한다.[152] 이러한 조건은 논쟁의 여지가 있는 토론 문제에 대한 논의 과정에서 취해진 다양한 입장들이 질 높은 논거에 의해 뒷받침되기 위해 필요한 것이다.

일반적으로 토론의 내용적 조건, 즉 토론 내용의 질에 대한 첫 번째 지표는 토론에 도입된 관점의 수이다. 토론의 관점이 많아지고 당면한 사회적 이슈에 영향을 미치고 영향을 받는 모든 사람들의 관점을 더욱 밀접하게 대변할수록 토론의 질적 수준은 높아질 수 있다. 두 번째 지표는 논증의 복잡성이다.[153] 단순 논증은 특정 입장이 단일한 혹은 상대적으로 고립된 이유에 의해 뒷받침된다는 것을 의미한다. 더 복잡한 논증은 특정 입장에 대한 추론이 추가 주장이나 증거에 의해 뒷받침되거나 반론에 의해 반박될 때 가능하다. 이러한 추가 논증은 다시 지지되거나 반박될 수 있다. 이런 식으로 논증은 서로 연결되어 더 복잡하고 일관된 추론의 흐름을 형성한다.

4. 토론 교육의 방법: 상호작용 방식 및 교사의 역할

좋은 토론이 실행되고 토론 수업의 효과가 긍정적으로 나타날 수 있기를 기대한다면, 무엇보다 토론의 구조(참여자들의 상호작용 방식) 측면에서 충족되어야 할 조건들과 교사에게 요구되는 역할이 제대로 작동해야 한다. 먼저 구조적 측면에서 볼 때 다음과 같은 몇 가지 조건이 충족되어야 한다. 첫째, 적극적으로 참여하는 학생들이 최대한 많아야 하고 자유롭게 아이디어를 공유할 수 있어야 한다. 선행연구에서는 토론이 모든 참가자에게 열려있는 정도를 나타내는 지표로서 '토론에 기여하는, 또는 적극적으로 참여하는 학생의 수'를 고려해야 하고, 학생들이 자신의 아이디어를 자유롭게 공유할 수 있어야 한다고 강조한다.[154] 즉 '최대한 많은' 학생들이 적극적으로 참여하는 '개방적인' 토론 구조가 학생들의 추론 능력과 토론 능력을 향상시킬 수 있다는 것이다. 둘째, 학생들이 새로운 내용이나 아이디어를 생산적으로 제시함으로써 토론 내용의 질적 향상에 기여할 수 있어야 한다. 평등한 참여는 토론을 지배하는 사람이 한 명도 없다는 것을 의미한다.[155] 교사가 여전히 중요한 역할을 할 수 있지만, 학생들이 토론 주제를 제기하고 토론 과정에 평등하게 참여할 수 있는 기회를 갖도록 하는 것이 중요하다. 이를 바탕으로 교사가 제공한 정보를 넘어 학생들이 토론에 새로운 정보와 아이디어를 풍부하게 수집하고 활용할 수 있는 구조를 갖출 필요가 있다. 셋째, 토론에 참여하는 학생들 간에 서로 반응할 수 있어야 한다. 참가자가 동등하게 참여하는 열린 토론에서 참가자들은 서로의 의견에 응답할 필요가 있다.[156] 특히 시민교육의 맥락에서 전개되는 토론 활동은 학생들이 다른 관점에 반응하고, 비록 동료의 의견에 동의하지 않더라도 다른 의견으로 응답할 수 있는 것을 포함한다.[157]

이러한 조건들이 충족되어야 할 뿐만 아니라, 시민교육을 위한 교실 토론의 장은 적어도 다음과 같은 두 측면에서 '개방적'일 필요가 있다.[158] 첫째, 교실 토론은 모든 학생들이 공평하게 참여하고 자신의 관점을 제시할 수 있도록 열려 있어야 한다.[159] 둘째, 토론은 여러 관점에 개방되어 있고 미리 결정된 옳고 그른 입장이 없어야 한다. 이 점에서 시민교육적 맥락에서의 교실 토론은 교육에 대한 대화적 접근 방식과 유사하다.[160] 예를 들어, 스콧 등은 '권위에 기반한 상호작용'과 '대화에 기반한 상호작용'을 구별한다.[161] 권위에 기반한 상호작용은 하나의 특정 관점(일반적으로 교사가 취하는 관점)이 지배적인 반면에, 대화에 기반한 상호작용은 다른 관점에 열려있다. 이것은 학생들이 자신의 관점을 자유롭게 채택하고 이를 뒷받침할 수 있는 내용을 가져옴으로써 토론 과정이 유연하고 편안하게 진행될 수 있음을 의미한다.

다음으로, 논쟁 문제를 다루는 토론 수업의 효과가 긍정적으로 나타날 수 있기를 기대한다면, 수업을 진행하는 주체인 교사가 수업 준비 및 수업 중 교사 행동을 효과적으로 수행할 수 있어야 한다. 물론 이것이 가능하기 위해서는 토론 수업을 기획하고 운영하는 교사의 역량이 기본적으로 뒷받침되어야 한다.[162] 이런 점을 고려하면서 논쟁 문제에 관한 토론 수업의 효과를 높이기 위해 필요한 교사의 역할들을 제시하면 다음과 같다.[163]

1) 타인의 입장에 대한 안내

교사는 토론 수업 과정에서 타인의 입장을 취해 볼 수 있는 기회를 학생들에게 풍부하게 부여해야 한다. 이를 위해 상대 진영 혹은 다른 사람들의 입장을 비판하는 것보다 '그들의 입장을 깊이 이해하는 것'이 우선이라는 것을 학생들에게 일깨워주어야 한다. 또한 학생들이 자신과 다른 생각을 가진 사람을 비판할 때, 상대가 가진 선한 동기를 이해하고 인정할 수 있도록 교육해야 한다. 이는 자기중심성(egocentrism)에서 탈피하여 타인의 입장을 채택해보는 능력을 도덕 발달의 핵심으로 강조하고, 단계가 높아질수록 보다 넓은 관점을 조망할 수 있게 됨으로써 도덕적 적절성이 높아진다는 '인지발달 이론'의 핵심 아이디어와 통한다.

이 책의 4장 4절(프로-콘 협동학습)과 5절(콘스탄츠 딜레마 토론)에서 살펴보게 될 토론법에서는 상대방의 입장이 되어 직접 주장해보거나, 상대방의 의견 중 가장 합리적인 것을 선택해보도록 하는 과정이 포함되어 있음을 확인하게 될 것이다. 이와 같이 상대방의 입장을 이해해야 하는 이유는 다음과 같은 학자들의 주장을 통해서도 확인할 수 있다. 우선 자신의 입장과 대립하는 입장을 이해하는 것이 얼마나 중요한지 강조하기 위해 존 스튜어트 밀(J. S. Mill)은 다음과 같이 주장하였다.

> 어떤 사실을 자신의 관점에서만 보려는 사람은 진실을 거의 알지 못한다. (…) 자신의 스승의 말을 통해 상대(반대자)의 의견을 듣는 것만으로도 충분치 않다. (…) 그는 그것을 실제로 믿는 사람들에게 직접 들을 수 있어야 한다.[164)]

또한 넬 나딩스(N. Noddings)는 "논쟁적 이슈에 대한 토론 수업에서 비판적 사고가 필요한 이유는 상대방의 입장을 이해하기 위해서이다."라고 강조한 바 있다.[165)] 또한 정치학자 벤자민 바버(B. Barber)는 '강한 민주주의(strong democracy)와 시민사회'를 만들기 위해서 필요한 시민은 무엇보다 타인의 말을 제대로 들을 수 있는 사람이라고 정의한 바 있다.[166)] 그러면서 이런 사람은 공통의 목적이나 공통의 이익을 떠올리는 말들을 듣기 위해 애쓰는 존재라고 하였다.

이렇게 타인의 입장에 대한 이해를 도모하기 위해 교사는 스스로 '악마의 변호인' 역할을 맡거나 학생들을 내적 숙의(deliberation within)로 안내함으로써, 다양한 입장에 대해 검토할 수 있는 기회를 제공할 필요가 있다. 이와 관련하여 밀은 반대자가 없다면 간혹 악마의 변호인이 생각할 수 있는 것을 떠올려야 한다고 주장하며, "만약 모든 중요한 진리에 반대자가 없다면, 일부러 그런 반대자를 상상해서 가장 노련한 악마의 변호인이 생각할 수 있는 강력한 논의를 반대론에 부여할 필요가 있다."라고 하였다.[167)] 이를 수업 상황에 적용한다면, 반대자가 없을 경우 교사가 악마의 변호인 역할을 맡을 수도 있어야 하고, 아니면 내적 숙의(자기 자신과의 대화)를 통해 자신의 내부에서 대립적인 관점들을 떠올린 후 사려 깊게 비교해보고 이를 바탕으로 설득력의 우위를 판단하도록 안내할 수 있어야 하는 것이다.[168)]

이와 더불어 교사가 수업 자료를 준비할 경우, 논쟁을 둘러싼 다양한 입장을 모두 소개하고 이를 비판적으로 검토해볼 수 있도록 교수 · 학습 자료를 개발해야 한다. 교사는 학생들이 다양한 관점들을 조감(鳥瞰)하면서 비판적이고 자유로운 대화를 할 수 있도록 장을 마련하는 데 초점을 맞춰야 한다. 이를 위해 논쟁적 이슈에 대한 넓고 깊은 이해와 합당한 의견 교환이 가능하도록 포괄적이면서 균형 잡힌 관점이 반영된 수업 자료를 제공할 필요가 있다.

2) 안전하고 지지적인 수업 분위기 조성

교사는 지적 개방성을 바탕으로 상호존중과 배려가 실천되는 '안전하고 지지적인 교실 공간'을 조성해야 한다. 흔히 자기중심적 사고-앎-이해, 그리고 '이것 아니면 저것(all-or-nothing)'의 극단적인 이분법 논리는 관계의 갈등을 유발하거나 소통을 방해할 뿐만 아니라,[169] 자기교정을 어렵게 만드는 요인으로 작용한다. 그러므로 논쟁 문제에 대한 토론 수업의 도입 단계에서 교사는 학생들 각자가 가진 생각이나 관념, 논리, 신념, 판단, 이해가 절대적이지 않다는 것, 즉 자기중심적 사고, 앎, 이해를 극복하고, 진리를 이분법적으로 접근하는 것의 한계와 위험성을 지적함으로써, 지적 개방성을 확보하기 위한 여건을 마련해야 한다. 이는 '인성 및 시민성 함양을 목적'으로 논쟁을 다루기 위해 반드시 갖추어져 있어야 할 토대이자 조건이라 할 수 있다.

또한, 교사는 토론 수업이 생산적으로 이루어질 수 있도록 돕기 위해, 논쟁적 이슈에 대한 숙의는 상대를 이기기 위함이 아니라 협력적 의사소통을 통한 합리적 갈등 해결에 목적이 있음을 강조해야 한다. 이를 위해 수업 과정에서 학생 시민들이 동료 시민들에 대한 시민적 예의 · 교양(civility)과 정중함(civic/political politeness)을 지키도록 안내해야 한다. 무엇보다 논쟁 과정에서 자신과 다른 생각을 가진 사람이나 그룹을 향해 비판할 때 경멸적이고 지저분한 비난과 욕설, 빈정거림, 인격 모독, 불관용, 분노로 연결되지 않도록 지도해야 한다. 세상의 악과 싸워야지, 자신의 동료들과 싸우면서 상대편을 희생시켜 자신의 승리를 위한 도구로 삼지 않도록 학생들에게 강조해야 한다. 특히 입장이 양분될 가능성이 높은 주제들에 대해 토론할 경우, 학생들은 흔히 양극단에 서서 자신의 관점만을 옹호하는 경향이 있기 때문에, 시민적 품격과 정중함을 유지하면서 대화와 협력을 통해 더 나은 해결책을 구할 수 있도록 지도해야 한다.[170)]

교사의 이러한 노력에도 불구하고 논쟁이 지나치게 과열된다면 토론을 잠깐 멈추거나 다른 날에 다시 시작하겠다고 약속하고 끝마치도록 한다.[171)] 그리고 이런 어려운 상황들은 참여적인 시민들 간의 숙의 과정에서도 간혹 발생하는 것임을 알려주도록 한다. 그러면서 서로의 생각을 존중하며 차이의 근원을 이해하려고 노력해야 한다는 점을 재차 강조할 필요가 있다. 논쟁의 해결 그 자체를 목적으로 상정하기보다는, 토론 과정에서 어려움에 직면하고 이를 극복하기 위해 노력하는 과정이 시민교육 그 자체임을 교사 스스로가 깨닫고 실천할 수 있어야 하는 것이다.

3) 숙의를 위한 안내

교사는 보편적 가치와 원리 등에 기반하여 숙의가 이루어지도록 안내해야 한다. 이는 논쟁 문제에 대한 토론 수업이 단순히 합리적인 의사결정을 내리는 것에 목적을 두기보다는, 다양한 관점을 조망하는 협력적 의사소통을 통해 구성원들이 동의할 수 있는 합리적이고 윤리적인 의사결정을 내리는 것에 목적이 있기 때문이다. 따라서 논쟁 문제에 대한 토론 수업을 진행할 때 교사는 토론의 과정과 결과 모두 보편적 가치와 원리를 지향할 수 있도록 안내해야 한다.

보다 구체적으로, 교사는 학생들이 논쟁 문제에 대해 폭력이나 기만, 강요나 강압을 사용하는 대신, 인간 존엄성 및 인권, 자유, 평등, 정의 등과 같은 보편적(혹은 헌법적) 가치라든가 국가의 정치적(혹은 도덕적) 이상, 보편적 도덕원리 등에 기반하여 숙의를 통해 문제와 갈등을 협력적으로 해결할 수 있도록 안내해야 한다.[172] 다시 말해, 논쟁 문제에 대한 토론 수업에서 참여자들이 억압이나 강요, 조작, 기만, 지위에 따른 압력 등에 구애받지 않는 공정한 조건하에, 보편적 · 헌법적 가치, 보편적 도덕원리, 정치적 · 도덕적 이상 등을 바탕으로 숙의를 진행함으로써, 참여자들의 생각이나 주장 간에 공통 토대(common ground)를 찾아 가능하면 상호 합의[173]에 도달할 수 있도록 안내해야 한다.

4) 토론 규칙의 제정 및 적용

교사는 논쟁 문제를 다룰 때 지켜야 할 토론 규칙을 학생들이 자율적으로 제정하여 준수하도록 안내하되, 위반 시에 신속하고 일관되게 적용할 수 있어야 한다. 그리고 토론 규칙 제정을 위한 안내 과정에서 교사는 린트, 듀이, 하버마스 등이 제안한 다양한 규칙들을 학생들에게 소개할 필요가 있다. 우선 린트는 갈등 상황에 대한 토론이 민주적, 윤리적 역량을 길러주는 데 유익하기 위해 토론 규칙의 준수 및 적용을 강조하며,[174] 이러한 규칙의 예로 '① 어떤 말이라도 제시할 수 있지만, 의견을 말한 사람을 비난해서는 안 된다.[175] ② 탁구 경기 방식과 마찬가지로 양측이 번갈아 가면서 참여해야 한다.'를 제시하고 있다. 또한 듀이와 하버마스의 주장을 소개할 수도 있을 것이다. 듀이의 경우, 이상적으로 보면 민주적 논쟁은 경청하고, 반대자의 의견을 평가하며, 소수자의 입장을 존중하고, 자신의 확신을 뒷받침하는 논거를 성실하게 개발하며, 새로운 증거나 보다 나은 논거를 접했을 때 자신의 마음을 바꿀 용기를 가질 필요가 있다고 보았다.[176] 한편, 하버마스는 진실성, 진리성, 정당성, 이해 가능성[177]을 의사소통행위론에서 의사소통의 타당성 요건으로 제시한 바 있다. 교사는 이와 같이 린트, 듀이, 하버마스 등이 제안한 규칙들을 토론 규칙 제정 시에 학생들이 참고할 수 있도록 안내할 필요가 있다. 이처럼 토론 규칙을 학생들이 자율적으로 제정해서 교사들이 이를 일관되게, 그리고 즉각적으로 적용해 나가면, 앞서 언급한 '안정적이고 지지적이며 민주적인 교실 분위기'를 조성하는 데 일부 도움이 될 뿐만 아니라, 더 중요하게는, 학생들의 민주적, 윤리적 역량 함양에 기여할 수 있다.

5) 균형 있는 관점 제공 및 중립성 유지를 기본으로 다양한 전략적 역할 수행

교실 토론이 생산적으로 이뤄지려면 교사의 위치 설정과 입장 공개에 대한 기준이나 원칙이 제대로 설정되어야 한다. 위치성(positionality)은 계급, 인종, 세대, 지역, 젠더 등 다양한 요인에 의해 구성되는 사회적 자리매김을 의미하기도 하고, 각 개인이 권력 관계의 네트워크 내에 어디에, 어떻게 위치하는지를 나타내기도 한다. 교실 토론의 맥락에서는 특히 후자의 측면에서 교사와 학생 간, 학생 상호 간 관계에서의 위치성에 주목하는 경향이 있다.[178] 흔히 불평등한 권력 관계는 공동체 구성원을 토론에서 배제하는 기능을 하기 때문에, 불평등 여부는 토론의 중요한 부분일 수밖에 없다.[179] 즉 위치성 자체가 참여 가능성뿐만 아니라 사회적 문제에 대한 우리의 관점 형성이나 채택에 영향을 미치기 때문에, 교실 토론에서 특히 중요한 요소인 것이다.[180] 교사가 토론 과정에서 독특한 위치에 있는 것처럼, 학생도 마찬가지이다. 당연히 학생들도 자신의 고유한 입장, 경험 및 지식을 바탕으로 문제에 대한 주관적 관점을 제시할 수 있어야 바람직한 방향이라고 말할 수 있을 것이다. 토론 중에 학생들은 자신의 지식을 활용하여 새로운 관점을 제약 없이 추가할 수 있어야 할 뿐만 아니라, 논쟁 문제에 대해 서로 다른 관점을 가진 사람들과 자유롭게 자신의 관점을 논의할 수 있어야 한다.

이처럼 교사와 학생의 위치성은 토론에 중대한 영향을 미칠 수밖에 없으며,

특히 교사의 위치성은 교사의 입장이나 의견 공개 여부와 밀접한 관련이 있다. 사실 교사가 자신의 입장이나 의견을 공개해야 하는지에 대해서는 찬반 입장이 팽팽하게 맞서고 있는 실정이다.[181] 이로 인해 논쟁 문제에 대한 토론을 수업에 도입하려는 교사들은 종종 명확한 원칙이나 행동 전략 없이 표류하기도 한다. 일반적으로 논쟁 문제를 다루는 토론 수업에서 교사의 의견 표명이 갖는 적절성을 판단하기 위해서는 다음과 같은 두 가지 측면에 대한 고려가 필요하다. 먼저 어떤 논쟁 문제를 다루는 토론 수업을 교사가 설계할 때 해당 수업의 목표가 무엇인지 따져볼 필요가 있다. 수업의 목표가 무엇인지에 따라 토론 과정에서 교사의 입장이나 의견 표명이 적절한지에 대한 추리를 해볼 수 있기 때문이다. 이와 더불어, 교사가 자신의 입장을 공개해야 할지, 한다면 언제 해야 할지의 문제는 대단히 복잡하고 미묘하며 '맥락'에 따라 달라질 수 있음에 유의할 필요가 있다.[182] 실제로 선행연구[183]에 따르면, 좋은 교사들은 맥락적 요인과 윤리적 고려 사항을 고려하면서 상황에 따라 의견이나 입장 공개에 다르게 접근하는 특징이 있다. 예를 들어 논쟁 문제를 다루는 교실 숙의에 대한 광범위한 선행 연구를 바탕으로 헤스와 매커보이는 언제 어떻게 정치적 견해를 공유할지에 대해 좋은 결정을 내리는 교사는 교실에서 공정성과 상호존중의 분위기를 가장 먼저 설정하는 경향이 있다고 보고한다.[184] 그러면서 입장 표명이나 의견 공개의 문제는 획일적인 접근 방식이나 모범적 예시 목록이 따로 있는 것이 아니라, 맥락에 따라 다르며 학습 목표와 일치해야 함을 강조한다.

그렇다면 교사의 위치 설정 및 입장 공개와 관련하여 교사가 취할 수 있는 선택지에는 어떤 것들이 있을까? 이에 관한 대표적인 선행연구들을 분석해서 정리해보면, 다음 〈표 7〉과 같다.

〈표 7〉 논쟁 문제에 대한 토론 수업에서 교사의 역할[185)]

학자(연도)	교사의 역할	
Stradling (1984)	중립적 진행자 방식	개인적 관점이나 신념을 전혀 드러내지 않고 토론의 중재자로서의 역할만 수행
	균형적인 방식	자신의 관점을 드러내지 않고 학생들에게 다양한 대안적 견해를 최대한 설득력 있게 제공
	고의적 반대자 방식	학생들의 의견에 교사가 의도적으로 반대 입장을 취함
	입장 표명 방식	교사가 학생들에게 자신의 입장을 나타내는 방식
	연대 방식	교사가 한 학생 또는 한 집단의 학생들 편에 서는 방식
Kelly (1986)	배타적 중립형	논쟁적인 이슈를 전혀 다루지 않음
	배타적 편파형	교사의 견해를 일방적으로 제시함
	중립적 공정형	논쟁적 이슈에 대한 다양한 견해를 제시하나, 교사의 견해는 밝히지 않음
	신념을 가진 공정형	논쟁적 이슈에 대한 다양한 견해를 제시하고, 교사 자신의 신념을 밝힘
Hawood (1990)	신념형	사회적 쟁점을 담은 이슈에 대해 교사가 자신의 견해를 밝힘
	객관형	교사가 다양한 관점을 소개하지만, 자신의 견해는 밝히지 않음
	악마옹호형	학생들의 견해에 대해 무조건 반대의 의견을 제시함
	공정한 의장형	교사와 학생이 동등한 처지에서 토론하나, 교사의 견해는 밝히지 않음
	관심형	교사의 견해를 밝히고, 다양한 견해를 객관적이고 중립적인 위치에서 제시함

위의 〈표 7〉에 제시된 연구 모두 영향력이 있는 것들이지만 학계에서는 특히 켈리(T. E. Kelly)의 연구에 주목하는 경향이 있다. 켈리는 교사의 입장 표명이나 의견 공개의 복잡한 지형을 탐색하는 데 유용한 프레임워크를 제공한 바 있다. 그는 교사 공개에 대한 네 가지 관점, 즉 배타적 중립형, 배타적 편파형, 중립적 공정형, 신념을 가진 공정형을 검토하였다. 우선 배타적 중립형 관점에서 볼 때 교사는 "사회에서 논란이 되는 주제를 교육과정에 도입해서는 안 된다."[186)] 이러한 입장은 점점 더 양극화되는 사회의 맥락에서 유혹적이지만, 학

생들은 사회적 문제에 대해 생산적으로 논의할 수 있는 방법을 배울 기회 자체를 아예 갖지 못하게 된다. 배타적 중립형 관점은 지식의 정치적 본질도 부정한다. 중립적으로 보이지만 중립적 입장도 그 자체로 하나의 입장인 것이다.[187] 다음으로 배타적 편파형 관점에서 볼 때 "교사는 경쟁적인 관점이 무시되는 동안 특정 관점의 정확성을 주장하거나 가정한다."[188] 이러한 관점은 학생들에게 광범위한 관점을 논의할 수 있는 기회를 처음부터 차단하게 된다. 배타적 편파형 관점은 학생들에게 사회 문제에 대한 관점이 제한적이라는 인상을 갖게 하며, 학습 목표로서 인정, 포용성 및 민주적 정당성 등과 같은 민주적 원칙을 훼손할 수 있다. 중립적 공정형 관점은 학생들이 "모든 관련 입장을 고려할 수 있는 기회를 가져야" 하고,[189] "교사는 논란이 되는 문제에 대한 자신의 견해에 대해 침묵해야 한다."[190]라고 강조한다. 이러한 입장은 광범위한 관점과 관련된 인정, 포용성 및 정당성을 강조하는 반면, '신념을 가진 공정형'이라는 다음 관점은 학습 목표를 확장하기 위해 교사의 관점을 논의에 추가하게 된다. 사실 켈리는 이 세 가지 관점(배타적 중립형, 배타적 편파형, 중립적 공정형)을 검토한 후 '신념을 가진 공정형'의 관점을 권장한다. 그는 다음과 같이 강조한다.

> '신념을 가진 공정형'은 두 가지 신념을 수반한다. 첫째, 교사는 논란이 되는 문제에 대해 자신의 견해를 숨기기보다는 진술해야 한다. 둘째, 비판적 담론을 통해 서로 경쟁하는 관점이 공정한 청취를 받도록 보장함으로써 진실 추구를 촉진해야 한다.[191]

〈표 7〉에 제시된 켈리의 주장을 중심으로 세 가지 연구 결과를 포괄적으로 고려하면서 교사의 역할을 규정해 본다면, 교사는 다양한 관점을 균형 있게 제공하고, 기본적으로 정치적·교육적 중립성을 유지하되, 필요시에 입장을 표명

하고 의도적 반대자 혹은 연대자의 역할을 수행해야 한다. 보다 구체적으로 말해, 우선 어떤 논쟁 문제에 대해 자유롭고 평등한 학생 시민들이 양질의 논거를 교환하며 보다 나은 논증으로 향하는 과정을 거쳐서 의미 있는 결론을 협력적으로 산출하고, 참여자들이 이 모든 과정을 자기교정(self-correction)이나 양적 · 질적 변화를 위한 학습의 기회로 삼는 것이 '좋은 토론 수업의 특징'이라는 점을 인정한다면, 교사가 성급하게 자신의 입장을 밝히려고 해서는 안 된다. 이보다는 학생들이 모든 관점에서 논쟁적 이슈를 볼 수 있도록 안내해야 하는데, 특히 경합하는 다양한 입장들 혹은 문제를 둘러싼 당사자들 모두의 입장들을 상기시켜 주는 '균형적인 방식, 공정한 의장형'이 가장 기본적인 교사의 역할에 해당한다. 논쟁 문제를 수업 시간에 다룰 때, 가능한 한 교사는 논의 과정에서 정치적, 교육적 중립성을 지키는 '중립적인 진행자 방식, 중립적 공정형, 객관형'의 역할을 수행할 필요가 있다.

하지만 다음과 같은 경우에는 교사가 자신의 의견을 표명해야 한다. 가령 의사 표현의 자유가 허락되어 있다고 하더라도 모든 입장이 인정될 수 있는 것은 아니기 때문에, 비도덕적, 비민주적 견해와 같이 '합당한 의견'이 아니라면 무엇이 옳고 그른가에 대한 교사의 입장이 개입될 필요가 있다. 또한 학생들이 요구할 경우에 교사도 한 명의 시민으로서 자신의 의견을 표현하는 '입장 표명 방식, 신념을 가진 공정형, 신념형 또는 관심형'의 역할을 수행해야 한다. 하지만 학생들의 입장이 모두 합당하다면, 이런 경우에는 자신의 입장을 진리로서 언급하거나 자신의 의견을 학생 모두가 수용해야만 하는 공식적인 입장으로 표명해서는 안 된다.[192] 아울러 비판적 검토가 필요함에도 불구하고 반대자가 없을 경우에는 교사가 악마의 변호인 역할을 맡아, '고의적 반대자 방식, 악마 옹호형' 역할을 수행해야 하며, 합당한 의견임에도 불구하고 소수자의 입장이 무시되는 경우에는 소수자와의 '연대 방식'을 취할 필요도 있다.

요컨대, 논쟁 문제를 다루는 토론 수업에서 교사는 '중립적 진행자' 방식, '균형적' 방식, '의도적 반대자' 방식, '입장 표명' 및 '연대' 방식 등 다양한 역할 방식을 '맥락이나 상황에 맞게' 적절히 선택하고 적용할 필요가 있지만, 앞선 두 개의 방식을 기본으로 하되 뒤의 세 개의 방식을 보완적으로 활용하는 것이 목표 달성에 보다 효과적일 것이다.[193)]

6) 명료화 및 요약을 통한 효과적 토론 진행

교사는 논쟁 문제에 관한 숙의 과정에서 학생들이 사용하는 개념과 논거에 대한 명료화를 요구하거나 토론 내용을 요약해 줄 수 있어야 한다. 개념 자체에 다층적인, 다면적인 속성이 들어있거나, 개념을 사용하는 사람의 주관적 해석이 개입되어 서로 다른 의미로 사용하게 될 때 참여자들은 혼란에 빠지고, 논쟁의 본질과는 거리가 먼 불필요한 갈등이 유발될 수 있다. 이와 같이 학생들이 사용하는 개념이 모호할 경우 교사는 이를 명료하게 제시하도록 요구하고,[194)] [195)] 발언 뒤에 숨겨져 있는 이유들이 분명하게 전달되지 못할 때도 이를 분명하게 하기 위해 질문을 하거나 명료화를 요구해야 한다.

또한 논쟁적 이슈에 대한 학생들의 토론 과정을 주의 깊게 지켜보면서 적절한 때에 나서서 학생들의 주장 내용을 잘 다듬어 의사전달이 용이하게 이루어질 수 있도록 도움을 제공할 필요가 있다.[196)] 이와 더불어 토론의 중간에 현재 논의되고 있는 내용을 명료하게 요약해 줌으로써, 학생들이 논의하고자 하는 문제의 본질에서 벗어나지 않고 전체적인 일관성을 유지할 수 있도록 유도해 주어야 한다.

5. 토론 교육의 평가

토론은 수업과 평가가 동시에 진행될 수 있는 대표적인 방법이다. 일반적으로 토론 활동에 대한 평가는 두 가지 방식으로 실행할 수 있다. 첫 번째는 토론을 통해 길러야 할 요소들을 포괄적이고 종합적으로 설정하여 평가하는 방식이다. 대체로 논쟁의 여지가 있는 주제나 문제를 중심으로 서로 의견을 제시하고 논의하는 과정에서 내용의 충실성과 사고의 논리성, 다른 의견에 대한 태도 등을 포괄적으로 평가할 수 있다. 개인별 찬반 토론을 벌이거나 소집단으로 나누어 서로의 의견을 교환하고 반박하는 과정에서 토론 내용에 대한 평가뿐만 아니라 각 개인의 지도력, 수용력, 사회성, 논리력, 비판적 사고력, 경청적 태도 등 지적 능력과 정의적 태도를 동시에 파악할 수 있다. 두 번째는 토론절차별 평가 방식으로서, 각 절차에서 요구하는 토론 능력과 태도를 중심으로 평가하는 방식이다. 주로 토론 규칙과 에티켓 준수, 표현력과 언어요소는 공통으로 평가하고, 입론 단계에서는 논제의 개념 파악과 쟁점 분석, 논거의 명료성, 논증의 적절성과 일관성을 평가한다. 교차조사(또는 반대 신문) 단계에서는 논제의 핵심 내용 이해 정도, 상대 주장의 허점 지적, 확인 질문의 논리적 명확성을 평가하고, 반론 단계에서는 상대 주장의 이해, 상대방 논리 비판과 지적에 대한 응수 등을 평가한다.[197)]

우선 첫 번째로 제시된 종합적 평가 방식의 연구 사례로는 정창우 등[198)]과 장영희[199)]의 연구를 들 수 있다. 정창우 등은 다음 〈표 8〉과 같은 평가 기준표를 이용하여 참여자들의 준비성, 충실성, 논리성, 대립 · 반대 의견에 대한 태도, 참여도 등을 평가할 수 있다고 보았다.

〈표 8〉 토론 채점기준표[200)]

평가 항목	평가 척도			비고
	상	중	하	
준비성 (자기 의견에 대한 근거 자료를 제대로 준비하였는가?)	3	2	1	
충실성 (토론 주제를 확실히 알고 주제에 적절한 의견을 충실히 제시하는가?)	3	2	1	
논리성 (오류를 범하지 않고 예증, 삼단논법 등을 통해 체계적으로 논증을 하는가?)	3	2	1	
대립·반대 의견에 대한 태도 (자기의 의견만 고집하지 않고, 반대 의견도 경청하고 존중하는가?)	3	2	1	
참여도 (토론에 참여하는 정도가 적극적인가?)	3	2	1	
계				

* 평가 항목 간 가중치를 다르게 줄 수도 있음.

한편, 장영희는 토론 능력의 구성요소를 5개로 설정했으며, 여기에는 '표현 능력, 자료 분석 능력, 논증 능력, 듣기 능력, 조정 · 협상 능력'이 포함된다.[201)]

- 표현 능력: 자기 생각을 적절하게 표현하는 능력
- 자료 분석 능력: 자료를 찾아 문제점을 분석하고 쟁점을 파악하는 능력
- 논증 능력: 설득력 있게 자신의 의견을 주장하거나 상대를 반박하는 능력
- 듣기 능력: 상대방의 주장과 근거를 잘 듣는 능력
- 조정 및 협상 능력: 서로의 입장을 절충하고 타협을 이끌어내는 능력

두 번째로 제시된 토론절차별 평가 방식의 연구 사례로는 유해준의 연구를 들 수 있다.[202)] 이 연구에서는 대학생 토론 대회에 적용된 토론 모형과 채점기준표를 제시하고 있다. 적용된 토론 모형은 다음 〈표 9〉와 같이 칼 포퍼형 토론

모형과 퍼블릭 포럼 토론 모형을 합친 절충식 모형이었으며, 아래 〈표 10〉과 같이 7가지 세부 항목을 중심으로 평가를 실행하였다.

〈표 9〉 대학생 토론 대회에 적용된 토론 모형[203)]

찬성측	반대측
① 입론(3분)	③ 입론(3분)
② 교차조사(2분)	④ 교차조사(2분)
⑤ 협의 시간(1분)	
⑥ 반박(3분)	⑧ 반박(3분)
⑦ 교차조사(2분)	⑨ 교차조사(2분)
⑩ 전체 토론자 교차토론(3분)	
⑪ 협의 시간(1분)	
⑫ 정리발언(1분)	⑬ 정리발언(1분)

〈표 10〉 대학생 토론 대회에 적용된 채점기준표[204)]

		찬성 측				
공통 항목	• 토론 규칙 및 예절 준수 여부 • 표현력 및 언어, 스타일	4	4	4	4	3
입론	• 논제의 개념 파악 및 쟁점 분석 • 논거의 분명함, 적절성, 일관성 • 논증의 독창성, 다각성, 심층성	5	4	4	4	4
교차 조사1	• 효과적 답변	+1	+1	+1	+1	+1
	• 논제의 핵심 내용 이해 • 상대방의 주장 · 표현의 허점 지적 • 확인질문의 논리적 명확성	4	3	5	4	4
반박1	• 상대방의 주장 및 근거의 이해 • 상대방의 논리 비판 • 상대방의 지적에 대한 응수	4	4	5	5	4
교차 조사2	• 효과적 답변	–1	+1	+1	+1	0
	• 논제의 핵심 내용 이해 • 상대방의 주장 · 표현의 허점 지적 • 확인질문의 논리적 명확성	4	4	4	4	4

교차 토론	• 전체 토론자의 역동적인 참여 • 상대방의 논리 비판 • 상대방의 지적에 대한 응수	3	3	4	4	3
정리 발언	• 논제의 의의, 중요성의 이해 • 주장의 선명성, 일관성, 참신성 • 전체 토론 흐름 파악	4	4	4	4	3

이와 같은 채점기준표를 활용하여 평가를 공정하고 객관적으로 하는 것도 중요하지만, 이보다 더 중요한 것은 참여자들에게 효과적으로 피드백을 제공하는 것이다. 피드백은 학생의 학습 상태에 대한 정보를 제공하여 그들의 학습과 (인격적, 시민적) 성장을 지원하는 전체적인 과정이다. 토론을 하는 주된 이유가 바람직한 인성 및 시민성 함양에 있다는 점에 동의한다면, 이를 위해 교수자는 참여자들에게 적절한 피드백을 줄 수 있어야 한다. 특히 효과적인 피드백에는 학생들에게 메타인지(metacognition)를 길러주는 과정이 포함될 필요가 있다.[205) '메타인지'란 '사고나 행동과 같은 목표 달성을 위해 자신이 알고 있는 것과 모르고 있는 것, 인지적 과정이나 사고 과정에 대해 제대로 인식하고, 이를 조절해 나갈 수 있는 능력'으로 정의 내릴 수 있다. 앞서 살펴본 바와 같이, 만약 우리가 지닌 믿음에 대해 깊이 성찰하지 않거나 비판적으로 검토하지 않는다면, 자신의 편견과 무지에서 벗어날 길이 없게 되고, 주입되고 수동적으로 형성된 마음에 의해 자동반사적인 행동을 반복할 수밖에 없을 것이다. 또한 자신의 내면을 탐색하여 그 속에 들어있는 허구적 이야기를 간파하지 못한다면, 그 이야기에 계속 사로잡혀 거짓된 자아정체성을 가지고 살게 될 것이고, 이로 인해 우리의 사고는 온갖 자기기만, 편견과 무지에 사로잡혀 타인과 갈등을 일으키게 될 것이다. 따라서 자신의 무지에 대한 자각(관련 질문: 무엇을 모르는가? 무엇을 알고 있나? 무엇을 알아야 하는가?)과 사고 과정이나 사고패턴에 대한 모니터링(관련 질문: 각종 편견이나 인지편향에 휘둘리고 있는 것은 아닌가?) 및 조절(관련

질문: 사고 과정이나 사고패턴의 문제를 어떻게 해결할 수 있을까?)을 중시하는 메타인지 함양은 피드백 차원에서 중요한 목표일 수밖에 없다. 이를 위해 특히 필요한 교사의 역할은 과거 소크라테스가 그랬듯이, 일련의 질문들을 던지면서 학생들이 진지하게 자기성찰을 하고 추가적인 탐구의 필요성을 스스로 깨달을 수 있도록 돕는 것이어야 한다. 또한 교사는 학생의 사고 과정이나 사고패턴의 강점과 약점 모두에 대한 피드백을 제공할 필요가 있다.[206] 다시 말해 학생의 사고에서 장단점을 보이는 부분이 구체적으로 무엇인지 설명해줄 수 있어야 한다. 학생들은 교사가 알려주지 않는 한 자신들의 사고에 대해 깨닫지 못할 수도 있다. 이와는 달리, 교사가 학생들의 사고 과정이나 사고패턴에 대해 이야기해 주면, 학생들은 자신의 사고를 반추하면서 이해하고 종국적으로는 사고를 조절하고 통제할 수 있다.

CHAPTER_ 4

토론법 연구 개발 우수 사례

"전체 인류 가운데 한 사람이 의견이 다르다고 해서
그 사람에게 침묵을 강요하는 일은 옳지 못하다."
– 존 스튜어트 밀, 『자유론』

CHAPTER_ 4
토론법 연구 개발 우수 사례

서로 다른 입장을 가진 둘 이상의 사람들이 논쟁의 여지가 있는 문제에 대해 자기 입장만을 강하게 주장하다 보면, 감정이 격해지면서 심각한 대립과 충돌로 나아갈 수 있다. 또한 자신은 올바른 신념을 바탕으로 옳은 주장을 하고 있다고 생각하지만, 사실은 편견, 축소, 확대, 과장 등 올바른 판단을 어렵게 만드는 장애물에 가로막혀 있을 수도 있다. 따라서 토론이 비생산적이거나 심지어 역효과를 내지 않고 보다 생산적으로 진행되기 위해서는 차이나 다름, 불확실성에 대해 인내하고, 균형 잡힌 관점과 공정한 태도를 취해야 하기 때문에, 이를 위해 반드시 '시민적 덕'이 뒷받침되어야 하고, 역으로 토론이 시민적 덕의 함양에 기여할 수 있다는 점도 알아야 한다. 이미 살펴본 바와 같이, 우리가 토론에 제대로 참여하지 않는다면, 시민적 덕을 계발할 기회를 잃어버리게 될 것이고, 최악의 경우에는 악덕을 기르게 될 것이다.

의심의 여지 없이, 우리는 교육의 장(場)뿐만 아니라 민주시민으로 살아가는 생활 공간에서 시민다움이나 시민적 덕의 계발을 진지하게 열망하고 적극적으로 추구해야 한다. 시민적 덕의 계발은 사회적 상호작용을 매개로 반복적인 연습을 필요로 하며, 이때의 연습은 단순한 반복이 아니다. 즉 연습은 매뉴얼에 나와 있는 내용을 단순히 반복적으로 적용하는 것이 아니라, 적용 과정에서 어떤 참여 방식이 보다 가치 있고 정당한지 혹은 적절한지 평가하는 과정이 수반되어야 하며, 이를 토대 삼아 더 나은 방향으로 꾸준히 적용해 나가야 한다. 이렇게 계속해 나간다면, '토론을 통한', 그리고 '토론을 위한' 시민 간의 상호작용은 시민적 덕의 계발을 위한 일상적인 기회를 제공할 수 있을 것이다.

이런 생각을 바탕으로 이 장에서는 '시민적 덕의 함양'을 돕기 위해 효과적인 토론법들을 몇 가지 소개하고자 한다. 이를 위해 세다(CEDA), 링컨-더글러스 토론, 의회식 토론 등 (주로 대학생) 토론 대회에서 사용해 온 대표적인 아카데미식 토론법들을 간략하게 살펴본 후, 브리태니커의 'ProCon.org'에 소개된 토론법과 찬반 토론 자료, 앤텔과 해리스의 책에 소개된 '쟁점 찬반 토론', 존슨 형제의 '프로-콘 협동학습', 린트의 '콘스탄츠 딜레마 토론', 서울특별시교육청의 '역지사지 공존형 토론수업', 서울대의 'SNU 토론 한마당'에 대해 살펴보고자 한다.

1. 토론 대회용 '아카데미식 토론법' 사례

'아카데미식 토론(academic debate)'의 다양한 스타일과 접근 방식은 교육의 장에서 참여자들에게 다채로운 경험을 폭넓게 제공하는 장점이 있다. 여기서 아카데미식 토론이란 '아카데미'라는 말의 뜻 그대로 토론을 통해 특정 주제나 쟁점에 대한 찬반 논리를 배우고 이미 설정된 (엄격한) 토론 형식과 절차를 익힘으로써, '토론을 통한, 토론을 위한 민주주의 실현'이라는 교육의 목표를 달성하려는 토론 방식으로 정의할 수 있다.[207] 이러한 아카데미식 토론을 위해 일부 창의적인 교육자들과 학생들이 중심이 되어 기존의 토론 관행을 넘어설 수 있는 아이디어를 찾게 되면서 새로운 토론 구조가 등장하게 되었고, 이를 통해 기존 방식은 새로운 방식에 의해 대체되어왔다. 그 과정에서 완전히 새롭게 등장한 토론 방식도 물론 있지만, 기존 방식을 응용하여 발전적 변화를 모색한 것들도 적지 않다.

이런 아카데미식 토론은 콘퍼런스나 세미나와 같은 학술회의에서 흔히 사용되고, 토론 시합이나 대회에서 주로 사용되는 경향이 있다. 여기서는 토론 시합용으로 널리 활용되고 있는 대표적인 아카데미식 토론 사례들에 초점을 맞추고자 하며, 이를 위해 프릴리(A. J. Freeley) 등이 『논증과 토론』이라는 책에서 제시한 아카데미식 토론 형식들(formats)[208]을 몇 가지 소개할 것이다.[209] 이 책에서 저자들은 가장 보편적으로 행해지는 아카데미식 토론의 몇 가지 중요한 형식을 제시하고 있다. 여기에는 세다(CEDA), 링컨-더글러스 토론, 의회식 토론, 윤리 토론 등이 포함된다. 이와 같은 아카데미식 토론의 다양한 형식은 다음과 같은 공통 요소를 가지고 있는 경향이 있다. (a) 양측 모두 동등한 수의 토론자가 있어야 하고, (b) 발언 시간에 제한을 두되 양측 모두 발언할 수 있는 시간이 같거나 비슷해야 하며, (c) (보편적이지는 않지만 일반적으로) 찬성 측이 처음과 마지막으로 발언한다.

1) CEDA

정책 토론의 가장 보편적인 형태이며 대학 간 토론 대회에서 가장 널리 사용되어 온 형식은 CEDA(Cross Examination Debate Association)이다.[210] 이 토론 형식은 입론 발언에 비해 반박 발언을 더 길게 할 수 있도록, 지정된 교차조사(또는 신문) 및 준비 시간이 추가되고 재할당되면서 발전해 왔다(최근 들어서는 9분 입론과 6분 반박을 하고 있는데, 이는 입론이 보통 10분이고 반박이 5분이었던 25년 전 관행에서 변화된 것이다). 오늘날 CEDA에서 실행되고 있는 가장 일반적인 토론 형식은 다음 〈표 11〉과 같고, 이를 간략하게 그림으로 나타내면 [그림 5]와 같다.

〈표 11〉 CEDA 토론의 형식[211)]

순서	CEDA 토론 절차 찬성 측: 찬성 1 ☺, 찬성 2 ☻ 반대 측: 반대 1 ☆, 반대 2 ★	발언 시간 (작전 타임 제외)			
		A안	B안	C안	D안
①	☺ 찬성 1의 입론: 개념 정의와 논제의 등장 배경이나 역사, 현황, 자신의 주장 전개	9분	6분	5분	3분
②	★ 반대 2의 교차조사(또는 반대 신문): 찬성 측의 논리상에 나타나는 문제를 부각시킬 수 있는 신문 과정	3분	3분	2분	1분
③	☆ 반대 1의 입론: 찬성 측 입론의 문제점 및 ②에서 드러난 논리적인 문제점 지적	9분	6분	5분	3분
④	☺ 찬성 1의 교차조사: 반대 측의 논리상에 나타나는 문제를 부각시킬 수 있는 신문 과정	3분	3분	2분	1분
⑤	☻ 찬성 2의 입론: ①에서 제시하지 못한 나머지 주장을 설득력 있게 제시	9분	6분	5분	3분
⑥	☆ 반대 1의 교차조사: 찬성 측의 논리상에 나타나는 문제를 부각시킬 수 있는 신문 과정	3분	3분	2분	1분
⑦	★ 반대 2의 입론: ③의 입론 내용 중 찬성 측에 의해 논박되지 않은 것들 정리 & 직전 교차조사에서 드러난 찬성 측 주장의 문제점 지적	9분	6분	5분	3분
⑧	☻ 찬성 2의 교차조사: 반대 측의 논리상에 나타나는 문제를 부각시킬 수 있는 신문 과정	3분	3분	2분	1분
⑨	☆ 반대 1의 반박: ⑦의 연장선상에 있는 것으로 간주하면서 찬성 측 공격	6분	3분	2분	1분
⑩	☺ 찬성 1의 반박: 반대 측 블록에서 반대 측이 제시한 주장을 효과적으로 반박	6분	3분	2분	1분
⑪	★ 반대 2의 반박: 반대 측 마지막 발언 기회: 요약 및 승리의 이유	6분	3분	2분	1분
⑫	☻ 찬성 1의 반박: 전체 토론의 마지막 스피치: 요약 및 승리의 이유	6분	3분	2분	1분
작전 타임	찬성 측, 반대 측 팀당 5분, 3분, 1분	10분	10분	6분	2분
	A안: CEDA 현행 시간 배정(표준) B안: 전국대학생토론대회용 CEDA 시간 배정 C안: 대학 토론수업(50분 강의)용 CEDA 시간 배정 D안: 중·고 학생 정규·특별 수업용 CEDA 시간 배정	82분	58분	42분	22분
		총 소요 시간 (작전 타임 포함)			

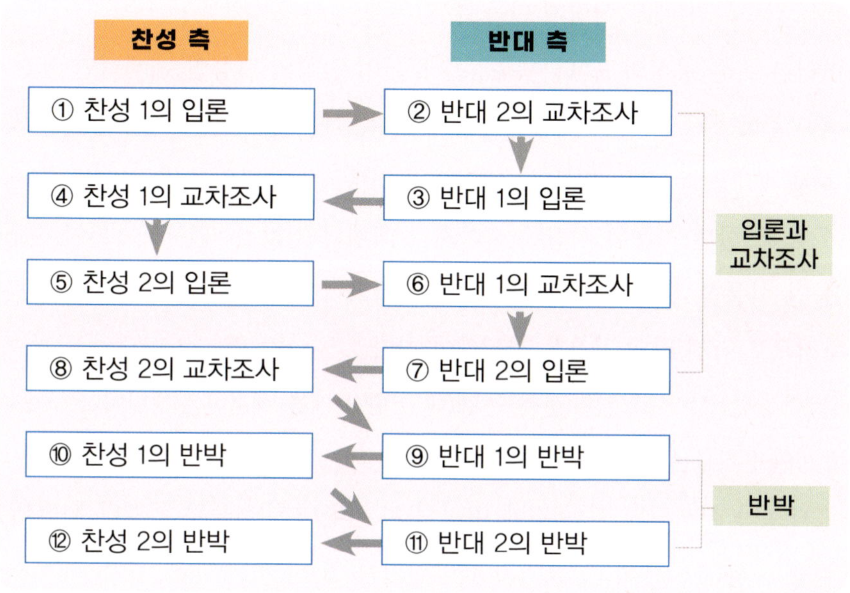

[그림 5] CEDA 토론의 흐름도

〈표 11〉을 통해 볼 때, 이 토론 형식에서 첫 번째와 마지막 발언은 명제를 지지하는 측인 찬성 측에 속한다는 것을 알 수 있다. 이것은 찬성 측에 상당히 유리한 조건이라고 할 수 있다. 첫 번째 발언 기회를 갖는 것은 찬성 측에게 토론의 근거를 정의할 수 있는 기회를 제공하고, 마지막 반박 기회를 갖는 것은 최후의 말을 할 수 있게 되어 상대측이 더 이상 논박을 할 수 없게 만든다. 또한 마지막 발언은 지속적인 인상을 남길 수 있기 때문에, 발언 기회를 최종적으로 갖는 것은 전략적 이점에 해당한다. 하지만 이러한 찬성 측의 이점은 '반대 측의 블록(negative's block)'에 의해 상쇄될 수 있다. 찬성 2의 입론 후에 반대 2의 입론과 1의 반박이 이뤄지는 구간을 일컬어 '반대 측의 블록'(즉 ⑦+⑨)이라고 부른다. 찬성 측 두 번째 토론자의 교차조사에 의해 방해받는 3분을 제외하면 15분 동안 반대 측은 집중적으로 찬성 측의 주장을 공략하여 찬성 측이 반박의

부담을 감당하기 매우 어렵게 만들 수 있는 장점이 있다.[212)]

이러한 토론 형식의 또 다른 특징은 토론이 진행되는 동안 체계적인 작전 타임(혹은 준비 시간) 사용을 허용한다는 것이다. 다른 형식들은 작전 타임을 막거나 허용하지 않는 경우가 많다. CEDA의 경우, 작전 타임은 총 10분으로 제한되어 있고, 한번 사용된 시간은 사라지고 대체되지 않기 때문에 토론이 진행되는 동안 사용할 작전 타임은 신중하게 계획되어야 한다. 다시 말해 토론 팀은 전략적으로 작전 타임 사용을 관리해야 한다.[213)]

끝으로, CEDA 토론은 정책 논제(즉 어떤 문제를 해결하는 방안이나 구체적인 실행 방안을 다루는 토론 주제)로 실행되며, 논제는 모든 참여자들에게 토론 시합이나 대회가 실시되기 훨씬 전에 미리 공지된다. 참여자들은 주제나 쟁점에 대해 심층 조사를 실행하고, 증거가 뒷받침되는 입론, 토론 개요, 준비 자료 등을 미리 마련한다. 그들이 토론 중에 준비 자료를 읽을 경우, 인용 자료의 출처를 밝히도록 요구받는다.[214)]

2) 링컨-더글러스 토론

1858년 링컨-더글러스 토론[215)]

링컨-더글러스 토론 형식은 두 사람이 벌이는 것으로, 1858년 일리노이주의

상원의원 선거운동 중 에이브러햄 링컨과 스티븐 더글러스 사이에 있었던 노예제도(미 역사상 가장 큰 가치관 충돌의 예)에 관한 토론에 기원을 두고 있다.[216] 그 당시에 두 사람은 7번에 걸쳐 열띤 토론을 벌였는데, 특히 미국독립선언서에 들어있는 "모든 인간은 평등하게 태어났다"에서 말하는 '인간'이 의미하는 바가 무엇인지에 대해 서로 다른 주장을 하였다. 즉 링컨은 흑인을 포함한 모든 사람이라고 주장했고, 더글러스는 백인을 의미한다고 주장하였다. 이처럼 노예제의 주요 쟁점이 윤리와 가치에 관한 것이었기 때문에, 오늘날 링컨-더글러스 토론 형식도 철학적, 윤리적 쟁점을 다루는 방향으로 개발되었다. 그리고 1980년 미국 전국토론리그(National Forensic League; 이하 NFL)가 현대식 링컨-더글러스 토론 방식을 채택하면서부터 특히 미국 고등학교의 토론 방법으로 대중화되었다.[217]

〈표 12〉 링컨-더글러스 토론의 형식[218]

순서	링컨-더글러스 토론 절차	시간
①	찬성 측 입론: 찬성 측이 자신의 입장을 발표한다.	6분
②	반대 측 교차조사: 반대 측이 찬성 측에서 상대 논리의 허점을 지적하는 질문을 한다.	3분
③	반대 측 입론: 반대 측이 자신의 입장과 교차조사에서 나타난 것으로 상대 주장을 반박한다.	7분
④	찬성 측 교차조사: 찬성 측이 반대 측에게 질문을 한다.	3분
⑤	찬성 측 반박: 찬성 측은 질문의 결과를 토대로 반대 측 주장에 반박한다.	6분
⑥	반대 측 반박: 반대 측이 반박한다.	6분
⑦	찬성 측 반박: 찬성 측이 마지막으로 반박한다.	9분
작전 타임	토론 중에 약간의 준비 시간을 활용할 수 있다.	4분

정문성은 링컨-더글러스 토론의 특징을 다음과 같이 제시한 바 있다.[219] 첫째, 일대일 토론이다. 링컨과 더글러스가 실제 했던 것처럼, 토론에 참여하는 사람은 일대일로 토론에 임해야 하기 때문에 많은 부담을 가지게 되지만, 개인의 토론 역량을 마음껏 발휘할 수 있는 장점이 있다. 둘째, 링컨과 더글러스가 그랬던 것처럼, 윤리, 철학, 논리 중심의 주제로 정책 토론을 한다. 통계나 실증적 자료를 가지고 하는 것보다 윤리, 철학 중심의 정책 토론에 초점을 맞추는 것이 특징이다. 셋째, 일대일로 하기 때문에 상대 논리의 허점을 지적하고 자기 논리를 방어하기 위한 순발력이 뛰어나야 한다. 그 외에 CEDA 토론과 마찬가지로, 찬성 측 토론자가 처음과 마지막 순서를 차지하고, 반박 발언 때 새로운 논증을 할 수 없다는 점도 특징에 해당한다고 볼 수 있다.

3) 의회식 토론

의회식 토론은 의회에서 이루어지는 여당과 야당 사이의 토론을 상정한 토론 형식으로서 영국 의회를 모델로 만든 것이다. 이처럼 의회식 토론은 영국 의회에서 비롯되긴 했지만, 토론의 세부 사항은 집단마다 매우 다양한 양상을 보인다. 아래 〈표 13〉은 의회식 토론의 표준 형식을 제시한 것이다.

〈표 13〉 의회식 토론의 표준 형식[220]

순서	의회식 토론 절차	시간
①	수상(찬성 1)의 입론	7분
②	야당 대표(반대 1)의 입론	8분
③	여당 의원(찬성 2)의 입론	8분
④	야당 의원(반대 2)의 입론	8분
⑤	야당 대표(반대 1)의 반박	4분
⑥	수상(찬성 1)의 반박	5분
토론 중간에 작전 타임(준비 시간) 없음		총 40분

의회식 토론의 기본 구조는 입론과 반박으로만 짜여있으며 입론은 모든 참가자가, 반박은 양측의 대표자만 한다. 앞서 살펴본 CEDA 토론과는 달리, 의회식 토론에서는 교차조사 시간을 두지 않고, 상대 팀이 발언하는 동안 손을 들어 질문을 하거나 설명을 요구하는 '보충 질의'를 할 수 있다. 이때 발언을 하고 있던 상대 팀은 그 요청을 받아들여 잠시 질문을 하도록 허용하거나, 요청을 무시하고 발언을 계속할 수 있다(단, 총 입론 시간 동안 최소 1회의 질문은 받아야 함). 보충 질의 시에는 발언 시간을 15초 이상 초과하지 않는 것이 예의에 부합되며, 발언하고 있었던 상대 팀 사람이 중지 요구를 하면 이에 응해야 한다.[221] 이러한 보충 질의 외에 '의사 진행 발언'과 '신상 발언'도 할 수 있는데, 상대 팀이 발언 중에 토론 규칙을 심각하게 위반하거나, 인신공격이나 왜곡 해석을 저질렀을 때 이를 제지할 목적으로 각각 행사할 수 있다.

4) 윤리 토론 대회(Ethics Bowl)

윤리 토론 대회의 형식은 지속적인 숙고와 대화(즉 평등한 사람들 간의 일련의 양방향 교류)에 뿌리를 두고 있다. 이 토론 형식은 학생들이 우리 시대의 가장 어려운 윤리 문제들에 대해 생각하고, 말하고, 궁극적으로 협력적으로 학습할 수 있도록 하기 위해 고안되었다. 전국고교윤리토론(The National High School Ethics Bowl; 이하 NHSEB)은 전국적으로 고등학생들을 대상으로 윤리에 대한 존중과 윤리 문제에 대한 토론을 지원하고 장려하고 있다. 또한 실천직업윤리협회에서 후원하는 대학대항윤리토론대회(Intercollegiate Ethics Bowl)가 해마다 개최되어 대학생들에게 각 대학 대항으로 경쟁적인 윤리 토론 토너먼트에 참여할 수 있는 기회를 제공하고 있다.[222]

윤리 토론 대회는 까다로운 도덕적 질문이나 딜레마를 특징으로 하는 사례연구(case studies)를 논의하고 평가하기 위해 두 팀이 머리를 맞대고 만나는 것을 특징으로 한다. 이 사례들은 NHSEB에서 매년 발표하는 사례 모음에서 나온다. 각 토론의 장에는 3~5명으로 각각 구성된 두 팀의 토론자들, 세 명의 심판, 한 명의 사회자가 참여하며 청중도 참여하도록 권장된다.

윤리 토론 대회는 학생들이 실제 윤리적인 문제에 대해 논의하는 경쟁적이지만 협력적인 이벤트이다. 각 대회 라운드에서 팀은 교대로 (아래와 같은) 복잡한 윤리적 딜레마 사례(2012년 사례)를 분석하고 다른 팀과 심사위원단의 질문과 의견에 응답한다.

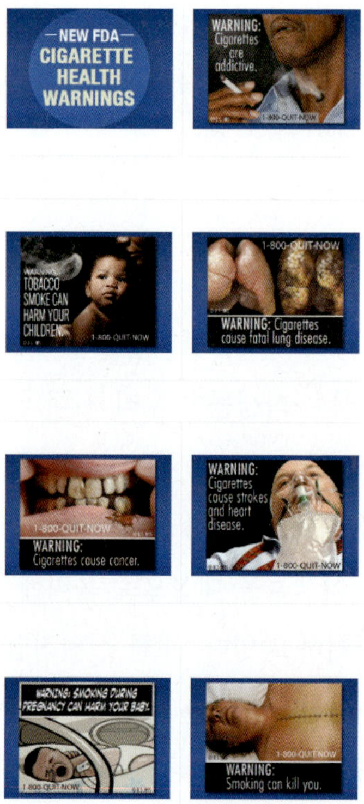

미국에서는 2009년에 '가족금연 및 담배규제에 관한 법률'이 시행되었다. 이 법률에서는 담배가 건강에 해롭다는 경고를 메시지와 그림, 컬러 이미지 등을 통해 명시적이고 극적으로 표시해 흡연을 하지 않도록 할 것을 요구하고 있다. 이 중에는 "흡연은 당신을 죽일 수 있다."라는 메시지와 썩어가는 폐, 질병에 걸린 입, 시체 이미지도 들어 있다. 비즈니스 위크(Business Week)는 이처럼 "담뱃갑을 볼 때마다 흡연이 건강에 미치는 분명한 영향을 알려줄 때 효과가 있다."라는 전문가(미국식품의약국 위원인 마거릿 햄버그 박사)의 말을 인용했다. 반면에, 비판자들은 이러한 경고 포장지가 흡연자들을 모욕하고, 당황스럽게 만들며, 그들에 대해 차별을 하는 것이라고 반박했다.[223]

윤리 토론 대회는 학생들에게 반대 견해가 할당되지 않는다는 점에서 연설 및 CEDA, 링컨-더글러스, 의회식 토론 유형과는 차이가 있다. 오히려, 그들은 그들이 실제로 가지고 있거나 합리적이라고 생각하는 입장을 옹호하고, 건설적인 비판을 서로에게 제공하며, 그들이 사례에 대해 엄격하고 체계적으로 생각하고 모든 참가자를 존중하고 지지하는 방식으로 참여했음을 보여줌으로써 승리하게 된다. 프로그램 설문조사의 데이터는 NHSEB 프로그램(즉 윤리 토론 대회 형식)이 윤리적 인식, 비판적 사고, 시민 숙론, 시민 참여, 그리고 다양한 관점에 대한 이해를 가르치고 촉진한다는 것을 보여준다. NHSEB의 목표는 학생들에게 윤리 문제를 통해 생각하는 방법을 가르치는 것 이상을 하는 것이다. 즉, 학생들에게 복잡한 도덕적, 정치적 공동체의 동료 시민으로서 윤리 문제를 함께 생각하는 방법을 가르치는 것이다.

[그림 6] 윤리 토론 대회의 절차

① 사회자 시간(다양할 수 있음, 최대 3분)

사회자는 (학생들에게 미리 안내한) 사례를 소개하고 토론에서 다룰 미공개 질문들을 제기함으로써 대회를 시작한다.

② 발표 시간(협의 2분, 발표 5/6분)

사례와 질문이 소개된 후, A팀은 최대 2분 동안 협의할 시간을 갖게 되며,

그 후 팀의 모든 구성원은 연구와 비판적 분석을 바탕으로 사회자의 질문에 최대 6분 동안 답변할 수 있다. A팀은 주어진 시간 동안 사회자의 질문에 답해야 한다. NHSEB 지역 대회는 일반적으로 5분의 발표 시간을 사용하고, 전국 대회에서는 발표 시간을 6분까지 허용한다.

③ 논평 시간(협의 2분, 3분 논평)

다음으로 B팀은 최대 2분 동안 협의를 진행하고, 이후 B팀은 최대 3분 동안 A팀의 발표에 대해 의견을 제시할 수 있다.

④ 응답 시간(협의 2분, 응답 3분)

A팀은 최대 2분 동안 협의를 하고, 그 후 3분 동안 B팀의 논평에 응답한다.

⑤ 심사위원 시간(질의응답 10분)

그런 다음 심사위원들은 A팀과 10분간의 질의응답 시간을 갖는다. 질문을 하기 전에 심사위원들은 간단하게 논의할 수 있다. 각 심사위원은 적어도 한 가지 질문을 할 시간을 가져야 하며, 시간이 허락한다면 더 많은 질문을 할 수 있다.

위 과정은 시합마다 2번(전반전과 후반전) 이뤄지며 각 팀은 서로 자리를 바꾸게 된다(예: 전반전에서 발표한 팀이 후반전에서 논평 역할을 맡음). 전후반 시합이 끝날 때마다 심사위원들은 다음 기준에 따라 각 팀의 점수를 매긴다.

- 사회자의 질문에 대한 팀 발표: 발표가 명확하고 체계적인가? 사례에 나타난 핵심적인 도덕적 차원을 다루고 있는가? 또한 반대 관점에 대한 인식과 반응을 반영하고 있는가?

- 대응 팀의 논평: 논평은 건설적인가? 설명 기회, 발표 팀에 대한 질문 등을 제공하여 대화를 발전시키는가?
- 논평에 대한 발표 팀의 답변: 발표 팀은 논평 팀의 의견에 진지하고 적절하게 답변하는가?
- 심사위원의 질문에 대한 팀의 답변 제시: 심사위원의 질문에 효과적이고 명확하며 책임감 있게 답변하는가?
- 시합이 진행되는 동안 각 팀의 존중하는 대화 태도: 각 팀은 경쟁의 핵심 가치, 즉 호전성이나 경멸적인 수사보다 협력과 진실 추구라는 대회의 중심 가치에 전념하고 있는가?

〈표 14〉 윤리 토론 대회 채점 기준표(예시)[224]

윤리 토론 대회 채점 기준표	
팀 A:	팀 B:
A팀 발표(전반전) A. 해당 사례에 대한 A팀의 발표는 명확하고 체계적으로 이루어졌는가? (1–5) B. 사례에 나타난 핵심적인 도덕적 차원을 제대로 다루고 있는가? (1–5) C. 자기 팀의 입장에 동의하지 않는 사람들에게서 두드러지게 나타날 수 있는 관점을 비롯하여 다양한 관점에 대한 인식과 사려 깊은 고려를 발표 내용에 담았는가? (1–5) 1. A팀의 발표 점수(위 A~C의 합) /15 3. 논평에 대한 A팀의 응답 점수 /10 4. 심사위원의 질문에 대한 응답 점수 /20	2. B팀의 논평 점수 /10
	B팀 발표(후반전) A. 해당 사례에 대한 B팀의 발표는 명확하고 체계적으로 이루어졌는가? (1–5) B. 사례에 나타난 핵심적인 도덕적 차원을 제대로 다루고 있는가? (1–5)
6. A팀의 논평 점수 /10	C. 자기 팀의 입장에 동의하지 않는 사람들에게서 두드러지게 나타날 수 있는 관점을 비롯하여 다양한 관점에 대한 인식과 사려 깊은 고려를 발표 내용에 담았는가? (1–5) 5. B팀의 발표 점수(위 A~C의 합) /15 7. 논평에 대한 B팀의 응답 점수 /10 8. 심사위원의 질문에 대한 응답 점수 /20
9. A팀의 존중하는 대화 태도 /5 10. 총점 /60	9. B팀의 존중하는 대화 태도 /5 10. 총점 /60
심사위원:	

2. 브리태니커의 'ProCon.org'[225]: '비판적 사고 세미나' 모형

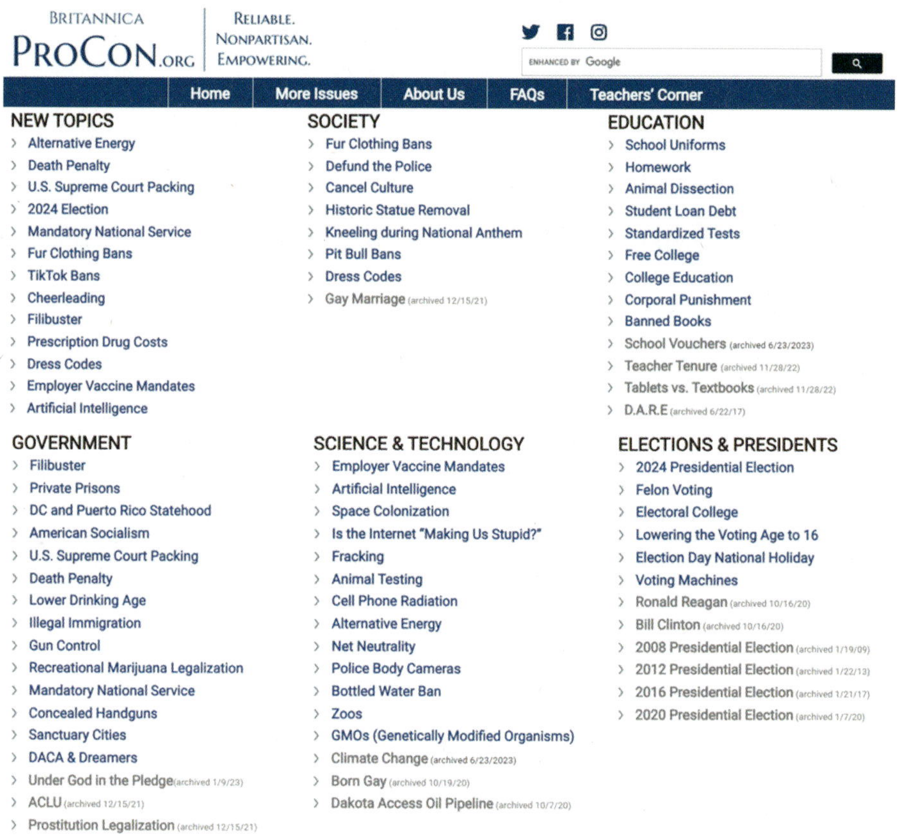

우리에게 백과사전으로 널리 알려져 있는 브리태니커의 웹 ProCon.org는 논쟁의 여지가 있는 쟁점에 대한 찬반 논쟁을 간결하고 비당파적이며 자유롭게 접근할 수 있도록 제시한다. 특히 브리태니커에서는 웹사이트 ProCon.org를 통해 사용자에게 편향되지 않은 정보를 제공하는 데 초점을 맞추고 있다. 또한 직원들과 편집자가 철저히 조사하고 수집하여 논쟁의 여지가 있는 문제에 대한 출처와 장단점, 그리고 해당 문제와 관련된 많은 참고 정보를 풍부하게 제공하

기 위해 노력하고 있다. 이를 통해 궁극적으로 시민적 교양 · 예의(civility), 비판적 사고, 교육, 식견 있는 시민성 증진에 기여하고자 한다.

ProCon.org는 웹사이트 이름을 통해 짐작할 수 있듯이, 프로(pro)와 콘(con), 즉 찬반 형식을 사용하는데, 이는 다음과 같은 네 가지 목표를 구체적으로 달성하기 때문이다. 첫째, 독자들을 이슈의 (찬반) 양면에 모두 노출시킴으로써 각 이슈를 둘러싸고 제시되는 사실과 의견의 차이를 쉽게 알 수 있도록 돕는다. 둘째, 여기서 취하고 있는 찬반 형식은 소위 '유익한 혼란(beneficial confusion)'을 만들어 독자들이 잘 제시된 반대 입장과 씨름하게 만들고 결과적으로 평가적 사고에 참여하여 자신의 견해를 공식화하도록 돕는다. 어떤 문제에 대해 기존의 견해를 가지고 있는 독자는 자신의 견해에 대해 더 자신감을 가질 수도 있지만, 반대로 자신의 견해를 바꿀 수도 있다. 어느 경우든, 많은 사람들은 정보를 획득하고 비판적으로 평가하는 과정이 그들의 의사결정에 유익하고 만족스러운 영향을 미친다고 인식하게 될 것이다. 셋째, 이 형식은 독자가 상대편이 어떻게 생각할지를 알게 하여 다른 사람들과 자신의 견해를 논의하고 토론하는 데 더 큰 자신감과 편안함을 갖게 한다. 넷째, 독자들이 이슈의 양면을 검토하도록 이끌면, 반대 견해를 가진 사람들을 '악마화'할 가능성이 줄어드는 경향이 있다.

ProCon.org 웹사이트는 미국의 50개 주와 90개 국가의 11,000개 이상의 학교에서 학생과 교사를 포함하여 매년 2천만 명 이상의 사람들에게 서비스를 제공하고 있다. 또한 37개의 미국 주 정부, 17개의 미국 주 교육부, 31개의 외국 정부, 25개의 미국 연방 기관 및 수천 개의 언론 기사가 ProCon.org를 인용해 왔다.

ProCon.org 웹사이트에는 새로운 주제, 사회, 교육, 정부, 과학기술, 선거 및 대통령, 경제 및 세금, 건강 및 의약, 엔터테인먼트 및 스포츠, 세계/국제 범주가 설정되어 있고, 각 범주 속에 다양한 논쟁적인 쟁점들이 소개되어 있다. 예를 들어, '새로운 주제' 범주에는 사형제도, 2024년 대선, 모피 의류 금지, 틱톡 금지, 치어리딩, 인공지능 등을 둘러싼 쟁점들이 속해 있고, 각 쟁점별로 찬반 입장을 뒷받침하는 강력한 근거들이 수록되어 있다. 이 중 사형제도와 동물실험에 관한 논쟁 자료들을 소개하면 아래와 같다.

1) ProCon.org의 쟁점 예시

예시(1): 사형제도

옥스퍼드대 범죄학연구센터 교수인 로저 후드에 따르면, 인류 역사의 전부는 아닐지라도, 오랜 기간 행해 온 사형은 "법정에 의한 형사 범죄 유죄 판결 후 사형을 선고받은 범죄자에 대한 처형"을 의미한다. 국제앰네스티는 2023년 5월 현재 일반 범죄에 대해 법적 사형을 선고하는 전 세계 55개 국가 중 하나로 미국을 꼽았다. 또 다른 9개 국가에서는 "군사법에 따른 범죄나 예외적인 상황에서 범한 범죄 등 특수 범죄"에 대해 사형을 선고한다. 한편, 법적으로 사형을 폐지한 국가는 112개국이고, (한국을 포함해서) 실질적인 사형 폐지국에 해당하는 국가는 23개국이다.

찬성① 사형은 최악의 범죄에 내려지는 '도덕적이고 정의로운 유일한 처벌'이다.

탈리온법(라틴어로 extalionis), 또는 동해보복(同害報復)법은 성경의 명령으로도 잘 알려져 있다. 즉 "누구든지 이웃에게 영구적인 부상을 입히는 사람은 그 대가로 같은 것을 받아야 한다. 눈에는 눈, 이에는 이로 갚아야 한다. 한 사람이 다른 사람에게 준 것과 같은 부상이 그 대가로 가해져야 한다."

'응보/보복(retribution)'이라는 단어는 라틴어 re + tribuo, 즉 "나는 갚는다(I

pay back)"에서 왔다. 최악의 범죄를 저지른 이들이 사회에 빚을 갚기 위해서는 그들에게 사형을 선고해야 하며 그렇지 않으면 빚을 갚지 못한다. 헤리티지 재단의 찰스 스팀슨은 "보복은 범죄자에게 자신이 저지른 범죄에 맞는 형벌을 부과해 도덕적 판단을 내릴 수 있는 사회의 권리를 표현한 것"이라고 말한다. 따라서 피해자나 가해자의 인종, 성별에 관계없이 "최악의 경우에도 사형이 가능해야 한다"고 말했다.

일반적으로 사형을 지지하는 응보주의자들은 사형이 부과될 수 있는 범죄 목록을 확대하는 것을 원하지 않는다. 그들이 사형을 지지하는 것은 특히 극악무도하다고 정의된 범죄에만 적용되는 것이다. 왜냐하면 그러한 범죄자들만이 사형에 처해질 자격이 있기 때문이다. 이런 맥락에서 럿거스 대학의 교수인 조나 마이어는 "최후의 제재 수단을 사용해야 할 범죄자라는 것이 정당화되지 않은 사람들을 대상으로 사형을 집행하는 것은 결코 허용되어서는 안 된다"고 강조한다.

뉴욕 로스쿨 명예교수인 로버트 블레커는 "응보나 보복은 단순한 복수가 아니다. 복수는 집단적 처벌과 마찬가지로 무한할 수 있으며 자격이 없는 사람에게 잘못된 방향으로 향할 수 있다. 반면에 응보나 보복은 도덕적 균형을 회복하는 데 도움이 될 수 있다. 처벌은 제한적이고 비례적이어야 한다. 나와 같은 응보주의자들은 우리가 적절한 처벌을 촉구하는 것만큼 과도한 처벌을 강력하게 반대한다. 나는 최악의 범죄자들 중에서 가장 나쁜 범죄자들에 대해서만 사형을 지지한다."라고 말했다.

"때때로 정의는 기소를 기각하고, 형량 협상을 승인하고, 과거 유죄 판결을 말소하고, 징역형을 요구하거나, 극소수에 해당하겠지만 최악의 살인자 중 최악의 경우 정의는 죽음이다. 경쟁 카르텔 조직원을 살해한 마약 카르텔 조직원은 가석방 없이 종신형을 선고받게 된다. 만약 그가 2명, 3명 또는 12명을 살해한다면 어떨까? 피해자가 어린이이거나 여러 명의 어린이라면? 살인이 고문이나 강간으로 이어진 경우에는 어떻게 되나? 연쇄 살인범은 어떤가? 아니면 수십 명, 수백 명, 수천 명을 죽이는 테러리스트라면?"이라고 콜로라도의 지방 검사인 조지 브라우클러가 물었다. 범죄의 성격과 그 타락의 깊이가 중요한 것이다.

찬성② 사형은 추가적인 범죄를 예방한다.

예비 살인자에 대한 억제가 이루어지지 못한다고 하더라도, 최소한 사형은 유죄 판결을 받은 살인자들이 범죄를 반복하는 것을 막는다.

"아마도 사형제도에 대한 가장 직접적인 주장은 유죄 판결을 받은 살인자들이 다시 살인을 저지르지 않게 함으로써 무고한 생명을 구한다는 것이다. 만약 사형폐지론자들이 1972년부터 1976년까지 한시적인 사형유예를 얻는 데 성공하지 못했다면, 케네스 앨런 맥더프는 처형됐을 것이고, 콜린 리드와 적어도 8명의 다른 여성들은 오늘날 살아있을 것이다."라고 전 미국 지방 판사인 폴 카셀이 설명하였다.

케네스 앨런 맥더프는 1966년에 10대 세 명을 살인하고 한 명을 강간하여 유죄 판결 및 사형을 선고받았다. 그러나 미국 대법원은 1972년에 전국적으로 사형을 무효화하여 맥더프는 감형을 받았고 1989년에 가석방되었다. 3일 후부터, 그는 텍사스에서 최소 여섯 명의 여성을 고문, 강간, 살해하는 범죄를 시작했고, 1992년 5월 4일에 다시 체포되어 두 번째 사형을 선고받았다. 만약 맥더프가 첫 세 번의 살인에 대해 정의가 요구하는 대로 처형되었다면, 적어도 여섯 번의 살인은 방지되었을 것이다.

재범률을 고려할 때, 많은 살인자에게 사형이 부과되었더라면 살인과 납치, 강간, 고문 등의 관련 범죄들을 더 많이 예방할 수 있지 않았을까?

찬성③ 사형은 피해자와 가족이 마땅히 누려야 할 정의, 그리고 (사건의) 종결을 제공한다.

살인 피해자의 많은 친족은 사형이 정의로우며, 그들의 삶이 앞으로 나아가기 위해서는 사형이 필요하다고 생각한다.

자신의 아버지가 어머니를 죽인 것으로 사형을 선고받은 후 아들인 제이슨 존슨은 다음과 같이 진술하였다. “나는 그가 처형되는 것을 보러 갈 것이다. 단지 그가 죽는 것을 보기 위해서가 아니라, 우리 가족이 실제로 끝났다는 것을 보기 위해서이다. 그는 사악한 인간이다. 그는 자신이 가진 기독교적 신앙에 대한 모든 걸 말할 수 있고, 그게 그가 지금껏 해온 것의 전부이고, 내 아버지의 전부이기도 하다. 그는 사기꾼이다. 그가 구원을 찾는다고 하더라도, 그건 그와 하나님 사이의 일이므로 중요하지 않다. 그에게 용서를 내리는 것은 주님이며, 그에 대한 구원 역시 주님으로부터 오는 것이지, 정부가 하는 것이 아니다. 성경에도 ‘눈에는 눈’이라고 쓰여 있다.”

근무 중 사망한 경찰관 래리 라스터의 어머니 필리스 로야는 “내 아들을 살인한 자의 처형을 지켜보기 위해 살 것이다. 우리에게는 종결이 필요하고, 그러한 종결은 사람에 따라 여러 가지 다른 의미를 가질 수 있다고 생각한다. 내게 중요한 것은 배심원단과 판사에 의해 선고된 형이 그대로 집행될 때 내 아들을 위한 정의의 싸움이 비로소 끝난다는 것이다.”라고 말했다.

어떤 이들은 사형제도를 통해서는 ‘종결’이 있을 수 없다고 주장하지만, 피해자 가족들의 생각은 다르다. 보통 피해자의 가족은 사랑하는 사람이 당한 끔찍한 살인에 대한 자세한 기사가 언론과 소셜 미디어에서 다루어지는 것을 수년간 참고 견뎌야 한다. 반면 살인자는 종신형이 끝나기를 그저 기다리거나 유죄 판결에 대해 항소한다. 정의로운 사형은 이 순환을 끝낸다.

오클라호마의 법무장관 존 오코너는 이렇게 말했다. “각 살인 피해자의 가족은 사랑하는 사람이 살해되었을 때 말할 수 없는 고통을 겪는다. 그 후 수사, 재판, 항소, 사면 및 가석방 위원회의 심사가 진행되면서, 피해자 가족의 상처는 수십 년 동안 여러 차례 찢어진다. 각 단계는 피해자 가족에게 고통을 주면서도, 가족 구성원이 당한 극악무도한 대우에 대한 정의를 갈망하게 한다. 살인자가 미디어에서 동정적으로 묘사될 때 피해자 가족은 피해자의 고통과 생명의 손실 및 자신들의 아픔이 사람들에게 잊혀진다고 느낀다. 피해자 가족은 살인자에 대한 사형을 통해 사랑하는 사람을 되찾을 수 없다는 것을 알고 있다. 이와 동시에, 그들은 살인자에 대한 사형이 자신들에게 '종결', '결말', '평화'를 가져올 거라 예상하면서도, (사형을 통해) 정의가 존재하고 아마도 '살인자와 시스템'에 의해 계속 입어 온 상처에 끝이 있을 것이라고 본다."

반대① 사형은 빈약한 법률 지원과 인종적 편견으로 둘러싸여 있다.

비영리 단체인 '평등한 정의 구현(The Equal Justice Initiative, EJI)'에서는 "사형제도는 가난하고 결백한 사람보다 부유하고 유죄인 사람을 잘 대우해 준다"고 주장한다. 그러면서 "변호사를 효과적으로 고용할 여력이 없는 가난한 사람들에게 주로 처벌이 내려지게 되고, 특히 사건의 피해자가 백인일 경우 유색인종은 중대한 살해로 기소되어 사형을 선고받아 처형될 가능성이 더 높다"고 지적한다.

미국변호사협회는 강력 사건 변호사들에 대한 최소한의 자격요건을 규정하고 있지만, 사형제를 시행하는 주의 대부분은 변호사들에게 그러한 자격요건의 충족조차 요구하지 않는다. 이로 인해, 피고인들은 개인 변호사를 고용할 수단이 없는 상태에서 부적격한 변호사와 함께 법정에 서게 된다. 또한 목격자의 잘못된 식별, 거짓 · 강요 자백, 허위 · 오해의 소지가 있는 법의학적 증거, 경찰 · 검사 또는 그 밖의 공무원에 의한 직권남용, 매수된 증인 등이 사형 사건에 오점을 남긴다.

사형수 여덟 명 중 한 명은 추후 결백한 것으로 밝혀졌다. 또한 사형은 일관성 없이 적용되며 백인을 살해한 흑인 남성에게 가장 많이 적용된다. 2018년 흑인은 미국 인구의 13%에 불과했지만, 사형수의 41%, 사형을 집행받은 사람의 34%가 흑인이었다. 이러한 불평등은 사형제도의 뿌리를 고려할 때 놀랄만한 것이 아니다. 강력 사건 피고 측 변호사이자 '평등한 정의 구현(EJI)'의 설립자인 브라이언 스티븐슨은 사형제도를 "린치(폭력적인 사적 제재)의 의붓자식"이라고 말한다.

언론인 조쉬 마커스는 다음과 같이 설명한다. "연방군이 옛 남부 연합 주들을 점령하고 흑인들을 위한 새로운 법적, 헌법적 보호를 시행하는 재건 기간이 끝난 후, 린치가 1800년대 후반에 급증하여 미국 전역에서 거의 일상적인 일이 되었다. 때때로 지역 법 집행 등에 있어서 정부 관리들은 린치에 연루되었고, 정부 관리들은 중대한 처벌(린치)의 대안으로 사형을 주장하기 시작했다. 그것은 대중들이 가진 흑인에 대한 폭력의 욕구를 여전히 만족시키면서도, 당시 모든 삶의 영역에서 명백한 인종 차별을 허용했던 법의 지원하에 있었다."

사형 집행에 대한 설문조사에 따르면, 사형 집행의 80%는 전 남부연합 주에서 발생하며 역사적인 린치 장소를 반영하는 것으로 나타났다.

"우리는 살인을 이유로 살인을 하는 수준을 넘어서야 한다. 이는 너무나 오래된 생각이다."라고 레이첼 서트핀은 단언했다. 그의 아버지 에릭은 버지니아주 부보안관으로, 탈출한 죄수에게 살해당했고, 그 죄수는 결국 독극물 주사로 사형되었다.

반대② 사형은 범죄를 억제하지 못할 뿐만 아니라 매우 비싸다.

사형제를 옹호하는 사람들은 이 제도가 오랫동안 범죄나 다른 죄가 될 만한 행위를 저지한다고 주장해 왔지만, 미국시민자유연맹(ACLU)에서는 다음과 같이 서술하였다. "사형이 장기간의 투옥보다 더 효과적으로 범죄를 저지한다는 확실한 증거는 없다. 사형법이 있는 주들은 그런 법이 없는 주들보다 범죄율이나 살인율이 더 낮지 않다. 그리고 사형제를 폐지한 주들은 범죄나 살인율에 있어서 유의미한 변화를 보이지 않는다."

계속해서 ACLU는 다음과 같이 말했다. "사람들은 주로 격앙된 열기 속에서, 술이나 마약의 영향으로, 혹은 정신 질환이 있기에 자신의 행동으로 발생할 수 있는 결과에 대해 거의 또는 전혀 생각하지 않고 살인을 저지른다. 범죄를 사전에 계획하는 소수의 살인자는 잡히지 않음으로써 처벌을 피하려고 의도하고 기대한다. 일부 자기 파괴적인 사람들은 심지어 자신이 잡히고 처형되기를 바랄 수도 있다."

게다가, 사형제도는 대안적인 처벌인 종신형보다 훨씬 더 비싸다. 캘리포니아주의 경우 사형제도에 연간 1억 3700만 달러의 비용이 드는 반면,[226] 종신형을 최대형으로 하는 제도에서는 1,150만 달러의 비용이 들어가는데, 이는 거의 92%의 비용을 감소하는 것이다. 이 통계 수치는 더 낮지만, 캔자스주, 테네시주, 메릴랜드주를 포함한 다른 주들과 유사하다. 그리고 사형 집행을 위한 비용을 어딘가에서 마련해야 하는데, 대개는 납세자들이 낸 세금으로 충당한다. 예를 들어, 텍사스주의 경우, 케이토 연구소의 제프리 마이론은 "사형 집행은 재산세 세율을 인상하고 공공 안전에 대한 지출을 줄임으로써 집행 자금을 마련한다. 재산과 관련한 범죄는 후자의 결과로 더 증가한다."라고 설명한 바 있다.

반대③ 사형은 비도덕적이고 고문에 해당한다.

가톨릭에서 유대교에 이르기까지 여러 종교에서 사형제도를 반대할 뿐만 아니라, 전 세계적으로도 사형제도 폐지에 대한 요구가 증가하고 있는 추세이다.

"살인은 정당화될 수 없으며, 고의적이고 의도적으로 생명을 앗아가는 것이다. 법이 예정한 색깔 아래, 인간의 생명을 고의적으로 소멸시키는 것을 심의하고, 결정하며, 계획할 때 우리는 살인을 저지른다. 사형은 살인이다."라고 전 오하이오주 국선변호사 벤자민 조버가 설명한다. "'너는 마땅히 공의만을 따르라'(신명기 16:20)라는 명령이 우리에게 주어져 있다." 생명을 빼앗고, 분노와 복수심에 사로잡힌 채 행동하거나, 더 많은 유혈과 트라우마와 고통을 발생시키면서 이(공의)를 행할 수 없다. 모든 생명은 신성하며, 존엄성을 누릴 자격이 있다. 한 생명이 평가절하되면, 모든 생명이 평가절하된다. '생명을 파괴하는 사람은 성경에 의해 전 세계를 파괴했다고 여겨진다. 그리고 생명을 구하는 사람은 마치 그가 전 세계를 구한 것과 같다.'(미슈나 산헤드린 4:5)

2018년, 플로리다 파크랜드의 마조리 스톤맨 더글러스 고등학교 총기 난사 사건에서 사망한 16살 카르멘의 오빠 로버트 셴트럽은 이렇게 말한다. "이 상황은 또 다른 사람을 살인하도록 지지하게끔 TV의 권위자들이 내 여동생을 끌어들이는 부분이다. 사람들은 복수가 내 기분을 나아지게 해주고 그것이 나를 '종결'로 이끌고, 계속해서 아픔이 치유될 수 있다고 확신시키려고 애쓴다. 하지만 나는 … 신경 쓰지 않는다. 왜냐하면 내 여동생은 이미 죽었고 다른 사람을 죽인다고 여동생이 돌아오지 않을 것이기 때문이다."

게다가 사형은 궁극적으로 생명을 앗아가는 한편, 사형을 당한 사람은 죽기 전에 신체적이고 정신적인 고문을 받게 된다. 법학 교수인 존 베슬러는 "사실상 사형은 항상 그리고 필연적으로 극심한 고통과 고문 수준에 달하는 괴로움을 가한다. 사형의 기소와 선고는 체계적으로 개인에게 죽음에 대한 위협을 가하기 때문이다(그리고 개인에 대한 사형 영장이 집행되면 살해). 또한, 잔인하고 비인도적이거나 굴욕적인 대우나 처벌의 가중된 형태로 여겨지는 고문에 대한 위협을 가하기 때문이며, 고문은 국제법의 기준과 함께 다양한 국내법에서 금지하고 있다."라고 말했다. 그리고 미국에서는 잔인한 처벌이 수정 헌법 제8조에 의해 명시적으로 금지되어 있다.

찬성 논거	반대 논거
① 사형은 최악의 범죄에 내려지는 '도덕적이고 정의로운 유일한 처벌'이다. ② 사형은 추가적인 범죄를 예방한다. ③ 사형은 피해자와 가족이 마땅히 누려야 할 정의, 그리고 (사건의) 종결을 제공한다.	① 사형은 빈약한 법률 지원과 인종적 편견으로 둘러싸여 있다. ② 사형은 범죄를 억제하지 못할 뿐만 아니라 매우 비싸다. ③ 사형은 비도덕적이고 고문에 해당한다.

예시(2): 동물 실험에 관한 논쟁

동물들은 의학적 치료법의 개발, 약물의 독성 확인, 인간이 사용할 제품의 안전성 확인 등 생물의학적 · 상업적 · 건강관리적 용도로 사용된다. 살아있는 동물에 대한 연구는 기원전 500년경 고대 그리스의 동물의 생체 해부 연구에서부터 시작되었다. 19세기까지 동물 실험에 대한 대중의 반대는 없었으나, 애완동물의 입양 증가 추세에 따라 영국에서 동물보호운동에 대한 관심이 증폭되며 반대 의견이 제기되기 시작하였다. 1959년, 동물학자 윌리엄 러셀과 미생물학자 렉스버치가 제시한 인간실험기술의 원칙(The principle of humane experimental technique)에서는 동물을 인간의 필요에 따라 이용하기 위한 3R원칙[227]을 제시하였다. 이 원칙은 많은 국제 동물복지법의 기초를 형성하였다.

찬성① 동물 실험은 인간과 동물 모두의 생명을 구하는 치료법 개발에 기여한다.

캘리포니아 생물의학연구회에 따르면, 지난 100년 동안 대부분의 의학적 발견은 동물을 이용한 연구에서 비롯되었다. 동물 실험은 유방암, 뇌손상, 소아

백혈병, 낭포성 섬유증, 다발성 경화증, 결핵 등을 포함한 다양한 질병 치료에 주요한 발전을 이끌었으며, 심박조율기, 심박판막치환기, 마취제의 개발에도 중요한 역할을 했다. 최근 코로나바이러스 백신 개발을 위해서도 유전자 변형 쥐를 대상으로 실험했으며, 호주 플린더스 대학교의 니콜라이 페트로프스키 교수는 "동물을 대상으로 코로나바이러스 백신을 실험하는 것은 절대적으로 필수적이며, 이 단계를 생략하는 것은 위험으로 가득 찬 것이다."라고 언급한 바 있다.

게다가 동물 실험의 결과로부터 동물들도 이익을 얻을 수 있다. 동물 실험을 통해 얻어진 백신들은 광견병, 디스템퍼, 고양이 백혈병, 전염성 간염 바이러스, 파상풍, 탄저병, 개 파보 바이러스의 위험으로부터 동물들을 구했다. 또한 동물 실험은 심장병의 심박조율기, 녹내장과 고관절 이형성증의 치료법 등을 개발할 수 있도록 이끌었다. 나아가 동물 실험은 검은발 족제비, 캘리포니아 콘도르, 브라질의 타마린을 포함하여 멸종 위기에 처한 종들을 멸종으로부터 구하는 데 중요한 역할을 해왔다. 이에 따라 미국수의학협회(AVMA)는 안전한 약물, 백신, 의료 장치를 개발하기 위해 동물 실험을 승인하고 있다.

찬성② 동물은 여러 면에서 인간과 유사하기 때문에 적절한 연구 대상이다.

침팬지는 DNA의 99%를 인간과 공유하며, 쥐는 유전적으로 인간과 98%가 유사하다. 인간을 포함한 모든 포유류는 공통 조상의 후손이다. 혈류와 중추신경계의 도움을 받으며, 심장, 신장, 폐와 같이 본질적으로 같은 방식으로 기능하는 동일한 기관을 가지고 있다. 이처럼 동물과 인간은 생물학적으로 매우 유사하므로, 심장병, 암, 당뇨병 등 동일한 질병에 취약하다고 볼 수 있다.

동물은 인간보다 더 짧은 수명 주기를 가지고 있으므로, 여러 세대에 걸친 치료 또는 유전자 조작의 효과를 연구하기에 더욱 적합하다고 볼 수 있다. 예를 들어, 쥐는 짧은 수명 때문에 장기적인 암 연구에 적합하다.

윤리적인 고려로 인해 인간 실험이 어려운 경우에는 동물 실험을 불가피하게 사용할 수밖에 없다. 잠재적인 독성을 가진 의약품을 실험할 때 인간 지원자의 생명이 위험에 처하게 해서는 안 된다는 것이다. 일부 실험은 동물 실험 전에 인간 실험을 허용할 수 없는 유전자 조작을 포함하기도 한다. 이러한 점들 때문에 헬싱키 세계의학협회선언(The World Medical Association Declaration)에서는 동물 실험이 인간 실험에 선행되어야 한다고 보았다. 이 밖에도 미국생리학협회, 미국암협회, 전미생물의학연구협회, 미국심장협회, 독성학협회는 모두 과학 연구에서 동물의 사용을 지지한다. 한 여론조사 결과에 따르면(Pew Research Center) 3,748명의 과학자들 중 89%가 과학 연구에서 동물 실험을 선호하는 것으로 나타났다.

찬성③ 동물 실험은 학대로부터 동물을 보호하는 법 등으로부터 엄격한 규제를 받고 있다.

미국의 경우, 동물 실험은 1966년부터 연방 동물복지법(AWA, Animal Welfare Act)에 의해 규제되어 왔다. AWA는 포획 크기, 온도, 깨끗한 음식과 물의 제공 등 연구 동물을 위한 최소 주거 기준을 규정할 뿐만 아니라, 수의사의 정기적인 검사도 요구한다. 동물을 연구에 이용하기 위한 모든 경우에 각 연구 시설에서 설립한 동물관리사용위원회(IACUC, Institutional Animal Care and Use Committee)의 승인을 받아야 한다. 대부분의 주요 연구 기관의 프로그램은 AAALAC(Association for Assessment and Accreditation of Laboratory Animal Care International)를 통해 인도적 실천을 위해 자발적으로 검토된다.

동물 연구원들은 동물을 위해, 나아가 신뢰할 수 있는 실험 결과를 보장받기 위해 동물을 인도적으로 대한다. 예를 들어, 시더스-시나이 메디컬 센터의 동물 연구 시설에서 개들은 사람 및 다른 개들과 어울리기 위해 매일 두 번 운동을 하며, 놀이를 할 기회를 제공받고 있다.

우리나라에서도 '실험동물에 관한 법률'을 통해 동물 실험을 규제한다. 이 법은 실험 동물의 적절한 관리를 통하여 동물 실험에 대한 윤리성 및 신뢰성을 높이는 것을 목적으로, 실험 동물 시설의 설치와 운영에 대해 관리하며, 실험 동물의 유지 · 보존 · 개발에 대해 지원할 것을 명시하고 있다. 또한 실험을 수행하는 경우에는 실험 동물의 종류, 사용량, 수행된 연구의 절차, 연구에 참여한 사람 등을 기록하고 보고하도록 규제하고 있다. 나아가 동물 실험을 대체할 수 있는 방법을 개발하는 정책을 수립하고 추진할 것을 명시하여, 동물 실험을 대체할 수 있는 방안을 우선적으로 고려하도록 하고 있다.[228]

반대① 동물 실험은 잔인하고 비인간적이다.

동물보호단체인 휴메인 소사이어티 인터내셔널(Humane Society International)에 따르면, 실험에 사용되는 동물들은 일방적으로 강제로 먹이를 먹게 되거나 음식과 물을 빼앗기고, 치료법 연구를 위한 수단으로 고통을 받거나 상처를 입으며, 이산화탄소 질식 · 목 부러짐 · 목 베기 또는 다른 방법으로 죽음에 이른다. 또한 동물 실험의 대부분에는 결함이 있어 동물 실험 대상의 생명을 낭비하기도 한다. 잘못된 데이터 해석, 예측하지 못한 기술적 문제, 선택적 데이터 보고 등 연구의 가설이나 목적, 사용된 동물의 수와 특성을 제대로 보고하지 않는 문제가 드러나고 있다는 것이다. 이러한 상황에서 2020년 1월, 미국 농무부의 발표에 따르면 300,000마리 이상의 동물이 동물 실험에 사용되고 있다고 한다.

미국의 경우 이렇게 희생되는 동물 중 5%만이 법의 보호를 받고 있다. 동물복지법(AWA)의 적용을 받는 동물의 종류는 100만 마리 미만으로, 약 2,500만

마리의 다른 동물들은 학대로부터 보호를 받지 못하고 있다. 그런데 심지어 동물복지법에 의해 보호받는 동물들도 학대를 당하기도 한다. 뉴 이베리아 연구센터(NIRC)에서는 극심한 스트레스를 겪고 있는 영장류에 대한 학대 등의 행위가 연방 정부의 지원 아래에서 이루어지기도 하였다.

반대② 동물 실험은 인간에 대한 결과를 확실하게 예측하지 못한다.

동물 실험을 통과한 약물 중 94%가 인체 대상 임상실험에서 실패한다. 100개 이상의 뇌졸중 약물과 85개 이상의 HIV 백신, 위중증 환자의 염증을 줄이기 위한 치료제 등의 실험이 동물 실험에서는 성공했지만 인체 실험에서는 실패했다. 수면제 탈리도마이드는 임신한 쥐, 기니피그, 고양이, 햄스터 등을 대상으로 한 동물 실험을 통과했으나, 1만 명 이상의 아기가 심각한 기형을 가지고 태어나도록 하는 등의 부작용을 낳았다. 관절염 약인 Vioxx도 동물 실험에서는 쥐의 심장에 이상이 없었으나, 인체에 대해서는 27,000건 이상의 심장마비를 일으켰다.

한편 동물 실험은 잠재적인 치료법을 발견하지 못하게 할 수 있다. 동물에게 효과가 없거나 해로운 일부 화학물질이 인간에게는 효과가 있는 경우가 있다는 것이다. 예를 들어 아스피린은 일부 동물 종에게 위험하기도 하다. 정맥 내 비타민C는 인간의 패혈증 치료에 효과가 있지만, 쥐에게는 효과가 없다. 한 신경과 의사는 장기 이식 거부반응의 위험을 낮추기 위해 사용되는 약물농도검사(FK-506)가 동물 실험 결과 때문에 거의 보류되었음을 지적한 바 있다.

반대③ 동물을 대체할 수 있는 검사 방법이 존재한다.

인간 세포나 조직에 대해 행하는 시험관 시험과 같은 연구 방법들은 동물 실험을 줄이거나 대체할 수 있는 기회를 제공한다. 3D 프린팅의 기술 발전은 세포조직의 바이오프린팅 가능성을 높이고 있다. 예를 들어 프랑스 회사는 약물의 독성을 실험할 수 있는 간을 바이오프린팅하기 위해 노력하고 있으며, 인공 인간 피부를 활용한 실험은 동물 피부에 화학 물질을 실험하는 것보다 더 유용한 결과를 생성할 수 있다. 생명공학 회사의 수석 과학자 마이클 배철은 "인간 피부 세포인 각질 세포로 정상 피부 또는 건선과 같은 피부 질환을 모방한 모델을 만들 수 있으며, 인간의 멜라닌 세포를 사용하여 다른 인종의 인간 피부와 유사한 피부 모델을 만들 수 있다. 이는 쥐나 토끼로는 불가능하다."라고 언급하기도 하였다. 이러한 기술 발달에 따라 미국 환경보호국은 2025년까지 포유류에 대한 화학 실험을 30% 줄이고, 2035년까지는 완전히 끝낼 계획을 수립하였다.

한편 과학자들은 인간 지원자들에게 직접 백신을 실험할 수 있다. 연구에 사용되는 동물들과 달리, 인간은 실험에 사용되는 것에 대한 동의를 할 수 있다. COVID-19 백신 개발에서처럼 동물 실험을 건너뛰고 백신이 인간에게 어떻게 작용하는지를 곧바로 관찰할 수 있다.

찬성 논거	반대 논거
① 동물 실험은 인간과 동물 모두의 생명을 구하는 치료법 개발에 기여한다. ② 동물은 여러 면에서 인간과 유사하기 때문에 적절한 연구 대상이다. ③ 동물 실험은 학대로부터 동물을 보호하는 법 등으로부터 엄격한 규제를 받고 있다.	① 동물 실험은 잔인하고 비인간적이다. ② 동물 실험은 인간에 대한 결과를 확실하게 예측하지 못한다. ③ 동물을 대체할 수 있는 검사 방법이 존재한다.

2) ProCon.org에서 제시한 토론수업 모형: '비판적 사고 세미나' 모형

◎ 개관: 매년 ProCon.org에서는 JSA(Junior State of America)와 함께 학생들

을 비판적 사고 세미나에 참여시키고 있다. 예를 들어, 2018년 8월, ProCon.org는 UCLA에서 JSA와 함께 '미디어와 정치에 관한 심포지엄'이라는 주제로 비판적 사고 세미나를 개최했다. 매년 이 기관은 학생들의 비판적 사고를 자극하기 위해 고안된 일련의 기준을 사용하여 양쪽 입장을 평가하는 시간을 갖게 되면, 어떤 쟁점에 대한 자신의 생각을 바꾼다는 것을 발견했다. 다음 결과는 2014년에 있었던 비판적 사고 세미나에서 나온 것이다. 수업 전후로 학생들에게 "소셜 네트워킹 사이트는 사회를 위해 유익한가?"라는 질문을 했다. 그들의 전후 표 차이가 비판적 사고가 차이를 만들어 낸다는 것을 증명하는 데 도움이 된다.

	BEFORE SEMINAR	AFTER SEMINAR	% CHANGE
PRO	68%	55%	−19%
CON	22%	25%	14%
UNSURE	10%	20%	100%
Total	100%	100%	

(비판적 사고 세미나 전과 후 입장 변화)

(비판적 사고 세미나 영상)[229]

◎ 비판적 사고 세미나 개요: 세미나는 소셜 네트워킹 또는 불법 이민에 대한 찬반 양론과 같이 논쟁의 여지가 많은 주제를 중심으로 진행된다. 학생들은 미디어 문해력을 향상시키기 위해 전문가들의 여러 찬반 인용문을 분석한다. 그들은 소그룹으로 함께 활동하고, 읽은 인용문에 대한 해석과 비판을 나누며 전체 그룹 토론에 참여한다. 그동안 그들은 자신만의 찬반 논쟁 목록을 만든다. 세미나가 미친 영향은 선택된 주제에 대한 '전후' 투표로 나타난다. 학생들은 두 번째(또는 최종) 투표에서 자주 자신의 입장을 바꾸며, 양측의 주장에 대한 신중한 반성을 보여준다.

◎ 적용 절차

단계	내용
도입 및 1차 투표	비판적 사고에 대해 설명하고, 세미나 주제에 대한 투표를 거수(찬성, 반대, 불분명)로 진행한다.
비판적 사고 기준 및 인용문 분석 안내	비판적 사고의 기준에 대해 설명한 다음, 이를 활용하여 (4개의) 인용문을 모두 개별적으로 읽고 분석하도록 안내한다.
소그룹 토론(1차)	위 기준을 사용하여 소그룹으로 나누어 인용문을 평가한다. 대화를 촉진하기 위해 필요에 따라 다른 그룹을 방문할 수도 있다.
소그룹 토론(2차)	새로운 찬반 논거들을 추가한 후, 가장 강력한 찬반 논거들에 대해 의견 일치를 이루게 한다.
전체 그룹 토론	각 소그룹이 논의한 내용을 공유하기 위해 전체 참여자들을 다시 모이게 한다.
개별 평가 활동	학생들에게 자신이 고려한 모든 것을 되돌아볼 수 있는 몇 분의 시간을 주고 비판적 사고의 기준을 사용하여 찬성과 반대 인용문에 대해 점수를 부여하도록 안내한다.
브레인스토밍	학생들에게 그들이 생각할 수 있는 모든 장단점을 공유하고 게시판에 작성하도록 요청한다. 그 목록을 각각의 근거 자료가 있는 ProCon.org의 장단점과 비교해 보도록 안내한다.
최종 투표	찬반 의견을 분석한 후, 학생들에게 거수로 다시 투표하게 하고, 그 결과를 최초 투표와 비교하여 주제에 대한 학생들의 의견이 바뀌었는지 확인하게 한다.

[그림 7] '비판적 사고 세미나' 모형의 절차

※ 유인물: 다음과 같은 2페이지 분량의 '세미나 유인물'에는 교사들이 자신의 학생들에게 프로그램을 발표하는 데 필요한 모든 정보가 포함되어 있다.

Are Social Networking Sites Good for Our Society?

A Critical Thinking Seminar with ProCon.org

Critical Thinking Criteria

- **Clarity** - Are the statements clear? Well-stated? Easily understood? Scientific or emotional? How much do those things matter?
- **Strength** - Does the person make a great point even if they do not articulate it well? Is the reasoning convincing? Is it logical? Does it feel right in your heart?
- **Source Quality** - Is the source an expert on the subject? Does the degree, job title, publication, or article title influence your view of the source's expertise?
- **Age** - Is the statement current? Does it seem relevant to the debate today? Is age a factor in your view of the arguments made?
- **Editing** - Is the presentation of information itself biased? Does the editing, length, relative strength of the sources, dates of the statements, or anything else suggest the presentation is not neutral?
- **Bias** - Does the person use extreme language to make their point? Does the person give a limited view of the topic or make any faulty conclusions? What might the person's biases be?

"The importance of social media in informing us is that it provides a channel for those excluded by the news... to have their voices and issues heard... Social media is critically important in giving voice to communities who've been systemically excluded from the media...

Social media invites all of us to become opinion leaders, at least for our circle of friends, and make the process entertaining, gamifying our role as influencers by rewarding us with up to the second numbers on how our tweets and posts have been liked and shared by our friends...

The power of social media to raise money for candidates, recruit people to participate in marches and rallies, to organize boycotts of products or overthrow of governments if one of the best-documented- and most debated -powers of social media."

Ethan Zuckerman, PhD
- Associate Professor and Director of the Center for Civic Media at MIT
- "Six or Seven Things Social Media Can Do for Democracy," medium.com
- May 30, 2018

"I think we have created tools that are ripping apart the social fabric of how society works... The short-term, dopamine-driven feedback loops that we have created are destroying how society works...

[There is] no civil discourse, no cooperation; misinformation, mistruth. And it's not an American problem - this is not about Russian ads. This is a global problem...

There was a hoax in WhatsApp where in some like village in India people were like afraid their kids were going to get kidnapped etc. And then there were these lynchings that happened as a result... Imagine like when you take that to the extreme where you know bad actors can manipulate large swaths of people to do anything you want. It's just a really bad state of affairs."

Chamath Palihapitiya
- Former Facebook Vice President of User Growth and Founder/CEO of Social Capital
- Talk given to the Stanford Graduate School of Business, youtube.com
- Nov. 2017

"Social media is a platform for sharing ideas, information and points of view. This can have important educational value: it extends the information young people can access while also giving them insight into how others think about and use that information...

For those children who feel marginalised in their local community, social media can help them connect with other people who share the same interests or outlook on life.

In some cases, teenagers with critical problems can turn to social networks for fast support and guidance. There are plenty of groups that offer such help online.

Social media is also an important platform for driving social issues, such as racial issues, to greater national and international attention."

Joanne Orlando, PhD
- Senior Lecturer in Early Childhood Education at the University of Western Sydney
- "When It Comes to Kids and Social Media, It's Not All Bad News," theconversation.com
- July 19, 2017

"Harvard University revealed that it had rescinded admissions offers to at least 10 students who shared offensive images within what they thought was a private Facebook group chat. The students posted memes and images that mocked minority groups, child abuse, sexual assault and the Holocaust, among other things...

Sharing videos, images and memes creates the opportunity for an instantaneous positive feedback loop that can perpetuate poor decision making. In an environment where teens spend around nine hours using some form of online media every day, it doesn't take long for them to be influenced by an 'all-about-the-likes' sense of values that can potentially lead to life-altering decisions...

The combination of social media pressure and an underdeveloped prefrontal cortex, the region of the brain that helps us rationalize decisions, control impulsivity and make judgments, can contribute to offensive online posts."

Ana Homayoun, MA
- Founder and CEO of Green Ivy Educational Consulting
- "The Secret Social Media Lives of Teenagers," *New York Times*
- June 7, 2017

ProCon.org

Are Social Networking Sites Good for Our Society?

A Critical Thinking Seminar with ProCon.org

Group Discussion

Discuss as a group which side you think has the strongest argument. Write why you believe that side is stronger.
Be sure to consider the 'Critical Thinking Criteria' on the other side.

____

____

____

Create Your Own Argument

Read the arguments below and as a group come up with as many new ones as you can. Come to a consensus about your best three Pro and Con arguments and write them below.

1. Social networking sites spread information faster than any other media.
2. Law enforcement uses social networking sites to catch and prosecute criminals.
3. Social media allows for quick, easy dissemination of public health and safety information from reputable sources.

1. Social media enables the spread of unreliable and false information.
2. Social networking sites lack privacy and expose users to government and corporate intrusions.
3. Social networking site users are vulnerable to security attacks such as hacking, identity theft, and viruses.

1. ______	1. ______
2. ______	2. ______
3. ______	3. ______

Scoring Session

Give each Pro and Con quote on the other side a score of 1-5 using the criteria below
[5 = Outstanding, 4 = Very Good, 3 = Okay, 2 = Not Impressed, 1 = Terrible]

	Pro 1	Pro 2
• Clarity of Statement	___	___
• Quality of Source	___	___
• Age of Statement	___	___
• Editing of Statement	___	___
• Strength of Argument	___	___
Total	___	___

Added Totals	
Pro 1 & 2	___
Con 1 & 2	___

	Con1	Con 2
• Clarity of Statement	___	___
• Quality of Source	___	___
• Age of Statement	___	___
• Editing of Statement	___	___
• Strength of Argument	___	___
Total	___	___

(2페이지 분량의 '세미나 유인물')

소셜 네트워킹 사이트는 우리 사회에 좋을까요?

ProCon.org과 함께하는 비판적 사고 세미나

■ 도입 및 1차 투표

■ 비판적 사고 기준 안내

- 명료성: 진술이 명확한가? 진술이 정확한가? 이해하기 쉬운가? 과학적인가, 아니면 감정적인가?
- 강점: 훌륭한 주장인가? 설득력 있는 논증인가? 논리적인가? 당신의 생각에는 옳은 것으로 느껴지는가?
- 출처의 질: 출처가 해당 주제에 대한 전문가에 의한 것인가? 학위, 직함, 출판물 또는 기사 제목이 출처의 전문성에 대한 당신의 견해에 영향을 미치는가?
- 시기: 진술이 최근의 것인가? 그것이 오늘 하고 있는 토론과 관련이 있는 것으로 보이는가? 논쟁에 대한 당신의 관점 정립에 시기가 하나의 요인에 해당하는가?
- 편집: 정보의 표현 자체가 편향되어 있지 않은가? 편집, 길이, 출처의 상대적 강점, 진술 날짜, 또는 프레젠테이션이 중립적이지 않다는 것을 시사하는 것이 있는가?
- 편견: 자신의 주장을 관철시키기 위해 극단적인 언어를 사용하고 있는 것은 아닌가? 그 주제에 대해 제한적인 견해를 갖거나 잘못된 결론을 내리고 있는 것은 아닌가? 그가 가진 편견은 무엇일까?

■ 인용문 분석 안내

찬성 1

"우리에게 정보를 제공하는 데 있어 소셜 미디어의 중요성은 뉴스에서 배제된 사람들에게 채널을 제공하여 그들의 목소리와 문제를 경청할 수 있게 만든다는 것이다. 즉 소셜 미디어는 뉴스에서 배제된 커뮤니티에 목소리를 체계적으로 제공하는 데 매우 중요하다. 또한 우리의 트윗[tweet; 트위터(twitter)에서 주고받는 메시지]과 게시물이 어떻게 친구들에게 호감을 받고 공유되었는지에 따라 두 번째 숫자까지 보상함으로써 인플루언서로서의 역할을 수행하도록 초대한다. 이를 통해 우리 모두를 적어도 우리 친구들을 위한 오피니언 리더가 되도록 초대하고, 그 과정을 즐겁게 만들어 준다. 한편 소셜 미디어의 힘은 후보자들을 위한 자금을 모으고, 행진과 집회에 참여할 사람들을 모집하며, 제품 불매운동이나 정부 전복을 준비할 수도 있다."

* 출처 – 에단 주커만 박사. MIT 시민미디어센터 부교수 겸 소장. "소셜 미디어가 민주주의를 위해 할 수 있는 여섯 가지 혹은 일곱 가지", medium.com. 2018년 5월 30일.

찬성 2

"소셜 미디어는 아이디어, 정보 그리고 관점을 공유하기 위한 플랫폼이다. 이것은 중요한 교육적 가치를 가질 수 있다. 젊은이들이 접근할 수 있는 정보를 확장하는 동시에 다른 사람들이 그 정보를 어떻게 생각하고 사용하는지에 대한 통찰력을 제공하기도 한다. 소셜 미디어는 지역사회에서 소외되었다고 느끼는 아이들이 삶에 대한 비슷한 관심사나 관점을 가진 다른 사람들과 연결하고 공유할 수 있도록 도울 수 있다. 어떤 경우에는 심각한 문제를 안고 있는 청소년이 소셜 네트워크를 통해 빠른 지원과 지도를 받을 수 있다. 온라인에서 그러한 도움을 제공하는 그룹 소셜 미디어는 인종 문제와 같은 사회적 문제에 관해 국내 및 국제적으로 더 큰 관심을 끌기 위한 중요한 플랫폼이기도 하다."

* 출처 – 조앤 올랜도 박사. 웨스턴 시드니 대학교 유아교육 수석강사. "아이들과 소셜 미디어에 관한 한, 나쁜 소식만 있는 것은 아닙니다.", theconversation.com. 2017년 7월 19일.

반대 1

"내 생각에 우리는 사회의 구조를 허무는 도구들을 만들어낸 것 같다 … (중략) … 우리가 만든 단기적인 도파민 주도의 피드백 루프는 사회의 구조를 파괴하고 있다. [여기에는] 시민적인 숙론과 협력은 없고, 잘못된 정보나 잘못된 진실이 들어있다. 그리고 이건 미국의 문제가 아니고 러시아 광고에 관한 문제도 아니다. 이건 전 세계적인 문제이다. 인도의 어떤 마을에서는 사람들이 자신의 아이가 납치당할까봐 두려워하는 사기극이 있었다. 그 결과로 린치가 일어나기도 했다. 나쁜 행위자들이 원하는 무엇이든 하도록 많은 사람들을 조작할 수 있는 극단적 상황을 한번 상상해 보라. 그건 정말 나쁜 상황이다."

* 출처 – 차마스 팔리하피티야. 전 Facebook 사용자 성장 부사장이자 소셜 캐피탈의 설립자/CEO. "Stanford 경영대학원 강연", youtube.com. 2017년 11월.

반대 2

"하버드 대학은 개인적인 페이스북 그룹 채팅을 통해 공격적인 이미지를 공유한 최소 10명의 학생들에게 입학 제안을 취소했다고 밝혔다. 학생들은 여러 가지 중에서도 특히 소수 집단, 아동 학대, 성폭행, 그리고 홀로코스트를 조롱하는 밈과 이미지를 올렸다. 비디오, 이미지 및 밈을 공유하면 다음과 같은 일을 수행할 수 있는 기회가 생기게 된다. 우선 잘못된 의사결정을 지속시킬 수 있는 즉각적이고 긍정적인 피드백 루프이다. 매일 어떤 형태의 온라인 미디어를 사용하며 약 9시간을 보내는 환경에서, 십 대들은 어떤 삶이나 행동으로 이어질 수 있는 '유사한' 가치관에 영향을 받는 데 그리 오랜 시간이 걸리지 않는다. '소셜 미디어의 압력'과 '의사결정을 정당화하고 충동성을 통제하며 결정을 내리는 데 도움을 주는 뇌의 영역인 전전두엽 피질의 미발달'의 결합은 공격적인 온라인 게시물을 만드는 데 영향을 줄 수 있다."

* 출처 - 애나 호마윤, MA. Green Ivy 교육컨설팅 설립자 겸 CEO. "십대들의 비밀 소셜 미디어 생활", 뉴욕타임스. 2017년 6월 17일.

■ 소그룹 토론(1차): 인용문 평가

4개의 인용문 중에서 가장 강력한 논거를 가진 쪽이 어디인지 가리기 위해 소그룹 토론을 진행하세요. 어느 쪽이 더 강력하다고 믿은 근거를 제시해 보세요. 이때 앞서 제시한 "비판적 사고 기준"을 고려해 보세요.

■ 소그룹 토론(2차): 새로운 논거 추가 후 가장 강력한 찬반 논거 합의

아래 논거들을 읽고 각 그룹별로 가능한 한 많은 새로운 논거들을 생각해 보도록 하세요. (아래 논거들과 새로운 논거들 중에서) 가장 좋은 찬반 논거 각 세 가지에 대해 의견 일치를 이룬 후, 아래 빈칸에 작성하세요.

1. 소셜 네트워킹 사이트는 다른 어떤 미디어보다 빠르게 정보를 퍼뜨린다.
2. 법 집행 기관은 소셜 네트워킹 사이트를 이용하여 범죄자를 잡고 기소한다.
3. 소셜 미디어를 사용하면 평판이 좋은 출처에서 공중 보건 및 안전에 관한 정보를 빠르고 쉽게 배포할 수 있다.

1. ______________________________
2. ______________________________
3. ______________________________

1. 소셜 미디어는 신뢰할 수 없는 허위 정보의 확산을 가능하게 한다.
2. 소셜 네트워킹 사이트는 개인 정보 보호가 어렵고 사용자가 정부 및 기업 침입에 노출된다.
3. 소셜 네트워킹 사이트 사용자는 해킹, 신원 도용, 바이러스 등 보안 공격에 취약하다.

1. ______________________________
2. ______________________________
3. ______________________________

■ 개별평가 활동: 인용문에 대한 점수 부여

아래 기준에 따라 찬성과 반대 인용문에 대한 점수를 부여해 주세요.
(5=탁월함, 4=매우 좋음, 3=좋음, 2=다소 부적절, 1=매우 부적절)

		찬성1	찬성2					반대1	반대2
명료성		____	____			명료성		____	____
출처 질		____	____	통합 합계		출처 질		____	____
시기		____	____	찬1&2	____	시기		____	____
편집		____	____	반1&2	____	편집		____	____
강점		____	____			강점		____	____
	합계	____	____				합계	____	____

■ 브레인스토밍

■ 최종 투표

3) ProCon.org에서 제시한 토론 활동 아이디어

아래 내용은 "ProCon.org와 함께하는 토론 활동 계획하기"에 제시된 것들이다. 이것들은 일련의 적용 과정이나 절차를 제시한 것이 아니라, 선택적으로 활용할 수 있는 다양한 아이디어들을 제시한 것이다. 제시된 다양한 아이디어들 중에서 가장 중요하고 실용적인 것은 '비판적 사고 세미나'이다.

반론 파악과 대응

개관

ProCon.org는 학생들이 반론을 파악하고 이에 대응함으로써 설득력 있는 글쓰기 역량을 강화할 수 있도록 도와주는 장점이 있다.

활동

(ProCon.org에 제시된) 여러 논쟁적인 쟁점들 중에서 진행자가 하나를 선택하거나 학생들로 하여금 선택하게 하는 것으로 토론 활동을 시작한다. 각 학생은 쟁점에 대한 자기주장과 증거를 포함하여 짧은 입장이 담긴 에세이를 작성해야 한다. 그런 다음, ProCon.org 사이트를 사용하여, 반대 측의 주장을 읽고 몇 가지 대응책(예: 논리적 오류 및 모순된 근거 지적, 대안적 근거 제시)을 마련해야 한다. 또한 반론을 다루기 위해 자신의 에세이를 확장하고 왜 그들의 원래 입장이 반대 측의 주장과 증거보다 더 강한지 설명하거나, 반론들이 왜 자신들의 원래 입장을 바꿀 만큼 충분히 설득력이 있다고 느끼는지 설명해야 한다. 원하는 경우(또는 필요하다면), 짝을 지어 이 활동을 수행할 수 있으며, 학생들은 파트너에게 주장과 반론을 차례대로 제기한다. 각 파트너가 상대방의 반론을 얼마나 잘 다루었는지 검토하는 과정을 통해 평가를 내릴 수도 있다.

적용

- 기본 수준에서 출발: 학생들 모두 흥미를 갖고 사고하고, 답변에 대한 반론을 제기할 수 있는 하나의 주제를 선택한다. "어떤 사람들은 … 라고 말할지도 모른다." 또는 "반대자들은 흔히 … 라고 주장한다."와 같은 반증을 위한 시작 문장을 제공한다.
- 심층 수준으로 안내: 학생들이 반론에 대한 대응책을 마련하여 반박하도록 요구한다. 여기에는 모순된 근거를 지적하거나 논리적 오류를 지적하거나 대안적 근거를 제시하는 것이 포함될 수 있다.

영화를 활용한 토론 가이드

토론 관련 다큐멘터리 영화 "최고의 적(Best of Enemies)"에서 발췌한 내용을 본 다음, 전당대회, 텔레비전 토론회, 그리고 우리나라의 정치 담론 등에서 종종 불쾌한 어조를 띠었을지도 모르는 장면들에 관한 주요 질문들을 고려하고 토론한다.

토론 동영상('좋은 토론'과 '잘못된 토론'이 모두 들어있는 영상)

행동 촉구 레터 작성하기

개관

쟁점에 대해 학생 자신이 가진 입장이 무엇이고, 왜 적극적인 대응이 필요한지, 그리고 쟁점 발생의 원인을 해결하기 위해 취해야 할 행동(적어도 세 가지의 행동 포함)에는 어떤 것들이 있는지를 포함하는 "행동 촉구" 레터를 쓰도록 안내한다.

활동

학생들이 ProCon.org에서 쟁점에 대해 조사하게 한다. 그 쟁점은 교사가 가르치고 있는 단원과 관련된 것일 수도 있고, 교사가 선택한 것일 수도 있다. 학생들이 조사를 한 후에, 그 쟁점에 대해 비공식적인 토론을 하도록 안내하라. 그들이 자신의 입장을 분명히 하도록 돕기 위해 먼저 그 쟁점에 대한 의견을 서로 주고받도록 안내하라. 그런 다음, 쟁점에 관해 각자 지지하거나 반대하는 차원에서 어떤 구체적인 행동을 취할 수 있는지에 대해 브레인스토밍을 진행한다. 학생들이 그 쟁점에 대한 자신의 입장, 왜 행동으로 나아가야 하는지에 대한 이유, 그리고 쟁점 해결을 위해 취해야 할 세 가지의 행동을 포함하는 '행동 촉구' 레터를 쓰도록 한다.

적용

- 기본 수준에서 출발: 학급 전체에 자신이 제시하고자 하는 입장과 구체적인 행동을 선택하여 레터로만 제작할 것을 요구한다. 학생들에게 보다 구체적인 아이디어를 제공하기 위해 동일한 입장이나 문제에 대한 예시를 제공한다. 학생들에게 레터와 함께, 행동을 촉구하는 항목이 포함된 브로슈어를 디자인하도록 안내한다.
- 심층 수준으로 안내: 레터가 작성되고 수정 과정을 거친 후, 쟁점에 대한 자신들의 입장을 공유할 수 있는 비영리 단체와 이익 단체들을 학생들에게

조사하게 한다. 학생들이 그들에게 직접 연락할 수 있고, 실제로 홍보 자료에 사용하도록 레터를 발송할 수도 있다.

사실과 의견의 구별

개관

ProCon.org의 쟁점별 자료를 활용하여 사실과 의견을 구별하는 방법을 배우면서 학생들이 고차원적인 사고 능력을 기를 수 있도록 도와 준다.

활동

각 학생에게는 ProCon.org 주제(쟁점)의 '찬반론' 부분이 담긴 유인물과 두 가지 다른 색상의 필기구가 필요하다. 학생들은 각 주장을 읽고 '사실'에 해당하는 것들을 한 가지 색으로, '의견'에 해당하는 것들을 다른 색으로 표시해야 한다. 이 작업이 끝나면 찬반 양쪽에서 색상의 시각적 분포를 살펴보고 왜 한 쪽이 사실이나 의견에 더 기울어질 수 있는지, 어느 쪽이 더 강력한 주장을 가지고 있다고 생각하는지에 대한 간단한 설명문(에세이)을 작성해야 한다. 교사는 학생들에게 자신의 에세이를 수업위키(a class wiki)에 업로드하여 다른 사람들이 볼 수 있도록 안내한다. 자신의 에세이와 다른 색상으로 코딩된 에세이를 찾고 각자의 추론을 설명하도록 안내한다. 그들에게 자신과 파트너의 추론 중 어느 것이 옳다고 생각하는지 밝히고, 그 이유를 설명하는 대화 내용을 요약하거나 비디오로 녹화하게 한다.

선거 자원으로 활용하기

개관

ProCon.org의 논증을 활용하여 선거 자원으로 활용해 볼 수 있도록 도와준다.

활동

선택된 ProCon.org의 주제(쟁점)에 대한 자신의 입장을 가상의 선거 보도 자료에 담아보거나 대통령 선거 캠페인 및 취임사 내용으로 활용해 보도록 안내할 수 있다. 또는 ProCon.org의 주제(쟁점)에 대해 직전 대통령 후보자들이 취했던 입장들을 추적하면서 이에 대해 분석하고 평가해 보도록 지도할 수 있다. 이를 통해 학생들은 선거 캠페인을 시작하는 것부터 취임식 날까지 대통령이 되기 위한 과정에 대해서도 학습할 수 있게 된다.

문헌(특히 소설)의 논쟁적 이슈 탐색

개관

ProCon.org를 사용하여 학생들이 배경 지식을 쌓고 문헌(특히 소설)에서 논쟁의 여지가 있는 문제를 조사할 수 있도록 도와야 한다.

활동

소설 소개의 일환으로 소설에 나오는 쟁점을 파악하고 이를 ProCon.org 문제와 연결해 보라. 몇 가지 제안 사항을 제시하면 다음과 같다.

『죄와 벌』: 사형

『앵무새 죽이기』: 사형

『사이다 하우스 룰스』: 낙태(인공임신중절)

『예수의 발아래에』: 불법 이민

『화씨 451』: ACLU(미국시민자유연맹; American Civil Liberties Union)

『1984』: ACLU

『정글』: 동물 실험 또는 채식주의

『쿠바에서 꿈 꾸기』: 불법 이민 또는 쿠바 금수 조치

『거리의 여자 매기』: 매춘

『게이샤의 추억』: 매춘

『생쥐와 인간』: 안락사

적용

소설에 나오는 쟁점에 관한 연구를 본격적으로 수행하기 전에 이 쟁점에 대한 초기 입장을 신속하게 적어 두도록 학생들에게 안내한다. 그런 다음, 학급을 몇 개의 그룹으로 나누고 각 그룹 내에서 이 소설에 나타난 쟁점 관련 내용들(예: 소설 내에서 해당 쟁점의 등장 배경, 쟁점 관련 자료, 찬반 주장, 인기 인용문, 비디오 갤러리 등)에 대해 개인별로 과제를 할당하도록 안내한다. 각 그룹별로 토의 · 토론을 할 시간을 갖게 한 후, 그룹들을 모두 모아서 각 그룹별로 발견한 내용을 간략하게 발표하게 한다. 이를 통해 얻은 추가 정보로 인해 누군가의 초기 입장이 바뀌었는지 확인한다. 수업이 끝나면, 최종적으로 각자의 의견을 확인한다. 의견 변화가 있었다면, 이러한 의견 변화를 촉발한 요인을 문헌(소설) 분석 내용과 비교한다.

의회 모의 연설하기

개관

학생들은 자신이 선택한 ProCon.org 주제를 사용하여 의회 모의 연설을 준비한다.

활동

각 학생은 마치 하원 원내에서 증언하듯 5분짜리 연설을 준비하게 된다. 이에 앞서 학생들에게 무엇을 해야 할지에 대한 '느낌'을 주기 위해, 하원 원내에서 연설하는 짧은 동영상(예: C-SPAN 또는 그들의 하원의원 웹사이트 활용)을 보여준다. 그런 다음, 그들이 살펴본 연설을 흥미롭거나 지루하게 만드는 것들, 명료하거나 혼란스럽게 만드는 것들에 대한 목록을 브레인스토밍으로 정한다. 그러고 나면, 학생들이 ProCon.org에서 그들의 흥미에 맞는 주제를 선택하도록 안내한다. 일단 그들이 그 내용을 완전히 이해하고 그들 자신의 결론을 도출하면, '연설문'을 작성하고 연습할 수 있는 시간을 제공한다. 그들이 설득력 있는 내용과 연설 스타일에 집중하도록 지도한다. 연설문은 수업 시간에 발표하거나 VoiceThread 또는 수업위키와 같은 도구를 사용하여 녹음하거나 업로드할 수 있다. 진행자는 개별 연설문을 준비하기 전에 작성한 브레인스토밍 목록을 기반으로 동료 피드백을 제공하도록 안내한다.

영화 토론 가이드

개관

학생들에게 토론의 목적과 목표를 이해시키고 참여 동기를 고양하기 위해, 본격적으로 토론 활동에 들어가기 전에 유익한 영화를 활용할 수 있다.

활동

2007년에 제작된 영화 "그레이트 디베이터스(The Great Debaters)"는 1930년대 인종차별이 극심했던 시절, 텍사스 동부에 위치한 흑인대학 윌리 칼리지(Wiley College) 토론팀이 하버드 대학 토론팀을 꺾고 전국 챔피언으로 등극함으로써, 잘 알려지지 않은 팀에서 차츰 성장해 가는 모습을 시청자에게 보여준다. 실화를 바탕으로 한 이 영화는 짐 크로 남부(Jim Crow South)와 대공황을 엿볼 수 있는 한편, 흑인 대학생들로 구성된 팀이 사회적 인종 차별, 폭력, 억압은 물론 자신들의 두려움을 어떻게 극복했는지에 대한 친밀한 이야기를 전한다. 이 영화는 단순히 흑인들이 인종 차별에 어떻게 저항했는가에 초점을 맞추지 않고, 토론의 목표가 어디에 있는지(진실의 승리), 각자 자신의 인생을 어떻게 이해하고 새롭게 바라볼 것인가의 문제에 관심을 갖도록 안내하는 장점이 있다.

영화 "그레이트 디베이터스(The Great Debaters)" 활용 가이드

수업에서 논쟁적 이슈를 논의하는 방법: 성찰적이고 구조화된 대화 수업 계획 아이디어

개관

ProCon.org와 성찰적이고 구조화된 대화를 사용하여 참가자들에게 처음에는 방어적인 느낌을 갖게 만들 수 있는 논란의 여지가 있는 주제를 탐색하고, 경청하고, 정중하게 말하며, 다른 관점을 존중하는 건설적인 토론 형식을 사용하여 탐구하도록 안내한다.

활동

학생들이 개인적으로 경험할 가능성이 높은 주제를 선택하는 것부터 시작한다. 학생들에게 기본 규칙, 대화 형식, 주제, 그리고 이것이 토론(debate)이 아닌 대화(dialogue)가 될 것이라는 기대가 주어져야 한다.

목표

기존의 논쟁적 사고방식을 혼란에 빠뜨리는 논쟁의 여지가 있는 주제에 대해 열린 대화를 나누고, 각 학생의 개인적인 신념에 도전하고, 경청 능력을 강화하고, 동의하지 않는 사람들에 대한 공감을 키우는 것이다.

기본 규칙

① 말하기 전에 자신의 답변과 질문을 숙고해야 한다.
② 미리 정해진 순서대로 발언해야 한다.
③ 발언 시간 제한을 정하고 존중해야 한다.

대화 형식

① 설득하기 위해서가 아니라 이해하기 위해 말해야 한다.
② 잘못을 찾기 위해 듣는 것이 아니라 이해하기 위해 들어야 한다.
③ 다른 사람들이 가치 있게 여기고 관심을 갖는 것이 무엇인지 (일방적으로) 가정하기보다는 다른 사람들이 무엇을 가치 있게 여기고 관심을 갖고 있는지 물어봐야 한다.
④ 못마땅하다는 듯이 반응하기보다는 잠시 멈춰 자신의 반응을 생각해 보아야 한다.
⑤ 다른 사람이 틀렸다는 것을 증명하기보다는 진정한 호기심으로 질문해야 한다.

단계

① 진행자는 주제, 대화 형식, 목표, 기본 규칙을 소개해야 한다.

② 각 학생은 주제에 대한 자신의 입장을 알리는 개인적인 이야기(personal story)를 들려준다.

③ 각 학생은 ②단계 경험의 기초가 되는 가치(values)에 대해 이야기한다.

④ 각 학생은 그 쟁점에 대해 반대 방향으로도 끌릴 수 있는 방법에 대해 이야기한다.

⑤ 다른 사람과 논쟁하기보다는 다른 사람에게서 배울 수 있도록 의도된 '궁금한 질문'을 서로에게 한다.

⑥ 학생들은 반 친구들에 대해 배운 것과 그 주제에 대한 자신의 생각을 성찰해야 한다.

조정

① 학생들은 수업 시간 전에 미리 개인적 이야기 단계②를 숙제로 준비하거나, 서면 과제로 하여 토론 시간에 큰 소리로 공유할 수 있도록 안내받을 수 있다.

② 마찬가지로, 성찰 단계⑥은 숙제나 다음 날 글쓰기 과제로 배정할 수 있다.

탐구와 열린 마음

개관

이 활동에서 학생들은 학업적, 개인적, 직업적 삶에서 탐구 기반 사고방식을 기르는 방법을 배울 것이다. 학생들은 ProCon.org 주제 페이지를 사용하여 다양한 관점을 가지고 참여하고, 가정(assumptions)을 다루고 질문을 하며, 근거에 기반한 결정을 내리기 위해 더 깊이 파고들 것이다.

활동

1부

학생들은 크레도(Credo)가 만든 “탐구와 열린 마음(Inquiry and Open Mindedness)” 동영상을 보고 이 활동을 시작해야 한다. 다음으로, 학생들에게 총기 규제법이나 이민 규제와 같은 문제들이 들어있는 ProCon.org의 목록에서 선택된 주제를 소개한다.

YouTube

Inquiry and Open Mindedness - You...

동영상 https://www.youtube.com/watch?v=bUUKVYMGqNU

쟁점의 배경(background) 페이지를 사용하여 학생들이 선택한 주제의 역사와 시사점에 대해 생각해 보게 한다. 또한 학생들에게 자신의 주제에 대한 전반적인 인상을 개념도(concept map)로 브레인스토밍하고 주제에 대한 관점의 초안을 작성하도록 안내한다. 예를 들어, 이민 문제를 분석하는 학생은 그들이 더 엄격한 국경 통제 정책을 지지하거나 반대하는 이유를 적을 수 있다.

학생들에게 단 하나의 정답이 없다는 점을 상기시키고, 학생들이 당면한 문제에 대해 더 많이 알게 될 때 다시 돌아가서 초기 관점을 수정하도록 권장한다.

다음으로, 학생들에게 주제의 특정 측면을 조사하고 있다고 상상해 보도록 한다. 예를 들어, 총기 규제 문제에 익숙해진 후, 규제에 있어 수정헌법 2조의 역할이나 규제가 범죄율에 미치는 영향에 관심을 가져보게 할 수 있다. 학생들은 주제에 대한 결정(판단)을 내리기 전에 대답해야 할 질문을 개념도에 추가할 수 있어야 한다.

2부

탐구를 한다는 것은 질문을 하고, 초기 관점을 조정하며, 새로운 발견에 열린 자세를 유지하는 것을 의미한다. 학생들이 자신의 관점과 다를 수 있는 관점에 직면할 때 열린 마음을 유지하도록 격려해야 한다.

학생들에게 주제에 대한 찬반론을 읽고 두 가지 주장(찬성 1개, 반대 1개)을 선택하여 심층적으로 탐구하도록 안내해야 한다. 학생들은 주제에 대해 각 저자들이 가진 이해, 각 진술에 사용된 근거의 종류 등에 대해 토론할 수 있어야 한다.

3부

아래 질문들을 사용하여 학생들에게 1부와 2부를 성찰하도록 안내한다.

- 해당 주제에 대한 더 많은 근거들을 수집하면서 초기 관점이 어떻게 발전했는가?
- 자신의 관점에 도전하는 관점에 어떻게 반응했는가?
- 주요 쟁점에 관해 다른 사람들과 소통할 때, 열린 마음을 유지하고 질문하는 것이 왜 중요한가?
- 다양한 관점을 활용하는 것이 자신의 주장을 어떻게 강화할 수 있는가?

철학 의자(Philosophical Chairs)

개관

가장 단순한 형태의 철학 의자는 학생들이 한쪽을 선택한 후 교실 내 찬반 양론으로 지정된 공간으로 물리적으로 이동하여 토론하는 방식이다. 학생들은 철학 의자 토론 중에 입장을 변경하고 주장을 조정할 수 있는 유연성을 부여받으면서 토론한다. 고정된 태도가 아니라 더 열린 마음과 상대방에 대한 배려의 여지를 제공하는 형식인 것이다.

활동

텍스트 선택

ProCon.org의 다양한 콘텐츠가 이 수업 계획에 도움이 될 것이다. 학생들은 ProCon.org의 주장과 그들의 생각들을 바탕으로 ProCon.org와 같은 넓은 주제에 대해 토론할 수 있다. 더 작은 토론을 위해서, 학생들은 불법체류 이민자들에게 운전면허증을 발급해야 하는 것과 같은 좀 더 구체적인 문제에 집중할 수 있다. 또한, 학생들은 "먹방(폭식) 시청이 정신 건강 문제로 이어진다"와 "먹방 시청이 유익한 사회적 연결로 이어진다"와 같은 더 큰 주제에 대해 각각의 장단점에 대해 토론할 수도 있다.

기본 규칙

① 찬반 양론에 대해 토론하거나 입장이 불분명(not sure)한 이유를 설명할 준비가 되어 있어야 한다.
② 언제든지 입장을 바꿀 수 있다.
③ 토론은 존중되어야 하며 학생들은 열린 마음을 가져야 한다.
④ 누구도 발언 중인 학생을 방해할 수 없다.
⑤ 다른 학생의 입장에 동의하거나 반박하려면 먼저 자신이 주장하고자 하는 바를 간단명료하게 제시해야 한다.

⑥ 이미 발언 기회를 사용한 학생들은 다시 말하기 전에 다른 세 사람이 말할 때까지 기다려야 한다.

활동

① 학생들이 선택한 ProCon.org 텍스트와 보조 텍스트를 숙제 또는 수업 중 활동으로 검토하도록 한다.

② 토론 질문, 기본 규칙 및 입장채택(일반적으로 찬성, 반대, 불분명)에 대해 설명한다. 특별히 요구가 많지 않다면, 불분명(not sure) 범주를 제거하여 대화를 회피하다가 중간에 뛰어드는 것을 예방할 수도 있다.

③ 학생들은 쟁점에 대한 입장을 선택한 후, 교실의 지정된 쪽으로 이동해야 한다. 이상적으로는, 말굽 구조의 좌석 배치를 유지하면서, 찬성과 반대 쪽 학생들이 서로 마주 보면서 앉고, 중간에 굽어진 쪽에는 입장이 불분명한 학생들이 앉도록 한다.

④ 학생들은 대화나 작성 과제를 통해 활동에 대해 성찰을 해야 한다. 여기에는 자신이 입장을 바꿨다면 왜 바꿨는지, 다른 학생들로부터 배운 것이 있다면 무엇이고, 배운 교훈을 다른 대화에 어떻게 적용할 수 있는지 등이 포함될 수 있다.

3. 앤텔과 해리스의 '쟁점 찬반 토론' 모형

개관

앤텔(Gerson Antell)과 해리스(Walter Harris)가 개발한 '쟁점 찬반 토론'은 이들이 집필한 『미국 민주주의에서 최근의 쟁점들(Current Issues in American Democracy)』[230)]이라는 책 속에 들어있다. 저자들은 이 책의 집필 동기가 시민으로서 책임 있는 역할 수행을 할 수 있도록 돕기 위한 데 있다고 말한다. 이 책에서 다루어지는 토론 주제의 범위는 가족과 젠더와 같은 비교적 개인적 차원의 문제에 해당하는 것으로부터 이 시대의 매우 당혹스러운 사회적 문제들, 예컨대 범죄와 처벌, 마약 사용과 남용, 인공임신중절, 시민적 자유, 환경오염, 빈곤, 불평등과 차별, 국제 관계의 문제까지를 모두 포괄하고 있다. 특히 인종 통합을 어떻게 달성할 것인지, 범죄 행위에 대해 법적으로 어떻게 대처해 나가야 할 것인지 등의 문제는 정치인들 사이에서 열띤 논쟁을 불러일으킬 수 있는 논란의 여지가 있는 주제라고 소개한다.

이 책은 이런 중요한 쟁점들을 제대로 이해하는 데 필요한 배경 지식을 제공할 뿐만 아니라, 이러한 쟁점들을 해결해 나가기 위해 반드시 생각해 봐야 할 중요한 질문들을 제시하고 있다. 더 나아가 이러한 질문들에 대한 여러 개의 답지(대안)를 제안하고 각 답지별로 (치러야 할) 비용과 혜택도 제공한다. 그러면서 저자들은 학생들이 어느 대안을 선택하느냐는 결국 이들이 이 쟁점에 대해 어떻게 이해하고 어떤 가치를 더 중시하느냐에 달려있다고 말한다.

'프로(찬성)'와 '콘(반대)'이라는 상반된 관점을 포함하고 있는 쟁점들에 대해 알고 토론하며 이를 바탕으로 행동함으로써, 종국적으로 학생들이 보다 책임 있는 시민으로 살아가도록 돕기 위해 앤델과 해리스는 특히 다음과 같은 점들에 유의하면서 이 자료를 개발했다고 밝히고 있다. ① 대학생들은 물론이고, 중고등학교 학생들도 이해할 수 있는 용어와 문체를 사용하였고, 학생들에게 이러한 쟁점들이 생생하고 흥미롭게 다가갈 수 있도록 구성하였다. ② 학생들이 각 쟁점들을 다룰 때 교사가 유용한 교수 전략들을 효과적으로 사용할 수 있도록 충분한 정보를 제공하고자 하였다. 즉 토론 활동 외에도 개별 활동이나 소그룹 활동, 또는 역할극 활동 등이 가능하도록 교수 전략들을 소개하고자 하였다. ③ 사진, 차트, 만화, 독서 자료 등을 풍부하게 담아서 학생이 높은 수준의 관심을 유지하고 보다 깊은 사고로 나아갈 수 있도록 돕고자 하였다.

논쟁적 이슈에 직면해야 하는 이유

다음과 같은 상황을 한 번 가정해 보자. A와 B는 좋은 친구 사이이다. 어느 날 A는 폭력적인 온라인 게임을 하는 것이 아이들에게 공격적인 행동을 유발하고 청소년 폭력에 영향을 미친다고 말한다. 그러면서 청소년 폭력을 억제하려면 가장 폭력적인 게임을 어린이가 접할 수 없도록 하는 법이 제정되어야 한다고 믿는다. 반면에, B는 온라인 게임이 무해한 오락 수단에 불과하다고 생각한다. 비록 폭력적 게임이라고 하더라도 오히려 분노와 좌절을 제거하는 건전한 방법일 수 있다고 본다. 그는 청소년 폭력의 근원은 온라인 게임이 아니라 잘못된 양육 방식에 있다고 믿는다.

학교에서든, 직장에서든, 집에서든, 일주일 중 어느 날이든 이와 같은 논란의 여지가 있는 문제들이 등장한다. 사람들은 종종 이러한 주제에 대해 어느 한쪽 편을 든다. 그리고 때때로 그들은 자신이 취한 관점에 대해 매우 강한 느낌을 받는다. 이러한 논쟁적 이슈에 대한 토론은 사람들을 종종 매우 감정적으로 만들게 될 것이다(비록 가까운 사이라고 하더라도, 이런 경우에는 실제로 감정 충돌이나 대립으로 나아가는 경우가 적지 않다). 불쾌감이나 분노, 좌절감 때문에 사람들은 종종 욕설에 의지하기도 한다. 논쟁이 일어나기 몇 분 전에 A와 B는 좋은 친구 사이였다. 이제 그들은 싸울 준비가 된 것이다. A와 B가 지금 이 순간 온라인 게임 폭력 문제를 지성적으로 논의할 수 있을까? 아마도 그렇지 않을 것이다. 그들 중 누구도 상대방 주장의 근거를 들을 준비가 되어 있지 않기 때문이다. 그렇다면 논쟁의 여지가 있는 토픽이나 쟁점은 결코 논의의 대상이 되어서는 안 되는 것일까?

앤텔과 해리스는 민주 사회에서 논쟁적 이슈에 대한 의견의 불일치는 격려될 필요가 있다고 주장한다. 그 이유는 다음과 같다. 우리 각자는 차별, 오염, 빈곤, 전쟁 위협과 테러 등 중요한 논쟁적 이슈들에 대해 조사할 수 있고, 우리 사회를 이전보다 더 나은 상태로 만드는 데 도움을 줄 수도 있다. 물론 이런 문제들은 민감한 것들이기 때문에 우리들 중 일부는 토론 과정에서 감정이 격해질 수 있다. 우리 중 일부는 다른 견해에 아예 마음을 닫고 있거나 닫

아버릴 수도 있다. 이러한 어려움을 고려할 때, 그러한 문제들에 대해 토론하는 것이 과연 효과가 있을까? 앤텔과 해리스는 이 질문에 대해 "분명 그렇다"라고 답하면서, 다음과 같은 보다 구체적인 이유들을 제시한다.

첫 번째로, 토론은 합의에 도달할 수 있는 기회를 계속 열어주기 때문이다. A와 B는 말다툼이나 언쟁을 벌이고 있었지만, 이와 동시에 이야기(talking)를 나누고 있었다. 계속 이야기를 나누다 보면 어떤 문제에 대해서는 합의할 가능성도 있다. 일단 그들이 이야기를 멈추면, 그들은 합의에 도달할 수 있는 모든 가능성을 차단할 수 있다.

두 번째로, 토론을 통해 우리는 서로 다른 관점과 다른 성격(personality)을 이해하는 법을 배우기 때문이다. A는 아이들에 대해 깊은 관심을 가진 정말로 사려 깊은 사람이다. B는 자신이 비디오 게임 하는 것에만 관심이 있다고 생각한다. 아마도 화를 가라앉히고 대화가 계속되면, 두 젊은이는 서로의 관점과 감정을 더 잘 이해하게 될 것이다. 그들은 실제로 대부분의 문제에는 동의하지만 둘 다 잘 이해하지 못하는 주제에 대해 화가 났을 수도 있는 것이다.

세 번째로, 의견을 공식화하고 표현하는 법을 배우는 것은 개인이 자기존중과 상호존중을 갖도록 돕기 때문이다. 어떤 사람들은 수줍음이 많기 때문에 조용히 있는다. 그들은 토론에 참여하지 않는 것에 대해 스스로에게 화가 날 수 있다. 우리는 논란이 많은 문제들에 대해 토론하는 방법을 배울 수 있다. 아마도 A는 B에게 소리칠 수 있겠지만, 그런 감정의 표출로 성취되는 것은 아무것도 없을 것이다. 소리치는 것은 토론이 아니다. 토론은 상호존중을 기반으로 하기 때문이다. A와 B는 개인으로서 서로를 존중하는 법을 배워야 한다. 그들은 다양한 의견과 가치를 가질 수 있는 서로의 권리를 존중해야 한다. 그리고 그들은 토론에서 서로 상대방의 주장 중 일부가 옳다는 것에 동의하면서 기꺼이 타협해야 한다.

쟁점에 직면해야 하는 이유

- 토론이 제공하는 합의에 도달할 가능성
- 토론을 통한 서로 다른 관점과 성격의 이해
- 의견을 공식적으로 표명함으로써 얻어지는 자기존중과 상호존중

적용 절차

앤텔과 해리스가 제시한 '쟁점 찬반 토론' 활동은 "쟁점 설명 ⇨ 10개의 강력한 찬반 논거 목록 제시 ⇨ 각 논거별로 찬성 쪽 논거인지 반대 쪽 논거인지 판단 및 표시 ⇨ '가장 설득력 있는 논거'와 '가장 설득력 없는 논거' 각 2개씩 선정 ⇨ 자신의 입장이 들어간 에세이 작성 (⇨ 찬반 토론 ⇨ 성찰)"[231]의 단계를 거치게 된다.[232] 찬반 토론 및 성찰 단계는 앤텔과 해리스에 의해 제대로 제시되지 않았기 때문에, 연구자들에 의해 보완된 것임을 밝혀둔다.

단계	내용
쟁점 설명	논쟁적 쟁점에 대한 설명
찬반 논거 목록 제시	찬반 입장을 뒷받침하는 10개의 강력한 논거 목록 제시
찬반 판단 및 표시	(10개 찬반 논거 목록에서) 각 논거별로 찬성 쪽 논거인지 반대 쪽 논거인지 판단 및 표시
가장 강력한 논거 선정	(10개 찬반 논거 목록에서) '가장 설득력 있는 논거'와 '가장 설득력 없는 논거' 각 2개씩 선정
에세이 작성	자신의 입장이 들어간 에세이 작성(자신의 논지와 논거를 정리하고 타자의 반론을 예상하여 대비책을 스케치한 A4 용지 반 장 분량의 토론개요문)
전체 찬반 토론	전체 구성원이 참여하는 찬반 토론 실시(찬반 입장별로 번갈아가며 한 번씩 발언 기회를 가짐. 중간에 말을 끊어서는 안 되고, 짧고 명료하게 발언해야 함. 중간에 언제든지 자신의 입장을 변경할 수 있음) → (보편적 가치나 원리와 같은 공통 토대를 바탕으로) 전체적인 합의 가능성 모색(단, 합의가 어려우면 상대방에 대한 존중 및 관용적 태도 견지)
성찰	입장 변경이 있었다면, 그 이유는 무엇인가? 이번 쟁점 찬반 토론을 통해 배운 점은 무엇인가? 앞으로 이 주제에 관련하여 내가 할 수 있는 일은 무엇인가?

[그림 8] 앤텔과 해리스의 '쟁점 찬반 토론' 모형의 절차

활동지: 여성은 인공임신중절(낙태)의 권리를 가져야 하는가?

인공임신중절은 오랜 시간 동안 논쟁적인 주제였다. 이 주제는 삶과 죽음, 종교적 신념, 여성의 건강, 그리고 여성의 신체를 누가 통제하느냐와 같은 중요한 문제를 포함하기 때문에, 많은 사람들이 이 문제를 민감하게 느낀다.

A. 여성이 인공임신중절을 필요로 하거나 원할 때 수술을 받을 권리를 가지는지에 대해 다음의 찬반 논거 목록(①부터 ⑩까지)을 검토해보라. ①부터 ⑩까지 번호가 매겨진 논거들이 각각 여성의 인공임신중절에 대한 권리를 지지하는지(찬성) 혹은 이에 대립하는지(반대)를 표시하라.

① 원치 않은 임신은 여성의 삶을 붕괴시킬 수 있다. 아이를 출산하고 양육하는 것은 여성의 교육, 고용을 비롯하여 다른 많은 활동의 참여를 방해할 수 있다(찬성 / 반대).

② 인공임신중절은 살인이다. 태아는 살아있으며, 인간이다. 한 명의 태아를 파괴하는 것은 한 인간의 삶을 앗아가는 것과 동일하다(찬성 / 반대).

③ 여성은 법이 어떻게 정의하든 인공임신중절 수술을 받게 될 것이다. 역사가 이를 증명해왔다. 인공임신중절을 불법화하는 것은 그저 여성, 특히 가난한 여성의 문제를 악화시킬 뿐이다. 인공임신중절을 원하는 부유한 여성은 수술을 받기 위해 해외로 이동할 수 있을 것이다. 가난한 여성은 이것을 할 수 없으며, 몇몇은 불법적인 (그러나 종종 안전하지 않은) 수술을 찾게 될 것이다(찬성 / 반대).

④ 사회는 모든 인간의 생명을 보호하는 것에 관심을 두며, 이는 아직 태어나지 않은 인간을 포함한다. 태아는 스스로를 위해 발언하거나 행동할 수 없기에, 사회는 태아를 보호할 의무가 있다(찬성 / 반대).

⑤ 인공임신중절 수술을 합법적으로 접할 수 있는 권한은 여성이 남성과 교육, 직업, 정치적으로 완전한 평등을 얻기 위해서 필수적이다. 아이를 낳는

것은 한 사람이 학교에 다니고, 업무를 지속하는 것을 막을 수 있다(찬성 / 반대).

⑥ 인공임신중절 수술은 여성에게 심리적인 위험뿐만 아니라, 신체적인 위험을 초래한다. 어떤 여성은 수술로 인해 죽거나 부상을 입는다. 또한 인공임신중절 수술을 겪고 난 이후 죄책감이나 우울감에 시달릴 수 있다(찬성 / 반대).

⑦ 생식이나 번식은 한 여성의 사적인 결정 영역에 해당한다. 여성이 자신의 신체로 무언가를 하거나 하지 않을지 결정 여부가 정부, 남자친구나 남편, 혹은 의사에 달려있어서는 안 된다(찬성 / 반대).

⑧ 아이를 홀로 양육할 수 없다고 느끼는 편모 임산부를 위하여 인공임신중절 수술 대신 인도적이고 이상적인 대안이 있다. 그것은 입양이다. 자신들의 아이를 가질 수 없는 많은 커플은 아이를 입양하길 원할 것이다(찬성 / 반대).

⑨ 원치 않게 태어난 아이는 황량한 생활을 하여, 사회적인 자원 낭비의 원인이 될 가능성이 더 높다. 이 아이들은 가난과 방임 속에 살고, 학대를 경험할 가능성이 더 높다. 그들은 범죄 생활을 할 가능성이 더 높다(찬성 / 반대).

⑩ 출산을 앞둔 커플은 자신들의 아이가 어떤 성별이 될지 특별한 검사를 통해 알 수 있다. 이 커플 중 몇몇은 태어날 아이와 반대 성별의 아이를 원하기 때문에, 인공임신중절을 선택한다(찬성 / 반대).

B. 다음의 질문들은 당신이 막 읽은 10가지 논거들에 기반한 것이다. 당신은 이 질문들에 대답하기 위해, 각각의 논거를 다시 읽고 생각해 보아야 할 것이다.

- 당신이 생각하기에 '가장 설득력이 있는 두 가지 논거'를 찾고, 왜 그렇게 생각하는지 이유를 설명하라.
- 당신이 생각하기에 '가장 설득력이 없는 두 가지 논거'를 찾고, 왜 그렇게 생각하는지 이유를 설명하라.
- "여성은 인공임신중절 수술을 받을 권리를 갖는가?"라는 질문에 대해 당신의 고유한 의견을 서술하는 짧은 에세이를 작성하라. 당신은 위에 제시된 논거들의 일부를 사용할 수 있을 것이다. 하지만 그렇게 할 경우, 당신만의 용어로 변형하여 논거들을 삽입하라.

C(보완). 찬반 토론 활동에 능동적으로 참여하고, 활동 과정 및 결과에 대해 성찰하라.

- 자신이 앉아있는 자리를 그대로 유지하면서 전체 찬반 토론에 참여하라. 이때 찬반 입장별로 번갈아가며 한 번씩 발언 기회를 가질 수 있다. 그리고 타인의 말을 끊어서는 안 되고, 짧고 명료하게 발언해야 하며, 중간에 언제든지 자신의 입장을 변경할 수 있다.
- 보편적 가치나 원리와 같은 공통 토대를 바탕으로 전체적인 합의 가능성을 모색해 보라. 단, 합의가 어려우면 상대방에 대한 존중 및 관용적 태도를 견지하라.
- 최종적으로 성찰의 기회를 가져라. 만약 토론 과정에서 성찰 입장 변경이 있었다면, 그 이유는 무엇이었는지, 이번 쟁점 찬반 토론을 통해 배운 점이 있다면 무엇인지, 앞으로 이 주제에 관련하여 자신이 참여할 수 있는 일에는 어떤 것들이 있는지 생각해 보라.

4. 존슨의 '프로-콘 협동학습' 모형[233)]

프로-콘 협동학습은 존슨(D. W. Johnson)과 존슨(R. T. Johnson) 형제가 비판적 사고 능력과 건설적 갈등 해결 능력을 길러주기 위해 창안한 것이다. 이 모형은 경쟁적인 견해를 갖지만, 협력적으로 토론 및 숙의하는 과정을 통해 합리적인 결론을 민주적으로 도출하는 것을 핵심으로 한다. 이러한 방법 개발의 출발점(문제의식)은 기존의 토론 수업 모형이 학습자 개인의 합리적 추론 및 판단 능력을 신장하는 데에는 유익하지만, 자기 판단의 적절성을 재검토하고 다른 견해를 가진 타인과 의사소통하며 양측 모두가 동의할 수 있는 결론을 도출하는 능력을 신장하기에는 한계가 있다는 것이었다. 이러한 문제의식을 바탕으로, 이들은 상반된 입장이 갈등을 일으키는 논쟁적인 쟁점에 대해 참여자들이 타인과 협력적 의사소통을 거쳐 비판적 · 합리적 의사결정에 도달할 수 있는 측면에 초점을 맞추었다. 즉 자신의 입장을 설정하고 정당화하는 과정에 그치지 않고, 더 나아가 상대방의 입장을 채택하여 그 타당성을 검토하는 절차를 포함하게 된 것이다.

이 방법은 지금까지 '논쟁 수업, 논쟁 문제 수업, 논쟁 중심 교육, 찬반 토론, 찬반 논쟁 학습, 건설적 토론, 건설적 논쟁' 등으로 불리면서, 논쟁적인 토론 문제를 다루는 효과적인 방법으로 간주되어 왔다. 여기서 논쟁적인 문제란, 다양한 혹은 상반된 견해가 이분법적으로 맞서 충돌하는 이슈를 의미한다. 그리고 이러한 논쟁이 한 사람의 아이디어, 정보, 결론, 이론, 견해가 다른 사람의 그것과 양립할 수 없는 경우, 두 사람이 자신의 가장 합리적인 판단을 반영하는 합의에 도달하려 할 때 건설적 논쟁이 가능해진다.[234)]

존슨 형제는 건설적 논쟁의 절차를 ① 입장을 연구하여 준비하는 것, ② 입장을 옹호하는 것, ③ 자신의 입장에 대한 비판을 논박하면서 반대되는 입장을 반박하는 것, ④ 관점을 바꾸는 것, ⑤ 양측 모두가 동의할 수 있는 하나의 공동 입장으로 입장을 종합하는 것으로 설정한 바 있다.[235] 이러한 건설적 논쟁의 절차를 협동학습 구조 속에 적용한 모형이 바로 프로-콘 협동학습이다. 아래 [그림 9]와 같이, 4인으로 구성된 소집단을 다시 찬반 입장을 가진 미니 소집단(2인)으로 나누고, 자신의 입장을 정당화한 후에 서로 입장을 바꾸어 토론하는 기회를 부여한다.[236]

단계	내용
수업의 준비	• 논쟁 주제와 그 주장에 대해 상반되는 두 입장을 정하고, 각 입장에 대한 정보와 자료 준비 • 한 소집단을 4명으로 구성
소집단 내의 미니소집단 구성	• 각 미니소집단은 상반되는 입장을 선택하고 주어진 정보와 자료, 제한된 경험과 자신의 관점에 의해 입장을 정리한 후, 이를 뒷받침할 자료와 이론을 조사
미니소집단의 주장 및 근거 발표	• 소집단 내에서 미니소집단이 각각 자신들의 주장과 근거를 발표
미니소집단별 토론	• 소집단 내에서 미니소집단별로 토론 • 상대방의 입장을 분석, 비판하고 자신의 주장에 대한 상대방의 비판에 반박하는 과정에서 상대방의 주장을 경청, 인지적 분석, 개념갈등과 불확실성 체험
미니소집단의 입장 교환	• 미니소집단은 입장을 바꾸어 상대방이 주장하지 못했던 자료나 논리를 제시함
소집단 의견의 합의점 도출	• 두 미니소집단은 이제까지 나타난 여러 관점과 주장을 하나의 주장으로 종합하여 합의점을 도출

[그림 9] 프로-콘 협동학습 모형의 절차

방법 활용의 예[237]:

단계		교수 · 학습 활동 내용	자료 및 유의점
도입	수업의 준비	▶ 판단을 요구하는 문제 사태 제시 – 최근 인터넷 악플로 인하여 세상을 떠난 연예인들에 대한 기사를 보여주고, 이 문제의 원인에 대해 함께 논의한다. 그러한 문제를 해결하기 위한 하나의 대안으로서 인터넷 실명제에 대해 생각해 보도록 한다. – 교사: 악플을 해결하기 위한 방법으로 인터넷 실명제는 적절할까요?	▶ 문제 사태를 제시하되, 상반된 입장이 양립할 수 있는 논쟁의 주제를 준비함.
전개	소집단 내의 미니소집단 구성	▶ 소집단 내 찬성과 반대 미니소집단 구성하기 – 교사: 인터넷 실명제를 찬성하는 학생 2명과 반대하는 학생 2명이 각각 미니소집단을 구성하고, 이렇게 구성된 4명이 하나의 소집단을 구성합니다.	▶ 학생들이 기존의 경험과 지식으로 잠정적인 결론을 도출하도록 안내함.
	미니소집단별 토론	▶ 찬성과 반대 의견에 대한 토론을 진행하기 – 교사: 인터넷 실명제에 대한 찬성 입장과 반대 입장은 각각 자신의 견해를 다양한 논거를 제시하며 주장해봅시다. 이 과정에서 상대측 견해를 설득해봅시다. – 교사: 자신의 견해와 상반된 입장을 비판하고 반박해봅시다. 이때 합리적인 논거를 들어 상대측 견해를 설득해봅시다.	▶ 상대측의 견해를 경청하면서도, 비판적으로 분석하도록 유도함.
	미니소집단의 입장 교환	▶ 미니소집단은 입장을 바꾸어 토론하기 – 교사: 이번에는 자신이 비판했던 상반된 입장이 되어 의견을 개진해봅시다. 앞선 토론에서는 제시하지 못했던 주장과 근거를 제시하거나 기존의 입장을 보완해봅시다. – 교사: 반대 입장이 되어보니 의견이 달라졌나요? 의견이 달라진 학생은 어떻게 달라졌는지 발표해봅시다.	▶ 자신과는 상반된 관점을 채택해봄으로써, 다양한 입장을 경험해보도록 함.
정리	소집단 의견의 합의점 도출	▶ 찬성 및 반대 입장을 종합하여 합의 도출 – 교사: 인터넷 실명제에 대해 지금까지 제시된 찬성 및 반대 주장을 모두 종합하여 악플 문제를 해결할 수 있는 방법을 도출해봅시다. 각 소집단별로 도출한 합의점을 발표해봅시다.	▶ 찬성과 반대 입장이 모두 동의할 수 있는 가장 합리적인 결론을 도출해야 함을 강조함.
	차시 예고	▶ 다음 시간에 학습할 내용을 안내한다.	

활용상의 의의[238]: 프로-콘 협동학습 모형을 수업에 활용했을 때 기대할 수 있는 인성교육 및 시민교육적 효과를 제시하면 다음과 같다. 첫째, 이 모형은 자신의 견해에서 벗어나 문제 사태를 다양한 관점으로부터 조망할 수 있는 '도덕적 추론 능력'을 신장할 수 있다. 앞서 살펴본 바와 같이 이 모형은 타인과의 협력적 상호작용을 핵심으로 한다. 즉 자신과 상반된 견해를 경험하고 그들의 관점을 채택해봄으로써, 이전까지는 경험하지 못했던 관점에서 문제에 접근하게 되고 이를 통해 수준 높고 적절한 인지적 추론을 할 수 있게 된다는 것이다. 이렇게 볼 때 프로-콘 협동학습 모형은 자신과 상반된 견해에 대한 폭넓은 고려를 통해 보다 높은 수준의 도덕적 추론을 촉진할 수 있다는 점에서 풍부한 교육적 의의를 갖는다.

둘째, 프로-콘 협동학습 모형은 자신의 견해와는 상반된 입장으로부터 제기되는 비판에 직면하고, 이와 더불어, 타인의 관점을 채택해보는 과정을 포함하고 있기 때문에, 자신과 다른 견해를 가진 타인에 대한 '열린 마음'을 가지고, 그들과 협력적인 관계를 형성함으로써 통합적인 결론을 도출하려는 개방적인 태도를 신장할 수 있다. 자신과 다른 견해를 가진 타인에 대해서 개방적이고 열린 마음을 갖는 것은 타인 및 공동체와 더불어 살아갈 수 있는 자질인 인성과 시민성의 기초가 되기 때문에 프로-콘 협동학습은 가장 기초이면서도 본질적인 도덕적, 민주적 역량을 신장하는 데 기여할 수 있다는 점에서 중요한 교육적 의의를 갖는다.

셋째, 프로-콘 협동학습 모형에는 타인과 좋은 관계를 형성하는 데 장애가 될 수 있는 '자신의 입장 옹호, 타인의 견해에 대한 비판 및 반박 과정' 등이 포함되어 있지만, 궁극적으로는 타인과의 협력적인 의사결정을 도모하기 때문에 논쟁에 참여하는 과정에서 타인으로부터 사회적 지지를 받는 데 유의미한 것으로 나타났다.[239] 이는 다양한 견해를 종합, 통합하는 협력적이고 긍정적인 상호

의존의 의사결정 경험을 통해 타인으로부터 지지를 받을 수 있을 뿐만 아니라, 이를 기반으로 하여 타인과 원만한 관계를 형성할 수 있는 기반을 마련할 수 있다는 점에서 교육적 의의를 갖는다.

활용상의 유의점[240]: 프로-콘 협동학습 모형을 효과적으로 적용하려면 다음과 같은 점들에 유의해야 한다.[241] 첫째, 논쟁의 주제를 선택할 때 교사는 학생들의 관심, 경험, 전문 지식, 삶과의 관련성, 발달 수준, 이슈의 사회적 영향 등을 고려하여 선택해야 한다. 특히 프로-콘 수업에서 활용할 수 있는 주제는 양립할 수 있는 견해가 존재하면서도 반드시 모든 관점이 반영된 '모두가 합의할 수 있는 가장 합리적인 결론'을 도출할 수 있는 문제여야 하기에, 반드시 논쟁이 전개될 수 있는 문제 사태를 선정해야 한다.

둘째, 교사는 학생들이 논쟁에 참여하기 위해 필요한 태도와 능력을 준비시켜야 한다. 프로-콘 협동학습의 과정은 자신의 입장을 주장하고 정당화하는 것에서 끝나지 않고 자신과 상반된 견해로부터의 비판과 반박에 직면하며, 이후 자신과 상반된 관점을 채택해보는 경험을 통해 다양한 견해를 모두 반영한 통합적 결론을 도출해야 한다. 따라서 이 과정에서 필요한 인내와 의사소통 기술 등을 충분한 연습을 통해 준비시켜야 한다. 그뿐만 아니라 원활한 논쟁이 이루어질 수 있도록 교사는 학생들이 논쟁 주제와 관련한 다양한 자료와 출처를 제시함으로써 배경 지식을 습득하도록 해야 한다.

셋째, 프로-콘 협동학습의 핵심은 제기된 다양한 견해의 종합 및 통합을 통한 합리적 의사결정을 내리는 것에 있기 때문에, 학습자들이 가진 다양한 견해가 자유롭게 제시되고 다른 견해를 경청하고 존중할 수 있도록 지적으로 안전하고 지지적인 환경을 조성해야 한다.

넷째, 교사는 토론을 중재하는 과정에서 학생들이 주제와 관련한 거의 모든 관점에 노출될 수 있도록 해야 한다. 따라서 교사는 학생들로부터 중요한 경쟁적인 입장이 모두 제시될 수 있도록 발문 등을 활용하여 유도할 수 있어야 한다.

다섯째, 프로-콘 협동학습은 상반된 견해가 모두 제시되어야 하는 만큼 논쟁이 소수의 학생들 주도로 전개되지 않도록, 이야기를 주도하는 학생들의 참여는 필요에 따라 제한하면서도 참여에 소극적인 학생들의 견해를 이야기하게 함으로써, 학생들이 동등하게 참여할 수 있는 방법을 도모해야 한다.

여섯째, 교사는 교육적으로 중립적인 입장을 취하되, 프로-콘 수업이 원활하게 진행될 수 있도록 자신의 개인적인 견해를 표현하면서도 그것은 단지 하나의 의견일 뿐이라는 사실을 학생들에게 분명하게 보여줄 수 있어야 한다. 프로-콘 협동학습은 논쟁 과정에서 제기된 모든 견해가 정당화 및 비판의 대상으로 포함되기 때문에, 교사가 자신의 입장과 근거를 기꺼이 제시하여, 학생들로 하여금 하나의 의견으로서 자유롭게 검토할 수 있도록 해야 한다.

5. 린트의 '콘스탄츠 딜레마 토론 방법'[242)]

콘스탄츠 딜레마 토론 방법(Konstanz Method of Dilemma Discussion: KMDD)은 독일의 도덕 심리학자인 게오르그 린트(G. Lind)에 의해 개발되었다. 로렌스 콜버그(L. Kohlberg)와 마찬가지로 린트 역시 도덕적 행동은 도덕적 이상이나 원리들에 의해 인도되어야 하며, 도덕적으로 성숙한 사람의 행동은 발달된 추론 능력을 통해 정보를 제공받아야 한다고 생각했다.

린트의 '콘스탄츠 딜레마 토론'의 경우, 전체 토론이 진행된 후에 상대 진영에서 나온 가장 설득력 있는 근거를 선정하고 최종 투표에 임할 것을 요구한다. 이렇게 자신의 관점에서 벗어나 다양한 관점에서 문제를 조망하고 다른 사람의 입장을 이해하는 과정을 거침으로써, 콘스탄츠 딜레마 토론은 기존의 경쟁적인 찬반 토론 수업 모형과는 달리 협력적인 의사소통이 가능해지는 것이다.

단계	내용
도덕적 문제 사태 제시	• 도덕적 판단을 요구하는 도덕적 딜레마 제시(반현실적인, 결정하기 쉽지 않은, 하지만 분명한 결정으로 끝나는 도덕적 딜레마 제시)
개인별 숙고	• 딜레마 속 주인공의 입장에 공감 • 주인공의 결정에 대한 개인별 숙고 및 자신의 입장 결정
딜레마 명료화	• 딜레마의 주요 내용 확인(등장인물, 주인공이 고민하고 있는 문제, 주인공의 결정 확인)
첫 번째 투표	• 찬성과 반대 입장에 대한 투표 • 같은 입장을 가진 사람들끼리 모이기
첫 번째 소그룹 활동	• 3~4명으로 구성된 소그룹 형성 • 주장을 정당화하기 위한 근거 모으기
전체 토론	• 두 가지 토론 규칙 설명 규칙1: 어떤 말이라도 제시할 수 있음. 하지만 의견을 말한 사람에 대한 비난 금지 규칙2: 탁구경기 방식, 양측이 번갈아 가면서 주장하기 • 학급 전체 찬반 토론
두 번째 소그룹 활동	• 다시 3~4명으로 구성된 소그룹 구성 • 가장 설득력 있는 상대의 근거 선정 및 평가
최종 투표	• 개인별 혹은 소그룹별로 가장 마음에 드는 상대의 근거 보고 • 주인공의 결정에 대한 최종 투표
정리 및 성찰	• 변화된 자신의 입장, 정당화 근거 정리 • 수업 마무리

[그림 10] 콘스탄츠 딜레마 토론 방법의 절차

방법 활용의 예[243]:

단계		교수 · 학습 활동 내용	자료 및 유의점
도입	도덕적 문제 사태 제시	▶ 도덕 판단을 요구하는 도덕적 문제 사태 제시 – 교사: 지금부터 한 소년의 이야기를 들려드리겠습니다. (이야기) 강희네 가족은 12년 동안 애완견을 정성껏 키우고 있다. 어느 날부터인가 애완견은 시름시름 앓기 시작했다. 걱정이 된 강희는 애완견을 동물 병원에 데리고 갔다. 여러 가지 검사를 하던 의사 선생님은 강희를 안타까운 눈으로 바라보면서 이렇게 말했다. "애완견이 위암에 걸렸구나. 굉장히 고통스러울 거야. 수술을 할 수 있지만, 아마 6개월 이상 살기는 어려울 것 같구나. 만약 수술을 하면 수술비와 치료비도 만만치 않게 들어갈 텐데… 고통을 줄여주기 위해 안락사를 시키는 방법도 있기는 하단다. 집에 가서 고민해보고 어떻게 할지 결정하렴." 그날 밤, 한참을 고민하던 강희는 결국 애완견을 안락사 시키기로 결정했다. – 교사: 여러분은 주인공의 결정에 찬성하시나요? 반대하시나요? 그럼 지금부터 주인공의 결정에 왜 찬성하거나 반대하는지 토론하는 시간을 갖도록 하겠습니다.	▶반현실적인(semi-realistic), 결정하기 쉽지 않은, 하지만 분명한 결정으로 끝나는 도덕적 딜레마를 제시함.
전개	개인별 숙고	▶ 딜레마 속 주인공의 입장에 공감 – 교사: 여러분은 주인공이 이 결정을 내리는 데 얼마나 고민스러웠을 것이라고 생각하나요? ▶ 주인공의 결정에 대한 개인별 숙고 및 자신의 입장 결정 – 교사: 여러분은 주인공의 결정에 찬성하나요? 반대하나요? 그 이유는 무엇인가요? 나중에 주인공의 결정에 대하여 토론할 시간을 드리겠습니다. 우선 여러분의 생각을 정리해보세요.	▶메모할 시간을 부여함. ▶다른 참여자들을 방해하지 않도록 주의시킴. ▶나중에 토론할 시간이 있다고 반드시 알림.
	딜레마 명료화	▶ 딜레마의 주요 내용 확인 – 교사: 다 정리했으면, 이 딜레마에 대해 함께 살펴봅시다. 딜레마에 등장하는 인물은 누구인가요? – 교사: 주인공은 무엇을 고민하고 있나요? 그래서 주인공은 어떤 결정을 내렸나요?	▶딜레마와 관련된 모든 고려 사항들이 언급될 수 있도록 유도함.

전개	첫 번째 투표	▶ 찬성과 반대 입장에 대한 투표 – 교사: 여러분은 주인공의 결정에 찬성하나요? 반대하나요? 고민스럽나요? 하지만 우리는 실제로 항상 어떤 결정을 해야 합니다. 주인공의 결정에 찬성하는 사람 손? 반대하는 사람 손? ▶ 같은 입장을 가진 사람들끼리 모이기 – 교사: 그럼 지금부터 같은 생각을 가진 사람들끼리 모이도록 하겠습니다. 우선 책상을 가운데를 바라보게 돌리세요. 찬성하는 사람은 오른쪽, 반대하는 사람은 왼쪽 책상에 앉으세요.	▶모든 학생들이 투표에 참여하도록 독려함. ▶만약 투표를 거부할 경우 다른 역할을 부여함(예: 판서와 기록). ▶투표 결과를 칠판에 기록함(찬성 00명, 반대 00명).
	첫 번째 소그룹 활동	▶ 3~4명으로 구성된 소그룹으로 구성 – 교사: 주변에 있는 사람 3~4명과 모여 모둠을 만들어봅시다. ▶ 주장을 정당화하기 위한 근거 모으기 – 교사: 모둠을 모두 만들었나요? 그럼 지금부터 상대편을 설득시키기 위한 다양한 근거들을 모아봅시다. 찬성하는 사람들은 왜 주인공의 결정이 옳은지, 반대하는 사람은 왜 주인공의 결정이 옳지 않은지 '최소 3개 이상'의 근거를 마련해보세요. – 교사: 자신이 생각한 근거를 친구들과 공유하고, 가장 설득력 있다고 생각하는 근거를 선택해보세요.	▶소그룹은 3명 미만이거나 4명을 초과하지 않도록 주의함. ▶필요하다면 다른 그룹으로 옮길 수 있는 기회를 제공함. ▶타이머를 사용하여 시간을 안배할 수 있도록 함.
	전체 토론	▶ 두 가지 토론 규칙 설명 – 교사: 전체 토론을 진행하기에 앞서, 토론 규칙에 대해 말씀드리겠습니다. ① 무슨 말을 해도 좋지만, 의견을 말하는 사람을 비판하면 안 됩니다. ② 마지막에 말한 사람이 손을 든 상대편에서 다음 발언자를 고릅니다. ▶ 학급 전체의 찬반 토론 – 교사: 그럼 주인공의 결정에 대한 찬반 토론을 진행하겠습니다. 찬성 측에서 말하고 싶은 분은 손을 들어주세요.	▶ 규칙 위반 시, 즉각 개입함. ▶ 비슷한 논리의 근거가 반복될 때 토론을 종료함. ▶ 스크린 혹은 칠판에 토론 내용을 반드시 기록함.

전개	두 번째 소그룹 활동	▶ 다시 3~4명으로 구성된 소그룹 형성 – 교사: 이제 토론이 끝났습니다. 그럼 다시 모둠을 만들어 봅시다. ▶ 가장 설득력이 있는 상대의 근거 선정 및 평가 – 교사: 토론은 상대방을 이기기 위해 하는 것이 아닙니다. 가장 좋은 선택을 하기 위해 의견을 나누는 것입니다. 이를 위해 상대방의 의견도 꼼꼼히 따져봐야 합니다. – 교사: 칠판에 기록된 내용을 보면서, 상대편의 근거 중 가장 설득력이 있고, 기꺼이 받아들일 수 있는 근거를 2개 선택해봅시다.	▶ 부정적인 평가들이 나오면 부드럽게 개입함("이제 상대편에 대해 긍정적으로 말해야 합니다"). ▶ 타이머를 사용하여 시간을 안배할 수 있도록 함.
	최종 투표	▶ 개인별 혹은 소그룹별로 가장 마음에 드는 상대의 근거 보고 – 교사: 모두 선택해보았나요? 그럼 상대편이 제시한 근거 중 어떤 근거가 가장 설득력 있었는지 모둠별로 발표해 보도록 하겠습니다. ▶ 주인공의 결정에 대한 최종 투표 – 교사: 그럼 다시 한번 주인공의 결정에 대한 찬반 투표를 진행하겠습니다. 꼭 명심하세요. 토론은 상대방을 이기기 위해 하는 것이 아닙니다. 가장 좋은 선택을 하기 위해 의견을 나누는 것입니다. – 교사: 주인공의 결정에 찬성하는 사람 손? 반대하는 사람 손?	▶ 투표 결과를 스크린 혹은 칠판에 기록함(찬성 00명, 반대 00명).
정리	정리 및 성찰	▶ 변화된 자신의 입장, 정당화 근거 정리 – 교사: 이제 모든 활동이 끝났습니다. 토론 후, 여러분의 입장은 바뀌었나요? 아니면 그대로인가요? – 교사: 토론 후, '자신의 입장'과 '상대방의 입장' 중 기꺼이 받아들일 만한 근거를 각각 1개씩 선택하고, 그 근거를 토대로 주인공에 대한 자신의 생각을 정리해봅시다.	
		▶ 수업 마무리 – 교사: 오늘 다룬 주제는 토론할만한 가치가 있었나요? 이 수업을 통해 무엇을 배웠나요? – 교사: 앞으로 결정하기 어려운 문제에 직면했을 때, 여러 사람들의 의견을 경청하고 상대방이 제시하는 근거가 충분히 설득력이 있다면 기꺼이 받아들이도록 노력합시다.	▶다양한 응답이 나올 수 있도록 수용적인 분위기를 조성함. ▶'개인별 정리 및 성찰' 결과는 회수하여 평가 자료로 활용함.
	차시 예고	▶ 다음 시간에 학습할 내용을 안내한다.	

활용상의 의의[244]: 콘스탄츠 딜레마 토론 방법은 다음과 같은 몇 가지 유용성을 가지고 있다. 첫째, 보다 높은 수준의 도덕 원리를 탐색하고 지향하도록 유도한다. 이 수업 모형은 전체 토론 전에 같은 입장을 채택한 동료 학습자들끼리 모여 논의하는 활동을 통해 자신들의 입장을 정당화할 수 있는 가장 높은 수준의 판단 근거를 탐색하도록 유도한다. 그 후 전체 토론을 통해 자신의 결정과 정당화 근거를 논리적으로 전개하고, 더 나아가 자신의 입장과 정반대인 상대방이 제시하는 가장 높은 수준의 정당화 근거를 확인하도록 한다. 이러한 활동은 학생들로 하여금 자신이 알고 있던 도덕 원리보다 더 높은 수준의 도덕 원리를 이해하고 지향하도록 한다.

둘째, 도덕 원리 혹은 판단의 근거를 일관되게 수용 및 거부하는 능력을 키워준다. 이 수업 모형은 전체 토론이 종료된 후, 딜레마 상황 속 주인공의 결정에 대해 찬성하는 입장과 반대하는 입장을 바꿔서 채택해보도록 구조화되어 있다. 이러한 활동은 자신의 입장을 지지하는 도덕 원리 혹은 추론 단계를 상반되는 입장에도 일관되게 적용해보도록 훈련시킨다. 즉 이 모형은 상대방이 제시한 근거 중 가장 설득력 있고 매력적인 근거들을 의도적으로 검토 및 평가하고 수용 여부를 결정하도록 함으로써 도덕적 추론의 일관성을 높여주고자 한다.[245]

활용상의 유의점[246]: 콘스탄츠 딜레마 토론 방법을 수업에 활용할 때에는 아래와 같은 몇 가지 사항에 유의해야 한다. 첫째, 콘스탄츠 딜레마 토론 방법이 그 효과를 온전히 발휘하기 위해서는 앞서 제시한 9단계를 충실히 따라야 한다. 다수의 연구들은 이 모형의 일부 단계를 생략할 경우, 학생들의 도덕적 판단 능력을 유의하게 상승시키지 못한다는 점을 보고하고 있다. 따라서 교사는 단위 수업 시간(40분, 45분, 50분)에 맞게 각 단계별로 활동 시간을 조정하거나 혹은 연차시(80분, 90분, 100분)로 수업을 진행하여 어떤 단계도 생략되지 않도

록 수업을 재구성할 필요가 있다.[247)]

둘째, 콘스탄츠 딜레마 토론 방법은 찬 · 반 양론의 형식을 띠고 있어 학습자들로 하여금 토론을 대결 구도로 인식하게 할 수 있고, 따라서 상대방의 의견을 경청하기보다는 자신의 주장을 강요하고 상대방을 설득시키는 것에만 관심을 갖도록 할 수 있다. 하지만 이 방법의 종국적인 목적은 상대방이 제시하는 도덕적이고 합리적인 근거를 기꺼이 받아들이게 하는 데 있다. 따라서 토론의 진행 과정에서 "토론은 상대방을 이기기 위해서 하는 것이 아닙니다. 가장 좋은 선택을 위해 의견을 나누는 것입니다."라는 점을 반복적으로 강조할 필요가 있다.

끝으로, 콘스탄츠 딜레마 토론 방법은 1~2회의 교육적 처치만으로도 학생들의 도덕적 판단 능력을 유의미하게 상승시키는 것으로 알려져 있다. 하지만 이 방법이 활용된 수업에 학생들이 지속적으로 참여하지 않을 경우, 그들의 판단 능력은 유지되지 않으며, 오히려 감소하기도 한다. 따라서 교사들은 도덕적 사고 능력 발달을 목표로 하는 차시에 이 방법을 정기적으로, 지속적으로 활용할 필요가 있다.[248)]

6. 서울특별시교육청의 '역지사지 공존형 토론수업' 모형[249)]

서울특별시교육청에서는 민주주의 가치에 동의하고 갈등을 적절히 다루며 공존할 수 있는 시민의 성장을 지원하기 위해 토론수업 모형을 개발하고 실천해왔다. 최근 들어 새롭게 제안한 '역지사지 공존형 토론수업' 모형은 풍부한 자료를 바탕으로 다양한 의견을 모두 살피고, 상호공존을 위한 대화와 합의 도출과정을 중시하는 '숙의형' 토론수업 모형이라고 불린다. 이 모형의 지향점은 합의를 시도하기 위해 역지사지를 경험하고, 사회의 복잡성을 알아가는 과정

자체에 있다. 또한 서로에게 귀를 기울이고 대화를 나누는 과정에서, 만날 것 같지 않던 평행선들이 1도씩 서로를 향해 기울어지는 그 순간을 중시하고 있다. 즉 역지사지 공존형 토론수업을 통해 자신의 선을 어느 쪽으로든 1도만큼 기울이게 도울 수 있다면, 언젠가는 맞은편의 평행선과 만나거나 예상하지 못했던 3차원 속 다른 평행선과 접할 수 있다고 전제하고 있다. 역지사지 공존형 토론수업 모형에는 아래와 같이 모둠형, 코너 학습형, 순차적 자료 분석형이 있다.

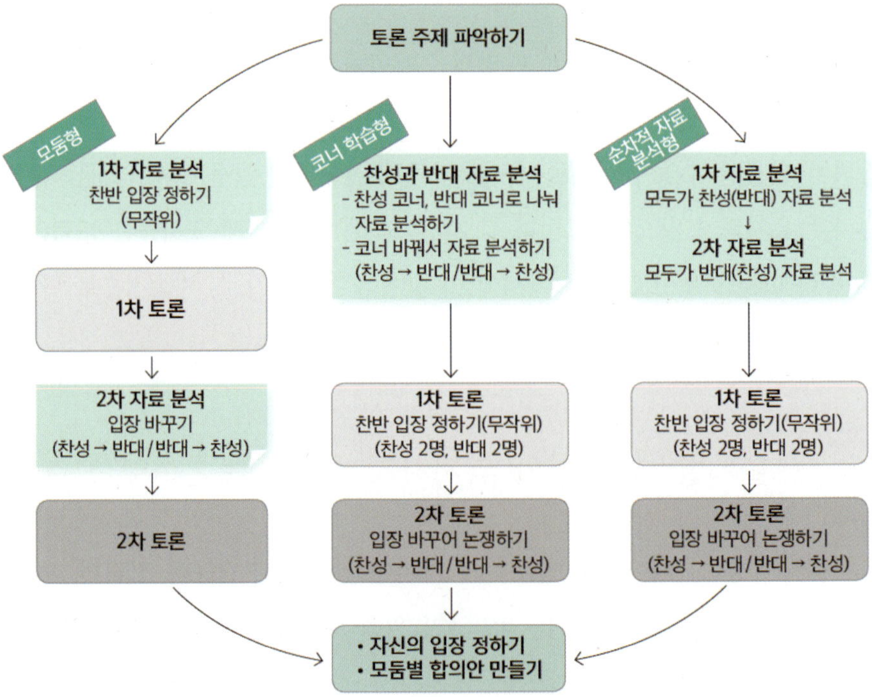

[그림 11] 역지사지 공존형 토론수업 모형도

모둠형: 자료 분석부터 토론 활동까지 모든 수업을 모둠으로 진행하는 기본형으로서, 토론 주제의 논쟁성이 낮아서 학생들끼리 사회 현안 문제를 이해할 수 있는 경우에 사용한다.

단계	주요 활동	세부 활동	유의점
1	토론 주제 파악하기	– 4명을 한 모둠으로 구성하기 – 주어진 토론 주제 상황을 읽고, 구체적으로 분석하기	
2	1차 자료 분석: 교사가 제시하는 쟁점 자료 분석하기	– 찬성 측과 반대 측으로 2명씩 나누기 – 찬성 측과 반대 측별로 2명이 서로 함께 공부하면서 자신들이 주장할 내용과 상대 팀을 반박할 내용 정리하기	– 제비뽑기 등 무작위로 찬성 측과 반대 측 나누기
3	1차 토론: 찬반 논쟁하기	– 찬성 측과 반대 측 각각 의견 제시하기 – 찬성 측과 반대 측 각각 상대 의견 반박 질문하기 – 찬성 측과 반대 측 각각 자신의 주장 답변하기	– 찬성 측과 반대 측의 시간을 동일하게 부여하고 순차적으로 진행하기
4	2차 자료 분석: 학생이 쟁점 자료를 추가로 찾아 분석하기	– 찬성(반대) 측은 반대(찬성) 측 주장을 하기 위한 추가 의견 조사하기 – 1차 토론 때와 다른 입장의 주장을 하기 위해 조사 및 수집한 자료 정리하기	– 2차 토론 활동 때에는 1차 토론 때와 입장을 바꾸어 토론한다는 것을 안내하기
5	2차 토론: 입장을 바꾸어 논쟁하기	1차 토론 때와 입장을 바꾸어 2차 토론하기 – 찬성 측과 반대 측 각각 의견 제시하기 – 찬성 측과 반대 측 각각 상대 의견 반박 질문하고 답변하기	– 2차 토론 대신 다음의 활동으로 대체할 수 있음을 안내하기 1) 1차 토론에서 상대방 측에서 놓친 주장과 반박을 상호 제시하기 2) 1차 토론에서 자기 팀 주장의 문제점 상호 제시하기
6	모둠별 합의안 만들기	– 토론 주제에 대해 모둠 구성원이 각각 자신의 의견을 상세하게 제시하기 – 모둠에서 만장일치로 합의 시도하기 – 수업 활동 정리하기(만장일치로 합의한 경우에는 그에 따른 실천 방안 나누기/합의가 안 된 경우 합의가 어려웠던 점에 대해 성찰하고 발표하기)	– 합의가 안 된 경우도 성숙한 시민적 토론이라고 격려해주고 합의가 된 경우는 이를 위해 사회적 행동을 하도록 격려하기

코너 학습형: 찬성 자료와 반대 자료의 학습 코너를 정하여 두 팀으로 나눈 후, 각 팀이 찬성 및 반대 자료를 모두 분석한 다음 토론하는 방식으로서, 토론 주제의 논쟁성이 보통 정도이고, 사회 현안 문제에 관심을 가진 리더 학생들이 있는 경우에 사용한다.

단계	주요 활동	세부 활동	유의점
1	토론 주제 파악하기	– 주어진 토론 주제 상황 읽기 – 토론 주제 구체적으로 분석하기	
2	찬성과 반대 자료 분석하기	– 교실 공간(코너)을 반으로 나누어 각각 찬성 및 반대 관련 자료를 공부할 수 있도록 배치하기 – 학생들 중 절반은 찬성(반대) 코너에서 관련 자료를 공부하기 – 나머지 학생들은 다른 코너로 이동하여 찬성(반대) 관련 자료를 공부하기	– 사전에 학생들 중에서 찬성과 반대 주장자 각각 1명을 정하여 교사와 함께 관련 내용을 전문적으로 공부하는 것이 좋으나, 그렇지 못할 경우 수업 시간에 모든 학생이 토론 주제에 대해 같이 공부할 수도 있음
3	1차 토론: 찬반 논쟁하기	– 4명을 한 모둠으로 구성하기 – 모둠 내에서 찬성 측과 반대 측으로 2명씩 나누기 – 찬성 측과 반대 측 각각 의견 제시하기 – 찬성 측과 반대 측 각각 상대 의견 반박 질문하기 – 찬성 측과 반대 측 각각 자신의 주장 답변하기	– 제비뽑기 등 무작위로 찬성 측과 반대 측 나누기 – 찬성 측과 반대 측의 시간을 동일하게 부여하고 순차적으로 진행하기
4	2차 토론: 입장을 바꾸어 논쟁하기	1차 토론 때와 입장을 바꾸어 2차 토론하기 – 찬성 측과 반대 측 각각 의견 제시하기 – 찬성 측과 반대 측 각각 상대 의견 반박 질문하고 답변하기	– 2차 토론 대신 다음의 활동으로 대체할 수 있음을 안내하기 1) 1차 토론에서 상대 측에서 놓친 주장과 반박을 상호 제시하기 2) 1차 토론에서 자기 팀 주장의 문제점 상호 제시하기
5	모둠별 합의안 만들기	– 토론 주제에 대해 모둠 구성원이 각각 자신의 의견을 상세하게 제시하기 – 모둠에서 만장일치로 합의 시도하기 – 수업 활동 정리하기(만장일치로 합의한 경우에는 그에 따른 실천 방안 나누기/합의가 안 된 경우 합의가 어려웠던 점에 대해 성찰하고 발표하기)	– 합의가 안 된 경우도 성숙한 시민적 토론이라고 격려해주고 합의가 된 경우는 이를 위해 사회적 행동을 하도록 격려하기

순차적 자료 분석형: 모든 학생이 찬성 자료와 반대 자료를 순차적으로 분석하는 과정을 강조한 모형으로서, 토론 주제의 논쟁성이 높아서 사회 현안 문제에 대한 이해가 충분히 필요한 경우에 사용한다.

단계	주요 활동	세부 활동	유의점
1	토론 주제 파악하기	– 주어진 토론 주제 상황 읽기 – 토론 주제 구체적으로 분석하기	
2	1차 자료 분석: 찬성 자료	– 학급의 모든 학생들이 토론 주제에 대한 찬성 입장과 관련한 모든 자료를 읽고 요약하면서 분석하기	– 모둠별로 자료를 공부하거나 교사가 질문하면서 해당 입장의 주요 내용을 정리해도 됨
3	2차 자료 분석: 반대 자료	– 학급의 모든 학생들이 토론 주제에 대한 반대 입장과 관련한 모든 자료를 읽고 요약하면서 분석하기	– 찬성 측과 반대 측 자료 분석 순서는 무작위로 선정해도 됨
4	1차 토론: 찬반 논쟁하기	– 4명을 한 모둠으로 구성하기 – 모둠 내에서 찬성 측과 반대 측으로 2명씩 나누기 – 찬성 측과 반대 측 각각 의견 제시하기 – 찬성 측과 반대 측 각각 상대 의견 반박 질문하기 – 찬성 측과 반대 측 각각 자신의 주장 답변하기	– 제비뽑기 등 무작위로 찬성 측과 반대 측 나누기 – 찬성 측과 반대 측의 시간을 동일하게 부여하고 순차적으로 진행하기
5	2차 토론: 입장을 바꾸어 논쟁하기	1차 토론 때와 입장을 바꾸어 2차 토론하기 – 찬성 측과 반대 측 각각 의견 제시하기 – 찬성 측과 반대 측 각각 상대 의견 반박 질문하고 답변하기	– 2차 토론 대신 다음의 활동으로 대체할 수 있음을 안내하기 1) 1차 토론에서 상대 측에서 놓친 주장과 반박을 상호 제시하기 2) 1차 토론에서 자기 팀 주장의 문제점 상호 제시하기
6	모둠별 합의안 만들기	– 토론 주제에 대해 모둠 구성원이 각각 자신의 의견을 상세하게 제시하기 – 모둠에서 만장일치로 합의 시도하기 – 수업 활동 정리하기(만장일치로 합의한 경우에는 그에 따른 실천 방안 나누기/합의가 안 된 경우 합의가 어려웠던 점에 대해 성찰하고 발표하기)	– 합의가 안 된 경우도 성숙한 시민적 토론이라고 격려해주고 합의가 된 경우는 이를 위해 사회적 행동을 하도록 격려하기

7. 서울대의 'SNU 토론한마당'[250)]

SNU 토론한마당은 2015년, 선한 지성인을 기른다는 목표로 시작되었으며, 매해 2학기 중반에 개최되고 있다. 이 프로그램은 민주적인 공동체 구성원이 갖추어야 할 의사소통 능력, 공감 능력, 배려심 등을 배양하기 위한 토론 대회이다. 지금까지 이 대회에서 제시한 논제는 "올바르게 살아야 할 이유가 있는가?", "진실을 거부할 수 있는가?", "경쟁은 바람직한가?", "이성의 발달은 우리를 행복하게 만드는가?", "타자의 권리를 부정할 권리가 있는가?" 등이다. 이와 같은 토론한마당 프로그램을 통해 학생들은 근본적인 물음을 둘러싸고 자유롭게 토론하는 과정에서 마땅히 추구해야 할 삶의 가치와 태도에 대해 성찰하게 된다.

- 참가 대상: 서울대학교 학사과정 재학생
- 예선 및 본선: 입론문 심사를 통해 선정된 16개 팀이 토론을 펼쳐 순위 결정
- 우수 토론팀: 총장상 또는 기초교육원장상 및 상금 수여

○ 대회 취지

토론 주제

능력에 따른 차별은 정당한가?

SNU 토론 한마당은 2015년, 선한 지성인을 기른다는 목표로 시작되었다. 선한 지성인은 토론을 통해 바람직한 공동체를 만들어 가려는 태도를 지닌다.

토론은 공동체의 삶에서 함께 문제를 찾고 합리적으로 해결해 나가는 행위이다. 토론은 단순한 설전(舌戰)이 아니다. 더 나은 세상을 향해 진지하게 계획하고 실천을 모색하는 과정이다. 또한 토론은 나를 설득하고 남을 이해하는 소통의 과정이다. 토론은 자신의 이해관계를 관철하는 싸움이 아니다. 토론은 애정과 관심을 가지고 역지사지의 자세로 공감하고 연대하는 과정이다. 그러므로 토론에서 이기고 지는 것은 중요하지 않다. 토론은 자신의 뛰어난 말하기 능력을 뽐내는 마당이 아니다.

SNU 토론 한마당은 찬성 모둠과 반대 모둠을 나누어 다투기보다, 주장 1모둠과 주장 2모둠으로 진행된다. 그래서 두 모둠이 다 찬성 입장이라 해도 찬성에 대한 더 나은 근거를 함께 찾을 수 있다.

지금까지 SNU 토론 한마당이 담론적인 차원에 치중되었다는 반성을 바탕으로 이번 9회 대회에서는 주제와 관련된 실증적인 사례들만 제시하고 그 외의 담론은 참고문헌으로 대신하였다. 구체적인 것을 통해 일반적인 것을 살피고 다른 한편으로 일반적인 것을 통해 구체적인 것을 살핌으로써 일반적인 것과 구체적인 것이 교차하고 공존하는 열린 토론이 이루어지기를 바란다. 우리 사회에 대한 통찰을 바탕으로 상생(相生)하는 토론의 장(場)이 열리기를 기대한다.

*출처: 서울대 기초교육원 홈페이지에 제시된 'SNU 토론한마당' 자세히 보기(리플릿)

서울대 기초교육원 홈페이지에 제시된 'SNU 토론한마당' 장면

○ SNU 토론한마당의 진행 절차(총 44번, 숙의시간 포함)

순서	주장 1팀	순서	주장 2팀	
1	(갑) 입론 [4분]	2	(갑) 입론 [4분]	숙의시간: 팀당 1회(2분) 사용
3	각 팀(갑) 상호질의응답 [6분]			
5	(을) 반론 [4분]	4	(을) 반론 [4분]	
6	자유토론 [12분]			
7	(을) 최종 발언 [3분]	8	(을) 최종 발언 [3분]	

① 주장 1팀 갑은 논제에 합당한 논점을 제시하고 논거를 댄다.
② 주장 2팀 갑은 논제에 합당한 논점을 제시하고 논거를 댄다.
③ 양 팀의 갑은 입론 내용과 관련하여 상호 질문하고 답변한다.
④ 주장 2팀 을은 입론과 상호질문답변에서 논의한 내용에 근거해 상대측의 주장에 대하여 반론한다.
⑤ 주장 1팀 을은 입론과 상호질문답변에서 논의한 내용에 근거해 상대측의 주장에 대하여 반론한다.
⑥ 양 팀 갑과 을 모두 자유롭게 토론한다.
⑦ 주장 1팀 을은 전체내용을 정리하여 최종 발언한다.
⑧ 주장 2팀 을은 전체내용을 정리하여 최종 발언한다.

용어 설명

용어	설명
주장	대회 주제에 대해 각 팀은 논제에 해당하는 주장문(입장문)을 만든다. 찬반의 대립적 주장이 아니라 '**능력에 따른 차별은 정당한가?**'에 대해 각 팀의 관점과 입장이 명시적으로 제시되어야 한다.
입론	각 팀의 (갑) 팀원이 각 팀의 입장과 근거를 제시하는 단계. 입론을 펼치는 과정에서 각 팀에서 준비한 세부 논점이 제시된다.
상호질의 응답	각 팀의 (갑) 팀원이 상대측의 입론 내용에 대하여 질문하는 단계. 상대측 입론에서 제시한 근거의 사실성을 확인하거나, 논증의 건전성을 확인한다. 쌍방향으로 자유롭게 이루어질 수 있다. 단, 질문자 측에서는 반드시 상대측 입론에서 제기한 논점에 한해서만 확인하는 질문을 해야 하며, 질문자 측에서 새로운 논점을 제기할 수 없다.
반론	각 팀의 (을) 팀원이 각 팀의 입장과 근거를 제시하는 단계. 앞선 입론 단계에서 표명된 팀의 입장에 대하여 보완하는 단계이다. 앞선 상호질의응답 과정에서 자신의 팀에 주어진 질문에 대한 반론을 포함할 수 있다. 또한 입론에서 제시한 논점에 더하여 새로운 논점을 추가하여 자신의 입장을 세울 수 있다.
자유 토론	입론에서의 논점, 반론에서 새로 제기된 논점을 합하여 이루어진다. 각 팀의 (갑), (을), 즉 모든 팀원들이 참여하는 쌍방향 토론.
최종 발언	입론, 상호질의응답, 반론, 자유토론 단계에서 드러난 각 팀의 입장을 통합하여 발언하는 단계. 발언시간의 공평성을 위하여 각 팀의 (을)이 발언한다.
발언 시간	각 토론팀에서 선수 한 사람의 발언 시간은 2분을 넘을 수 없다.

*출처: 서울대 기초교육원 홈페이지에 제시된 'SNU 토론한마당' 자세히 보기(리플릿)

'능력에 따른 차별은 정당한가?'

※ 아래 자료와 참고자료(도서, 영화)를 참조하여
능력에 따른 차별이 정당한지에 대하여 토론하시오

* 출처: 서울대 기초교육원 홈페이지에 제시된 'SNU 토론한마당' 토론 주제문

자료 1

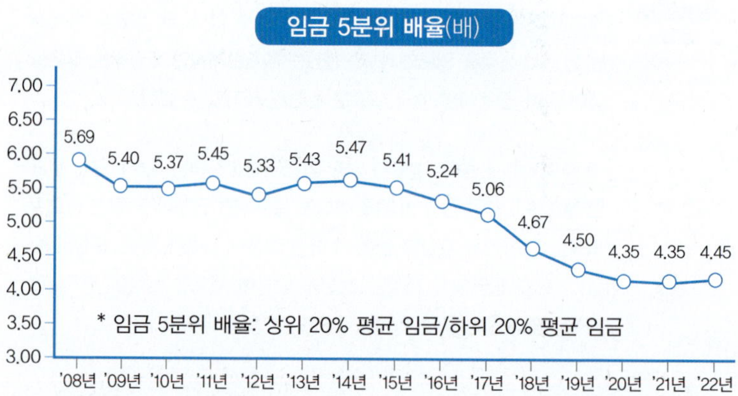

*출처: https://newsis.com/view/?id=NISX20230523_0002312597&cID=10221&pID=10200
뉴시스 2023.05.23.

(단위: 백만 원)

순위	기업명	A/C(배)	최고 연봉자	보수 총액	미등기임원 평균 연봉	직원 1인 평균 연봉
1	SKC	189.7	이완재 사장	21,317	520.0	112.4
2	CJ제일제당	156.3	손경식 회장	10,670	646.0	68.3
3	한국앤컴퍼니	145.4	조현식 부회장	8,272	232.0	56.9
4	LG	120.9	구광모 회장	8,826	680.0	73.0
5	엔씨소프트	107.9	김택진 대표	10,602	633.0	98.2
6	이마트	92.7	정용진 부회장	3,891	707.0	42.0
7	효성	82.8	조현준 회장	7,428	384.0	89.7
8	호텔신라	81.4	이부진 사장	4,148	362.0	51.0
9	하이트진로	72.3	박문득 회장	7,162	509.4	99.0
10	현대백화점	71.8	정지선 회장	3,926	324.0	54.7
최고 연봉 수령자와 직원 평균 급여의 격차가 큰 상위 10개 기업 〈리더스인덱스〉						

*출처: http://www.insightkorea.co.kr/news/articleView.html?idxno=95659
인사이트코리아 2022.03.29.

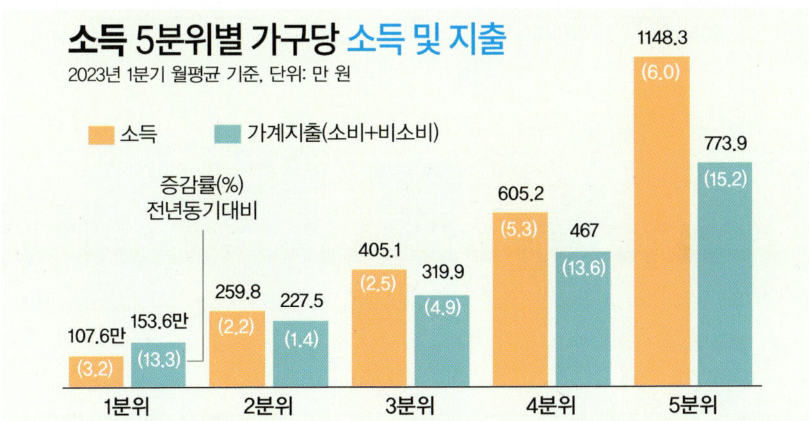

*출처: https://newsis.com/view/?id=NISX20230526_0002317992&cID=10401&pID=10400
뉴시스 2023.05.27.

고용부의 〈2022년 고용형태별 근로실태조사〉에 따르면 임금 5분위 배율은 4.45배였다. 상위 20%의 월 평균 임금은 하위 20%보다 4.45배 많다는 의미다. 기업분석연구소 리더스인덱스의 조사 결과에 따르면 최고 연봉과 평균 연봉의 차이가 가장 큰 기업은 그 차이가 무려 189.7배였다. 통계청이 발표한 '2023년 1분기 가계동향조사' 결과에 따르면 1분위 가구가 올해 1분기 벌어들인 월평균 소득은 107만 원인데, 5분위 가구의 월평균 소득은 1148만 원이었다. 국민 소득 분배 상태를 나타내는 대표적인 지표 중 하나인 '균등화 처분가능소득 5분위 배율'은 6.45배였다. 5분위 가구의 처분가능소득이 1분위보다 6.45배 많다는 의미다.

자료 2

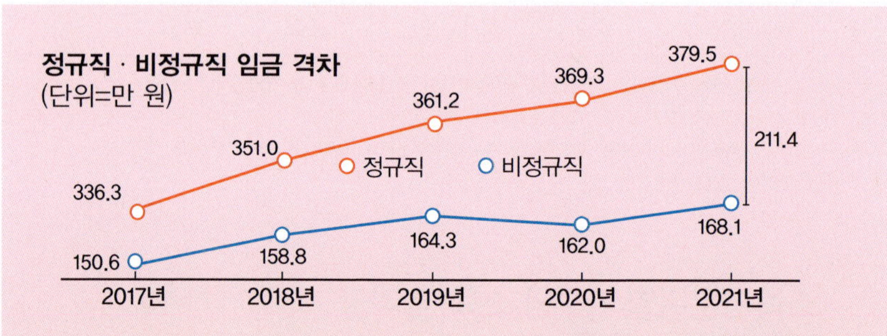

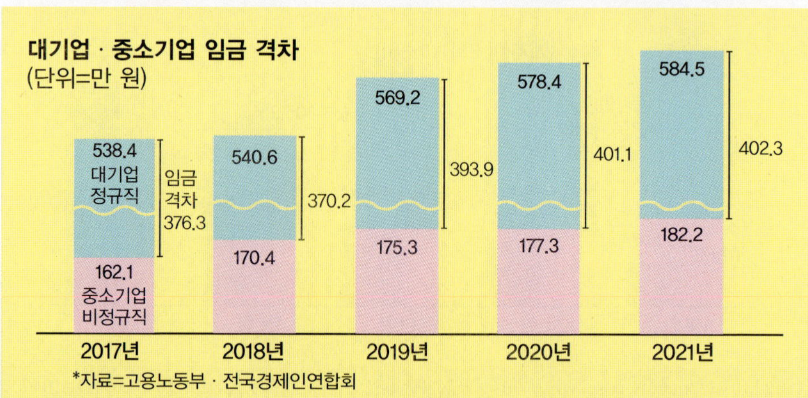

*출처: https://v.daum.net/v/7DegX8lfwY 매일경제 2023.02.20.

전국경제인연합회가 고용노동부의 고용형태별 근로실태조사 자료를 분석한 결과 2021년 기준으로 정규직의 월평균 임금은 379만 원으로 비정규직의 168만 원보다 211만 원이 높았다. 대기업 정규직의 월 평균 임금은 538만 원으로 중소기업 비정규직의 162만 원보다 376만 원이 높았다. 한편 정규직 전환을 앞둔 서울교통공사 소속 무기계약직들은 정규직 직원들로부터 '무임승차 무기업무직들은 xx야 된다', '평양교통공사로 꺼지라' 등 원색적 비난과 인신공격에 시달린 끝에 급기야 인권위원회에 긴급구제를 신청했다. 서울시가 약속한 정규직 전환 정책이 구체적 계획 없이 표류하면서 지난달 무기계약직 한 명이 목숨을 끊는 등 극단적인 노노갈등을 야기했기 때문이다.

(*출처: https://www.nocutnews.co.kr/news/4888827, CBS노컷뉴스 2017.12.07.)

자료 3

한국 사회에서 학력은 소득에 영향을 미치는 결정적인 요소다. 고졸자는 대졸자보다 63%의 임금을 받고 있다. 그런데 학력은 부모소득에 따라 대물림되고 있다. 서울대, 고려대, 연세대와 같은 명문대학 학생 50%의 부모 소득이 소득 최상위층인 5분위에 속한다.

SKY 학생 부모 소득

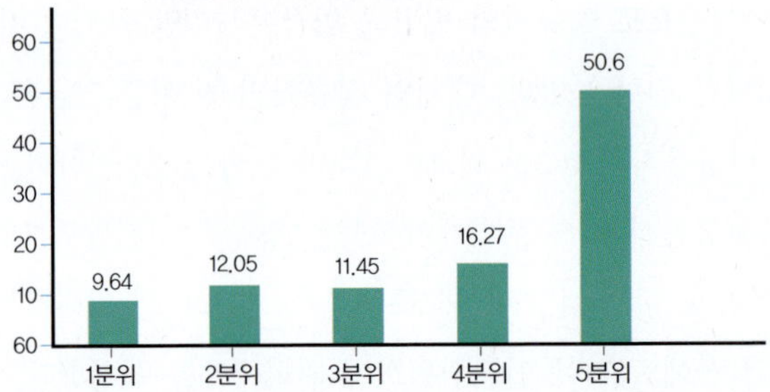

주) 재학 중인 학교가 '서울대', '고려대', '연세대'인 학생 166명의 부모 소득 분포

학력별 소득 비교

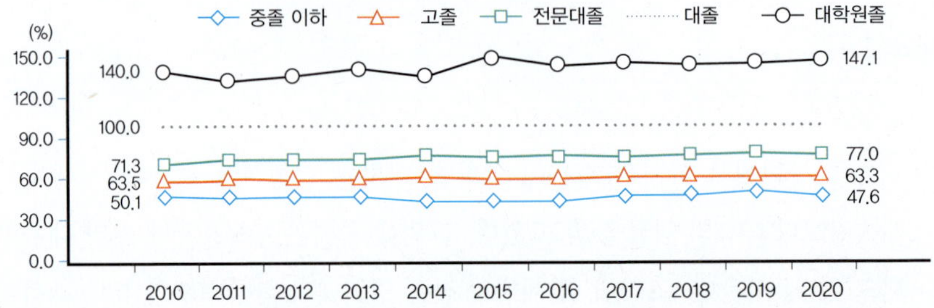

*출처: https://www.yna.co.kr/view/AKR20230202129700002 (위) 연합뉴스 2023.02.02

https://www.donga.com/news/article/all/20220324/112511163/1 (아래) 동아일보 2022.03.24.

마이클 샌델은 『공정하다는 착각』이라는 책에서 대학입학 추첨제를 제안한다. 대학입학 추첨제에는 모든 지원자를 대상으로 추첨하는 유형, 자격을 갖춘 지원자를 대상으로 추첨하는 유형, 일정한 비율의 우수한 학생을 우선 선발한 뒤 나머지를 추첨하는 유형 등 다양한 유형이 있다.

참고자료(총 5종)

- 마이클 샌델, 『공정하다는 착각』, 와이즈베리, 2020
- 김범수, 『한국 사회에서 공정이란 무엇인가』, 아카넷, 2022
- 박권일, 『한국의 능력주의』, 이데아, 2021
- [소설] 마이클 영, 『능력주의』, 이매진, 2020
- [영화] 부지영 감독, 『카트』, 2014

* 참고자료(총 5종)는 반드시 다 읽을 필요는 없으나, 입론문 작성 시 참고할 수 있습니다.
(지정된 책 외에도 다른 자료나 사례를 다양하게 가져와 입론문에서 활용할 수 있습니다.)

* 예선과 본선에 관한 상세한 사항은 홈페이지 참조 바랍니다.

부록:
논쟁 문제에 대한 찬반 토론 자료

1. 생태계 교란 생물종 지정 논쟁
2. 동물 안락사 논쟁
3. 의료 조력 사망(MAiD) 합법화 논쟁
4. 인간 유전자 편집 기술을 둘러싼 논쟁
5. 허위조작정보 및 가짜 뉴스에 대한 법적 규제 논쟁
6. MTF 트랜스젠더의 여성 스포츠 대회 참여 논쟁
7. 성매매 합법화 논쟁
8. 초저출생 문제의 해법: 물질적 지원의 우선성 논쟁
9. 동성결혼에 관한 윤리적 논쟁
10. 인공지능에 관한 윤리적 논쟁

1. 생태계 교란 생물종 지정 논쟁[1)]

생태계 교란 생물 지정 시기[2)]

'생태계 교란 생물'이란, ① 외래생물 중 생태계의 균형을 교란하거나 교란할 우려가 있는 생물, ② 외래생물에 해당하지 아니하는 생물 중 특정 지역에서 생태계의 균형을 교란하거나 교란할 우려가 있는 생물, ③ 유전자의 변형을 통하여 생산된 유전자변형 생물체 중 생태계의 균형을 교란하거나 교란할 우려가 있는 생물 중 어느 하나에 해당하는 생물을 의미한다. 이러한 생태계 교란 생물은 위해성 평가 결과 생태계 등에 미치는 위해가 큰 경우, 환경부장관이 지정 · 고시하게 된다. 현재 생태계 교란 생물로 지정된 대표적인 동식물로는 뉴트리아, 황소개구리, 파랑볼우럭, 큰입배스, 가시박 등이 있다. 생태계 교란 생물로 지정되면 수입과 인위적인 자연 생태계로의 방출이 금지되며, 환경부에서는 이 생물들에 대한 정밀 모니터링을 통하여 개체 수 조절과 관리를 위한 퇴치 활동을 실시하게 된다.[3)]

일부 생태계 교란 생물에 대해서는 퇴치 활동에 참여하는 경우 포상금을 제공하기도 한다. 일각에서는 이와 같은 특정 생물종에 대한 차별적인 대우가 가져올 사회적 부작용에 대해 우려하는 의견이 제기되기도 하였다. 이로 인해 생태계 교란 생물종을 지정, 고시하여 인위적으로 관리하도록 하는 제도가 적절한지에 대한 논쟁이 계속되고 있다.

찬성① 생태계 교란 생물종 문제에 개입하지 않으면 생태계의 균형이 깨질 수 있다.

생태계의 균형과 안정성을 유지하기 위해서는 생태계 교란 생물종에게 적극적으로 개입하여 그 개체수를 조절하기 위해 노력해야 한다. 생태계 교란 생물종은 대부분 번식력이 매우 강하거나 천적이 없어 개체수 조절이 어려운 경우가 대부분이다. 이 경우 상위 포식자가 생태계 교란 생물종으로 대체되거나, 생태계 교란 생물종의 먹잇감이 되는 생물종이 멸종 위기에 처하는 등 생태계 전체의 균형이 깨지게 되는 결과가 초래된다. 이처럼 생태계 교란 생물종의 확산에 개입하지 않을 경우 생태계 균형의 소실은 복구하기가 쉽지 않으며, 생물종의 다양성이 저해된다. 생명 공동체의 온전성, 안정성, 아름다움을 보전하는 것이 옳고 그렇지 않다면 그르다는 관점에서 본다면, 생태계 교란 생물종은 전체 생태계의 균형과 안정성을 해치는 악으로 볼 수 있다.[4] 따라서 생태계 교란 생물종의 과도한 증식을 억제하여, 생물종의 다양성을 보장하고 생태계의 건강과 균형을 지킬 수 있도록 하는 것이 적절할 것이다.

유엔 산하 '생물다양성과 생태계 서비스에 관한 정부 간 과학정책 플랫폼(IP-BES)'에서는 49개국에서 4년간 진행한 조사 결과를 바탕으로 실태 보고서를 발표하였다. 보고서의 공동 저자인 아니발 파우차드 교수는 "동식물 멸종의 60%에서 주요 요인은 외래종의 유입이며, 최소 218종의 외래종이 1,200여 생물종의 멸종을 불렀다."라고 언급하였다.[5] 인류에 의해 서식지를 옮긴 외래종이 대부분을 차지하는 생태계 교란 생물종이 새로운 환경에 적응하면서, 기존 서식지에 살고 있었던 토종 생물종의 멸종을 야기한 경우가 상당하다는 것이다. 우리나라에서도 황소개구리의 유입으로 위기에 처했던 토종 참개구리 등의 생물종이 겪었던 멸종의 위기 상황을 고려해보았을 때, 생태계의 균형과 생물종 다양성의 유지를 위해 생태계 교란 생물종의 확산을 억제할 필요가 있다.

찬성② 인간이 자연에 대한 윤리적 책임을 져야 한다.

인간은 미래를 예측하고 해결방안을 모색할 수 있는 지적 능력을 타고났으며, 자신의 지성을 활용하여 마주한 환경 문제를 극복하기 위해 적극적으로 노력해야 할 필요가 있다. 인간에게는 그렇게 할 수 있는 능력이 주어져 있으므로, 생태계의 보호와 유지를 위해 책임을 져야 한다는 것이다. 이러한 관점에서 보았을 때 생태계 교란 생물종의 문제를 방치하는 것은 자연에 대한 무관심함으로 간주되어 비윤리적인 태도로 평가될 수 있다.

특히 대다수의 생태계 교란 생물종 문제는 인간에 의해 야기된 경우가 많으므로 인간이 책임을 지는 것이 마땅하다. 우리나라에서 낙동강을 중심으로 생태계에 큰 피해를 주고 있는 뉴트리아의 경우, 남아메리카에서부터 1987년 국내에 육용 · 모피용으로 처음 들어오게 되었다. 이후 충분한 수요가 없자, 뉴트리아 생산 농가들이 사육을 포기하면서 자연에 뉴트리아를 방출하게 되어 지금과 같은 뉴트리아에 의한 생태계 교란 문제가 나타나게 되었다.[6] 이러한 현상에서 확인할 수 있듯, 인간이 외래종을 들여오는 과정에서 인간의 필요만을 중심으로 이를 고려했으며 그 활용 가능성을 충분히 꼼꼼하게 살피지 못하였다는 데에서 인간의 책임을 발견할 수 있다. 이와 같은 점을 고려해 보았을 때 생태계 교란 생물종이 야기한 문제는 인간에게 이를 해결할 윤리적 책임이 있다는 결론으로 귀결될 수 있다.

뉴트리아 모피의 우수성을 선전하는 1990년대 초반 신문 광고[7]

찬성③ 생태계 교란 생물종으로 인해 고통을 겪는 다른 생물종의 복지를 보장할 수 있다.

생태계 교란 생물종은 다른 생물들과의 경쟁에서 완전한 우위를 점하여, 생태계 내에서 서식지와 식량을 장악하는 방식으로 다른 생물종의 생존에 심각한 위협을 주게 된다. 생태계 교란 생물종으로 인해 고통을 겪는 다른 생물종들의 복지를 고려했을 때, 해당 생물종의 멸종이 초래될 정도로 복지가 심각한 수준으로 저해된다는 것이다. 따라서 생태계 교란 생물종에 대한 개입은 지나치게 침해되고 있는 다른 생물의 복지를 보호하는 차원에서 필요하다.

예를 들어 가시박의 경우 여름철에는 하룻밤에 30cm씩 자랄 정도로 성장 속도가 빠르고 번식력이 강하며, 개체가 빽빽하게 자라는 밀생(密生)형이어서 다른 생명체에게 피해를 주곤 한다. 8월쯤에는 아무리 키가 큰 나무라도 끝까지 타고 올라가 잎과 가지를 완전히 뒤덮어 광합성을 방해하며 나무 고사를 일으킨다.[8] 가시박의 확산을 막지 않으면 가시박의 줄기로 인해 햇볕이 들지 못하게 되어 황무지처럼 변해가게 된다는 것이다. 여주시의 한 농촌 마을에서는 논 안쪽으로 가시박 덩굴이 뻗어 나가며 벼 생육에도 지장을 주고 있다. 이에 국립생태원 외래생물연구팀장은 그 위험성을 경고하며 가시박의 밀도를 낮추어 주는 것이 반드시 필요하다고 언급한 바 있다.[9] 이처럼 생태계 교란 생물종의 위험성을 빠르게 진단하고 조기에 개입함으로써, 여타 생물종의 복지를 보장하여야 한다.

가시박이 나무들을 뒤덮은 모습[10], © 연합뉴스

반대① 생태계의 자정 능력에 따라 자연스럽게 균형을 찾을 수 있도록 내버려두어야 한다.

생태계는 생명체들 간의 상호 연결을 통해 자연스럽게 균형을 찾아가므로, 생명공동체의 한 구성원에 불과한 인간이 인위적으로 생태계의 균형에 개입하는 것은 적절하지 못하다는 견해도 있다. 생태계의 자정능력(assimilative capacity)이란 생태계의 환경에 위해나 변화가 발생할 때 물리적, 화학적, 생물학적 작용을 통해 그 변화에 적응하고 균형을 유지할 수 있는 능력을 의미한다.[11] 이처럼 생태계는 스스로 그 균형을 회복할 수 있으므로, 인위적인 개입을 통해 생태계 교란 생물종의 개체수를 관리하는 것은 바람직하지 못하며, 또 다른 불균형을 야기할 수 있는 위험성을 가지고 있다. 일부 전문가들은 생태계 교란을 일으키는 생물종을 제거하게 되었을 때, 포식자의 갑작스러운 감소가 예상치 못한 변화를 일으킬 수 있어 위험할 수 있다는 의견을 제시하기도 하였다.[12] 최근 천연기념물 제330호이자 1급 멸종위기종에 해당하는 수달의 개체수가 늘어나고 있으며, 대구나 서울 등 도심의 하천에서도 자주 발견되고 있다는 것이

보고되고 있다. 이에 수달의 개체수, 먹이, 활동 시간 등을 새롭게 조사한 결과 황소개구리나 배스, 미국가재와 같은 생태계 교란 생물종을 새롭게 먹이로 삼고 있다는 것이 확인되었다.[13] 이외에도 최근 황소개구리와 뉴트리아로 인한 생태계 교란 문제가 완화되어가고 있는데, 황소개구리는 왜가리와 오리 등 조류들의 먹잇감이 되었으며, 삵도 뉴트리아를 발견하면 사냥에 나서는 것이 확인되어 이러한 현상을 설명하고 있다.[14] 이처럼 생태계 교란 생물종으로 지정된 생물도 점차 다른 종들과 상호작용하게 되며 결국 생태계의 다양성과 안정성을 유지하는 데 도움을 줄 수 있으므로, 인간이 생태계에 인위적으로 개입하는 것은 바람직하지 못하다.

미국가재를 섭식하는 수달[15]

반대② 생태계 교란 생물종에 대한 관리 및 포획은 인간 정서에 부정적인 영향을 미친다.

생태계 교란 생물종의 개체수 제한을 위한 포획 장려 정책은 생명의 존엄성을 경시하는 풍조를 조성하는 것과 같이 인간 정서에 부정적인 영향을 미칠 수 있다는 위험성을 내포한다. 우리나라 정부에서는 생태계 교란 생물종의 개체수 관리를 보다 용이하게 하고자 일부 생물종에 대한 수매제를 시행한 바 있다. 시민이 생태계를 교란하는 생물종을 포획해오면 그 대가로 보상금을 지급하는 것이다. 실제로 2017년 기준 큰입배스는 1kg당 5,000원, 붉은귀거북 한 마리당 5,000원, 뉴트리아 한 마리당 20,000원 등으로 그 금액이 책정된 바 있다.[16)]

이와 같은 정책을 시행하게 되면 생태계 교란 생물종의 생명의 가치를 경시하게 되거나 이들을 학대하는 것이 용인된다고 착각하게 되는 등, 국민 정서에 부정적인 영향을 미칠 수 있다는 우려가 제기되어 왔다. 유튜브 영상에서도 생태계 교란 생물종을 포획하여 그들의 생명을 경시하는 태도를 보여주는 모습을 어렵지 않게 찾아볼 수 있다. 칸트가 "동물에게 잔인한 사람은 인간을 대우할 때에도 마찬가지로 거칠어질 수 있으므로, 인간은 동물에게 친절하게 대해야 한다."라고 언급하였듯,[17)] 이러한 현상은 생명경시풍조로 이어질 수 있으며 폭력성을 양산할 수 있다는 문제점을 내포하고 있다. 따라서 특정 생물종이 생태계를 교란한다는 이유로 그들을 포획하고 개체수를 조절하는 것을 법적으로 허용 · 장려하는 것은 적절하지 않다.

생태계 교란 생물 먹방 영상으로 유명해진 모 유튜버의 모습[18)]

반대③ 모든 생명은 외재적 가치와 관계없이 동등하게 존중받아야 한다.

모든 생명은 그 자체로 내재적인 가치를 지니며, 존중받아야 한다. 이러한 관점에서 보았을 때, 생태계를 교란한다는 이유 때문에 그 외재적 가치가 적다고 해서 특정 생물종의 개체수를 인위적으로 조절하는 것은 적절하지 못하다. 슈바이처는 "선이란 생명을 유지하는 것이며, 악은 생명을 파괴하는 것이다."라고 언급하면서, "모든 생명체는 살고자 하는 의지를 지니고 있으므로 그 자체로 신성하며, 이러한 생명에 대해 외경심을 가져야 한다."라고 보았다.[19] 이러한 관점에서 본다면 생태계 교란 생물종 역시 살고자 하는 의지를 가지고 새로운 환경에 적응하여 자신의 생명을 보존한 신성한 생명에 해당하므로, 함부로 그 생명을 빼앗아서는 안 된다.

외래종 하늘소인 가칭 노랑알락하늘소(Anoplophora horsfieldii)는 날씨가 따뜻한 인도, 라오스 등에 서식하는 아열대성 종이며, 우리나라의 겨울을 나기 어려운 것으로 알려져 있다. 그러나 제주도 내에서 발견되고 있는 노랑알락하늘소는 추운 겨울에 나무 속에 애벌레 상태로 있다가, 따뜻한 여름에 우화하는 방식으로 제주지역에 적응하며 토착화하려는 노력을 보이고 있다. 살고자 하는 의지를 바탕으로 새로운 환경에 적응하여 살아남기 위해 노력하고 있다는 것이다. 이때 노랑알락하늘소가 일부 팽나무에 피해를 입힌다고 하여 노랑알락하늘소의 생명을 보존하기 어렵게 만들어야 한다는 것은 생명체의 살고자 하는 의지를 무시하는 태도로 간주될 수 있다. 이러한 관점에서 볼 때 모든 생명은 그 자체로 동등하게 존중받아야 하며, 생태계 교란 생물종을 지정하고 관리하고자 하는 것은 바람직하지 못한 정책이라 할 수 있다.

찬성 논거	반대 논거
① 생태계 교란 생물종 문제에 개입하지 않으면 생태계의 균형이 깨질 수 있다. ② 인간이 자연에 대한 윤리적 책임을 져야 한다. ③ 생태계 교란 생물종으로 인해 고통을 겪는 다른 생물종의 복지를 보장할 수 있다.	① 생태계의 자정 능력에 따라 자연스럽게 균형을 찾을 수 있도록 내버려두어야 한다. ② 생태계 교란 생물종에 대한 관리 및 포획은 인간 정서에 부정적인 영향을 미친다. ③ 모든 생명은 외재적 가치와 관계없이 동등하게 존중받아야 한다.

2. 동물 안락사 논쟁[20)]

'동물 안락사'란 회복 불가능한 상태로 지속적인 고통을 받는 동물에 대하여 통증과 고통을 최소화하는 방식으로 동물의 생명을 종식시키는 것을 말한다.[21)] 누군가는 고통은 삶의 일부이기 때문에 고통을 없애려는 목적으로 삶을 종결하는 것, 즉 안락사가 부자연스럽다고 생각할 수 있다. 한편, 반대의 입장을 가진 사람들은 고통을 줄이기 위해서 인도적인 죽음이 가능하다고 보기도 한다. 이렇듯 안락사에 대한 의견은 논의할만한 요소가 있으며 이는 동물 안락사 또한 마찬가지이다. 하지만 동물 안락사는 인간 안락사와는 달리, 안락사당하는 대상의 진의를 확인할 수 없다는 점에서 인간의 편의를 우선적으로 고려하는 경우가 많다. 이에 대해 삶의 가치를 단순히 이익으로만 판단하기에는 우리가 살아보지 않은 동물들의 수많은 삶의 경험을 간과하게 된다는 한계가 발생한다. 다음은 동물 안락사에 대한 주요 찬반 논거들에 해당한다.

찬성① 고통받는 동물의 고통을 없애준다.

동물 안락사는 고통을 겪고 있는 동물들이 더 이상 고통을 받지 않을 수 있도록 그들을 인도적으로 대우해주는 행위이다. 만약 동물이 더 이상 치료받을 수 없는 상태라면, 안락사는 인간이 동물에게 줄 수 있는 마지막 자비가 될 수 있다. 특히 만성적인 질병, 중대한 상해, 또는 불치성 질병으로 인한 고통은 종종 동물에게 극심한 스트레스를 주며 동물의 삶의 질을 현저하게 떨어뜨릴 수 있다. 안락사는 이러한 고통을 종결시켜 동물이 편안하게 쉴 수 있도록 한다. 이러한 측면에서 볼 때, 안락사는 고통받는 동물에 대한 인도적인 처사라고 볼 수 있으며, 동물 안락사는 동물을 마지막으로 존중하는 방법 중 하나에 해당하는 것이다. 마치 우리가 가족을 인도적으로 돌보고 존중하는 것처럼, 안락사는 동물에게 마지막으로 존중과 사랑을 표현하는 방법이자, 동물이 생명으로서의 존엄성을 유지할 수 있도록 돕는 방법이라고 볼 수 있다.

덧붙여, 아픈 동물의 치료비용이 부담되거나 심지어 동물이 아프지 않더라도, 동물을 기르는 비용이 부담되어서 동물을 유기하는 사례가 많다고 알려져 있다.[22] 만약 동물이 유기된다면 길에서 사고 등으로 인하여 다칠 수 있고 다른 동물한테 공격을 당할 수도 있으며 동물이 아픈 상태로 유기된 경우에는 질병이 더 심각해질 수 있다. 하지만, 안락사는 이러한 상황들을 예방할 수 있다. 동물의 안락사가 진행될 때는 동물이 편안하고 안정되어 있는지 확인한 뒤 안락사용 용액을 투여한다. 그뿐만 아니라 안락사 과정 자체는 보통 빠르고 무통으로 이뤄진다. 이로 미루어보아 비용 때문에 버려져서 다치고 병들고 더 힘든 삶을 사는 것보다 안락사를 통해 고통이 끝나는 것이 동물의 입장에서 나을 수 있다.

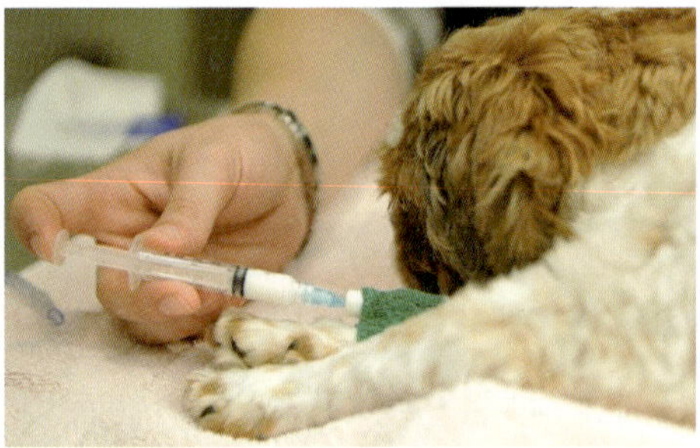

안락사되는 개[23]

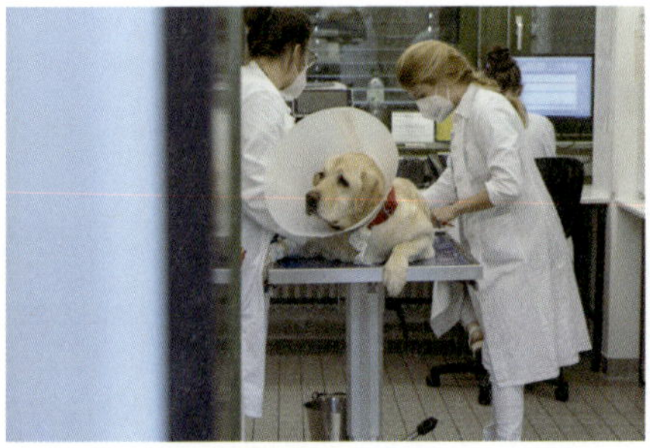

치료받는 개[24]

찬성② 사회적 입장에서 볼 때 치료할 수 없는 동물들에 대한 적절한 대처이다.

치료할 수 없는 동물들을 관리해야 하는 지방자치단체 보호소와 시 예산 운영 측면에서 볼 때, 안락사는 효율적이고 적절한 대처일 수 있다. 만약 치료할 수 없는 상태의 동물이 보호소에 입소하여 처리할 수 없는 상태일 때, 해당 동물을 안락사한다면 사회의 입장에서 여러 장점이 있다.

첫째, 과잉 번식을 제어하여 보호소와 수의사들에게 부담을 덜어준다. 버려진 동물의 수가 늘어나고 안락사 등의 방법으로 미리 관리되지 않는다면, 유기되는 동물의 수는 늘어날 것이다. 유기되는 동물의 수가 늘어나게 되면 결국 보호소에서 관리해야 하는 동물 수의 증가로 이어진다. 그뿐만 아니라 안락사를 진행하는 것은 비용이 드는 일인데, 시의적절한 안락사를 통해 미리 인간이 개입하지 않는다면 결과적으로 안락사 비율이 높아지고 관리 및 처리 비용이 늘어난다. 즉, 안락사가 적절한 시기에 이루어지지 않으면 늘어난 개체수를 보호해야 하거나 안락사를 진행하기 위해 추가 비용이 들게 된다.

둘째, 유전 질환을 예방할 수 있다. 동물의 번식을 자연에 맡긴다면, 유전적인 질병이나 이상을 전파할 수 있고 유전 질환이 확산할 수 있다. 건강하지 않은 어미에게서 나온 새끼들은 유전 질환의 위험을 높일 수 있으며, 이는 동물의 편안한 생활과 복지에 영향을 줄 수 있다. 동물 안락사는 이러한 위험을 최소화하고 건강한 유전자 풀을 유지하는 데 도움이 될 수 있다.

셋째, 자원을 보존하여 낭비를 예방할 수 있다. 불필요한 동물의 번식은 음식, 물, 공간 등의 자원을 낭비하며, 이는 지속 가능한 생태계를 위협할 수 있다. 동물 안락사는 자원의 효율적인 사용을 돕고 지속 가능한 환경을 유지하는 데 기여할 수 있다.

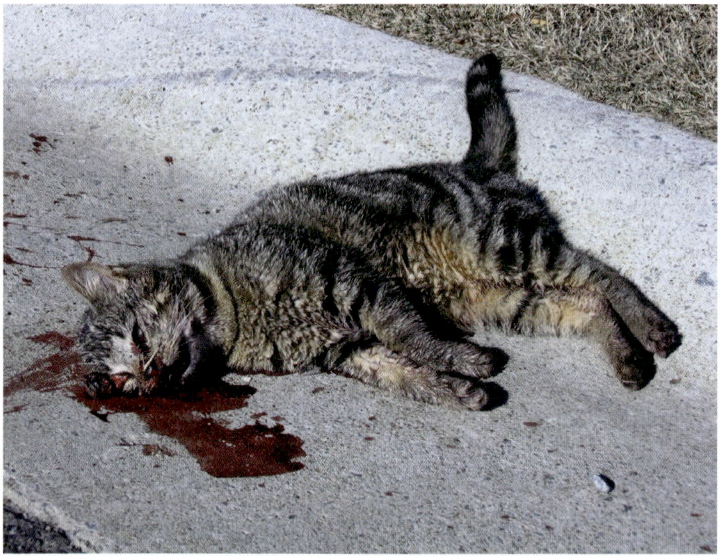

길에서 서식하다가 사고를 당한 고양이[25)]

찬성③ 소유자의 감정적 부담을 완화해 준다.

동물 안락사는 동물의 소유자에게도 종종 감정적인 안정을 가져다줄 수 있다. 동물을 키우거나 보호하는 사람으로서 자신이 소유하는 동물의 고통을 지켜보는 것은 매우 힘든 일이다. 안락사는 종종 이러한 상황에서 동물의 소유자에게 마음의 부담을 덜어준다. 구체적으로는 첫째, 소유자에게 용서와 편안함을 줄 수 있다. 안락사는 종종 동물의 고통을 종결시키고 안락한 마지막 순간을 제공한다. 이는 소유자가 동물에게 용서를 구하고, 동물이 편안한 상태에서 소유자와 이별할 수 있게 해준다. 이러한 과정을 통해 안락사는 소유자가 동물과 마지막으로 나눈 순간을 긍정적으로 기억할 수 있도록 도와준다. 둘째, 복잡한 결정을 종결시키고 자신의 결정에 확신을 제공한다. 동물 안락사는 종종 소유자에게 어려운 결정을 내리게 만든다. 하지만 안락사 후에는 소유자가 그 결정이 올바르다고 느낄 수 있으며, 동물이 고통에서 해방되어 더 나은 상태로 떠났다는 사실에 안도감을 느낄 수 있다. 셋째, 소유자에게 안도감을 제공한다. 동물이 더 이상 고통을 겪지 않게 되면, 이는 소유자에게 안도감과 안정감을 줄 수 있다. 소유자는 동물이 편안하게 휴식을 취하고 평화롭게 떠날 수 있도록 도와준 것에 대해 안도감을 느낄 수 있다.

반대① 고통 없는 죽음이나 고통과 무관한 다른 이유에서 존엄한 생명을 종결시키는 것은 정당화될 수 없다.

'참을 수 없는 고통으로부터의 해방'이 '죽음'을 정당화할 수 있는지에 대해 심층 논의가 필요하다.[26] 고통받는 존재의 삶을 종결시켜줌으로써 고통을 제거한다는 사실이 죽음을 정당화한다고 보는 것은 결과주의적 관점으로만 생명을 판단하는 한계가 있기 때문이다. 지나친 결과주의는 결과에만 초점을 맞추기 때문에 결과에 도달하는 과정이나 방법을 간과할 수 있다. 안락사란 한 생명을 종결시키는 큰 사건이며 단순히 고통이 끝난다는 이유로 죽음이라는 결과를 정당화할 수 있는지에 대한 정당성은 재고해볼 필요가 있다.

그뿐만 아니라 흔히 알려진 바와는 달리, 안락사가 고통 없는 죽음을 제공하지 않을 수도 있다. 예를 들어, 실험동물 안락사 기준을 살펴보면 실험동물의 안락사를 결정하는 데 있어 꼭 동물의 고통만을 고려하지는 않는다. 한 동물실험 지침에 따르면 실험동물은 본래의 이용 목적에 따라 실험이 중지 혹은 종료된 경우, 선발에 의해 실험에 사용되지 않는 경우, 노령으로 인해 번식군에서 퇴출되어 더 이상 번식에 사용할 수 없게 되어 계속적 사육으로 인한 경제적인 손실이 예측될 경우, 그리고 화재나 지진 등의 긴급사태가 발생한 경우에 한하여 안락사를 실시할 수 있다. 즉, 선발되지 않은 실험동물, 노령 동물 등과 같이 인간의 편의를 위하여 생명이 종결되는 경우까지 안락사의 대상에 포함된다.[27] 덧붙여, 일반 반려동물의 경우에도 아무 질병이 없어도 키우는 인간의 여건이 좋지 않거나 충분히 치료할 수 있음에도 질병 치료비를 감당하지 않기 위해 안락사가 진행되기도 한다. 이와 같이 안락사의 지침과 실태를 살펴보면 고통을 없애주려는 목적이 아닐 때도 안락사가 이루어진다는 문제점이 있다.

DAN OCAMPO / THE CALIFORNIAN

Two days' worth of euthanized animals sit in barrels in cold storage at the Kern County Animal Shelter on Mount Vernon Avenue. The animal shelter euthanizes about 25,000 animals every year.

2일간 한 보호소에서 안락사당한 동물들의 사체[28)]

반대② 치료에 대한 확실한 정보를 가질 수 없다.

치유 불가능한 병이라고 섣불리 판단할 가능성은 언제나 존재한다. 의사들이 질병의 치유 불가능 여부를 결정할 때, 그들이 내리는 결정은 경험에 의한 추정 이상의 것이 아니며, 얼마든지 오류가 있을 수 있다는 사실을 그들도 스스로 인정한다. 그뿐만 아니라 일단 환자의 생명을 연장시켜 놓으면, 새로운 치료법이 개발될 가능성 또한 배제할 수 없다.[29)] 이를 통해 볼 때, 생명을 끝내도 된다고 판단할 정도로 미래에 대한 확신을 갖기는 어려우며 한 생명체의 미래를 기대할 수 없다고 확언할 수 없다. 이러한 사실은 동물 안락사의 영역에도 충분히 적용될 수 있다. 그렇다면 안락사는 생명체가 갖게 될 미래가 단기적인지 장기적인지의 여부를 성급하게 결정하는 것으로도 볼 수 있다. 다시 말해 생명체의 기대수명에 성급하게 한계를 지음으로써 어쩌면 장기적일 수 있는 한 생명의 미래를 빼앗는 것이다.[30] 미래에 대한 추측은 예상일 뿐이기 때문에 안락사는 장기적으로 살 수도 있는 생명을 죽이는 것이다.

덧붙여, 고통에 대한 치료가 적절하지 않았을 가능성도 있다. 견딜 수 없을 정도의 괴로움도 과도한 약물 투여나 약물 부족으로 인해 발생한 것일 수 있다. 인간의 질병을 예시로 들자면, 암이 상당히 진행된 환자들을 대상으로 행해진 조사에서 장기간 진통제를 투여받은 환자들의 50% 이상이 플라시보로도 그러한 통증이 적절히 조절될 수 있었다.[31] 이로 미루어보아 동물을 치료할 수 없으니 안락사해야 한다는 주장은 치료에 대한 온전한 정보를 가지고 있지 않은 상황에서 선부르게 판단한 것이라고 볼 수 있다.

보호소에서 건강한 상태로 지내는 동물들[32]

반대③ 동물 안락사는 소유자, 즉 인간의 입장에서만 생각한 것이지 동물 입장에서 보자면 최선의 선택이 아닐 수 있다.

동물 안락사의 대상, 즉 당사자의 진의를 확인하는 일은 어렵다. 한 생명에 대해 제3자가 '살만한 가치가 없다' 또는 더 이상 '내재적 가치를 지니지 않는다'고 판단하기는 쉽지 않다.[33] 인간 안락사는 사전연명의료의향서나 녹음 · 증언 등을 통해 살아생전 당사자의 의사를 확인할 수 있다.[34] 하지만 동물 안락사의 경우 동물들의 안락사에 대한 의사를 어떠한 방식으로도 직접 확인할 수 없다. 이처럼 동물이 스스로 자신의 생명을 종결하고 싶은지 알 수 없기 때문에, 그와 관련된 인간이 대신 결정하고 시행하게 되며, 그 과정에서 인간이 안락사 여부를 결정 내릴 때 종종 동물의 상태를 고려하지 않게 된다.

이뿐만 아니라 동물은 인간에 비해 취약한 집단이기 때문에 특수성을 지니고 있다. 생명의료윤리에 있어 도덕적 지위를 둘러싼 관심 중 많은 것은 소위 '취약한 집단'에 대한 관심으로부터 나온 것이다. 생명 의료적 맥락에서 취약한 사람들은 질병, 쇠약함, 정신질환, 미성숙함, 인지 손상 등등 때문에 자신들의 이해를 보호할 수 없는 사람들이다.[35] 이러한 맥락에서 보자면 자신을 보호할 수 있는 능력이 없는 취약한 집단에는 사람뿐만 아니라 동물들도 포함될 수 있다. 이러한 취약한 집단에 대해 인간이 갖춰야 할 태도를 고려하면, 단순히 사회적 이익이나 인간의 이익으로 동물의 안락사를 판단하는 것은 바람직하지 않을 수 있다.

덧붙여, 점차 동물들도 고통, 스트레스, 쾌락 등을 느낀다는 것을 인간이 인식하기 시작하며 이를 보호하기 위한 노력이 이루어지고 있다. 이러한 동물윤리의 확장은 생명 중심적 가치관의 확대와 관련이 있다. 동물은 인간과 더불어 거주하며 인간의 윤리, 책임, 의무의 범위 안에 있는 존재이다. 이러한 존재들의 생명을 종결하는 단계와 그 전 과정에서 그들을 마치 물건처럼 대하며 비윤리적으로 대하는 상황들에 대해 비판적으로, 반성적으로 검토해볼 필요가 있다.

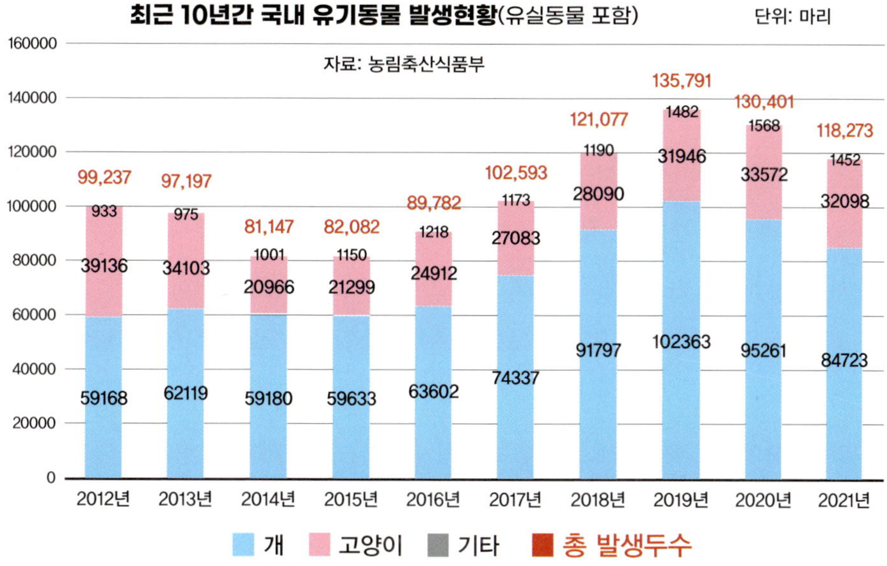

한 해 동안 보고된 유기동물의 수

찬성 논거	반대 논거
① 고통받는 동물의 고통을 없애준다. ② 사회적 입장에서 볼 때 치료할 수 없는 동물들에 대한 적절한 대처이다. ③ 소유자의 감정적 부담을 완화해 준다.	① 고통 없는 죽음이나 고통과 무관한 다른 이유에서 존엄한 생명을 종결시키는 것은 정당화될 수 없다. ② 치료에 대한 확실한 정보를 가질 수 없다. ③ 동물 안락사는 소유자, 즉 인간의 입장에서만 생각한 것이지 동물 입장에서 보자면 최선의 선택이 아닐 수 있다.

3. 의료 조력 사망(MAiD) 합법화 논쟁[36)]

'의료 조력 사망(Medical Aid in Dying; MAiD)'이란 말기 질환자인 만 18살 이상의 성인이 정상적인 의사결정 능력이 있는 상태에서 사망을 앞당길 의도로 주치의에게 약물 처방을 부탁하고 처방받은 약을 스스로 복용하여 삶을 종결하는 것으로 정의된다. 종래에는 '의사 조력 자살(Physician-Assisted Dying)', '임종을 위한 의료적 조력(Medical Aide in Dying)', '생명 종기의 선택(End of Life Choice)'이라고도 불렸다. 의료 조력 사망은 죽음에 이르는 결정적 행위를 환자가 직접 이행한다는 점에서, 의료인이 치명적인 약물을 투여하는 적극적 안락사 또는 인공 생명 유지 장치를 보류하거나 중단하는 소극적 안락사와 구분된다.[37)]

몇 년 사이 전 세계적으로 의료 조력 사망을 합법화하는 움직임이 늘고 있다. 2020년 뉴질랜드, 독일과 오스트리아는 조력 자살을 금지하는 법이 헌법재판소의 위헌 결정을 받으며 합법화 대열에 들어섰다. 이탈리아, 스페인, 포르투갈도 불치병 환자에 대한 조력사를 공식화했으며, 미국과 호주에서도 조력 사망을 허용하는 주가 늘어나는 추세이다. 조력 사망을 시행한 지 비교적 오래된 캐나다, 스위스, 네덜란드, 벨기에 등에선 치매, 우울증, 알코올중독 등의 정신질환까지도 대상에 포함하면서 논란이 일기도 했다. 조력 사망을 금지하고 있던 우리나라, 일본, 대만 등의 아시아 국가들에서는 스위스로 건너가 조력 사망을 시행하는 '죽음 관광(death-tourism)' 사례가 늘어나며 의료 조력 사망 논쟁은 더욱 뜨거워지는 중이다. 특히 우리나라에서는 연명의료결정법이 시행된 지 4년 만인 2023년 6월에 의료 조력 사망을 합법화하는 내용을 담은 연명의료결정법의 일부 개정안이 발의되면서 조력 사망에 대한 논란이 커진 바 있다.

찬성① 의료 조력 사망은 환자의 자기 결정권을 기반으로 존엄한 죽음을 가능하게 한다.

자기 결정권은 의사결정 능력이 있는 개인이 자신의 가치에 따라 자신의 생명에 대한 중대한 사항에 대하여 스스로 자유롭게 결정하고 그 결정에 따라 행동할 수 있는 권리를 말한다. 우리나라 헌법에는 자기 결정권이 직접적으로 명시되어 있지는 않지만, 보편적으로 인정되는 포괄적 기본권으로 이해되고 있다. 가령, 대한민국 헌법 제10조의 인간으로서의 존엄과 가치의 보장은 삶에 있어서의 존엄뿐만 아니라, 죽음에 있어서도 인간으로서의 존엄을 보장받고자 하는 취지이다. 그리고 이 보장은 환자가 인간다운 죽음을 맞이할 권리로서 인정된다. 그러므로 인간이 스스로 삶을 결정할 수 있는 권리를 자기 결정권이라고 본다면, 스스로 삶을 종결하는 행위 역시 자기 결정권에 의해 보장되어야 한다는 결론에 이르며, 이런 관점에서 보면 자기 결정권에 근거한 의료 조력 사망은 법적으로 허용되어야 한다.

대한민국 헌법 제10조[38]

오리건주 개정 법령: 오리건주 존엄사법[39]

미국 헌법도 개인이 자신을 위한 특정한 결정을 내릴 수 있도록 자율성을 허용하고 있으며, 존엄사법이 최초로 제정되었던 오리건주에서는 어느 정도 좋은 삶(good life)에 대해서 중립을 유지해야 한다는 입장을 취하고 있다. 예를 들면, 임박한 죽음에 직면한 누군가는 죽기를 희망하는 반면, 누군가는 생명을 유지하기를 원하는 것과 같은 생명과 죽음에 관한 서로 다른 태도에 대하여, 국가는 삶을 포기하는 사람에게 살아야 한다고 강요해서는 안 된다. 다시 말해, 삶과 죽음에 대한 다양한 관점을 선택하여 실행하는 것이 모든 사람에게 보장되어야 한다는 것이다. 이에 따라 환자가 치료의 시기와 방법뿐만 아니라 죽음의 시기와 방법을 결정할 수 있어야 한다고 본다.[40)]이처럼 미국 여러 주의 의료 조력 사망 법에는 '환자가 삶의 마지막 순간에 고통, 분개 및 수치심 대신 대리권과 자율권을 제공받기 위해'라는 문구가 명시되어 있다. 이는 환자들이 자신의 자유롭고 합리적인 판단에 근거하여 삶과 죽음을 둘러싼 하나의 선택지로서 의료 조력 사망을 결정할 수 있도록 해야 함을 강조하는 것이다.

찬성② 의료 조력 사망은 환자의 고통을 완화해야 한다는 의료의무를 실현한다(이중 결과의 원리).

의료진은 환자의 고통을 완화하고 건강을 증진하는 '질병 치료' 의무와 '생명 유지'의 의무를 지니고 있다. 의료 조력 사망의 경우, 의료진이 환자의 자살을 도와 사망에 이르게 함으로써 의사의 '생명 유지'라는 의료의무를 위반한 것이라 할 수도 있다. 그러나 의료 조력 사망은 더 이상 참을 수 없는 고통과 다른 어떤 치료도 소용없는 환자가 자발적으로 의료 서비스를 요청하는 특별한 상황에서 이뤄진다. 따라서 의료진은 직접 환자를 죽음에 이르게 하는 행위를 하는 것이 아니라, 단지 환자에게 그 수단만을 제공할 뿐이다. 의료진은 환자의 자발적 의지에 반하여, 더 이상 유지되기를 원하지 않는 생명에 대해 고통을 인내하도록 강요할 수는 없다. 이때 의료진이 환자의 죽음을 예견하고 의도했다고 할 수는 있다. 그러나 의료진은 환자의 요구에 협력하여 환자의 죽음을 예견하는 동안 환자를 죽이려는 의도를 지니고 있던 것이 아니라, 환자의 고통을 덜어주려는 의도를 지니고 있었다고 할 수 있다.

이는 생명 의료 윤리에서 사용하는 철학적 용어인 '이중 결과의 원리'로도 해석된다. 이중 결과의 원리란 의료진의 어떤 행위가 환자의 죽음을 가져올 수 있다는 것을 미리 알고 있지만, 그것이 단지 원하지 않은 부수적인 결과일 뿐 직접적으로 의도된 결과가 아니므로 허용될 수 있다는 원칙을 말한다.[41] 가령, 생명 연장 치료를 하지 않는 어떤 행동이 환자에게 추가적인 고통을 일으키지 않지만 동시에 환자의 삶을 단축시키는 결과를 가져오는 것이 이에 해당한다. 의료 조력 사망은 환자의 죽음을 의도했다기보다는 환자의 고통을 없애기 위하여 행해진 것이다. 참을 수 없는 고통을 경험하는 환자가 자발적으로 의료 조력 사망을 요구할 때 의료진이 그 요구를 거부하는 것이 오히려 환자를 포기하는 것이라 평가받을 수 있다.

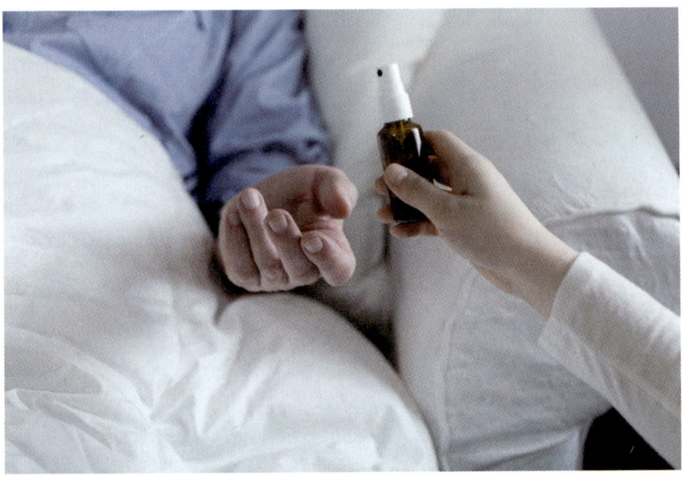

의사로부터 약을 건네받는 환자의 모습

찬성③ 의료 조력 사망의 법적 허용은 해당 관행의 오남용 및 불법 사례를 막는다.

의료 조력 사망을 법적으로 허용하게 되면 실제 행해지고 있는 불법적인 사례들을 막을 수 있다. 다시 말해, 의료 조력 사망이 허용되는 조건을 엄격히 하고, 제도적인 보호 장치를 철저히 함으로써 음성적으로 자행되어온 질 나쁜 관행들을 막을 수 있다.[42]

미국의 모든 의료 조력 사망은 미국 최초로 제정된 오리건주의 법(1994년)에 근거를 두고 있다. 이 법은 의료 조력 사망에 대한 엄격한 자격 요건과 데이터와 연구가 보여주는 여러 안전장치를 포함하고 있어, 의도한 대로 법이 작동할 수 있도록 하고, 환자를 보호하여 오용을 예방하는 것에 목적을 두고 있다. 가령, 말기 질환을 앓으면서 6개월 미만의 생존 기간을 가진 환자, 정신적으로 의사분별이 가능한 성인 환자, 약물을 스스로 투여할 수 있는 능력이 있는 환자 등의 자격 요건은 필수적으로 따진다. 더 나아가 각 주에서는 환자가 의료 조력 사망의 요청과 실제 시행 사이에 대기 기간을 충분히 둘 수 있게 하며, 그 사이 환자가 직접 두 명 이상의 의료진들에게 여러 번 죽음에 대한 요청을 할 경우에만 유효한 요청으로 승인하고 있다. 그뿐만 아니라 환자는 언제든지 처방받은 약물을 복용하기 전에 이 과정을 중단할 수도 있게 한다.[43] 이렇듯 미국은 의료 조력 사망을 양지화하여 더 사려 깊고 엄격하게 해당 관행을 규제하고 있으며, 다른 국가도 이와 비슷한 실정으로 운영되고 있다.

반대① 의료 조력 사망은 인간 생명의 존엄성을 훼손하여 생명 경시 풍조를 조장한다.

인간 생명은 다른 무엇보다도 우선되며 보호, 유지, 존중되어야 한다. 그것은 인간 존재의 근원적 가치이자 그 무엇과도 바꿀 수 없는 절대적 가치이기 때문이다. 따라서 견딜 수 없는 고통에 놓여 있고 아무리 합리적인 기준을 제시한다고 하더라도 자의적으로든, 타의적으로든 생명을 종결하는 것은 살인행위와 별반 다를 바 없다. 이에 따라 의료 조력 사망은 자살이나 살인의 한 형태라고 할 수 있다. 천하보다 귀한 생명을 필요에 따라 마음대로 다룰 권리가 인간에게는 없다. 비록 그 대상이 불치의 질병으로 극심한 고통 중에 있는 환자라 할지라도 그러한 사실은 변함이 없다. 그 이유는 사회적 가치가 있는 사람만이 살만한 가치가 있는 것도 아니고, 모든 사람이 인간으로서의 존엄과 가치가 있기 때문이다. 따라서 임의로 본인의 죽음을 결정하려는 것은 존엄한 인간 생명에 대한 도전이다.

같은 맥락에서 고의로 환자가 죽을 수 있도록 동조하는 의료진을 처벌하지 않는 것도 시민의 생명을 보호할 의무가 있는 정부가 생명에 대한 폭력을 조장하는 것이다. 이런 사회에서는 인간의 존엄한 생명을 안전하게 지킬 수 없다. 실제로 미국의학협회(American Medical Association)는 의료 조력 사망의 사례가 점점 늘어나고 있음을 근거로 죽음을 그 전보다 쉽게 생각하는 생명 경시 현상이 나타나고 있음을 지적하면서, 치료자로서의 의료진의 역할과 의료 조력 사망은 근본적으로 양립할 수 없고 통제하기도 어려우며, 자살을 조장하거나 심각한 사회적 위험을 제기한다는 이유로 공식적으로 의료 조력 사망에 반대한다.[44]

반대② 의료 조력 사망은 사회적 남용의 우려가 있다(미끄러운 경사길 논증).

의료 조력 사망의 시행은 사회적 취약계층에게 오남용될 수 있다. 이때 남용의 당사자는 미성년자, 노인, 소수 인종, 혹은 경제적으로 궁핍한 사람, 혼수상태나 식물인간 상태에 있는 사람, 알츠하이머와 같은 질병을 지닌 사람, 또는 의료보험제도의 혜택을 받지 못하는 사람들이 그 대상자가 될 수 있다. 즉, 의료 조력 사망이 허용된다면 살만한 가치가 없고 사회에 도움이 안 된다고 여겨지는 사람을 제거하는 수단으로 악용될 수 있다는 것이다. 극단적으로 말하면 그들에게 죽음을 강요하는 문화가 생겨날 수 있다.[45)]

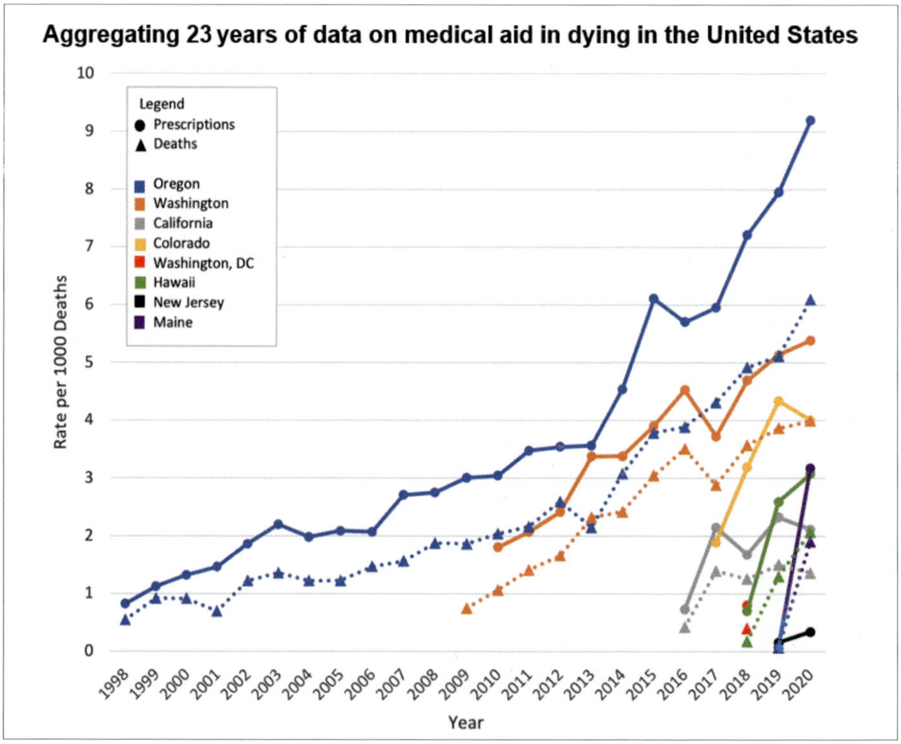

1998~2020년까지 미국 각 주에서 이뤄진 의료 조력에 대한 처방과 사망 건수[46)]

남용의 위험은 소위 말하는 '미끄러운 경사길 논증'으로도 설명될 수 있다. '미끄러운 경사길'이라는 철학적 용어는 명시적으로 요청하지 않은 환자의 의도적인 수명 종료 확대를 언급할 때 사용된다.[47)] '정상적 인간'과 '비정상적 인간', '죽임'과 '죽도록 방치함' 간의 구분은 아무리 많은 이들이 엄밀하게 따진다해도 누군가가 자의적으로 결정해버리는 경향이 있다. 어떤 종류의 인간을 어떤 여건에서 죽이는 것을 본 사람은, 그와 아주 다르지 않은 다른 사람들을 죽이는 것이 그릇되지 않다는 결론을 내리는 데까지 갈 수 있다. 만약 의료 조력 사망이 합법화되어 누군가가 그것을 수행할 경우, 정당하게 죽임을 당하는 사람과 그렇지 못한 사람들 사이의 명백한 구분선이 없다는 것은 실제로 위험을 가져온다. 샌디에이고 대학 법학 교수 예일 카미사르에 따르면, 의료 조력 사망을 합법화하는 것은 '미끄러운 경사길 논증'에 따라 신체적 장애를 가지고 있고 책임능력이 없으며 사회가 삶이 무가치하다고 판단하는 사람들의 비자발적인 안락사를 초래할 가능성이 있다. 의료 조력 사망에 대한 엄격한 기준을 마련한다고 하더라도 그것을 법의 테두리 안에서 적절하게 통제하는 것이 사실상 불가능할 것이라는 지적이다. 결론적으로 의료 조력 사망을 허용하면 자발적 안락사로, 나아가 비자발적인 안락사로 미끄러져 갈 것이라는 우려이다.

반대③ 의료 조력 사망은 환자의 회복 가능성을 차단하고, 고통을 덜어주고 삶의 질을 유지시키는 완화치료를 소홀하게 한다.

환자의 말기진단과 예후에는 불확실성이 있다. 의료진의 진단은 데이터상으로 옳을 확률이 높지만, 그렇다고 하여 항상 옳은 것은 아니다. 그런데 의료 조력 사망은 삶의 종결로 환자의 회복 가능성에 대한 일말의 여지를 완전하게 차단시킨다. 이렇듯 의료진들의 진단에 대한 불확실성은 환자의 조력 사망 요청이 진정한 자발적 의사가 아닐 수도 있다는 모호한 지점을 남기기도 한다.

무엇보다 사회적 논의가 아직 부족한 의료 조력 사망 또는 안락사보다는 고통을 덜어주고 삶의 질을 유지시키는 완화치료나 돌봄 및 의료복지 정책을 강화하는 것이 우선이다. 고통이 없고 편안한 죽음, 존엄한 죽음은 의료 조력 사망이라는 극단적이고 반생명적인 방법으로는 이루어질 수 없다. 다양한 통증

치료를 제공하고, 호스피스 간호를 통해 평화로운 죽음을 준비하도록 하고, 고통 가운데 있는 환자와 가족들에게 인격적이고 실제적인 도움을 주는 일이 우선되어야 한다. 특히 극도로 어려운 시기에 있는 환자와 가족들의 신체적, 심리적 필요를 채워줄 수 있는 다양한 방안이 마련되어야 한다. 의료 조력 사망을 원하는 환자와 가족들은 죽음을 원하는 것이 아니라, 죽음의 과정 중에도 희망을 보기를 원하며 그래서 도움을 원하는 것이기 때문이다.[48] 말기 질환자의 편안한 죽음은 의료 조력 사망이 아닌 호스피스에 의한 보호 치료를 통해서 이뤄질 수 있다. 따라서 가족과 의료진의 관심과 사랑 속에서 그들과 고통을 함께 나누며 죽음을 맞이할 수 있도록 배려하는 것에 초점을 맞추어 치료와 의료복지에 대한 논의가 발전되어야 할 것이다.

호스피스에 의한 보호 치료

찬성 논거	반대 논거
① 의료 조력 사망은 환자의 자기 결정권을 기반으로 존엄한 죽음을 가능하게 한다. ② 의료 조력 사망은 환자의 고통을 완화해야 한다는 의료의무를 실현한다(이중 결과의 원리). ③ 의료 조력 사망의 법적 허용은 해당 관행의 오남용 및 불법 사례를 막는다.	① 의료 조력 사망은 인간 생명의 존엄성을 훼손하여 생명 경시 풍조를 조장한다. ② 의료 조력 사망은 사회적 남용의 우려가 있다(미끄러운 경사길 논증). ③ 의료 조력 사망은 환자의 회복 가능성을 차단하고, 고통을 덜어주고 삶의 질을 유지시키는 완화치료를 소홀하게 한다.

4. 인간 유전자 편집 기술을 둘러싼 논쟁[49)]

"조기 탈모, 근시, 알코올 중독, 폭력 성향, 비만 등등 나쁜 인자들은 제거했습니다."

"질병을 원치는 않지만… 몇 가지는 남겨도 좋지 않을까요?"

"아이에게 최상의 조건을 줘야죠. 우리는 결함이 있지만, 아이한테까지 굳이 부담을 줄 필요는 없어요. 그래도 아이는 당신을 닮을 겁니다. 당신의 좋은 점만을 닮는다는 거죠. 천 번 자연 임신해도 이런 애 못 가져요."[50)]

영화 〈가타카〉의 한 대사이다. 이 영화는 인간의 유전자 편집 기술이 일반화된 미래를 그린다. 그 현실 속에서 유전자 편집을 받아 태어난 사람과 그렇게 태어나지 않은 사람의 삶을 모두 그려내며 인간의 유전자 편집의 명암을 보여준다. 그리고 '우월하다고 일컬어지는 유전자를 편집받아 태어난 삶이 행복한 삶일까?'라는 철학적 질문을 던진다. 이 영화의 소재인 인간의 유전자 편집 기술은 더 이상 SF 영화 속 상상이 아니다. 질병 치료 목적의 유전자 편집 기술을 이용한 인간배아 편집과 출산이 이루어지고 있기 때문이다.

『생명윤리 및 안전에 관한 법률』(이하 생명윤리법) 제2조 제16호에 따르면 유전자치료는 '질병의 예방 또는 치료를 목적으로 인체 내에서 유전적 변이를 일으키거나, 유전물질 또는 유전물질이 도입된 세포를 인체로 전달하는 일련의 행위'이다. 유전자 편집 기술은 인체 내에서 유전적 변이를 일으켜 유전형질을 변화시키는 기술이다. 대표적인 유전자 편집 기술에는 크리스퍼(CRISPR) 기술이 있다. 크리스퍼는 유전자 가위 기술로 원하는 DNA를 찾을 수 있게 정보를 담고 있는 부위와 DNA를 실제로 잘라내는 절단 효소로 구성된다. 이때 절단 효소로 '캐스9(CAS9)'을 쓰는 '크리스퍼-캐스9' 기술을 개발한 과학자들은 노벨

화학상을 받을 정도로 과학계에 획기적인 기술을 제공했다. 크리스퍼-캐스9의 가장 큰 장점은 DNA에서 원하는 특정 부위를 잘라낼 수 있다는 점인데 교정 성공률이 떨어진다는 한계가 있었다.[51)] 이렇게 유전자 편집 기술로 태어난 아기를 '크리스퍼 베이비'라고 부른다. 그러나 학술지 '네이처'와 '미국의학협회저널(JAMA)'은 크리스퍼 베이비가 생명 윤리를 심각하게 침해했다는 이유로 실제 이 기술을 사용한 의료진의 연구논문 게재를 거부했다. 그리고 그 의료진은 불법 의료 행위죄로 기소되어 징역 3년을 선고받았다.[52)] 그럼에도 불구하고 유전자 편집 기술은 지금까지 계속 연구 중이다. 크리스퍼는 3세대 유전자 가위 기술로 이것의 교정 정확도가 낮다는 한계를 극복한, 4세대 유전자 가위 기술인 '프라임에디팅(Prime Editing)'이 개발되었다.[53)]

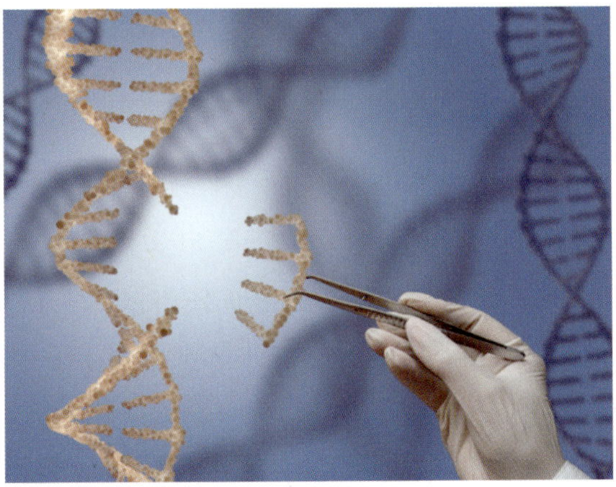

유전자 편집 기술에 관한 적극적인 연구와 개발이 이루어지고 실제 출산까지 이어진 가운데 전 세계 생명과학자들은 인간 유전자 편집 기술에 대한 다양한 입장을 제기한다. 생명의료기술의 진일보라는 주장과 이것이 원하는 성질의 인간을 만들어내는 맞춤형 출산으로까지 이어질 수 있다는 윤리적 문제의식도 존재한다. 무엇보다도 유전자 편집 기술 개발 및 사용의 범위, 책임 소재 등을 규정하는 법과 제도가 과학기술의 발전 속도를 따라가지 못해 '윤리적 공백'이 생긴 시점이다. 이러한 배경을 고려할 때 인간의 유전자 편집 기술은 윤리적 논쟁 주제로 적합할 것이다.

이 주제와 관련해서 크게 3가지 윤리적 쟁점을 선정하였다. 첫째는 기술의 직접적 결과로 '이 기술이 인간 삶에 어떤 영향을 미칠까?'라는 질문으로 정리된다. 둘째는 권리와 관련된 것으로 '이 기술로 누구의 권리가 보장되고 침해될 수 있을까?'라는 질문이다. 마지막 쟁점은 기술의 사회적 파급력으로 '이 기술의 사회적 결과는 무엇일까?'라는 것이다.

찬성① 이 기술은 유전병을 퇴치하여 다음 세대의 병을 예방하고 인간 삶의 질을 향상시킨다.

실제로 유전자 편집 기술을 통해 유전병을 물려받지 않고 건강한 삶을 시작한 아기의 사례가 있다. 2016년에 유전자 편집 기술을 사용하여 세 부모의 유전자를 결합한 아기가 태어났다. 기존에 생물학적으로 두 이성(異性)의 유전자가 결합하여 한 명의 아기가 태어난다는 상식을 깨고 친모, 친부, 난자 제공자의 3명의 유전자를 체외수정의 방식으로 결합한 것이다. 친모는 미토콘드리아 유전자 변이를 갖고 있었고 친모와 친부는 이미 두 자식을 리 증후군(Leigh syndrome)으로 떠나보내야 했다. 리 증후군은 뇌, 척수 등 중추신경계를 서서히 악화시키는 흔치 않은 유전성 신경대사장애로 미토콘드리아 유전자 변이를 물려받아 생기는 유전병이다. 미국의 '새희망출산센터' 의료진은 친모의 난핵만을 추출하여 난자 제공자의 난핵을 제거한, 정상적인 난자에 넣어 친부의 정자와 그것을 결합하였다. 유전자에서 외모나 성격 등 인간의 특징을 결정짓는 세포핵 DNA는 친모와 친부의 것을 사용하고, 세포의 활동에 필요한 에너지를 만드는 기능만을 하는 미토콘드리아 DNA만 제3자의 것을 사용한 것이다. 즉, 유전자 편집 기술로 태어난 아기라고 해서 제3자의 세포핵 정보가 들어가진 않았다.[54] 체내수정으로 태어난 아기는 유전적 질병으로 어린 나이에 죽었지만, 이 기술을 통해 태어난 아기는 유전병을 물려받지 않아 건강하게 태어날 수 있었다. 비슷한 사례로, 2018년 11월 중국에서도 AIDS(후천성면역결핍증)에 걸리지 않도록 유전자를 교정한 쌍둥이 아기가 태어났다. 쌍둥이의 친부가 HIV(인간면역결핍바이러스)를 보유하고 있어 아기들의 감염 위험을 없애기 위해 유전자를 편집한 배아를 이식한 것이다.[55] 요컨대, 유전병은 아기가 원해서 가진 것도 아니고 후천적 사고에 의해 가지게 된 것도 아니다. 따라서, 사전에 과학기술을 활용하여 유전병의 요인을 제거할 수 있다면, 이는 부모와 아기 모두의 행복을 증진하며 특히 아기의 삶의 질을 향상시킬 수 있다.

찬성② 이 기술은 부모의 자율적 선택권을 더욱 보장한다.

아기의 출생이 생물학적 이성(異性)의 생식 세포 유전자가 결합하며 시작된다는 것은 과학적 사실이다. 이는 이성의 자율적 동의와 선택 없이는 아기의 출생 자체가 성립할 수 없다는 것을 의미한다. 즉, 임신을 결정한 부부가 아기를 갖는 과정에 '유전자 편집 기술의 도움'을 받겠다고 하는 것은 그 부부의 자율적 선택권의 영역에 해당한다.

이는 불임 부부의 시험관 시술을 통한 체외 수정기술 사례와 크게 다르지 않다. 1978년에 최초의 시험관아기가 탄생했고, 체외수정 기술은 당시에는 큰 충격이었다. 생물학적 결합이 아닌 시험관에서 인위적으로 수정을 시도하는 방식에 대한 윤리적, 종교적 논쟁과 사람들의 거부감이 심했기 때문이다. 그러나 이 기술은 요즘의 저출생 시대에는 건강 보험의 대상이 되었고, 불임과 난임 부부의 자율적인 선택에 의해 '과학기술의 도움을 받는 임신'이 국가적 차원에서 권장되고 있다. 프랑스에서는 2021년 비혼여성과 레즈비언 커플의 체외수정을 허용하는 법안을 통과하며 이성 부부에게만 허용했던 인공수정과 시험관 시술을 확대 적용하였다. 임신을 결정한 법적 커플의 자율적 선택권을 보장한

것이다.[56)]

심지어 2023년에는 임신 전 시험관 배아의 유전자를 분석해 아기의 선천적 결함 등을 사전에 확인할 수 있는 기술이 나왔다. 미국의 생식 기술 스타트업 오키드(Orchid)가 개발한 이 검사는 임신이 시작되기 전 시행하는 것으로, 검사를 통해 배아의 선천적 결함, 신경 발달 장애, 염색체 이상, 소아암과 성인 발병 암과 같은 유전적 위험이 있는지 확인할 수 있다. 오키드는 '부모가 확인할 수 있는 정보의 양이 늘어났고, 그 정보를 어떻게 사용할지는 부모에게 달려있으며 전적으로 우연에 맡겨졌던 것이 부모의 통제권 아래 들어와 많은 부모들이 자신감을 가질 수 있게 되었다'고 설명했다. 현재 미국 몇몇 주에서 이용되고 있는 이 기술은 부모의 선택권을 보장하기 위해 더 많은 정보를 제공한다는 점에서 의의가 있다.[57)] 이 검사와 마찬가지로 유전자 편집 기술 역시 건강한 아기를 낳고 싶은 부모의 자연스러운 마음을 바탕으로 임신에 있어서의 부모의 선택권을 더욱 확실하게 보장하는 것이다.

'불쾌한 골짜기' 이론은 1970년 일본의 로봇공학자 모리 마사히로에 의해 소개된 이론으로, 인간은 로봇이 인간과 유사할수록 호감을 느끼는데, 그 유사함이 일정 수준에 다다르면 인간과 다른 모습이 오히려 두드러지며 거부감을 느끼게 된다는 이론이다.[58)] 즉, 인간은 자신이 알고 있다고 생각한 혹은 익숙하게 여겼던 대상이 낯설게 느껴지는 순간 불쾌감을 느낀다. 아기의 출생에 관한 인식도 마찬가지이다. 체외 수정 기술은 처음 도입될 당시 큰 윤리적, 종교적 논쟁을 불러일으켰다. 그러나 이제는 기술의 법적 사용 주체의 범위도 넓어지고 국가 차원에서 경제적으로 지원해주며 기술의 사용을 권장하고 있다. 유전자 편집 기술 역시 지금은 '불쾌한 골짜기'에 걸친 것이지 기술이 개발되어 상용화됨에 따라 불쾌한 골짜기에서 벗어날 수 있을 것이다.

찬성③ 새로운 의료 기술은 경제적 효용 가치를 지니며 사회 발전을 가져온다.

과학기술이 발전함에 따라 많은 제약 · 바이오 기업들이 희귀질환 치료제 개발에 몰두하고 있다. 신약 개발은 기업에게 막대한 수익을 가져다주며 의료윤리의 관점에서는 인간의 생명 보존에 일조할 수 있기 때문이다. 유전자 편집 기술 역시 새로운 의료 기술로 경제적 효용 가치를 지닐 뿐만 아니라 의학 기술의 발전에 기여할 수 있다. 크리스퍼 테라퓨틱스는 '캐스게비(Casgevy)'라는 새로운 치료제를 개발하였는데, 이것은 특정 DNA에 결합하는 유전물질과 해당 부위를 잘라내는 효소 단백질을 결합한 형태로 겸상 적혈구 빈혈증 등 난치성 혈액질환 치료제로 사용된다. 이는 앞서 언급한 크리스퍼 유전자 편집 기술이 적용된 것이다. 이처럼 유전자 편집 치료제가 등장하면서 관련 기술을 보유한 국내 바이오 기업들도 연구에 힘을 가하고 있다.[59] 한국생명공학연구원 유전자교정연구센터 연구팀도 유전자 가위 프라임에디팅의 효율성과 정확성을 연구하고 있으며 이 기술의 개발과 상용화는 의료 산업의 측면에서 사회 발전에도 기여할 것이다.

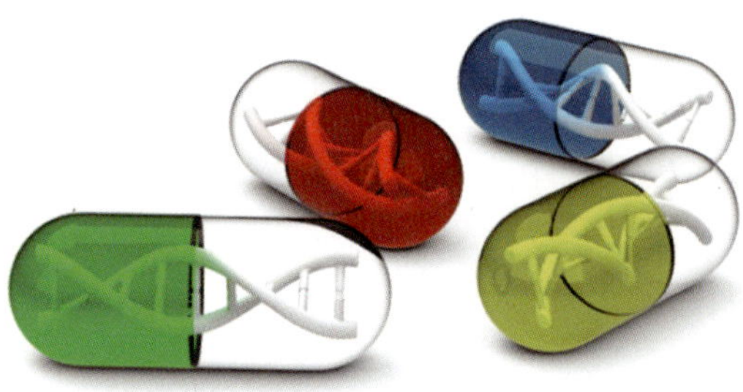

반대① 기술의 안전성을 담보할 수 없다. 따라서, 부작용 발생 시 유전자 편집 기술을 받은 사람의 삶의 질은 오히려 저하되며 책임 소재도 불분명하다.

모든 과학기술은 100% 안전하다고 말할 수 없다. 현재 안전하다고 여기는 모든 기술이 미래에 어떤 부작용을 가져올지는 아무도 확신할 수 없기 때문이다. 그런데 인간 존엄성의 근간이 되는 생명과 관련된 기술이라면 더더욱 그 부작용에 방어적으로 대응해야 한다.

이 기술이 성공적이면 유전병의 예방으로 건강한 아기가 태어난다는 점에서 유의미하지만, 실패하면 그 해악이 전적으로 유전자 편집을 받은 아기에게 전해진다는 점에서 심각한 문제를 초래한다. 그리고 잘못 편집된 유전자를 보유한 사람이 일단 태어나면, 그의 자유로운 생식권으로 그의 유전자가 전파되는 범위를 제한하기 어려울 수도 있다. 이는 곧 미래 여러 세대의 많은 후손들에게도 부작용이 발생할 위험이 있다는 것이다. 또한, 부작용이 여러 세대가 지나서 발현될 가능성도 있다. 특정 유전자의 한 변이에 의해 발생하는 질병은 그렇게 많지 않고, 오히려 여러 유전자가 후천적 환경과 복잡하게 상호 작용하여 질병이 발생하는 경우가 많기 때문이다.[60] 그런데 현재 그 인과관계에 대한 의학적 지식도 불완전하고 유전체의 어느 부분을 어떻게 편집해야 특정한 질환이 발생할 가능성이 낮아지는지에 대한 정보도 불명확하다. 따라서, 이 기술은 잘못 편집된 유전자를 받은 아기뿐만 아니라 그 이후 예측할 수 없는 미래 세대의 삶의 질을 저하시킬 수 있다. 타의에 의해 한 사람의 삶의 질이 결정되는 것은 그 사람의 권리를 침해함과 동시에 부모와 아기 간의 평등한 인격권을 파괴하는 것이다.

또한, 이 기술이 실패할 경우 책임 소재가 불분명하다. 앞서 언급한 바와 같이, 이 기술의 부작용은 어느 세대에 어떻게 발현될지 모른다. 유전자 편집을 받은 두 사람이 있다고 가정해보자. 그들은 성공적으로 유전자 편집을 받은 것으로 '보였고', 이후 자신의 자녀에 대해서는 유전자 편집을 하지 않고 자연적으로 출산하기로 결정했다. 그와 그의 배우자 모두 유전병의 가능성을 가진 유전자는 없었지만, 그의 자식에게 선천적 질병이나 장애가 생겼다. 그리고 그것이 부모가 받은 유전자 편집 기술의 부작용이라고 밝혀질 경우, 책임 소재는 누구에게 있는 것인가. 유전자 편집에 동의한 조부모인가, 의료진인가, 혹은 유전자 편집 기술을 선택하지 않은 부모인가. 이 기술이 법적으로 허용되어 상용화되는 순간, 미래 세대에 어떤 부작용이 나타날지는 예측할 수 없고 이것은 인간에게 또 다른 재앙을 가져올 수 있다.

반대② 이 기술은 배아의 생명권과 아기의 자기 결정권을 침해한다.

유전자 편집 기술은 부모의 선택권이 배아의 생명권에 우선한다는 것을 전제한다. 그러나, 생명윤리법과 관련하여 배아의 헌법상 지위는 늘 논쟁이 되어왔다. 생명권은 헌법에 명문의 규정이 없다 하더라도 인간의 생존본능과 존재목적에 바탕을 둔 선험적이고 자연법적인 권리로서 헌법의 기본권 중의 기본권이다. 그리고 우리나라 헌법재판소는 형성 중의 생명인 태아에게도 생명에 대한 권리가 인정되어야 하므로 태아도 헌법상 생명권의 주체가 되고, 국가는 헌법 제10조에 따라 태아의 생명을 보호할 의무가 있다고 판단한 바 있다.[61] 헌법재판소 판단에 따르면, 배아생성자(즉, 배아에 대해 자신의 유전자정보가 담긴 신체의 일부를 제공하고, 또 배아가 모체에 성공적으로 착상하여 인간으로 출생할 경우 생물학적 부모로서의 지위를 갖게 되는 주체)의 배아에 대한 자기 결정권은 자기결정이라는 인격권적 측면에도 불구하고 형성 중에 있는 생명인 배아에 대한 법적 보호라는 헌법적 가치에 명백히 배치될 경우에 제한할 수도 있는 기본권이다.[62] 아직 우리나라는 유전자 편집 기술 목적으로 배아의 생명권을 침해한 사례는 없지만, 배아의 생명권이 헌법적으로 어떤 지위를 갖는지 정해지지 않은 상태이다. 이런 상황에서 헌법재판소 역시 배아생성자의 배아에 대한 자기 결정권보다 배아에 대한 국가적 보호에 법적 우위를 실어준 만큼 유전자 편집 기술은 허용될 수 없다. 그리고『생명윤리법』제47조 제5항에 따르면 유전자치료는 배아, 난자, 정자 및 태아에 대하여 시행할 수 없다. 찬성 측 논거로 제시했던 세 부모 아기와 쌍둥이 아기 모두 우리나라 생명윤리법에는 위반되는 불법 의료 시술의 결과이다.

또한, 유전자 편집 기술은 치료 목적에서 시작될지라도 인간 우생학의 방편으로 오남용될 경우, 아기의 자기 결정권을 심각하게 침해할 수 있다. 찬성 측 사례의 세 부모 아기의 의료진은 미국인으로서 미국에서는 유전자 편집 기술이 불법이라 멕시코에서 진행하여 처벌을 피했지만, 쌍둥이 아기의 의료진은 징역형을 선고받았다. 이처럼 형벌을 감수할지라도 유전자 편집을 활용한 인간의 욕심은 치료 목적이 아닌 유전적 변이행위로 이어질 수 있다. 그러면 형성 중에 있는 생명체인 태아는 동의를 표시할 수 없다는 이유만으로 자신의 정체성의 일부가 인위적인 타의에 의해 일방적으로 결정되게 된다. 자연적 출산이나 시험관 시술을 통한 체외 수정기술로 인해 결정되는 정체성은 우연적인 유전적 결합의 결과물이지만, 유전자 편집 기술이 활용되는 순간 명백히 타인의 의도에 따라 만들어지는 인조적인 정체성이다. 태아의 생명권은 부정될 수 없다. 태아의 법적 지위는 국가마다 다르다 할지라도 그것이 곧 형성 중에 있는 태아가 타인에 의해 조작될 수 있다는 정당성까지 함축하고 있지 않다.

반대③ 유전적 질병과 장애를 가진 사람에 대한 차별과 혐오가 심화될 수 있다.

유전자 편집 기술은 유전병과 선천적 장애가 없는 것이 '정상'이라고 전제한다. 그러나 이 전제는 유전병과 선천적 장애를 가진 사람들을 '비정상'으로 간주하는 것이고 이는 그들에 대한 차별과 혐오를 불러일으킬 수 있다. 자본주의 사회에서 모두가 유전자 편집 기술을 사용할 수는 없다. 이 기술은 경제적으로 여유가 있는 사람들의 전유물이 될 것이고, 유전병을 가진 사람은 '비정상'이라는 시선과 '가난한 사람'이라는 오해나 선입견의 피해자가 된다. 그리고 이 기술이 사용된다고 하더라도 모든 사람이 찬성하지는 않을 것이다. 개인적 신념 등의 이유로 경제적 여력이 되더라도 이 기술을 사용하지 않을 수 있는데, 그럴 경우 유전병을 가진 아기가 태어났을 때 이 아기는 잘못된 편견과 오해 속에서 살 수 있다. 결론적으로, 유전자 편집 기술로 인한 생물학적 부작용뿐만 아니라 사회적 부작용으로 인해 그 자체로 존중받아야 하는 평등한 인격권이 침해될 수 있는 것이다.

찬성 논거	반대 논거
① 이 기술은 유전병을 퇴치하여 다음 세대의 병을 예방하고 인간 삶의 질을 향상시킨다. ② 이 기술은 부모의 자율적 선택권을 더욱 보장한다. ③ 새로운 의료 기술은 경제적 효용 가치를 지니며 사회 발전을 가져온다.	① 기술의 안전성을 담보할 수 없다. 따라서, 부작용 발생 시 유전자 편집 기술을 받은 사람의 삶의 질은 오히려 저하되며 책임 소재도 불분명하다. ② 이 기술은 배아의 생명권과 아기의 자기 결정권을 침해한다. ③ 유전적 질병과 장애를 가진 사람에 대한 차별과 혐오가 심화될 수 있다.

5. 허위조작정보 및 가짜 뉴스에 대한 법적 규제 논쟁[63)]

'허위조작정보'는 주로 의도적으로 사실을 조작한 허위 정보를 의미하며, '가짜 뉴스'는 뉴스 형식의 허위조작정보를 의미한다. 허위조작정보와 가짜 뉴스에 대한 명확한 정의는 확립되어 있지 않지만, 일반적으로 '의도'를 가지고 '사실을 조작'함을 지칭하는 용어로 사용되고 있다. 현재에도 현재의 쓰임과 적합함 등을 고려하여 허위조작정보로 용어를 통일시켜야 한다는 논의, 용어의 의미에 '해악'의 의도가 반영되어야 한다는 논의 등이 이루어지고 있다.

이러한 허위조작정보 및 가짜 뉴스는 세계적으로 정치 · 사회적인 문제를 일으키며 민주주의의 위협이 되고 있다. 세계경제포럼(World Economic Forum)은 향후 2년 내에 발생할 가장 큰 세계적 위협으로 허위조작정보를 제시하기도 하였다.[64)] 허위조작정보는 정치적 측면에서 사실을 조작한 정보를 유포하여 특정한 선거 후보자에게 이익 또는 피해를 주며 선거에 악영향을 미치기도 하고, 사회적 측면에서 무엇이 진실인지 알기 어려운 탈진실 사회를 야기하여 시민들 간의 건설적인 토론을 저해하기도 하기 때문이다. 더욱이 AI를 활용한 딥페이크 기술을 활용한 허위조작정보로 인하여 범국가적 혼란은 더욱 가속화될 전망이다.

이와 같은 맥락에서, 허위조작정보 및 가짜 뉴스를 대상으로 하는 법적 규제에 대한 논쟁이 이루어지고 있다. 법적 규제란 "국가나 지방자치단체가 특정한 행정 목적을 실현하기 위하여 국민(국내법을 적용받는 외국인을 포함한다)의 권리를 제한하거나 의무를 부과하는 것으로서 법령 등이나 조례 · 규칙에 규정되는 사항"을 의미한다.[65)] 법적 규제는 일반적으로 자유와 권리를 보장하여 공익을 증진하도록 하는 즉각적인 효력을 발생시킬 수 있으므로 허위조작정보 및 가짜 뉴스를 규제하는 데 효과적일 수 있다. 하지만, 일각에서는 규제에 대해서는 동의하지만, 정부가 주체로 개입함으로써 야기할 수 있는 부작용에 대해 우려하며 반대의 입장을 주장하고 있다. 즉, 국가 또는 정부가 주체가 되는 법적 규제가 더욱 적절한지, 정부와 독립된 민간기관이나 기업 등이 주체가 되는 자율 규제가 더욱 적절한지에 대한 논쟁이 이루어지고 있는 것이다. 이러한 논쟁을 바탕으로 현재 독일, 싱가포르 등의 국가에서는 법적 규제를 실시하고 있는 반면, 미국, 영국 등의 국가에서는 자율 규제를 실시하고 있으며, 전 세계 각국에서는 허위조작정보 및 가짜 뉴스에 대한 법적 규제의 적절성에 대하여 논쟁이 이루어지고 있다.

찬성① 공정한 선거를 위해 법적 규제가 필요하다.

선거에서 허위조작정보 및 가짜 뉴스는 사실을 조작하여 특정 후보자에 대한 정치적 입지를 실추시키거나 치켜세우기 위한 목적으로 활용되며 선거의 공정성에 악영향을 미칠 수 있다. 사실을 조작하여 특정 후보자에게 유리하거나 불리한 내용을 유포함으로써 선거에 영향을 미칠 수 있는 것이다. 실제로 2016 미국 대선은 많은 시민들이 허위조작정보를 믿고 이에 근거해 투표를 하였다는 연구와 설문이 이루어진 바 있다.

미국의 인터넷 뉴스 매체인 『버즈뉴스』는 당시의 구체적인 허위조작정보로 "프란치스코 교황이 도널드 트럼프 후보를 지지했다.", "힐러리 클린턴을 조사한 FBI요원이 자살했다.", "힐러리 클린턴이 ISIS에 무기를 판매했다." 등의 특정 후보자에게 노골적으로 유리한 가짜 뉴스가 확산되었다고 언급했다.[66] 또한, 스탠퍼드 대학의 국제 정치학 알코트 교수의 연구에 따르면, 2016 미국 대선에 대해 평균적인 미국 성인은 선거 전후 몇 달 동안 하나 또는 여러 개의 가짜 뉴스를 보았고, 그것을 본 기억이 있는 사람들의 절반 이상이 그것을 믿었다고 답했다.[67]

선거 공정성에 악영향을 미치는 '가짜 뉴스'

이는 특정 후보자에게 유리하거나 불리한 가짜 뉴스가 진실인 것처럼 받아들여졌고, 이것이 선거에 반영되었다는 점을 보여준다. 허위조작정보가 선거의 공정성에 악영향을 끼칠 수 있음을 시사하는 것이다. 법적 규제는 이와 같은 허위조작정보를 규제함으로써 공정한 선거 실현에 기여할 수 있다.

찬성② 탈진실 사회를 극복하고 민주주의를 회복하기 위해 법적 규제가 필요하다.

허위조작정보는 정보 및 언론에 대한 신뢰도를 떨어뜨려 사회를 탈진실 사회 또는 비신뢰 사회로 전락시킬 수 있으며, 이는 민주주의 훼손으로 이어질 수 있다. 페이스북의 제품 매니저 차크라바티는 소셜미디어의 가짜 뉴스로 인해 "최악의 경우 사람들은 잘못된 정보를 퍼뜨리고 민주주의를 붕괴시키게 된다."라고 언급했다.[68] 이는 허위조작정보 및 가짜 뉴스가 야기하는 정보 무질서의 효과로 인해 탈진실 사회가 도래할 수 있으며, 이에 따른 민주주의 붕괴로 이어질 수 있음을 시사한다.

믿고 싶은 것만 믿는 '탈진실 시대'

진실이 무엇인지 판가름하기 어려운 사회에서는 민주주의 및 민주사회에서 기대되는 건설적인 의사소통을 하기 어렵다. 같은 맥락에서 유네스코의 2018년 보고서에 따르면,[69] 소셜미디어 속의 허위조작정보는 '반향실 효과, 극단화, 과잉 당파성 창출', '인기 및 대중성을 적법한 것으로 탈바꿈', '포퓰리스트 지도자, 정부, 주변 인사들에 의한 조작 허용', '개인정보 수집 뒤 감지되지 않는 곳에서 맞춤형 마이크로-메시징/광고의 집행을 장려', '공론장 파괴'로 이어질 수 있음을 염려했다. 이는 앞서 언급한 견해들과 더불어, 허위조작정보로 인하여 사회 구성원들이 자신이 선호하고 지향하는 방향의 맞춤형 허위조작정보들을 통해 더욱 자신의 편향을 공고히 하고, 정치적 인사들은 이를 이용하면서 포퓰리즘이 횡행하여, 신뢰를 바탕으로 여론이 형성되는 민주적 광장 격인 공론장이 파괴될 수 있음을 경고하고 있다고 볼 수 있다. 이와 같은 허위조작정보의 심각한 사회적 악영향을 고려할 때, 법적 규제는 민주주의 실현이라는 공익을 보장하는 목적에서 적절하다.

찬성③ 허위조작정보에 대한 디지털 문해력의 격차를 완화하기 위해 법적 규제가 필요하다.

현대사회에서는 허위조작정보에 대응하기 위해 필수적으로 요구되는 역량인 디지털 문해력 중에서도 특히 비판적인 태도가 요구된다. 정보의 진위 여부에 대해 비판적으로 사고하고 수용함으로써, 조작된 정보를 진실로 믿지 않을 수 있는 것이다. 하지만, 디지털과 관련된 콘텐츠 및 정보가 익숙하지 않은 사람은 상대적으로 소셜미디어를 비롯한 디지털화된 허위조작정보에 대해 비판적인 시각을 기르기 어렵다. 가정 경제 상황으로 인해 상대적으로 디지털 정보를 접하기 어렵다면, 비판적인 태도의 디지털 문해력을 기르기 어려우며, 이는 정보 격차로 이어질 수 있는 것이다.

서울특별시 교육청교육연구정보원 교육정책연구소에서 제시한 2022년 보고서는, "Z세대 서울 학생들은 주관적인 가정의 경제 상황이 좋을수록 디지털 문해력 수준이 높았다. 다시 말하면, 디지털 문해력은 가정 경제 상황에 따른 격차가 존재하였다. 이 연구의 결과, Z세대 서울 학생들의 디지털 문해력은 이를 이루는 각 항목(창의융합, 온라인 협업, 미디어 비판능력, 미디어 활용능력) 전반에서 가정 경제 상황이 어려울수록 낮아지는 경향을 보였다."라는 결과를 제시한다.[70] 이는 가정 경제 상황에 따른 디지털 문해력 역량으로 인해 정보 격차가 발생할 수 있음을 보여준다. 앞서 언급했듯이, 디지털 문해력 중에서도 미디어 비판능력은 비판적 사고를 바탕으로 허위조작정보와 진실을 구분할 수 있는 역량으로, 현대사회에서 필수적으로 요구되는 역량 중 하나이다. 하지만 가정 경제 상황에 따른 디지털 문해력의 차이로 인해 정보 격차가 발생할 수 있고, 이와 같은 정보 격차는 사회 · 경제적 측면에서의 불평등으로 이어질 수 있다. 이러한 디지털 문해력 및 정보 격차를 해소하기 위해 국가와 기업에서 교육 지원이 이루어지고 있지만, 부족한 실정이다. 교육 지원과 더불어 실질적 평등을 목적으로 디지털 문해력 격차와 이에 따른 정보 격차를 완화하기 위해 허위조작정보에 대한 법적 규제가 필요하다고 볼 수 있다.

반대① 허위조작정보에 대한 법적 규제는 표현의 자유를 침해한다.

허위조작정보에 대한 법적 규제는 표현의 자유를 침해할 수 있다. 이와 관련하여 다니엘 목스터 UN 인권대표부 인권조사관은, '한국 표현의 자유의 현주소' 좌담회에서 허위조작정보에 대한 규제에 대해 "형법적으로 처벌하거나 제한하는 것은 옳지 않다"고 말하며, "전체적 틀에서 봤을 때 어떤 정보도 제한되어서는 안 되고 독립된 언론이 자유롭게 얘기할 수 있어야 한다"고 피력하였으며, "표현의 자유를 침해하는 결과가 나타날 것"이라고 언급한 바 있다.[71]

우리나라를 비롯한 세계의 민주주의 국가에서는 표현의 자유를 헌법으로 명시하고 있다. 우리나라는 헌법 제21조의 '언론 및 출판의 자유와 집회 및 결사의 자유'를 명시하고 있고, 이는 일반적으로 '표현의 자유'로 불리고 있다. 허위조작정보로 인해 사회적 문제가 야기되고 이에 따른 규제의 필요성이 높아지더라도, 이러한 표현의 자유가 보장됨을 전제로 해야 한다. 민주주의의 측면에서도 표현의 자유가 보장되어야 한다. 정부가 주체가 되어 직접적으로 규제하는 법적 규제로 표현의 자유를 제한하게 된다면, 시민들과 언론의 '표현의 자유의 위축'이 야기될 것이고 이는 다원주의의 가치를 향해 나아가고 있는 현대의 민주주의의 훼손으로 이어질 수 있기 때문이다.

반대② 허위조작정보에 대한 법적 규제는 정치적으로 악용될 가능성이 있다.

허위조작정보에 대한 법적 규제의 주체는 정부이기 때문에, 정파적 목적으로 규제가 사용되는 정치적 악용의 문제가 발생할 수 있다. 허위조작정보 및 가짜 뉴스의 정의 또한 명확하지 않은 현시점에서, 정부가 무엇이 허위조작정보인지 판단하고 규제하는 것은 정의에 따라 정부 또는 특정 정파에 국한된 이익을 추구하는 방향으로 악용될 가능성이 있는 것이다. 또한, 정부가 직접 정보의 검열을 수행한다는 것은 정보의 진실성 입증 차원에서도 부적절하다. 현대사회에서 정보의 진실성 입증은 특정 주체의 영역이 아닌 언론의 영역 또는 사회 속에서 사회 구성원들의 다양한 의사소통과정을 통해 신뢰성을 얻어가면서 이루어질 수 있다.

하지만, 정부가 신뢰를 부여하는 유일한 주체가 된다면 인터넷 및 사회는 다양한 의견이 오가는 공론장이 기능하기보다 정부가 신뢰하는 내용들에 국한해서 논의가 이루어질 수밖에 없을 것이다. 이것이 악용된다면 정부가 선호하는 논의만이 이루어지며, 민주주의의 훼손을 야기할 수 있는 것이다. 이러한 점들을 고려하여 EU의 2018년도 보고서에서는, 정부의 직접적인 규제보다 범국가적인 강령 수준에서 허위조작정보에 대해 규제하는 지침이 필요함을 피력하였다.[72)]

반대③ 법적 규제보다 자율규제나 디지털 문해력 교육이 더 현실적이고 근본적인 해결책이다.

허위조작정보에 대한 정부의 규제는, 법 또는 정책의 발의와 실행에 따라 이루어지기 때문에 비교적 단기간에 효과를 볼 수 있는 방편일 수 있다. 하지만, '무엇'에 대해 '누구'에게 '어떤 책임'을 물을 것인지를 특정하기 어렵다는 점은 법적 규제의 기준이 되는 법을 만들기 어려움을 시사한다. 또한 계속해서 새롭게 갱신되는 소셜미디어 생태계에서 시기와 대상에 적절하게 법령을 제정하는 것은 현실적으로 어려운 일이며, 반대로 특정 묶음으로 법령을 제정하는 것은 법의 해석의 방종을 야기하기 때문에 법제적으로 어려운 실정이다. 정부의 단언 및 강행으로 이러한 현실적 어려움을 일축한다면, 법치주의와 민주주의의 훼손으로 이어질 수 있으므로 근본적인 해결책으로 보기 어렵다.

이러한 맥락에서, 일부 국가에서는 언론 기관의 팩트 체크를 통해서 신뢰성을 확보하거나 기업에 자율적인 지침을 내리는 등의 방식으로 자율규제를 하기도 한다. 표현의 자유를 제한하지 않으면서 동시에 허위조작정보에 대한 어느 정도의 규제를 이루어 내기 위한 노력인 것이다. 프랑스의 데팍토(De Facto)와 최근 미국의 플랫폼 기업 감사가 이에 해당한다.

[문해력 리포트] ② 한국 청소년 '디지털 문해력'마저…OECD 바닥권[73], © 연합뉴스

시민의 디지털 문해력 역량 증진 또한 해결책으로 제시될 수 있다. 유엔은 2022년 보고서에서 미디어 정보에 대한 비판적 태도를 포함하는 디지털 리터러시 역량 교육을 권고한 바 있다.[74] 정부의 규제 혹은 특정한 규제가 없이도 시민들이 허위조작정보에 대해 비판적으로 사고하고 정보의 진위 여부를 판가름할 수 있는 역량을 갖추는 것이 근본적인 해결책이 될 수 있는 것이다. 이는

더 나아가 허위조작정보로 인한 현재의 정치 · 사회적 문제 대처 측면에서뿐만 아니라, 허위조작정보로 인해 나타날 새로운 사회적 문제에 대해서도 적절히 대처하며 더욱 성숙한 민주주의로 나아갈 수 있는 방향으로서의 대안이 될 수 있을 것이다.

찬성 논거	반대 논거
① 공정한 선거를 위해 법적 규제가 필요하다. ② 탈진실 사회를 극복하고 민주주의를 회복하기 위해 법적 규제가 필요하다. ③ 허위조작정보에 대한 디지털 문해력의 격차를 완화하기 위해 법적 규제가 필요하다.	① 허위조작정보에 대한 법적 규제는 표현의 자유를 침해한다. ② 허위조작정보에 대한 법적 규제는 정치적으로 악용될 가능성이 있다. ③ 법적 규제보다 자율규제나 디지털 문해력 교육이 더 현실적이고 근본적인 해결책이다.

6. MTF 트랜스젠더의 여성 스포츠 대회 참여 논쟁[75)]

MS Copilot에게 "트랜스젠더 프라이드 플래그와 여성 스포츠를 연관 지어 그려줘"라고 입력한 결과. 2024.5.12. 작성

'트랜스젠더'는 출생 당시의 성별과 성장 과정에서 스스로 느끼는 성별에 대해 불일치감을 느끼는 사람을 말한다. 트랜스젠더는 호르몬 요법이나 성전환 수술을 통해서 출생 당시의 성별을 성장 과정에서 확립한 정체성에 따른 성별

로 전환하기도 한다. 출생 당시 여성으로 태어났으나 스스로를 남성으로 정체화하는 경우는 FTM(Female to Male)이라고 구분하고, 남성으로 태어나 여성 정체성을 갖춘 경우는 MTF(Male to Female)라고 칭한다.

성별 불일치감을 느끼는 트랜스젠더가 일반적이지 않은 사회에서 트랜스젠더가 비트랜스젠더와 평등하고 동일하게 생활하기 위한 노력은 비교적 최근에서야 이루어지고 있다. 그에 따라 이에 관한 논의도 생겨나 꾸준히 이어지고 있다. 스포츠 대회에 참여하는 문제 역시 그중 하나이다. 스포츠 대회는 일반적으로 성별에 따라 분리되어 진행되는데, 그 주된 이유는 성 성숙에 따른 신체적 차이 때문이다.

이와 관련된 비교적 최근 사례들을 살펴보면, 우선 로럴 허버드는 남성 역도 선수였으나, 2013년 호르몬 요법과 성전환 수술을 받으며 여성으로 성 확정하고 2021 도쿄 올림픽에서 당시 나이 43세로 여성 역도 경기 최고령 출전자가 된 바 있다. 또한 2022년 3월 펜실베이니아 대학교 소속 수영 선수인 리아 토마스는 미국대학스포츠협회(NCAA) 여자 자유형 500야드에서 우승했다. 가슴 수술과 호르몬 요법은 받고 있으나 성전환 수술을 별도로 받지는 않은 것으로 알려져 있다.

한 가지 주목해야 할 점은 트랜스젠더가 자신을 특정 성별로 주장한다고 해서 아무런 근거 없이 해당 선수가 그 대회에 참가할 수 있는 것은 아니라는 것이다. 예를 들어 국제올림픽위원회의 기준에 따르면 MTF 선수들은 대회 전 12개월 이상 남성 호르몬(테스토스테론) 수치가 기준치 이하임을 증명해야 한다.[76]

그렇다면 트랜스젠더의 스포츠 대회 참여에 관해 사람들은 어떤 인식을 가지고 있을까? 2023년 5월에 실시되어 6월에 발표된 갤럽 설문 조사에 따르면, 69%의 미국인은 출생 당시의 성별에 맞는 스포츠 팀에서 경쟁해야 한다고 믿는다. 이것은 2021년의 62%보다 소폭 증가한 수치이다. 트랜스젠더를 개인적

으로 알고 있는 미국인의 찬성률도 2021년 40%에 비해 2023년 30%로 감소했다.[77)]

한편, 2022년에 영국의 일간지 인디펜던트는 그저 출생 성별에 따른 이점 때문에 트랜스젠더 선수들이 좋은 성과를 내는 것은 아니라는 취지의 기사를 발행한 바 있다.[78)] 이 문제는 주로 공정성 담론과 관련하여 논쟁이 발생하고 있지만, 그 외에도 몇 가지 스포츠 윤리학적 담론들이 연관되어 있다.

찬성① 생물학적 결정론을 들어 MTF 스포츠 선수의 여성 스포츠 대회 참여를 막는 것은 여성주의의 주된 가치인 동등성에 반하는 것이다.

생물학적 결정론은 스포츠 역사에서 여성을 배제하는 논리였다.[79)] 다시 말해, 성 성숙에 따라 남성은 스포츠에 더욱 적합한 신체를 갖게 되고 여성은 그렇지 못하다는 인식이 여성을 스포츠에서 배제하게 했던 주된 이유였다. 생물학적 특성 때문에 공정함을 위해서 여성 스포츠의 영역을 별도로 분리하고 이를 보호해야 한다는 주장은 오히려 반여성주의적이며 가부장주의를 옹호하는 이론에 가깝다. 박성주[80)]는 "불리한 계층" 주장에 근거한 남녀 스포츠 분리는 그런 분리가 피하고자 했던 바로 그 불평등과 열등의 인식을 강화한다고 말한다. 즉, MTF 여성이 여성 스포츠 대회에 참여하는 것을 반대하는 이유로 생물학적 결정론을 든다면, 자가당착의 오류를 범하는 것이다.

찬성② 스포츠의 본질은 페어플레이 원칙을 지키며 스포츠 활동을 하는 것이며, 성과가 그 핵심인 것은 아니다.

성별에 기준을 두면서 트랜스젠더의 참여를 거부하는 사람은 스포츠에서 신체적 조건으로 인한 성과를 얻는 것이 부당하다고 생각하는 듯하다. 그러나 중요한 것은 스포츠가 페어플레이를 달성하는 것으로 스포츠의 본질을 다했다는 것이다. 우리는 스포츠 선수가 개인적 발전, 지속적인 훈련, 연습과 노력의 결과로서 전문성을 발휘하는 만큼만 칭찬받을 자격이 있다고 주장할 수 있다. 어떤 선수에 관한 평가는 단순히 그 성취만으로는 이루어지지 않는다.

스포츠의 숭고함은 승패 결정에서 오지 않는다. 스포츠 선수들이 자신의 역할을 충실히 수행하며 흘린 땀방울이 스포츠의 진정한 가치를 상징한다. 관객은 승리를 위해서 무엇이든지 하는 기계적인 선수를 사랑하는 것이 아니라, 자기 스스로를 이겨내고 발전해 나가는 모습에 박수를 보낸다. 그것은 한편으로는 스포츠의 본질적인 가치를 드러내는 장면이며, 또한 그런 인간 승리의 모습이야말로 스포츠가 관객에게 제공할 수 있는 최고의 엔터테인먼트이기도 할 것이다.

찬성③ 유전적 특징과 같은 개인-의존적 요소는 스포츠에서 항상 존재하였던 것이고 이를 완전히 없애는 것은 비현실적이다.

마이클 펠프스는 위대한 수영 선수이지만 그의 수영 선수로서의 성공 비결은 적어도 부분적으로는 그의 유전적 특징의 영향으로 볼 수 있다.[81] 사실 많은 수의 운동선수가 자신의 노력으로 획득한 기량보다는 선천적인 운동 능력의 덕을 보고 있는 것은 분명한 사실이고, 펠프스의 사례에서도 볼 수 있듯이 그런 것이 참여하는 데 문제가 되고 있지도 않다. 그런데 성별로 인해 스포츠의 참여를 거부하는 것은 스포츠의 공정성에 대한 신화에서 기인한 것이다.

호르몬에 의해서 신체적 이점을 획득하였다는 이유로 성별에 따른 스포츠의 참여를 거부할 수 있다는 말은, 스포츠에 참여하기 위해서는 호르몬 농도를 포함한 동일한 신체조건을 갖추어야만 한다는 이야기와 같다. 하지만 선뜻 동의하기는 어렵다. 스포츠 선수의 세계에서 이러한 개인-의존적 요소는 언제나 존재해 왔던 것이고 어떤 요소들은 결국 용인되었다.

심지어는 여성 스포츠의 역사에서는 이런 개인-의존적 요소를 배제한다는 명목하에 선수들에게 이미 상처를 준 적이 있고 규정을 고친 적이 있다. 한때 올림픽 출전을 위해서 여성 선수들은 성감별을 당해야 했고, 선천적으로 남성 호르몬이 과다한 상태인 고안드로겐혈증을 갖고 있던 여성으로 태어나 평생을 여성으로 살아왔던 인도의 육상 선수 두티 찬드는 한때 경기 출전을 금지당했다가 스포츠 중재 재판소에 제소한 끝에 겨우 복권되는 우여곡절을 겪기도 했다.

반대① 스포츠에서 배제되어왔던 여성 참여권이 아직 불완전한 상황에서, 트랜스젠더 참여 허용은 여성 스포츠를 위태롭게 만들 수 있다.

1967년 보스턴 마라톤 대회에서 소동이 일어났다. 여성 마라토너가 뛰고 있다는 사실이 알려진 것이다. 진행위원들은 캐스린 스위처를 끌어내기 위해 경기장에 뛰어들었으나 제지하는 데 실패했고 스위처는 완주에 성공했다. 1896년 최초의 근대 올림픽인 아테네 올림픽에 여성 선수들의 모습은 보이지 않았다. 이상한 일도 아닌 것이 원래 고대 올림피아 제전에서부터 여성의 스포츠 참여는 제한되었다. 이처럼 여성은 스포츠로부터 끊임없이 배제되었다.

여성주의자들은 이러한 현상을 타개하기 위해서 많은 노력을 기울여 왔다. 미국의 경우 1972년 교육 기회 균등법(Title IX)을 제정하고서야 그 결과로 여성에 대한 고정관념을 어느 정도 극복하고 학교 스포츠에서 여성 참여를 확대할 수 있었다.[82)]

이처럼 여성의 스포츠 참여는 최근에서야 겨우 자리 잡았다. 이제 와 여성의 스포츠 참여를 위협하는 것은 여성주의 운동의 성과에 손상을 입히고 간신히 확립한 여성 스포츠를 위태롭게 하는 행동이 될 것이다. 심지어, 스포츠계는 아직 양성평등조차 제대로 이루지 못했다. 럼킨은 "운동에서 여성에 대한 전 세계적인 기회균등은 아직 이루어지지 않고 있다."라고 지적하면서, 미국 학생 스포츠계에서조차 "…(중략)… 이러한 데이터는 양성평등이 완전하게 이루어지지 않음을 시사하는 것일 수 있다."라고 주장한 바 있다.[83)]

반대② 이전 성별로부터 주어진 신체적 이점은 성 확정 이후에도 계속된다. 이것은 우연히 주어진 것이라고 보기 어렵다.

스포츠 철학자 지그문트 롤랜드는 개인-의존적 문제에서 평등의 두 규범을 다음과 같이 제시하고 있다.[84)]

> Ⅲ.1.1.3. 경쟁자들이 중대한 방식으로 영향을 끼칠 수 없으며, 그리고 그들에게 책임을 지울 수 없는 개인-의존적인 문제들에서의 불평등이 경기 수행에 체계적이고 중대한 영향을 미칠 경우에만 그들은 항목에 따라 구별되어야 한다.
>
> Ⅲ.1.1.3.1. 신체 크기, 성별과 연령에서의 불평등이 경기 수행에 중대하고도 체계적인 영향력을 행사할 경우, 그러한 불평등은 마땅히 표준화된 체중, 신장, 성별, 연령 집단을 마련함으로써 제거되거나 보상되어야 한다.

성별 간에는 생리학적 차이가 분명히 있고 이것은 조정되는 프로그램이나 제도로써 보완될 수 없는 종류이다.[85)] 단일 스포츠 내에서조차 신체조건에 따라 종목을 구분한다.[86)] 터커는 BBC와의 인터뷰에서 테스토스테론에 의해 만들어진 생물학적 차이가 이후 테스토스테론 수치가 낮아진 후에도 지속될 수 있다고 주장했다.[87)]

반대③ 스포츠에는 여전히 성과, 구체적으로 승리가 중요한 분야이기 때문에 유불리 문제가 발생해서는 안 된다.

승리는 스포츠에 있어서 여전히 중요한 관심사이다. 경쟁이 없는 스포츠는 흥미를 떨어뜨리게 되어 스포츠에 대한 세계인의 관심을 크게 줄어들도록 만들 수 있다.[88] 어떤 경기이든 누가 승자가 될 것인지는 관객의 가장 중요한 관심사이다. 물론 승리 지상주의를 옹호하려는 것이 아니다. 공정한 경쟁을 통해서 그에 알맞은 성과를 낸다면 패배는 용감하게, 승리는 겸허하게 받아들이는 것을 배우는 것 또한 경쟁이 주는 미덕으로 간주할 수 있다.[89]

승리는 일반적으로 사용하는 기술 이상의 특별한 무언가를 요구한다. 우리는 경쟁하는 운동경기에서 승리가 중요하고 가장 의미 있는 성공의 기준이라는 것을 부정해서는 안 된다.[90] 그리고 우리는 신체조건의 측면에서 더욱 유리하거나 대등한 조건을 갖춘 상대와의 승리가 상대적으로 불리한 맞수와의 경쟁에서 거둔 승리보다 좀 더 가치 있다는 점에 쉽게 동의할 수 있다.

찬성 논거	반대 논거
① 생물학적 결정론을 들어 MTF 스포츠 선수의 여성 스포츠 대회 참여를 막는 것은 여성주의의 주된 가치인 동등성에 반하는 것이다. ② 스포츠의 본질은 페어플레이 원칙을 지키며 스포츠 활동을 하는 것이며, 성과가 그 핵심인 것은 아니다. ③ 유전적 특징과 같은 개인-의존적 요소는 스포츠에서 항상 존재하였던 것이고 이를 완전히 없애는 것은 비현실적이다.	① 스포츠에서 배제되어왔던 여성 참여권이 아직 불완전한 상황에서, 트랜스젠더 참여 허용은 여성 스포츠를 위태롭게 만들 수 있다. ② 이전 성별로부터 주어진 신체적 이점은 성 확정 이후에도 계속된다. 이것은 우연히 주어진 것이라고 보기 어렵다. ③ 스포츠에는 여전히 성과, 구체적으로 승리가 중요한 분야이기 때문에 유불리 문제가 발생해서는 안 된다.

7. 성매매 합법화 논쟁[91)]

'성매매'란 금전적 대가를 받고 직접적인 신체적 접촉을 통해 성적 서비스를 제공하는 것을 의미한다. 성매매는 여러 성 문제 중 가장 논란이 되는 주제 중 하나로, 네덜란드와 독일, 오스트리아, 헝가리 등 일부 국가에서는 성매매가 합법화되었으나, 한국을 비롯한 일본, 중국 등의 아시아 국가들과 미국은 성매매를 불법으로 규정하고 있다. 특히 한국의 경우, 성매매는 성매매특별법을 통한 법적인 규제의 대상이 되어 왔다. 그렇다면 어느 방향이 더 타당하다고 볼 수 있을까? 다음은 성매매 합법화를 둘러싼 논쟁에서 찬반 양론을 뒷받침할 수 있는 강력한 논거들에 해당한다.

찬성① 성매매 합법화를 통해 성범죄를 예방할 수 있다.

'필요악'이란 없는 것이 바람직하지만 사회적인 상황에서 어쩔 수 없이 요구되는 악을 의미한다. 예를 들어, 성매매는 그 자체로 윤리적이지는 않지만, 성에 대한 욕구를 피할 수 있는 방법이 없기에, 필요악으로서 그 존재를 인정하여 사회의 더 큰 문제를 예방할 수 있다. 인간의 성욕을 적절하게 해소할 수 있는 절차를 막는다면, 오히려 성욕을 비윤리적인 방식으로 해소하려는 사람들이 늘어나 성범죄율만 높아질 것이다. 무고한 일반 여성들이 성범죄에 노출되지 않기 위해서는, 성매매가 윤리적으로 옳지 않은 관행이기는 하나 부득이하게 허용하고 국가 차원에서 투명하게 관리하는 것이 낫다.

성매매를 법적으로 금지함으로써 가장 우려되는 것은 성매매의 음성화와 풍선효과다. 즉, 성매매가 사회적으로 공공연하게 일어나고 있음에도 그것이 마치 없는 것처럼 숨기고 적절하게 관리하지 않아 관련 당사자들이 보호나 지원을 받지 못하고, 결과적으로 성매매 산업이 더욱 성장할 수 있다는 것이다. 실제로 2004년 이후 집창촌과 유흥업소의 영업은 줄었지만, 암암리에 노래방, 안마시술소, 인터넷 채팅 등을 통해 이뤄지는 변종 업소들이 늘었다. 성욕을 해소할 창구로서 필요한 성매매 산업을 법으로 규제하기 때문에 오히려 음성적 변태적 업소들이 늘어나고, 이것이 사회에 더 안 좋은 영향을 끼칠 수 있다.[92)]

만일 매춘부들이 기소된다면 어떤 보호 장치가 우리의 아내와 딸들의 명예를 지킬 수 있겠는가? 일반 여성들은 더 많은 유혹에 노출될 것이고, 건전한 사람들도 처녀들의 순결을 자신의 것으로 만들려는 시도를 덜 비난하게 될 것이다. 그뿐만 아니라 일부 남성들은 난폭해지고 강간은 더 흔한 범죄가 될 것이다(Bernard Mandeville).

반론

하지만 이와 같은 주장은 일반 여성과 성매매 여성을 나누어 다수를 위해 소수의 사람들을 이용해도 좋다는 것을 전제로 하고 있기에 주장의 정당성이 의심스럽다. 또한 남성을 욕구를 통제할 수 없는 존재로 폄하한다는 허점을 가지고 있다. 마치 남성은 본능만을 따르며 욕구에 지배당하는 존재인 것으로 전제하고 있다는 것이다. 또한, 남성이 성욕이 있고 그것이 성관계를 통해서만 해소가 된다고 해도, 자유로운 성관계를 독려하는 사회 분위기 형성과 같은 온건한 해결책이 있을 수 있는데, 굳이 성매매의 당위로 이어가는 것은 자연주의적 오류에 해당한다고 볼 수 있다. 성욕에 대한 해결책이 굳이 성매매의 합법화여야 하는 논리적 연관성이 부족하다. 예를 들면 성범죄 사건이 많아졌다고 사람들이 성폭력 특별법을 없애자고 얘기하지 않는 듯이, 성매매가 오히려 음성화되고 대형화되는 움직임이 있기 때문에 폐지를 얘기할 것이 아니라 성매매 특별법을 어떻게 강하게 실천해 나갈지에 대해 얘기해야 한다는 것이다.

찬성② 성매매 종사자들의 직업 선택의 자유를 인정해야 한다.

성매매 역시 성노동의 일종으로 인정해야 한다. 자본주의 사회는 다양한 가치들, 특히 우리의 인격을 구성하는 가치들마저도 상품화되는 사회이다. 예컨대, 서비스업 종사자들은 감정적으로 힘든 상황에서도 자신의 내부 감정과 갈등을 일으키며 부자연스러운 미소와 감정을 표현하는데, 이러한 종사원의 노력을 우리는 '감정노동'이라고 부르며 노동의 한 형태로 인정하고 있다.[93] 왜냐하면 '서비스업'은 본질적으로 소비자가 서비스에 대한 가격을 지불하는 대신에, 서비스 제공자가 친절을 제공하는 과정을 말하는 것이기 때문이다. 물론, 이 과정에서 서비스 제공자들은 높은 직무 스트레스를 느낄 수는 있으나, 그렇다고 해서 이를 부당한 착취로 여기지 않으며 '돈'과 '친절'의 교환 혹은 정당한 계약으로 인식하게 된다. 돈 그리고 정신적 가치의 상호교환 체계를 자연스럽게 받아들이는 자본주의 사회에서, 왜 유독 성을 상품화하는 것에 대해서는 반대하고 금지해야 하는가? 개인의 성매매를 정당한 직업 활동으로 인정하지 않고 불법적인 행위로 판단하는 것은 성매매 종사자들에게 법적 위험과 사회적 탄압을 가중시키는 일이다. 성매매를 정당한 직업으로 인정하고, 사회의 몫은 종사자들의 작업 환경을 개선해 나가는 것이지 정당한 생산 · 소비 활동을 하는 사람들을 부도덕한 사람으로 모는 것이 아니다.

성매매 합법화 시위[94]

또한 성매매를 처벌하는 것은 개인의 성적 자기 결정권을 침해하는 행위이다. 성적 자기 결정권이란 누구와 어떤 형태로 성관계를 가질 것인지에 대해 스스로 결정할 권리를 말한다. 사람은 자신의 신체에 대하여 절대적 자유를 가지고 있기 때문에, 자신의 신체를 통해 무엇을 할 것인지에 대한 권리 역시 가지고 있다. 성관계를 금품을 대가로 해서 하든 말든 이는 개인이 결정할 일이며 국가가 형벌권까지 동원하여 간섭할 일은 아니다.

반론

일반 서비스업과 성 상품화를 같은 선상에서 볼 수 없다. 일반 서비스업에서 판매하는 것은 '상품'이다. 즉 서비스업은 기업과 상품에 대한 좋은 이미지를 남기기 위해서 부수적으로 종사자의 친절한 태도를 활용하여 소비자들이 우호적인 감정을 갖게 할 뿐이지, 개인의 인격의 일부를 파는 것이 아니다.

일반 서비스업은 제품이나 서비스로서의 가치가 부여되는 반면, 성매매는 개인의 몸과 성적 활동을 상품화하는 것이다. 이는 개인의 존엄성을 훼손하고, 인간을 단순한 상품이나 서비스로 취급하는 것으로 여겨진다.

또한 성매매와 같이 금전을 매개로 판매자와 구매자 사이에 발생하는 관계는 동등한 관계가 아니라 지배 관계에 해당하기 때문에, 폭력과 인신매매적 성격을 가지고 있는 성매매는 성적 자기 결정권을 발휘하기보다는 침해하는 행위이다. 이러한 맥락에서 성매매를 직업 선택의 자유의 일환으로 보호해서는 안 되고, 오히려 인간 존엄성 및 성적 자기 결정권의 침해로부터 성 판매자들을 보호해야 한다.

찬성③ 성매매 합법화를 통해 성노동자를 보호하고 노동 환경을 개선할 수 있다.

성매매 종사자가 겪는 어려움에는 성병 감염 및 원치 않는 임신의 위험이 있다. 특히 성병의 경우에는 성 판매자뿐 아니라 성 구매자까지 위험에 빠트린다는 점에서 관리가 필요하다. 성매매 합법화를 하게 되면, 이러한 문제들을 국가 차원에서 관리 · 감독할 수 있게 된다. 이를 통해 성병 검사 및 치료, 그리고 피임 관리를 통해 성노동자들은 더 나은 환경에서 일을 할 수 있게 된다. 또한 성매매 종사자들은 영업과 관련한 폭력이나 다툼으로 인해 고통받고 있는데, 경찰 상주 및 영업권 보장을 통해, 그들 역시 국민의 기본권이나 복지를 제도적으로 보장받을 수 있게 된다. 권리를 보장받는 것뿐 아니라, 세금 등 서비스 종사자가 지켜야 할 의무들도 이행하게 된다. 식당들이 개업을 하면 보건복지부에서 여러 검사와 허가를 하듯이, 성매매 업소 역시 국가의 관리 감독 아래 시스템적으로 높은 위생 수준을 갖출 수 있을 것이다.

반론

하지만 성매매를 합법화한 국가들 중 독일의 예시를 살펴보면 성매매 종사자들의 삶의 질은 여전히 바닥권에 머무르고 있고, 성매매 합법화를 통해 오히려 인신매매가 느는 부작용이 발생했다고 한다. 성매매가 합법화되면서 성매매 공급이 늘어 성매매 가격은 폭락하여 성매매 종사자들이 얻는 수익은 더 줄기도 했다. 또한 성매매 종사자들이 각종 사회 보장 제도를 누리지도 못했다. 성매매 여성이 자신을 직업인으로 등록하는 건수가 1%에 그쳐 고용 보험의 혜택을 누리는 경우가 거의 없었다고 한다.[95)]

반대① 성매매는 인간의 존엄성을 훼손한다.

'성'은 생명을 탄생시키는 원천이자 인간의 가장 내밀한 면을 담고 있는 소중한 측면이기 때문에, 돈으로 교환할 수 있는 것이 아니다. 그런데 성매매는 성 상품화의 일종으로, 인간의 육체를 성적 욕구의 수단으로 사용하는 것이다. 성매매는 상대의 인격을 몸과 함께 쾌락을 위한 도구로 여기는 것으로, 인간 존엄성을 훼손한다.[96)] 칸트의 정언명법에 따르면, 인간은 (자신뿐만 아니라 타인을) 단지 수단으로만 대해서는 안 되고, 동시에 목적으로 대해야 한다. 인간은 도구가 될 수 없으며, 도구가 될 수 있는 존재는 오직 '사물'뿐이다. 성매매는 위와 같은 정언명법을 거스르는 것이며, 이 과정에서 인간의 사물화, 인간 소외가 일어나는 것은 필연적이기 때문에, 이를 도덕적 · 법적으로 수용할 수 없다.

상대방을 절대적 목적인 인격으로 존중하는 성관계만을 도덕적으로 허용할 수 있다. 인간 존엄성을 훼손하지 않는 성관계의 조건은 '사랑'이다. 사랑이 없는 상태에서 맺는 성관계는 타인에 대한 존중 그리고 타인의 욕구와는 관계없이 만족의 수단으로만 상대를 대하는 것이며, 이는 상대를 사물처럼 대하는 것과 다르지 않다. 사랑이 없는 성, 쾌락만을 위한 성, 성 그 자체를 위한 성은 부도덕하고 나쁘며, 성매매와 같은 직접적 성의 상품화는 용납할 수 없다.

반론

하지만 현실 사회에서는 원나잇, 섹스 파트너 등 상호 간의 합의하에 쾌락을 위한 성관계가 흔하게 이루어진다는 점에서 '사랑'을 성관계의 필요충분조건으로 보는 것은 너무 엄격한 간섭주의에 해당한다. 성적 쾌락의 추구가 그 자체로 목적이 되어서는 안 되는 이유는 무엇인가?

성관계도 결국 하나의 호혜적 교환의 일종이고, 성관계를 통해 단순한 쾌락이나 상대방과 가까워지는 기분 등을 느낀다면, 그 대가가 돈이 되어서는 안 될 이유는 무엇일까?

반대② 성매매는 성매매 종사자가 비자발적으로 가담하게 되는 경우가 많고, 종사자에게 상당한 신체적 · 심리적 해악을 끼친다.

쾌락의 본래적 가치를 인정하더라도, 성관계는 당사자의 자발성을 바탕으로 해야 하며 해악이 없어야 한다. 어떤 성관계가 자발적이지 않고 상당한 해악이 발생한다면 그러한 성관계는 부도덕한 것이다.

성매매 종사자들이 자발적으로 성매매에 가담하게 된다고 볼 수 있을까? 2016년 청소년 성매매 실태 조사 결과에 따르면, 가출 청소년들이 성매매를 하게 되는 원인으로는 '잘 곳이 없어서'라는 응답이 18.5%로 가장 많았다. 또한 성매매 여성의 과반수 이상이 어린 시절에 학대받은 경험을 가지고 있는 것으로 드러났다. 위와 같이 극단적으로 돈이 없어서 생존을 위해 성 판매를 하는 경우, 그리고 오랜 기간 학대를 받은 사람이 성매매에 가담하게 된다면 이를 자발적이라고 볼 수 있을까? 조엘 파인버그에 따르면, 한 개인이 한 선택이 '완전히 자발적인 선택'이 되기 위해서는 보통 성인의 능력을 보유하고 있어야 하고, 강제나 구속하에서 한 선택이 아니어야 하며, 미묘한 조작이 있어서는 안되고, 일시적으로 왜곡된 상황에서의 선택이 아니어야 한다. 하지만 성매매에 빠져드는 여성들의 경우, 경제적 위협과 협박으로 인해 성매매를 하게 되거나, 물뽕 · 마약 등의 환각제를 강제적으로 투약당한 뒤 성매매에 연루되는 경우도 적지 않다. 또한 자발적으로 성 판매를 시작하게 되었다고 하더라도, 의도적으로 빚을 지게 하는 포주의 계략에 의해 처음 계획과 달리 장기적으로 성매매에 몸담게 되는 경우도 있다.

다음으로, 어떤 성관계가 상당한 해악이 발생한다면 그러한 성관계는 부도덕하다고 볼 수 있다. 성매매로 인해 발생할 수 있는 해악에는 어떠한 것이 있을까? 성매매 과정에서 발생하는 해악들은 미미하여 사회적으로 감당할 만한 해악으로 간주할 수 있을까? 아니면 돌이킬 수 없는 결과를 가져오는 위험한 해악에 해당할까? 우선, 성매매 관련 당사자들이 겪을 해악을 신체적인 것, 그리고 심리적인 것으로 나누어 살펴보기로 한다. 성 판매자와 성 구매자는 모두 성병의 위험성에 노출되며, 특히 여성인 판매자는 임신의 위험에 노출된다. 또한 구매자가 값을 지불했다는 이유로 판매자에게 폭력적이거나 원치 않는 성관계 방식을 요구하고 폭력을 휘두를 수 있다는 위험에 노출된다. 물리적 폭력뿐 아니라, 성 구매자가 판매자를 하등한 존재로 대하고 폄하함으로 인하여 성 판매자는 인격 무시로 인한 스트레스를 겪을 수 있다. 이러한 인격적 무시로 인해 자살 충동을 겪는 성 판매자들이 71%라는 사실을 비추어 볼 때 이는 굉장히 심각한 해악이라는 것을 알 수 있다.

반론

물론 성매매 종사자들 중에는 인신매매나 마약 범죄로 인하여 강제로 성매매에 가담하게 되는 경우도 있을 것이다. 이는 비자발적이라고 인정할 수 있다. 하지만, 사회적 · 경제적 압력으로 인하여 성매매를 선택하는 경우를 비자발적이라고 볼 수 있을까? 경제적으로 어렵다고 해서, 먹고 잘 곳이 필요하다고 해서 모든 사람이 성매매에 가담하지 않는다. 왜냐하면 사회에는 돈을 벌기 위한 방법이 다양하기 때문이다. 사실상 다양한 선택지에서 한 가지를 선택한 것이나 다름없는데, 이를 비자발적이라고 한다면, 인간의 자발성을 과도하게 축소하여 해석한 것이 아닐까 하는 지적이 있을 수 있다.

반대③ 성매매는 가정불화를 일으키고, 건전한 성 풍속을 해친다.

성 구매자의 배우자나 애인 등 제3자가 겪는 해악 역시 존재한다. 그중 가장 심각한 것은 가정불화이다. 한 쌍의 커플이 결혼하여 한 가정을 이루게 될 때, 둘은 서로에 대한 정절의 의무를 지킬 것을 서약한다. 그런데 자신의 배우자가 이러한 서약을 어기고 성 구매 사실을 알게 된다면, 여성 배우자나 애인은 성을 구매한 남성이 자신에게 헌신해도 모자란데, 적지 않은 금액을 성매매에 쓴다는 사실에 극심한 불쾌감을 느끼게 되고, 자신에 대한 헌신을 의심하게 된다. 심지어 성매매 종사자와의 관계가 한 번에 머문다는 보장이 없고 깊은 관계에 빠질 가능성도 배제할 수 없기 때문에, 부부 관계를 심각하게 위협할 수 있다.[97] 한 사회를 구성하는 가장 기본적인 단위가 가정이라는 점을 고려할 때, 성매매로 인하여 가정 내에 불신의 씨앗이 생기는 것은 사회의 근간을 뒤흔드는 일이라고 볼 수 있다.

또한 '성을 사고팔 수 있다', '돈만 있으면 성을 마음대로 할 수 있다'는 전제가 숨어 있는 성매매를 법적으로 인정할 경우, 사회 전반적으로 성상품화를 가속화하여 건전한 성 풍속을 해쳐 남녀 관계에조차 악영향을 줄 수 있다. 성을 구매할 경우 여성 일반을 보는 남성들의 시선에 부정적인 변화가 생기고, 이러한 변화를 겪은 남성들이 여성들을 대할 때 그러한 시선을 그대로 유지함으로써 여성들에게 해악을 미치게 된다.[98)]

반론

이러한 입장은 성 구매를 경험한 남성들이 일반 여성을 대할 때에도 그 태도를 확대 적용할 것임을 전제하고 있다. 하지만 이는 남성의 상황 판단 능력을 폄하하는 입장이라고 볼 수 있다. 인간은 상황을 고려해서 적절하게 행동하며 특정 상황에서 취했던 태도를 무차별적으로 일반화하지 않는다. 상대가 배우자인지, 고객인지, 상사인지에 따라 상황 및 관계를 판단하여 태도를 다르게 취한다는 것이다. 성매매에 한 번 가담했다고 해서, 일반 여성에 대하여 왜곡한 태도를 영구적으로 갖추게 될 것이라고 보는 것은 성급한 일반화의 오류를 범하는 것이라고 반박할 수 있다.

찬성 논거	반대 논거
① 성매매 합법화를 통해 성범죄를 예방할 수 있다. ② 성매매 종사자들의 직업 선택의 자유를 인정해야 한다. ③ 성매매 합법화를 통해 성노동자를 보호하고 노동 환경을 개선할 수 있다.	① 성매매는 인간의 존엄성을 훼손한다. ② 성매매는 성매매 종사자가 비자발적으로 가담하게 되는 경우가 많고, 종사자에게 상당한 신체적 · 심리적 해악을 끼친다. ③ 성매매는 가정불화를 일으키고, 건전한 성 풍속을 해친다.

8. 초저출생 문제의 해법: 물질적 지원의 우선성 논쟁[99)]

최근 대한민국의 출산율 관련 통계에 따르면, 가임기 여성(15~49세) 1명이 평생 낳을 것으로 '예상'하는 평균 출생아 수인 '합계출산율'이 0.65명(2023년 4분기)으로 추락했다. 지난 2023년 합계출산율은 0.72명으로 나타났다. 저출생의 문제는 일찍이 2006년부터 국가 · 사회적 위기로 인식하고 대응하여 매년 물질적 지원[100)]의 증가를 늘려나가고 있음에도 불구하고, 초저출생 현상은 역대 최저치를 기록하였다. 합계출산율이라는 수치는 여성 1명을 기준으로 삼는다는 점에서, 남성 배우자 1명을 합한 성인 2명이 0.65의 아이를 출산한다는 것은 단순히 여성 100명이 65명의 아이로 인구가 감소하는 문제가 아닌, 여성과 남성이 합쳐진 200명이라는 숫자가 다음 세대에 65명으로 감소하는 문제이다.[101)] 한 세대를 대략 30년으로 잡고 이러한 현상이 지속될 경우, 2024년 기준 15~49세 인구에 해당하는 약 2300만 명이 불과 한 세대 만에 750만 명으로 감소하게 되는 것이다(65/200=0.325, 2300만×0.325=750만).

이러한 초저출생 현상으로 인한 인구 감소는 단순히 생산력 감소의 문제가 아니라, 세대 간 불균형으로 인한 사회적 · 경제적 갈등은 물론, 국가의 존립 자체를 위태롭게 한다는 지적이 있다. 일각에서는 저출생 현상은 세계적인 흐름[102)]이라며 '적정 인구론'을 주장하기도 하지만, 2020년 이후로 대한민국 인구의 자연적인 감소가 매우 심각한 수준임은 분명한 사실이다. 지금과 같은 추이대로라면, 대한민국은 과거 흑사병이 창궐했던 14세기 중세 유럽보다 더 빠른 인구 감소율[103)]이 예상된다.

대한민국의 이러한 저출생 현상의 원인과 해법에 관한 논의는 과거부터 이루어져 왔으나, 체계적인 원인 파악과 현실적이며 유효한 대안 마련을 제대로 추진하고 있다고 보기는 어렵다. 사실상 이러한 초저출생 현상에 관해 '물질적 지원'을 중심으로 한 정책적 접근이나 사회적 차원의 논의가 이루어져 왔다. 그러나 이에 대한 보다 다각적이고 풍부한 논의의 필요성도 제기되고 있다. 이러한 대한민국의 현실과 미래를 반영한 토론의 주제에 관해 여러분들은 어떤 생각을 가지고 있는가?

본 토론의 주제인 '대한민국 초저출생 문제의 해법: 물질적 지원이 우선인가?'라는 논쟁 문제에 대한 찬반 논거를 제시해 보면 다음과 같다.[104)]

찬성① 물질적 지원은 부모의 경제적 부담을 완화하여 출산율을 높일 수 있다.

OECD 선진국들 중 저출생의 문제를 겪었던 국가들의 경우에도 출산율 저하를 해결하기 위해 유급 휴직, 아동 수당 등 다양한 차원의 물질적 지원을 해오고 있으며, 이를 통해 출산율 반등의 효과를 보았다. 선진국을 중심으로 한 대표적인 저출생 관련 정책의 모범은 일과 가정이 양립할 수 있는 물질적인 지원이다. 저출생 쇼크를 겪었던 체코의 경우에도 스웨덴과 프랑스의 모델을 도입하자 출산율이 40%가 증가한 사례가 있다.[105)] 체코의 경우, 1990년 1.89명이었던 합계출산율이 1999년 1.13명으로까지 떨어진 바 있다. 이런 상황에서 스웨덴과 프랑스의 모델을 도입한 후 체코의 상황에 맞게 물질적 지원 대책을 강화하여 출산율 반등의 효과를 본 것이다. 기사에 따르면, "1990년 도입한 부모수당 혜택을 점차 늘렸다. 올해부턴 출산 후 6개월부터 3년까지 총 35만 코루나(약 2065만 원)를 원하는 기간에 따라 월별로 나눠 지급한다. 학생 실업자 자영업자 등 대상을 가리지 않고, 혼인 여부도 따지지 않는다. 이런 노력으로 체코 합계출산율은 2021년 1.83명까지 올랐다."라고 한다.

혹자는 양성평등 정책이나 교육 등의 방법으로 국민의 인식을 개선하는 방향을 논하기도 한다. 하지만 충분한 물질적 지원이나 인센티브 없이 국민의 인식을 고치려고 하는 것은 개인에 대한 폭력일 수 있다. 선진국을 중심으로 '일-가정 양립 정책을 위한 물질적 지원'은 현실적으로 모범적인 대안이며, 일부 선진국의 경우에 출산율이 떨어지는 추세라는 점을 감안하더라도 이러한 현상이 물질적 지원으로 인해 발생한 것이라고 보기는 어렵다. 경제적인 관점에서 "미래 불안정"이 근본 원인일 수 있다. 스웨덴의 출산율이 떨어진 것에 대해 리비아 올라 스웨덴 스톡홀름대 사회학과 교수가 "불안정한 일자리가 많아지는 등 노동시장의 안정성이 크게 하락했다."[106]라고 설명한 것이 이러한 주장을 뒷받침한다.

한편 OECD 한 문서에 따르면, 물질적 지원이 출산율에 미치는 영향을 설명한 자료가 있다. 아래 그림을 참조해보라.

상자 5.5. 프랑스의 가족 현금 혜택과 가족에 대한 세금 감면이 출산율에 미치는 영향

자녀가 있는 가정에 대한 가족 현금 혜택과 세금 감면은 가족 소득을 보충하고 출산율을 높이는 중요한 조치입니다. 프랑스의 경험은 확대 가족 지원 정책과 과거 개혁의 효과에 대한 증거 때문에 잘 드러난다 (Thévenon, 2016[80]).

현금 혜택의 효과

- Ekert-Jaffé(1986[81])는 1970년대 후반 프랑스에서 경제적 혜택(가족 수당, 저소득 대가족을 위한 추가 혜택 및 주택 수당)의 존재로 인해 출산율이 여성 1인당 약 0.2명 증가했으며, 아동의 직접 비용을 완전히 보장하면 여성 1인당 약 0.3명의 자녀를 추가로 생산할 수 있다고 추정했다.

자녀가 있는 가정에 대한 세금 감면 효과

- 1981년 "가족 몫"의 개혁은 가족 소득의 관련 세금 감면을 증가시킴으로써 세 번째 자녀의 비용을 줄였습니다(세금 목적상 "반성인"이 아닌 성인으로 간주될 수 있음)(Landais, 2004[82]). 생식력에 미치는 영향은 긍정적이지만 매우 작습니다. 셋째 자녀에 대한 세금 감면이 1% 변경되면 자녀가 3명인 가구의 비율이 0.05% 이하로 증가했습니다. 또한 개혁이 시행되기까지 5년에서 10년이 걸렸습니다. 그 효과는 세금 감면의 혜택을 가장 많이 받은 고소득 가정에서 가장 두드러졌습니다.
- 첸(Chen, 2011[83])은 다른 유럽 국가나 미국과 달리 프랑스의 경우 가난한 가구보다 부유한 가구의 출산율이 높은 것으로 나타났다. 저자는 세제 인센티브가 출산율에 큰 영향을 미칠 수 있다고 추정했는데, 가구 소득이 1% 증가하면 평균 0.09명의 자녀가 증가한다.

세제 혜택 지원의 효과

Laroque와 Salanié(2014[84])는 다양한 복지 혜택과 세금 조치 간의 가능한 상호 작용뿐만 아니라 어머니의 노동 시장과 출산 행동 간의 상호 작용을 고려하여 미시 시뮬레이션 모델을 사용하여 세금 혜택 시스템이 출산력에 미치는 영향을 추정했습니다. 재정적 이전이 출산율에 미치는 영향은 중요하지만 비용이 많이 드는 것으로 보인다. GDP의 약 0.3%에 해당하는 월 150유로(미화 170달러)의 조건 없는 자녀 공제를 추가로 제공하면 출산율은 3.3포인트(여성 1인당 약 0.06명)가 증가하는 반면 여성 노동력 참여율은 0.5포인트 감소할 것으로 추정됩니다. 그 영향은 출생 순서에 따라 다르며, 셋째 아이에게 가장 큰 영향을 미친다.

프랑스의 현금 혜택 및 세금 감면이 출산율에 미치는 영향[107]

찬성② 더 많은 물질적 지원이 부족하지는 않았는지 재고해봐야 한다.

가족지원예산의 일환인 저출생 예산에 해당하는 육아휴직, 보육지원, 아동수당 지원 등을 OECD 주요국과 비교했을 때, 우리나라는 전체 38개국 중 33위로 최하위권에 머물고 있다. 한 기사에 따르면,[108] OECD 회원국 중 GDP 대비 가족지원예산 비중이 높은 국가로는 프랑스(3.44%), 스웨덴(3.42%), 룩셈부르크(3.36), 폴란드(3.35%) 등이 꼽혔다. 일본은 1980년대 초반 0.5% 수준이었으나 점진적으로 증가해 현재 우리나라보다 약간 높은 1.95% 수준이다. 우리나라의 GDP 대비 세제지원 비율은 0.19%로 OECD 평균(0.19%)과 동일하다. 다만 세제지원을 하고 있지 않은 국가들(0%인 국가들)을 제외한 OECD 국가 평균인 0.25%보다는 낮은 수준이다. 이를 통해 볼 때, 가족 지원예산 비중뿐 아니라 세금을 감면해주는 정책 등 물질적 지원을 충분히 제공했는데도 저출생의 문제를 해결하지 못한 것이 아니라, 실제 정부의 노력이 부족했음을 알 수 있다. 구체적인 근거 자료는 아래 그림을 참조하라.

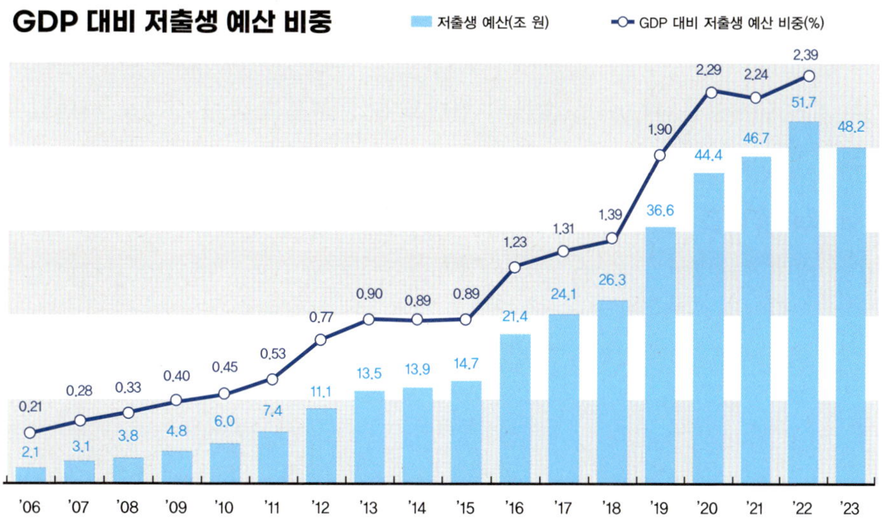

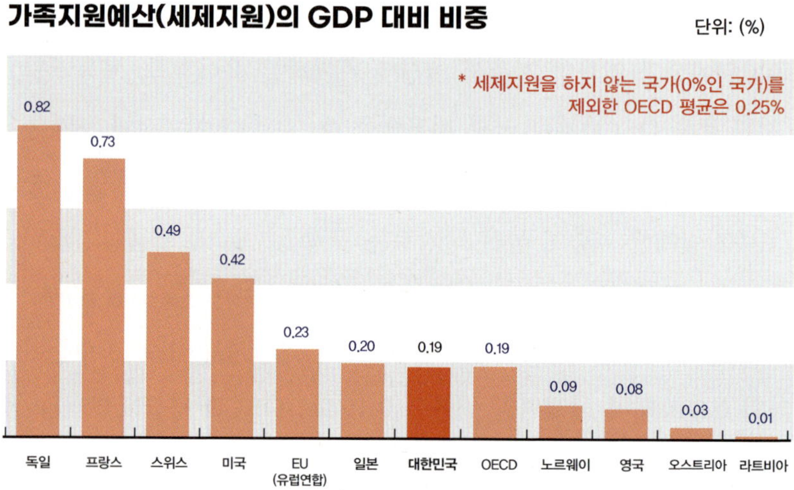

GDP 대비 저출생 예산 비중과 세제지원 비중

반대 측에서는 근로자들이 눈치 보지 않고 육아휴직이나 휴가 등을 쓸 수 있는 '문화 조성'의 필요성을 주장할 수 있지만, 기업, 회사, 고용주 등에게 충분한 물질적 지원을 제공한다면 이러한 문화도 조성될 수 있다. 다시 말해 육아휴직 등의 사용 현실을 고려했을 때 기업과 고용주 등에 더 많은 물질적 지원이 필요하다. 한 기사에 따르면,[109] OECD 자료를 통해 볼 때 한국 육아휴직급여의 소득대체율은 44.6%로 소득의 절반도 보장받지 못하는 것으로 나타났다. 육아휴직을 사용하면 소득이 많이 감소하는 만큼 상대적으로 소득이 높은 남성이 육아휴직을 사용하기 어렵다는 것이다. 또한 육아휴직 관련 재정지출은 GDP 대비 0.07%로 'OECD 평균인 0.36%의 5분의 1'에도 미치지 못했다고 설명한다.

찬성③ 출산율에 관한 정부의 노력 중 물질적 지원 이외에 현실적으로 강력한 수단이 있는가?

상자 5.4. 스웨덴의 스피드 프리미엄

1980년대 중반부터 스웨덴에서는 이전 아이의 출생 후 30개월 이내에 다른 아이를 출산한 부모는 유급 휴가 기간 동안 이전 아이를 위해 휴가를 갔을 때와 동일한 수준의 급여로 소득 지원을 계속 받을 수 있습니다. 이것은 일반적으로 "스피드 프리미엄"으로 알려져 있으며, 첫 아이를 낳은 후 직장으로 돌아가야 하지만 근무 시간과 수입이 줄어들어 더 낮은 지급률을 받을 수 있는 부모에게 재정적으로 유리합니다.

이 프리미엄은 첫 번째 출산과 두 번째 출산 사이의 간격을 줄이는 것으로 밝혀졌으며 세 번째 출산 시기를 가속화하는 것으로 밝혀졌으며, 이러한 현상은 경제 주기 전반에 걸쳐 지속되었습니다(Hoem, 1993[61])(Neyer and Andersson, 2008[62]). 그럼에도 불구하고 출산 완료에 미치는 영향은 불확실하며, 최근 증거에 따르면 출산 간격에 미치는 영향은 오늘날 매우 작습니다(Miranda, 2019[63]). 또한 스피드 프리미엄을 통해 엄마들은 가족 소득의 손실 없이 활동을 줄일 수 있었고, 스피드 프리미엄을 도입한 후 '이미 태어난' 아이들의 학업 성적이 향상되었다는 증거도 있다(Ginja, Jans and Karimi, 2019[64]).

스웨덴의 스피드 프리미엄[110)]

반대 측에서는 행복이나 가족의 가치, 인생의 목적 등의 차원에서 추상적인 주장을 할 수 있다. 그러나 개인마다 행복을 느끼는 기준이나 분야가 다르고 가치관도 개인마다 다르기 때문에, 이는 뜬구름 잡는 이야기에 그칠 수 있다. 개인의 정신상태에 국가가 어떻게 개입할 수 있는가.

OECD 문서에 따르면,[111)] 실제로 현금성 지원은 첫째와 둘째 출산 사이의 간격을 줄여주고 셋째 출산을 가속화하는 "스피드 프리미엄"의 효과를 보여준다. 위 스웨덴의 사례를 참조하라. 정부는 물질적 지원 외에 다양한 요소를 고려할 수 있지만, 출산율 증가에 있어서 가장 직접적이고 측정 가능한 방법 중 하나는 물질적 지원임을 부정할 수 없다.

반대① 물질적 지원만으로는 사회 구조적 변화를 가져오기 힘들다.

단순히 "낳고 기름"에 필요한 돈이 없어서 초저출생의 문제가 발생한 것이 아니다. 또한 물질적 지원을 막대하게 제공하게 되면 단기간에는 효과를 볼 수 있을지 몰라도 현실적으로 국가 운영상 장기간 지속하기는 어려울 것이다. 6.25 전쟁 직후 우리나라 인구 변화를 보라. 소위 베이비부머라 불리는 세대는 물질적으로 풍요로웠기 때문에 인구수가 많았던 것이 아니다. 못살고 못 먹어도 자식을 낳아 기를 수 있다. 오히려 저개발국가, 아프리카, 중동 지역보다 잘사는 선진국에서 출산율이 낮은 경우와 마찬가지다.[112)]

어느 정도 잘살게 된 선진국의 국민들에게 물질적 지원이 어디까지 가능할 것이며, 국민들은 물질적 지원을 통해 얻는 이득보다 자식을 낳음으로써 얻는 '미래에 대한 불확실성', '불안감'이 더 크다. 물질적 지원으로부터 받는 가치와 혜택보다 인생에서 출산, 양육으로 겪는 희생, 기회비용이 훨씬 더 클 수밖에 없는 사회구조이기 때문에 물질적 지원은 한계가 명확하다. 한 기사에 따르면,[113)] "복지를 강화하거나 사회주의 정책을 시행해도 출산율은 하락한다. 소득이 높아질수록, 안전해질수록, 복지가 강화될수록 혼자서도 잘 살 수 있기 때문이다."라고 주장한다.

한편, 스웨덴의 경우 물질적 지원뿐만 아니라 '양성평등 정책'이 출산율 반등에 주효한 효과를 봤다는 시각이 있다. 한 기사에 따르면,[114)] 스웨덴의 GGI(성격차 지수 순위)는 146개국 중 5위로 성평등 지수가 높지만 대한민국은 99위에 해당한다. 물론 스웨덴처럼, 남성에게 의무적인 육아휴직을 시키거나 육아휴직 중 월급을 정부가 상당 부분 지급하더라도 실질적인 '양성평등 의식'이 사회 내 형성되지 않는다면 여성에게만 과도한 책임이 부여될 수 있다. 또 다른 기사[115)]에 따르면, 저출생 추세를 되돌리기 위해 스웨덴은 양성평등에 다시 주목하고 있다고 말한다. 스웨덴 최연혁 린네대 교수는 "스웨덴 가족 정책의 핵심은 탈

가족화다. 가정의 의무에서 여성을 풀어 줘야 양성평등이 이뤄지고 아이를 낳을 수 있는 기본적인 환경이 만들어진다."라고 강조했다. 그러면서 스웨덴은 남녀 차별을 없애고자 아이가 푀르스콜라(어린이집과 유치원이 결합된 형태의 예비학교)에 등원하는 생후 13개월부터 양성평등 교육을 하고 있다고 덧붙였다.

양성평등 정책 이외에도 '비혼 출산'에 관한 법적 근거 마련이 의미 있을 수 있다. 즉, 사실혼 관계에서만 출생을 인정하는 것이 아니라, 비혼 출산에 대한 법적 근거 마련을 통해 비혼 출산율을 높일 필요가 있다는 것이다.[116] 실제로 OECD 2020년 스웨덴의 비혼 출산율은 55.2%인 반면, 한국은 2.5%에 불과하다. 스웨덴에서 부모의 정의에는 '부 혹은 모의 사실혼 배우자'도 포함되기 때문에, 비혼 커플도 부모휴직이나 간병 휴가 등 각종 혜택을 차별 없이 받는다. 현재 한국에서는 동거커플의 배우자가 출산휴가를 보장받을 수 있는 법적인 근거는 없다. 이렇다 보니 OECD의 2020년 통계상 스웨덴의 비혼 출산 비율은 55.2%로 절반을 웃도는 반면, 한국은 2.5%에 불과한 것이다. 이처럼 인구 문제 해결의 본질은 단지 물질적 지원을 중심으로 하기보다 결혼, 출산, 양육에 관한 개인과 사회의 전반적인 인식의 변화가 우선되어야 한다.

반대② 출산율 반등을 위한 현금성 지원이 아닌 행복한 국가 만들기의 관점에서 접근해야 한다.

대한민국 초저출생 현상은 대한민국이 행복하지 않은 나라이기 때문에 수면 위로 드러난 문제일 뿐이다. 국내 자살률 결과(세계 1위)나 행복도 조사(OECD 38개 회원국 중 최하위 4번째)[117]의 순위를 함께 고려해야 한다. 최근 한국자살예방협회에서는 "2024년 1월 자살 사망자 1306명은 지난해 같은 달(987명)보다 32.3% 급증"한 수치라는 점에 주목하며 긴급성명서를 발표[118]하기도 했다. "헬조선"의 용어도 불행한 대한민국의 대표적인 예이다. "어차피 낳아봤자 나처럼 불행할 텐데", "나 하나 건사하기 힘들다"고 생각되며, 이전 세대에게 있었던 세대 간 신분 상승 같은 희망도 없고, "영끌해도 내 집조차 마련할 수 없으며", 가난만 대물림되고, 애지중지 기른 자식한테서는 "이럴 거면 왜 낳았는데"의 소리를 들을 수 있는 비참한 현실이다.

역설적이게도, 2022년 12월 22일~2023년 1월 6일 동안 32개국 대상으로 삶의 만족도를 조사한 입소스(Ipsos)의 결과에 따르면,[119] 세계인들과 한국인들 모두 가장 큰 행복과 삶의 만족감을 자녀에게서 얻고 있다. 자녀에게서 삶의 만족도를 얻는다는 세계인들의 평균비율은 85%, 한국인은 78%로 여러 요소들(배우자와의 관계, 친구, 일자리 등) 중에서 가장 큰 비율을 차지했다(그림 참조). 자식을 낳아서 행복함을 얻은 것인가 아니면 행복할 수 있는 사람이 자식을 낳은 것인가? 자식이 주는 기쁨이 가장 큰 삶의 만족도라고 보았을 때, 0.65명의 합계출산율은 그만큼 행복하지 않은 대한민국을 보여주는 지표이다. 오히려 행복하지 않은 국가에서 단순히 출산율을 늘리는 것은 불행을 증가시키는 것이다.

Satisfaction with aspects of life by country

	Global Country Average	Argentina	Australia	Belgium	Brazil	Canada	Chile	China	Colombia	France	Germany	Great Britain	Hungary	India	Indonesia	Italy
My children (if a parent)	85%	79%	87%	84%	74%	87%	82%	88%	83%	84%	84%	86%	82%	86%	97%	80%
Relationship with partner/spouse (if has one)	84%	88%	87%	83%	78%	83%	82%	89%	87%	81%	77%	85%	84%	84%	94%	76%
Access to/in touch with nature	80%	82%	84%	83%	71%	81%	76%	86%	84%	80%	79%	81%	78%	84%	87%	70%
Level of education	80%	89%	87%	76%	73%	80%	85%	85%	84%	78%	83%	77%	70%	84%	89%	73%
Relationship with relatives	78%	78%	78%	66%	72%	76%	80%	86%	84%	74%	71%	79%	77%	85%	91%	71%
Friends	78%	86%	81%	75%	74%	74%	79%	89%	75%	77%	77%	78%	65%	79%	85%	74%
Access to news/information	77%	73%	83%	75%	70%	81%	67%	86%	71%	73%	77%	80%	61%	82%	97%	70%
Co-workers (if employed)	77%	73%	83%	73%	73%	79%	76%	86%	80%	71%	75%	76%	70%	82%	85%	67%
Feeling loved	76%	84%	75%	64%	72%	75%	83%	84%	80%	70%	75%	73%	73%	82%	87%	73%
Feeling free to do and say what I want	76%	80%	80%	69%	72%	76%	81%	86%	79%	72%	73%	75%	59%	76%	80%	74%
Personal safety and security	75%	63%	87%	69%	63%	83%	61%	88%	67%	69%	78%	75%	70%	80%	91%	71%
Access to entertainment/leisure activities	75%	77%	80%	68%	71%	77%	74%	85%	76%	71%	78%	76%	55%	83%	85%	69%
Job (if employed)	74%	72%	81%	72%	67%	73%	79%	82%	80%	68%	75%	74%	65%	80%	76%	71%
Religious faith or spiritual life	74%	76%	70%	66%	73%	71%	76%	79%	84%	65%	67%	64%	64%	84%	93%	66%
Living conditions	74%	74%	86%	66%	68%	73%	75%	86%	77%	76%	76%	79%	54%	78%	79%	70%
Amount of free time	74%	70%	78%	71%	75%	76%	75%	80%	74%	74%	75%	75%	64%	79%	90%	69%
Looks	73%	83%	67%	65%	64%	71%	80%	80%	81%	70%	73%	67%	60%	83%	84%	69%
Feeling in control of my life	73%	78%	75%	65%	68%	67%	77%	83%	82%	66%	72%	65%	67%	81%	87%	69%
Feeling my life has meaning	73%	76%	74%	61%	68%	67%	81%	85%	79%	66%	70%	68%	58%	81%	85%	68%
Feeling appreciated	73%	85%	70%	67%	68%	70%	79%	87%	84%	71%	67%	66%	49%	84%	87%	69%
Mental health and well-being	72%	79%	74%	63%	67%	70%	73%	87%	75%	72%	64%	69%	56%	81%	85%	72%
Material possessions	72%	68%	81%	79%	75%	80%	74%	77%	76%	79%	69%	78%	39%	80%	72%	68%
Physical health and well-being	72%	81%	68%	58%	69%	63%	72%	87%	79%	67%	69%	65%	67%	79%	89%	68%
Social status	72%	72%	77%	65%	65%	72%	76%	77%	77%	71%	73%	70%	52%	80%	81%	68%
Social life	71%	76%	72%	64%	67%	69%	77%	83%	75%	66%	71%	65%	56%	79%	83%	65%
Exercising/physical activities	65%	67%	71%	55%	58%	57%	60%	83%	71%	65%	58%	62%	47%	85%	77%	61%
Romantic/sex life	63%	67%	61%	58%	60%	58%	73%	79%	73%	61%	60%	58%	56%	69%	75%	60%
Own financial situation	57%	41%	60%	47%	54%	58%	53%	78%	61%	55%	56%	56%	37%	73%	65%	57%
Country's economic situation	40%	15%	54%	25%	37%	41%	24%	78%	33%	28%	50%	19%	22%	70%	53%	32%
Country's social and political situation	40%	17%	60%	24%	43%	44%	26%	83%	38%	32%	42%	27%	20%	72%	53%	34%

	Japan	Malaysia	Mexico	Netherlands	Peru	Poland	Portugal	Saudi Arabia	Singapore	South Africa	South Korea	Spain	Sweden	Thailand	Turkey	UAE	United States
My children (if a parent)	76%	94%	84%	90%	79%	90%	98%	83%	86%	80%	78%	83%	83%	92%	82%	91%	84%
Relationship with partner/spouse (if has one)	70%	90%	85%	94%	86%	79%	88%	88%	83%	88%	73%	87%	79%	90%	80%	85%	86%
Access to/in touch with nature	62%	82%	88%	87%	76%	81%	92%	87%	75%	78%	56%	82%	80%	88%	66%	85%	81%
Level of education	50%	82%	84%	89%	79%	72%	90%	88%	77%	74%	60%	86%	74%	91%	77%	88%	79%
Relationship with relatives	57%	86%	86%	82%	85%	76%	83%	80%	79%	78%	64%	79%	70%	87%	77%	91%	74%
Friends	54%	82%	79%	86%	78%	72%	87%	87%	84%	74%	56%	80%	74%	89%	76%	85%	78%
Access to news/information	70%	87%	80%	89%	71%	78%	79%	85%	85%	83%	58%	69%	82%	88%	71%	82%	74%
Co-workers (if employed)	51%	79%	81%	84%	79%	73%	79%	87%	79%	72%	58%	77%	79%	82%	78%	88%	75%
Feeling loved	49%	80%	76%	90%	83%	69%	83%	81%	75%	76%	53%	82%	72%	76%	69%	82%	77%
Feeling free to do and say what I want	58%	71%	64%	86%	80%	61%	89%	86%	79%	79%	58%	78%	74%	87%	57%	83%	78%
Personal safety and security	60%	83%	77%	88%	63%	71%	85%	91%	91%	64%	66%	77%	72%	84%	59%	88%	75%
Access to entertainment/leisure activities	51%	83%	81%	86%	78%	69%	77%	82%	74%	75%	57%	78%	69%	86%	57%	84%	76%
Job (if employed)	47%	75%	85%	88%	76%	70%	75%	83%	70%	67%	56%	77%	73%	83%	74%	90%	74%
Religious faith or spiritual life	42%	88%	76%	84%	73%	68%	76%	85%	79%	80%	50%	71%	71%	89%	72%	91%	76%
Living conditions	57%	79%	80%	86%	75%	65%	81%	81%	81%	71%	54%	75%	68%	81%	57%	85%	77%
Amount of free time	64%	80%	77%	82%	69%	66%	65%	79%	75%	71%	55%	73%	80%	87%	64%	80%	77%
Looks	40%	80%	82%	80%	82%	61%	81%	88%	72%	79%	50%	79%	67%	85%	76%	84%	69%
Feeling in control of my life	45%	78%	82%	79%	86%	61%	85%	87%	70%	70%	56%	72%	63%	89%	66%	84%	70%
Feeling my life has meaning	51%	83%	82%	83%	82%	67%	84%	84%	74%	77%	34%	73%	67%	91%	62%	86%	73%
Feeling appreciated	40%	70%	79%	87%	79%	59%	76%	84%	75%	71%	50%	80%	66%	83%	65%	84%	71%
Mental health and well-being	47%	77%	80%	84%	77%	62%	72%	87%	70%	72%	55%	75%	67%	82%	66%	85%	71%
Material possessions	60%	75%	80%	87%	69%	56%	77%	81%	75%	64%	39%	77%	79%	72%	59%	81%	79%
Physical health and well-being	45%	81%	79%	76%	74%	59%	68%	86%	74%	70%	52%	75%	64%	83%	69%	86%	70%
Social status	37%	80%	77%	89%	76%	64%	72%	89%	72%	71%	42%	72%	75%	82%	61%	87%	70%
Social life	47%	78%	80%	84%	74%	65%	70%	86%	74%	69%	48%	74%	72%	88%	58%	83%	68%
Exercising/physical activities	45%	73%	72%	78%	66%	52%	56%	83%	64%	59%	47%	64%	52%	81%	62%	83%	62%
Romantic/sex life	34%	57%	68%	70%	71%	60%	64%	n/a	66%	65%	44%	72%	55%	75%	63%	n/a	60%
Own financial situation	37%	60%	60%	80%	58%	43%	61%	76%	53%	42%	38%	61%	49%	75%	52%	82%	51%
Country's economic situation	22%	49%	47%	45%	22%	24%	12%	85%	67%	24%	21%	35%	33%	51%	31%	82%	34%
Country's social and political situation	28%	59%	55%	47%	24%	27%	21%	n/a	71%	25%	23%	38%	30%	55%	37%	n/a	35%

Base: 22,508 online adults under the age of 75 across 32 countries, interviewed Dec. 22, 2022 – Jan.6, 2023
The "Global Country Average" reflects the average result for all the countries and markets where the survey was conducted. It has not been adjusted to the population size of each country or market and is not intended to suggest a total result.
The samples in Brazil, Chile, China, Colombia, India, Indonesia, Malaysia, Mexico, Peru, Saudi Arabia, Singapore, South Africa, Thailand, Turkey, and the UAE are more urban, more educated, and/or more affluent than the general population.

10

국가별 삶의 만족도 요소별 비율[120]

반대③ 물질적 지원이 아닌 인식의 개선이 우선이다.

노벨 경제학상 수상자인 골딘 하버드대 교수[121)]에 따르면, 저출생 문제의 해결을 위해서는 인식 개선이 우선되어야 한다. 골딘 교수는 저출생 문제의 원인을 사회의 급격한 변화라고 지적하며, 저출생 문제를 해결하기 위해서는 기성세대와 젊은 남성의 인식 변화가 필요하다고 주장했다. 또한 (저출생 문제는) 단순히 가족과 가정의 문제가 아니라 직장의 문제로 직장들은 사회의 변화를 따라잡지 못하고 있다며 한국의 기업 문화를 비판하기도 했다.

역사에 비추어보아도 물질적 지원은 한계가 명확하다. 로마 시대에도 시행된 바 있었던 출산장려책, 이른바 "당근과 채찍"이 출산율에 결정적으로는 영향을 미치지 못했다.[122)] 보다 구체적으로 말해, 25~60세의 모든 로마 남성은 반드시 결혼을 해야만 했고, 20~50세의 여성은 남편이 사망하면 2년 이내에 재혼했으며, 세 자녀 이상을 두면 금전적, 직업적 보상이 있었다. 예컨대 여성은 셋째를 낳아야 납세 의무를 면제받을 수 있었고, 관료를 채용할 땐 자녀가 많은 사람을 우대했다. 결혼하지 않았거나 자녀가 없는 사람은 상속권을 제한받는 등 경제적 불이익을 감수해야 했다. 이러한 로마 시기의 심리적 현상에 대해 리처드 프랭크 UC어바인대 교수는 관련 논문에서 "아우구스투스 법이 시행된 뒤에도 (로마제국) 상류층은 계속 결혼과 출산을 기피했다"면서 그 원인은 점점 도시적 · 개인주의적으로 변해간 상류층 남성과 여성 사이의 심리적 갈등이 더 심화되었기 때문이라고 설명한다. 이는 곧 당근과 채찍과 같은 물질적 보상과 통제 정책만으로는 인생에서 어쩌면 가장 결정적인 이벤트인 결혼과 출산의 기피라는 '심리적 현상과 갈등'을 해결하기 어려울 수 있음을 의미한다. 이보다는 근본적인 인식의 개선에 관한 논의가 필요한 것이다.

찬성 측 시각에서 보자면, 출산율에 관해 소위 '스피드 프리미엄'과 같은 즉각적이고 단기적인 효과에 주목할 수 있다. 그러나 우리 사회에 필요한 논의는 자기 정권에서 효과를 보기 위한 단기적 접근이 아니라 장기적 차원에서의 접근이다. 혹자는 현실성이 없다고 주장할 수 있으나, 현실 이면의 '가치'가 본질임을 잊지 말아야 한다. 미국에서 가장 주목받는 인플루언서 마크 맨슨은 한국을 방문하고 여행하며 다음과 같이 논평한 바 있다.[123] "슬프게도 한국은 유교의 가장 나쁜 부분인 수치심과 남을 판단하는 부분을 극대화하는 반면, 가족이나 지역사회와의 친밀감을 저버렸다. 또한 그들은 자본주의의 최악의 단면인 현란한 물질주의와 돈벌이에 대한 집착을 강조하는 한편, 가장 좋은 부분인 자기표현과 개인주의는 무시했다. 상충되는 가치관이 엄청난 스트레스와 절망으로 이어졌다. 이제는 내면의 깊은 곳을 들여다봐야 한다."라고 말하였다.

아이를 낳아서 기르고 키움에 있어 부모의 희생과 헌신은 필수적이다. 생물학적으로 인류 역사를 초월해 출산과 양육이 쉬웠던 적은 한 번도 없었다. 물질적 지원이 있더라도 출산의 고통을 대신하거나 양육에 따르는 수많은 기회비용(자아의 사회적 성취, 꿈 등) 등을 전부 대체할 수는 없을 것이다. 따라서 물질적 관점에서만의 접근이 아니라, 정신의 힘으로 물질을 지배할 수 있는 새로운 정신적 토대 차원의 논의가 필요한 상황이다.

이를 위해 특히 교육을 통해 개인적, 사회적 의식 개혁을 모색하는 것이 현실적인 대안일 수 있다. 정창우의 주장처럼, 자신의 삶과 인생의 본질적인 목적 차원에서 "가족과 결혼이 자신의 삶에서 어떤 의미를 지니는지, 부모의 역할은 무엇인지, 성평등한 가족 문화를 어떻게 만들 수 있는지, 가족 구성원 간에 어떻게 소통해야 하는지" 등을 생각해 볼 수 있는 기회를 주어야 한다.[124]

찬성 논거	반대 논거
① 물질적 지원은 부모의 경제적 부담을 완화하여 출산율을 높일 수 있다. ② 더 많은 물질적 지원이 부족하지는 않았는지 재고해봐야 한다. ③ 출산율에 관한 정부의 노력 중 물질적 지원 이외에 현실적으로 강력한 수단이 있는가?	① 물질적 지원만으로는 사회 구조적 변화를 가져오기 힘들다. ② 출산율 반등을 위한 현금성 지원이 아닌 행복한 국가 만들기의 관점에서 접근해야 한다. ③ 물질적 지원이 아닌 인식의 개선이 우선이다.

9. 동성결혼에 관한 윤리적 논쟁[125)]

'동성결혼' 또는 '동성혼'은 생물학적이나 사회적으로 동일한 성별을 가진 두 사람 사이에 법률상, 사회상으로 이루어지는 결혼을 의미한다.[126)] 동성혼은 LGBT 운동의 영향을 받아 20세기 후반부터 2001년 네덜란드를 시작으로 남아공, 대만, 프랑스, 독일 등 전 세계 39개국에서 혼인의 형태로 인정되어 법적으로 시행되고 있다.

우리나라의 경우, 동성결혼을 법적으로 인정하지 않고 있다. 즉 헌법과 민법에서 혼인 당사자를 여성과 남성으로 규정하고 있기 때문에, 동성부부는 그동안 법적 권리를 주장할 수 없었다. 그런데 이러한 동성부부의 법적 권리를 일부나마 인정한 최초의 판결이 2024년 7월에 대법원에서 나왔다. 다시 말해, 사실혼 관계에 있는 사람들에게 부여하는 '건강보험 피부양자 자격'을 동성부부에게 주지 않는 것은 일종의 '성적 지향에 따른 차별'에 해당하기 때문에, 동성부부에게도 건강보험 피부양자 자격을 인정해야 한다는 대법원 확정판결이 처음으로 나온 것이다. 하지만 이번 판결로 법원이 우리나라의 동성결혼을 인정한 건 아니다. 이와 같은 동성결혼을 둘러싼 논의는 동성 커플의 부부 구성에 대한 문제, 동성부부의 부모 역할에 대한 인정을 둘러싼 논쟁, 그리고 가족과 결혼은 무엇인가를 둘러싼 학계의 수많은 논의를 동반하고 있다. 특히 기존 사회 질서의 근간이었던 가족이념에 반하는 동성 커플의 입양권과 부모권 허용 문제, 동성 커플의 부모 역할 수행이 사회 및 아이의 성 정체성에 미칠 영향 등에 관한 논의가 격렬하게 진행될 것으로 예상된다.[127)]

동성결혼 합법화 국가[128]

찬성① 다양한 가족관계는 다원화의 흐름에 적합한 것이다.

동성가족을 비롯한 한국 가족의 변화를 위기로 진단하는 것은 건강한 가정과 건강하지 못한 가정을 이분화함으로써 특정한 형태의 정상가족을 옹호하고 있는 것이다.[129] 동성가족은 다원화되어 가는 근대사회에서 점차 다양화되어가는 가족의 한 형태이며, 따라서 전통적인 가족과 같이 더 이상 획일적인 방식으로 가족을 규정하는 것은 무리가 있다. 나아가 우리가 흔히 사용하는 '(부부 사이의 불화, 별거, 이혼, 가출 따위의 여러 가지 형태와 단계를 일컫는) 가족해체'나

'(부모의 한쪽 또는 양쪽이 죽거나 이혼하거나 따로 살아서 미성년인 자녀를 제대로 돌보지 못하는 가정을 일컫는) 결손가정'과 같은 용어들은 정상궤도에서 벗어난 가정들을 사회의 균형을 깨뜨리는 열등하고 혐오스러운 것으로 간주하는 것이기 때문에 문제의 여지가 있다. 한국여성정책연구원 김영란 연구위원은 "다양한 소수자들의 가족 구성 권리를 존중하고 이들의 권리를 보장하는 법을 제정하는 것이 시급하다"며 비표준 가족들이 혼인 관계라는 제도로부터 소외되는 것의 문제를 지적하고, 여전히 전통적인 가족개념의 프레임에 머무는 것은 다변화되는 가족 추세를 따라잡지 못하는 것이라며 비판한 바 있다. 또한 여성단체 언니네트워크 정현희 운영위원 역시, "비혼자뿐 아니라 결혼이나 혈연관계 외의 다른 관계들을 통해 자신이 원하는 가족공동체를 구성하고자 하는 사람들의 선택에 대한 사회적 지지가 필요하다"는 입장을 밝히기도 하였다.[130)]

다양한 가족관계(동거, 비혼, 입양, 퀴어)를 담은 가족 영화[131)]

찬성② 동성결혼은 인간의 행복추구권과 평등권을 존중하는 것이다.

헌법 10조는 "모든 국민은 인간으로서 존엄과 가치를 가지며, 행복을 추구할 권리를 가진다."라고 규정하며 행복추구권을 인정하고 있다. 국민은 모두가 각자 자신이 원하는 방식으로 살아갈 자유가 있고, 국가는 이를 방해해서는 안 된다는 원칙인 것이다. 모든 사람들은 자신이 사랑하는 사람과 가족을 만들 권리를 가지고 있으며 성별에 관계없이 행복한 결혼생활을 즐길 자유, 태어나면서 자신의 삶을 결정할 수 있는 권리가 있다. 동성결혼을 반대하는 것은 개인의 자기 결정권을 침해하는 것이 될 수 있다. 만약 동성결혼이 합법화되지 않는다면 동성을 사랑하는 사람은 자신이 원하지 않는 이성과 평생을 살아가야 한다. 이는 인간의 평등권을 침해하고, 성 정체성을 존중받지 못하는 것이다. 인간은 누구나 행복을 추구할 권리가 있다는 점에서 동성결혼을 통한 자기 결정권은 존중이 되는 것이 합당하다.

또한, 헌법 제11조 1항은 "모든 국민은 법 앞에 평등하며 누구든지 성별, 종교, 사회적 신분에 의해 정치적 · 경제적 · 사회적 · 문화적 생활의 모든 영역에 있어 차별을 받지 아니한다"고 명시되어 있다. 성적 지향이 다르다고 해서 결혼을 하지 못하고 법률지원 등 국가의 혜택을 받지 못하게 한다면, 이는 평등권을 침해하는 것이 될 수 있다.

찬성③ 사회적인 차별과 편견을 줄이며 다양성을 존중하는 사회를 만들 수 있다.

동성결혼은 근원적이며 상징적인 의미를 갖는다. 동성결혼을 허용함으로써 상대방을 사랑하고 존중하는 인간성을 인정하고 지지하게 되고, 이는 사회적인 차별과 편견을 줄이고 다양성을 존중하는 사회를 만들 수 있게 된다. 또한 게이나 레즈비언으로 하여금 소수자라는 사실을 일시적이나마 잊게 하고, 주류

사회제도에 포함됨으로써 얻어지는 소속감과 안정감을 경험하게 한다는 점에서 우리 사회가 다양성을 용인하고 보다 다양한 사회로 나아가는 한 걸음이 될 것이다.

실제로, 최근 혼인의 범주를 대폭 확장한 미국의 경우 "결혼존중법(Respect for Marriage Act, H.R. 8404)"을 제정하고 2022년 12월 발효시킨 바 있다. 이 연방 법률은 혼인은 사랑과 충실성, 헌신, 희생, 가족 등의 측면에서 최고의 이상을 내포하고 있기 때문에 가장 심오한 결합이며(제2조 제1항), 인종 간 혹은 동성 간에 혼인을 한 커플도 존엄하고 안정적이며, 다양한 유형의 가족이나 아동에게 부여하는 제반의 보호를 받을 자격이 있음을 선언한 것(제2조 제3항)이다.[132)]

반대① 동성결혼은 국가의 의무를 위반하는 지나친 권리 주장이다.

미국 대법원의 올리버 웬들 홈스 판사는 "결혼은 권리가 아닌 법적으로 부과된 의무이기에 국가의 미래 인구를 구성하는 자녀를 생산할 잠재력을 가지고 있는 남녀의 결합은 국가의 기득권과 관련이 있다"고 주장한다. 또한 그는 동성결혼을 허용할 경우 중혼자들이나 소아성애자들이 원하는 방식의 결혼을 허용하지 못할 이유가 없다며 그에 따른 위험을 경고하고 있다.[133)] 결혼은 자연적인 도구가 아닌 사회적인 인정체계이다. 전통적인 결혼은 본질적으로 출산과 자녀양육을 포함하는 오래된 사회제도이다. 결혼이 어린이들의 권리를 보호하고 사회의 안정을 제공하며 국가의 인구 재생산을 위해 고안된 법적 제도이지만, 동성결혼은 자유라는 미명하에 성인들의 욕망을 추구하기 위한 것이다.

또한, 여러 가지의 평등권은 기회의 평등을 이야기하는 것이지 동일한 결과의 평등을 의미하는 것은 아닌데 동성애자들의 동성결혼 합법에 대한 주장은 선택의 자유와 기회의 평등을 넘어 동일한 결과의 평등을 바라는 것이다.

반대② 가족관계의 변화와 그로 인한 저출생 문제가 가속화된다.

우리나라 헌법 제36조 1항에서는 혼인과 가족생활은 개인의 존엄과 양성의 평등을 기초로 성립되고 유지되어야 하며 국가는 이를 보장한다고 명시하고 있다. 이는 대한민국의 헌법과 법률이 인정하는 결혼은 오직 한 남자와 한 여자와의 결합만을 의미하고, 이러한 남녀 양성 간의 결합으로 이루어진 혼인과 가족생활을 국가가 보장해 주어야 한다는 것이다. 하지만 동성부부를 법적으로 인정하게 된다면, 외형적으로 가정의 형태는 띠고 있으나 전통적인 가족처럼 가족 구성원의 생존과 사회의 존속을 위한 사회적 기능을 수행한다고 볼 수 없다. 특히 출산을 할 수 없는 동성부부는 출산율의 저하를 가속화한다.

현재 우리나라는 OECD 회원국 중 유일하게 출산율이 1명 미만인 초저출생 국가이다. 통계청 신혼부부 통계에 따르면, 5년 미만의 신혼부부 중 자녀가 없는 비율이 18.3%가 된다고 한다.[134] 이는 역대 통계 중 최저 출산율을 기록한 것인데, 이에 따라 정부에서도 갖가지 저출생 대책을 내놓으며 저출생에 따른 위기를 직감하고 있다. 이렇게 출산율이 저하된 원인은 최근 들어 다양하게 변화하고 있는 가족의 형태에서도 그 원인을 찾아볼 수 있다. 사실혼, 단순 동거 등 법적 효력을 온전히 가지지 않은 가족도 증가하고 있는데, 이에 더해 동성부부와 같이 남녀 간 혼인 관계를 벗어난 가족의 형태를 법적으로 인정하게 된다면, 국가적 재난 수준인 저출생의 시기에 국가는 더욱 위기 상황을 맞이하게 될 것이다.

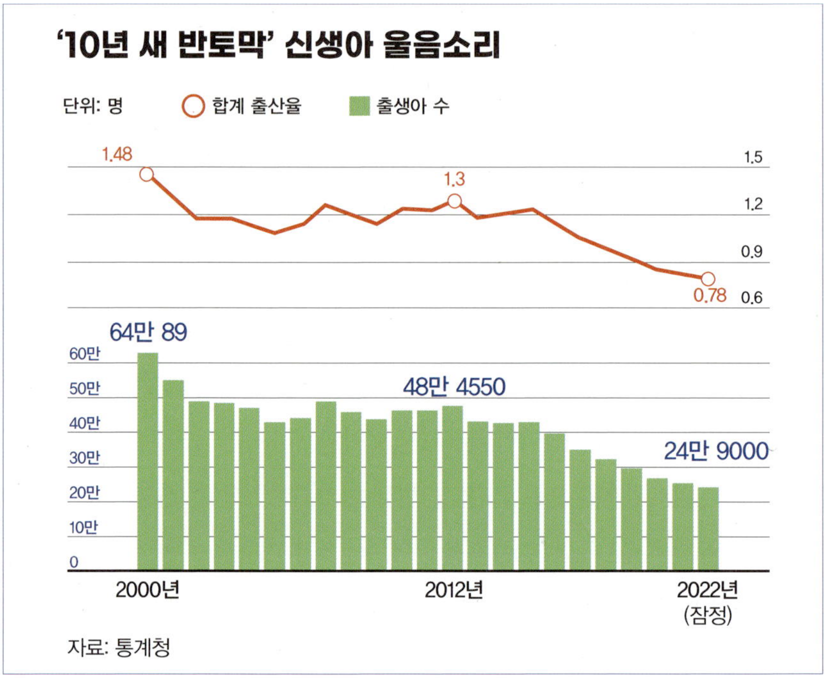

10년 새 절반으로 떨어진 출산율

반대③ 일상의 법률에서부터 생명윤리까지 아우르는 사회적 혼란이 예상된다.

법적으로 동성 커플의 결혼을 인정하는 것은 국가가 제공하는 결혼한 부부들에게 주는 모든 혜택을 동성 커플에게도 평등하게 주는 것을 의미한다. 그렇다면 앞으로 국내에서 동성 커플이 한 사람을 피부양자로 등록시켜 건강보험혜택을 받게 될 뿐 아니라, 더 나아가 국민연금 수령의 문제, 상속이나 증여의 문제, 아파트 청약자격 조건 등 일상의 모든 법률 시스템을 이에 맞게 바꾸어야 하는 문제가 발생할 수 있다. 이는 대한민국의 헌법과 민법 체계를 송두리째 바꾸어야 하는 대규모의 작업이 될 수 있다.

나아가 문제는 법체계를 바꾸는 데서 그치지 않고, 동성결혼이 합법화되면 혼인생활을 하며 자녀를 얻기를 희망하게 될 것이다. 생물학적으로는 자녀를 가질 수가 없는 동성부부는 입양을 고려하게 될 것이며 아이를 대신 낳아 줄 대리모 산업도 호황을 누리게 될 것이다. 이에 따라 정자와 난자를 사고파는 일 등 생명윤리의 문제까지 발생하게 될 것은 쉽게 예상할 수 있다. 또한 동성 커플의 결혼을 허용한다면 일부다처, 근친상간 등 비전통적인 관계들이 늘어나게 되며, 사회적 혼란이 더욱 가증된다는 점에서 문제가 된다.

실제로 2019년 한국 갤럽에서 전국 만 19세 이상 남녀 1002명을 대상으로 동성결혼에 대한 인식을 조사한 결과 찬성이 35%, 반대 56%로 여전히 우리나라에서는 동성결혼 법제화에 대한 국민의 의식이 부정적인 것으로 나타났다.[135] 또한 네이트 Q가 성인남녀 8941명을 대상으로 '동성 간 결혼에 대한 생각'을 묻는 설문 조사를 한 결과, 사회 질서 저해 우려를 이유로 반대한다는 응답이 68%나 나왔다.[136] 이러한 결과를 통해 볼 때, 대한민국에서 현재 동성결혼을 법제화하는 것은 심각한 사회적 문제를 가져올 우려가 있음을 시사한다.

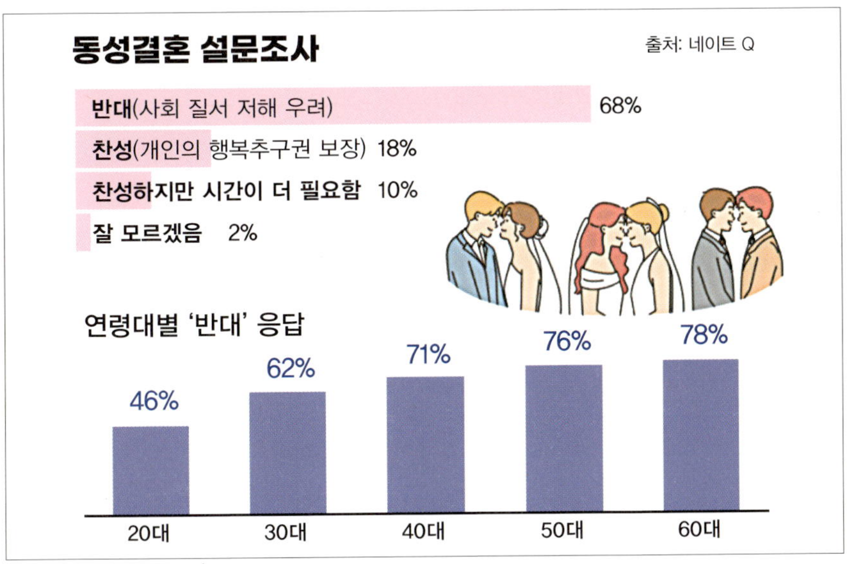

동성결혼 설문조사 결과

동성결혼 법제화, 동성애 인식 - 성 · 연령별(%)

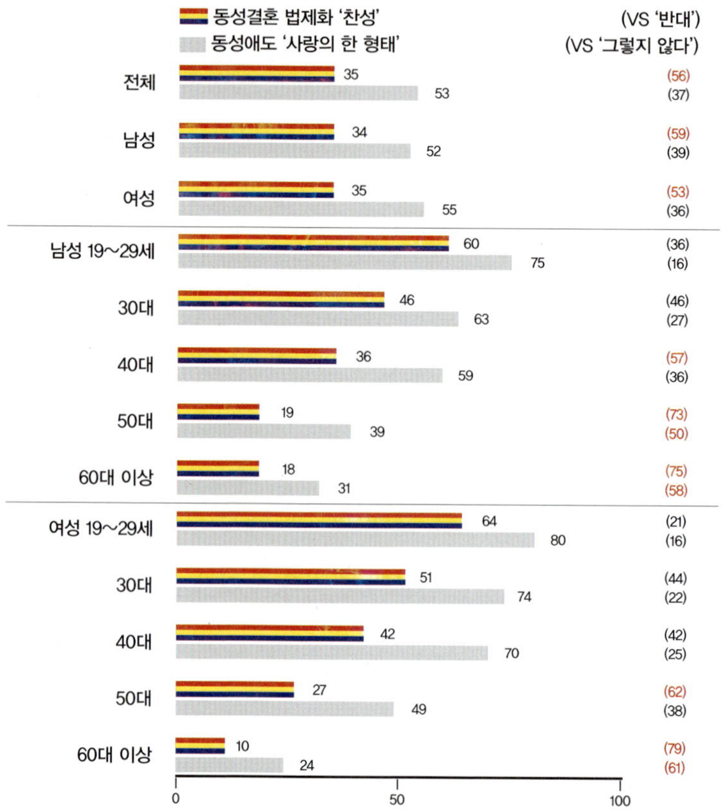

동성결혼 법제화, 동성애 인식

찬성 논거	반대 논거
① 다양한 가족관계는 다원화의 흐름에 적합한 것이다. ② 동성결혼은 인간의 행복추구권과 평등권을 존중하는 것이다. ③ 사회적인 차별과 편견을 줄이며 다양성을 존중하는 사회를 만들 수 있다.	① 동성결혼은 국가의 의무를 위반하는 지나친 권리 주장이다. ② 가족관계의 변화와 그로 인한 저출생 문제가 가속화된다. ③ 일상의 법률에서부터 생명윤리까지 아우르는 사회적 혼란이 예상된다.

10. 인공지능에 관한 윤리적 논쟁[137)]

4차 산업혁명 시대에 핵심적인 기술 분야로 주목받고 있는 것은 인공지능(AI) 기술이다. 인공지능 기술의 발달 수준은 인간의 두뇌 작동 방식을 학습시켜 스스로 생각하는 컴퓨터를 개발하는 수준에 이르고 있다. 2015년 UN에서 지속 가능한 지구촌을 위해 2030년까지 전 세계가 함께 추진해야 할 17개의 의제[138)]를 제시하였는데, 2년 뒤 2017년 스위스 제네바에서 열린 글로벌IT 관련 단체인 ITU(국제전기통신연합) 콘퍼런스에서 위의 17가지 문제들을 모두 인공지능으로 해결할 수 있다고 선언하였다.[139)] 인공지능 기술 하나로 위의 모든 문제를 해결할 수 있다는 것은 그만큼 인류에게 획기적인 편리와 이익을 가져다주는 기술이라는 것을 의미한다. 그렇지만 모든 과학기술에는 양면성이 존재하기 때문에 인공지능 기술이 인간의 자유와 존엄성을 확대하는 데 기여할지, 정반대로 인간의 자유를 침해하고 존엄성을 실추시키게 될지에 대해 다각도로 논의해보고 이에 대한 윤리적 안전장치를 확보할 필요가 있다.

인공지능의 윤리적 쟁점을 다루는 다양한 교육적 방법 가운데, 여기서는 찬반 논쟁형 토론을 선택하였고 토론 주제로 '인공지능 기술은 인간의 자유를 확대하는가?'를 제시하였다. 토론 주제를 이와 같이 제시한 이유는 학생들이 인공지능의 문제를 윤리적 관점에서 생각해 볼 수 있도록 하기 위함이다. 소셜네트워크 서비스(social networking service, SNS)의 개발로 인해 인간의 자유는 시·공간적으로 확대되었으며, 동시에 사생활 침해 문제, 사이버 범죄 문제 등의 다양한 사회적 문제로 인해 인간의 자유가 침해받기도 하였다. 하나의 기술로 인해 인간의 자유와 존엄에는 큰 파장을 끼칠 수 있기 때문에, 인공지능 기술도 인간의 자유와 관련지어 윤리적 관점으로 성찰하도록 의도하였다.

'인공지능 기술은 인간의 자유를 확대하는가?'라는 논쟁적 쟁점에 대한 강력한 찬반 논거를 각각 3가지씩 제시하면 다음과 같다.

찬성① 인공지능 기술은 인간의 물리적 한계를 극복한다.

인공지능은 인간이 물리적으로 작업하기 어려운 분야에 투입되어 인간의 한계를 극복하는 장치로 사용될 수 있다. 특히 거동이 불편하거나 돌봄이 필요한 사회적 취약계층에게 권리와 자유를 확대시켜주는 역할을 할 수 있다. 예를 들어 인공지능 기술을 활용하여 독거노인의 응급신호를 포착하여 구조팀에 바로 연락을 취하거나, 산에서 길을 잃은 치매노인을 드론을 활용하여 구한 사례가 보고되고 있으며, 인간이 접근하기 힘든 곳이나 위험한 곳에 접근하여 인간 대신 임무를 수행하기도 한다. 또한 의료 분야에서도 인공지능 기술을 활용한 지원이 확대되고 있다. 의료인이 물리적으로 24시간 돌봄을 밀도 있게 수행한다는 것은 한계가 있을 수 있는데, 환자를 치료하거나 간병하는 메디컬 로봇 역시 지속적으로 개발되어 인간의 물리적 한계를 보완하고 있다. 이와 같이 다양한 분야에서 AI 기술이 적용된다면 인간의 물리적 한계를 극복하도록 하고, 인간의 생명을 구할 수 있으며, 인간의 자유를 확대시켜 줄 것이다.

찬성② 인공지능 기술은 인간의 노동 여건을 개선한다.

기술은 인간에게 도움이 되기 위해 존재한다. 일자리에서도 '협동로봇'과 같은 기술적 발전은 인간의 노동 여건을 보완하며 업무의 질을 높여주는 효과를 주고 있다. 2016년 시카고에서 열린 자동화 엑스포에서 '협동로봇'이 소개되었고, 로봇이 인간을 대체하는 위협자가 아니라 인간의 일을 보다 안전하고 쉽게 할 수 있도록 도움을 주는 존재라는 인식을 심어주었다.[140)]

국내에서도 제조업에 최초로 도입된 AI 로봇 사례가 보고되었다. 충북 청주의 한 전기차 부품공장에서 사람의 음성을 알아듣고 스스로 작업을 할 수 있는 AI 로봇이 현장에 투입되었다. 한국 기계연구원에서 개발한 AI 로봇은 로봇작업을 지시하기 위해 기계화를 따로 입력해야 했던 기존 방식과는 달리, 사람의 음성을 알아듣고 스스로 실행할 수 있게 되었다. 기존에는 작업 현장에 기계나 로봇이 투입될 때 기계에 맞추어 작업현장을 수정해야 했다면, AI로봇은 음성 등을 통해 자동으로 작업 순서를 생성할 수 있어 작업자에게 사용 시 더욱 편리함을 부여해줄 것으로 기대된다.[141)]

찬성③ 인공지능 기술은 인간의 창의성을 확대한다.

인간의 창작 행위는 인간만이 할 수 있는 고유한 예술의 영역으로 생각되어 왔다. 예술 산업 안에서도 기계를 활용한 사례가 많이 발견되고 있는데, 이러한 창작 활동이 예술로 인정받을 수 있는지, 인간의 창의성을 오히려 훼손시키는 것은 아닌지 논란이 생겨나고 있다. 심지어 인공지능 기술이 발달하면서 인공지능이 직접 창작한 창작물에 대해 고유한 창작물로 볼 수 있는지 불분명한 상황이 발생하고 있다.

임페리얼 칼리지 런던의 컴퓨터 과학자는 '페인팅 풀(Painting Pool)'이라는 소프트웨어 프로그램을 개발하였다. 이 프로그램은 창작의 재능이 있는 컴퓨터로 페인팅 풀 자체는 콜턴이 개발하였을지 모르지만 그림 작품은 소프트웨어가 스스로 만들었으며, 존재하는 다른 그림들에 기반한 것도 아니다. 런던 골드스미스 대학교의 컴퓨터 창의성 연구자인 제레인트 위긴스는 이렇게 말한다. "많은 사람이 이러한 상황에 두려움을 느낀다. 이런 사람들은 인간다움을 구성하는 뭔가 특별한 것을 인공지능이 빼앗아 간다고 걱정하는 것이다."[142)]

이처럼 컴퓨터에게 창의적인 일을 맡길 경우, 인간의 자유는 과연 침해받는 것일까? 영국 팰머스 대학교의 마이클 쿡은 "인공지능이 예술작품을 창작할 수 있는 미래는 인간에게서 아무것도 뺏어가지 않는다. 오히려 인공지능은 창의성의 민주화를 달성하고 창의적인 분야의 진입장벽을 낮춰줄 중요한 역할을 한다"라고 말한다.[143]

한마디로 창의성이라고 하는 공고화된 성벽을 낮추어서 누구나 창작할 수 있다는 인식을 줄 수 있으며, 무언가를 창작하고자 시도하는 사람들에게 도움을 줄 수 있는 장치가 될 수 있다는 것이다. 따라서 인공지능 기술을 통해 인간은 생각하지 못한 발상과 자극을 통해 창의성을 오히려 확대해나갈 수 있다.

반대① 인공지능 기술은 데이터의 편향성과 개인정보 침해 문제가 있다.

AI 기술의 사전 전제가 되는 딥 러닝[144]을 위해서는 데이터 입력이 중요하다. 인공지능이 최대한 정확한 예측을 하기 위해서는 데이터가 객관성과 공정성을 갖고 있어야 한다. 인공지능 기술 자체가 차별적이지 않고 공정하기 위해서는 입력되는 데이터가 중요한데, 데이터가 공정한 것인지에 대한 세밀한 검토가 필요하다.

2018년 미국 매사추세츠공과대학(MIT)에서 얼굴 인식 알고리즘을 분석한 결과, 피부색과 성별에 따른 인식률의 차이가 명백하게 크다는 것을 발견하였다.[145] 이는 기술 자체가 활용하는 데이터가 편향되어 있을 가능성을 내포한다. 데이터를 학습할 때 입력되는 자료 자체가 편향되어 있다면, 그것을 바탕으로 하는 인공지능의 판단 역시 편향되어 있을 수밖에 없기 때문이다. 다음 그림은 얼굴과 인종에 따른 얼굴 인식률을 보여준다.

백인, 남성일수록 인식률이 높은 얼굴 인식 프로그램[146)]

2016년 구글의 클라우드인 '구글 포토'도 인종차별 논란에 휩싸인 바 있다. 뉴욕의 흑인 프로그래머가 구글 포토를 통해 사진을 검색할 때 흑인 여성 사진에 '고릴라' 태그가 붙어있는 것을 보고 인종차별적 부분이라고 항의하며 페이스북에 올림으로써 논란을 일으켰다. 구글 포토는 수많은 구글 사용자들의 데이터를 분석하고 분류하여 태그를 붙여서 빅데이터를 구축한 것으로 알려졌다.[147)] 그 외에도 사용자들의 개인정보를 '맞춤형 광고'에 활용한다는 방침으로 인한 사생활 침해 논란, 구글 스트리트 뷰에 찍힌 개인 사진과 구글 지도에 기록된 위치정보가 개인정보를 침해한다는 논란 등은 AI 활용 플랫폼이 개인정보 처리에 대해 신중해야 한다는 점을 보여주고 있다.

반대② 인공지능 기술은 인간의 일자리를 위협하며 기술 소외계층을 만들 수 있다.

기술의 개발로 인해 인간의 일자리에 변화는 불가피하다. 인공지능 기술은 수많은 일자리의 위협을 가할 수 있다. 옥스퍼드 대학교 산하 옥스퍼드 마틴 연구소의 미래기술영향 연구 프로그램에 참여한 칼 프리와 마이클 오즈번은 직업 702개를 살펴보고 자동화하기 쉬운 정도에 따라 순위를 매겼다. 이 연구에 따르면, 기계는 20년 내에 미국의 모든 직업 중 절반이 조금 안되는 정도를 충분히 대체할 수 있을 것으로 보인다.[148]

최근 개발되어 상용화되고 있는 기술 가운데 언택트 시대와 더불어 활성화된 '키오스크' 사례를 제시할 수 있다. 고객 서비스 영역에서 불필요한 대면접촉 없이 무인화로 비대면 서비스가 확대되면서 기계가 사람을 대체하는 일이 가속화되고 있다. 외식업계에서도 맥도날드, 롯데리아 등의 패스트푸드 프랜차이즈뿐만 아니라 일반식당에서도 키오스크를 통해 고객이 셀프로 주문하고 결제하는 무인화 서비스가 확산되고 있어,[149] 인공지능 기술로 인해 인간의 일자리가 위협받게 될 것이라는 우려가 증폭되고 있다.

더불어 기술의 발전으로 인해 자유가 확대되기보다는 오히려 자유를 침해받는 사람들이 발생하고 있다. 키오스크 사례만 보더라도 키오스크의 확산 추세에 비해 키오스크를 사용하기 어려운 사회적 약자에 대한 배려는 부족한 실정이다. 2022년 한국소비자원에서 조사한 '키오스크 이용 실태조사'를 통해 약자층에 대한 정보 접근성 보장 여부를 살펴보면, 장애인 대상 정보 접근성은 키오스크가 제공하는 모든 시청각 정보를 다른 감각을 통해 이용할 수 있는 대체 콘텐츠가 없어 아예 사용 불가능한 상황이었고, 고령층이 사용하기에도 이용방법 안내가 부족하거나 부실하여 불편한 점이 많은 것으로 보고되었다.[150] 인공지능 기술이 일상생활에 많이 도입되고 있는 것과 더불어 기술에 접근하기 힘든 사회적 약자에 대한 배려가 더욱 주의 깊게 요구된다.

구분		외식업(패스트푸드)					영화관			교통시설				주차장					편의점		
		1	2	3	4	5	6	7	8	9	10	11	12	13	14	15	16	17	18	19	20
이용법 안내		△	×	○	×	×	×	×	△	×	×	○	○	○	×	○	×	×	○	×	×
글씨 크기		×	×	×	○	×	×	○	×	×	×	○	×	○	○	○	×	×	×	×	×
대체 콘텐츠	시각	×	×	×	×	×	×	×	×	×	×	×	×	×	×	×	×	×	×	×	×
	청각	○	○	○	○	○	○	○	○	○	○	○	○	×	×	×	×	×	○	○	○
조작 위치		×	×	×	×	×	×	×	○	×	○	×	×	×	×	×	×	×	×	○	×
과도한 광고		×	×	×	○	×	×	×	○	△	○	○	○	○	○	○	○	○	×	○	○
음성 피드백		×	○	○	○	×	×	×	×•	○	×	○	○	○	○	×	○	○	○	○	○
외국어 표현		×	×	×	×	×	○	×	○	○	○	○	○	○	×	○	○	○	○	○	○

※ (기호의 의미) ○: 양호·적절 / △: 다소 부족 / ×: 부족·부적절

※ 업종별 상세 정보는 [붙임 3] 참고

• 동일 점포에서 1차 모니터링('22.6.17.) 시에는 음성 피드백이 있었으나, 2차 모니터링('22.8.25.) 시에는 음성 피드백이 없어 최종 모니터링 결과를 기준으로 작성

한국소비자원이 '2022년 키오스크 이용실태조사'에서 공개한 시중 20개 키오스크에 대한 디지털 접근성 평가 결과[151]

반대③ 인공지능 기술은 인간의 창의성을 축소시키고, 저작권 침해 문제를 야기한다.

인공지능 기술이 발달하면서 인간은 스스로 창작하기보다는 기술에 의존하여 창작하는 경향이 늘어나고 있다. 미국 콜로라도주박람회 미술관에서 게임 디자이너인 제이슨 앨런이 제출한 '스페이스 오페라극장'이라는 작품이 신인 디지털 아티스트 부문에서 1위를 차지하였다. 그런데 앨런이 제출한 그림은 한 줄의 문구를 그래픽으로 변환해주는 인공 지능 프로그램 '미드저니'를 활용하여 제작된 것으로 알려져 논란을 일으켰다.[152] 미드저니 프로그램은 프롬프트 기반으로 이미지를 생성하는 특징이 있다. 이는 사용자가 텍스트로 자신의 아이디어를 표현하면, 미드저니가 그 아이디어를 시각적으로 표현하는 이미지를

생성하는 것이다. 인간의 창작 행위는 인공지능 기술에게 '어떠한 입력어를 제시할까?'의 행위로만 제약될 수 있다.

해당 미술대회에서 우승한 AI가 그린 그림, 스페이스 오페라, © Jason M. Allen[153]

국내에서 스타트업 '다품다'가 개발한 AI '비람풍'과 김태연 소설가가 함께 작업하여 국내 최초 AI 장편소설 단행본이 출간되었다. 소설 창작 과정은 AI 비람풍에게 단행본 약 1천 권 정도의 자료를 학습시켜 문장 구상 능력을 갖추도록 하고, 사람이 입력한 기본적인 설계도를 토대로 소설을 창작하였다. 이를 통해 알 수 있는 점은 AI 기술은 인간의 기존 창작물들을 학습시킨 것이고, 창작물에 대한 저작권 침해 문제를 야기할 수 있다는 점이다. 또한 AI 기술의 창의성은 인간의 기존의 창작물에 대한 답습에 불과하기 때문에 인간의 창의성을 넘어서지 못하는 한계가 있다.

찬성 논거	반대 논거
① 인공지능 기술은 인간의 물리적 한계를 극복한다. ② 인공지능 기술은 인간의 노동 여건을 개선한다. ③ 인공지능 기술은 인간의 창의성을 확대한다.	① 인공지능 기술은 데이터의 편향성과 개인정보 침해 문제가 있다. ② 인공지능 기술은 인간의 일자리를 위협하며 기술 소외계층을 만들 수 있다. ③ 인공지능 기술은 인간의 창의성을 축소시키고, 저작권 침해 문제를 야기한다.

본문 미주

1장

1) Grant, A. (2021), 이경식 역(2021), 『싱크 어게인: 모르는 것을 아는 힘』, 서울: 한국경제신문, p. 172.
2) 윤석민(2018), "지식의 전수를 넘어 소통교육으로", 『코리아아젠다 2018』, 서울: 나녹, p. 150.
3) '에코 체임버 효과'는 디지털 미디어 이용자가 갖고 있던 신념이, 닫힌 체계로 구성된 커뮤니케이션에 의해 증폭 · 강화되어, 같은 입장을 지닌 정보만 지속적으로 되풀이하여 수용하는 현상을 의미한다. 이미 많이 알려진 '필터 버블'이 알고리즘에 의해 미디어 이용자의 관심사만을 선택적으로 편집하여 정보를 제공함으로써 편향을 일으킨다면, 에코 체임버 효과는 이용자 개개인의 정보 선택이 중첩되어 편향을 확산시킨다는 점에서 차이가 있다.
4) 추병완(2021), "포스트 트루스(Post-Truth) 시대에서 시민의 덕", 『도덕윤리과교육』, 72, pp. 149-150.
5) Rauch, J., 조미현 역(2021), 『지식의 헌법』, 서울: 에코리브르.
6) 정창우(2022), 『변혁적 도덕역량 증진을 위한 도덕교육론』, 경기: 교육과학사, p. 137.
7) Jones, H. (2019), Virtues in the public sphere (Ch. 15), 이기연 · 김형렬 · 김하연 · 양해성 · 허윤회 · 정창우(2023), 『시민성, 시민적 우정과 의무』, 경기: 교육과학사, p. 431.
8) Curren, R. (2019), Virtues in the public sphere (Ch. 7), 이기연 · 김형렬 · 김하연 · 양해성 · 허윤회 · 정창우(2023), 『시민성, 시민적 우정과 의무』, 경기: 교육과학사, pp. 202-203.
9) Jacobs, J. (2019), Virtues in the public sphere (Ch. 3), 이기연 · 김형렬 · 김하연 · 양해성 · 허윤회 · 정창우(2023), 『시민성, 시민적 우정과 의무』, 경기: 교육과학사, p. 99.
10) Tanesini, A. (2019), Virtues in the public sphere (Ch. 2), 이기연 · 김형렬 · 김하연 · 양해성 · 허윤회 · 정창우(2023), 『시민성, 시민적 우정과 의무』, 경기: 교육과학사,

p. 78.

11) Ibid., p. 79.

12) Whitehead, A. N. (1929), 오염환 역(2004), 경기: 궁리출판, pp. 59-60.

13) 장상호(2020), 『교육학의 재건』, 경기: 교육과학사, pp. 196-197.

14) Fowers, B. (2019), Virtues in the public sphere (Ch. 6), 이기연 · 김형렬 · 김하연 · 양해성 · 허윤회 · 정창우(2023), 『시민성, 시민적 우정과 의무』, 경기: 교육과학사, p. 185.

15) Brunell, A. B., Davis, M. S., Schley, D. R., Eng, A. L. van Dulmen, M. H. M. (2013), A new measure of interpersonal exploitativeness, Frontiers of Pcychology, 4.

16) 여기에는 남북통일 문제, 생태계 파괴와 환경오염 문제, 불평등 및 양극화 문제, 기술 발달로 인한 인간 정체성 혼란 문제 등이 포함된다.

17) Jacobs, J. (2019), Virtues in the public sphere (Ch. 3), 이기연 · 김형렬 · 김하연 · 양해성 · 허윤회 · 정창우(2023), 『시민성, 시민적 우정과 의무』, 경기: 교육과학사, p. 118.

18) Lind, G. (2016), How to teach morality?, Berlin: Logos Verlag, p. 37.

19) Habermas, J. (1975), Legitimation crisis (T. McCarthy, Trans.). Beacon Press.

20) 장은주(2017), 『시민교육이 희망이다』, 서울: 피어나, p. 32.

21) Dewey, J. (1966), Democracy and education, New York: Free Press, p. 87.

22) 정창우(2024), "민주시민성", 『Big Five 시민성 교육론』, 서울: 한국문화사, p. 65.

23) 이를 위해서는 무엇보다 위정자들의 모범이 우선되어야 한다. 정치 지도자급 인사들이 시민적 덕의 귀감이 되어 다른 사람들이 유덕하게 되도록 고무한다면 민주주의는 더 크게 번성할 것이다. 반면에 위정자들이 시민다움의 중요성을 망각한 정치를 추구한다면, 그들 자신이 덕에서 멀어질 뿐만 아니라 시민들 또한 시민다움으로부터 멀어지게 한다. 이런 이유에서 플라톤과 아리스토텔레스, 공자와 맹자 등 동서양의 고대 철학자들은 모두 국가 지도자급 인사들이 철저하게 유덕해야만 하며 이들의 궁극적인 책임은 시민들의 덕을 함양시키는 데 있다고 주장하였다. 이 시대의 분위기가 자기이익으로의 침잠을 드러내고 있을 뿐만 아니라 공공선과 이를 위한 덕들을 경시하는 방향으로 흘러가고 있는 데에는 이러한 인사들의 재승박덕(才勝薄德)이 한몫하고 있으며, 이는 차츰 자유민주주의에 대한 위협 요인으로까지 나아가고 있는 실정이다. 요컨대, 자기이익을 넘어 공공선을 지향하도록 시민들을 이끌기 위해서는 지도자급 인사들이 '좋은 시민이란 누구인지'를 실제 행

동으로 보여줄 수 있어야 한다. 이에 대한 보다 구체적인 논의는 2장 5절 "성숙한 토론 문화 조성 방안"에서 진행될 것이다.

24) 정창우(2019), 『21세기 인성교육 프레임』, 경기: 교육과학사, p. 239.
25) Adams, S. (2013, October 11), The 10 skills employers most want in 20-something employees, https://www.forbes.com/sites/susanadams/2013/10/11/the-10-skills-employers-most-want-in-20-something-employees/#737e72be6330에서 재인용
26) Golinkoff & Hirsh-Pasek (2016), 김선아 역(2018), 68-69쪽 재인용.
27) Council of Europe (2020), Teaching controversial issues through education for democratic citizenship and human rights, Council of Europe, p. 7.
28) 장상호(2011), 『학문과 교육(상): 학문이란 무엇인가』, 서울: 서울대학교출판문화원, p. 420.
29) Rauch, J., 조미현 역(2021), 『지식의 헌법』, 서울: 에코리브르.
30) 정창우(2022), 『변혁적 도덕역량 증진을 위한 도덕교육론』, 경기: 교육과학사, p. 161.
31) Mill, J. S. (1859), On liberty, 박홍규 역(2013), 『자유론』, 서울: 문예출판사. pp. 92-93.
32) Jones, H. (2019), Virtues in the public sphere (Ch. 15), 이기연 · 김형렬 · 김하연 · 양해성 · 허윤회 · 정창우(2023), 『시민성, 시민적 우정과 의무』, 경기: 교육과학사, p. 433.
33) OECD(2019), OECD Future of Education and Skills 2030 Concept Note: Skills for 2030, OECD, pp. 3-6.
34) 정창우(2022), 『변혁적 도덕역량 증진을 위한 도덕교육론』, 경기: 교육과학사, p. 139.
35) Jacobs, J. (2019), Virtues in the public sphere (Ch. 3), 이기연 · 김형렬 · 김하연 · 양해성 · 허윤회 · 정창우(2023), 『시민성, 시민적 우정과 의무』, 경기: 교육과학사, p. 111.
36) Ibid., pp. 111-113.
37) 정체성 정치는 전통적인 다양한 요소에 기반한 정당 정치나 드넓은 보편 정치에 속하지 않고, 성별, 젠더, 종교, 장애, 민족, 인종, 성적지향, 문화 등 공유되는 집단 정체성을 기반으로 배타적인 정치 동맹을 추구하는 정치 운동이자 사상을 의미한다.

38) 제이콥스(Jacobs, 2023: 113)에 따르면, 다양성을 찬양하는 사람들은 비판이나 심지어 의견 불일치를 적대적인 것 또는 누군가의 존엄성이나 정체성에 대한 공격으로 간주한다. 서로 다른 집단들은 상대가 이데올로기적 교리에 사로잡혀 있다고 서로 비난하며, 비판에 귀를 닫고 사실에 입각한 개선의 요구에 눈을 감아 버린다. 특정 원리와 가치가 일관되고 지속 가능하며 다양성을 가진 정치를 위한 합리적 요구 사항이 될 수 있다는 것을 부인하는 것은, 다원주의의 지향을 안전하게 확장하기보다는 파멸시키는 것이다. 다원주의적 정치문화와 자유민주주의적 정치 질서에 대한 헌신은 상호지지적이다. 이때 시민다움은 자유와 다원주의적이고 개방적인 사회, 그리고 그것을 보존하기 위해 의도된 법치의 정당성을 지지하기 위해 필수적인 것이 되므로, 시민다움의 기술은 핵심적인 역할을 한다.

39) 장상호(2011), 『학문과 교육(상): 학문이란 무엇인가』, 서울: 서울대학교출판문화원, p. 420.

40) 플라톤, 김인곤 역(2014), 『고르기아스』, 서울: 이제이북스, p. 11.

41) 아리스토텔레스는 수사학을 '설득의 기술이나 설득에 대한 학문'으로 여겼고, (절대적인 참과 거짓을 다루는 변증학과는 달리) 개연적인 참과 거짓을 다룬다는 사실을 강조하였다. 그에 따르면, 수사학이 다루는 논제는 어떤 것이 국가에 이로운가 해로운가, 정의인가 불의인가 하는 것, 어떤 사람이나 행위가 훌륭한가 추한가 하는 것이다. 이는 곧 그 논제가 이롭거나 정의롭거나 훌륭할 수도 있고, 해롭거나 불의하거나 추할 수도 있음을 전제하고 있는 것이다(Aristoteles, 박문재 역, 2020: 313−314).

42) 아리스토텔레스의 『수사학』 내용에 대한 인용은 박문재의 역본(Aristoteles, 박문재 역, 2020)을 기준으로 하였음을 밝혀둔다. RH 1356a1−5.

43) RH 1378a10−15.

44) 안티고네는 테베의 왕 오이디푸스와 이오카스테 사이에서 태어난 딸이다. 그녀의 두 오빠(에테오클레스와 폴리네이케스)가 전쟁에서 서로 싸우다 죽자 왕위는 그녀의 외삼촌인 크레온에게 돌아간다. 이렇게 왕이 된 크레온은 에테오클레스에게만 성대한 장례를 치러주는 대신, 폴리네이케스의 시신은 짐승의 밥이 되도록 길바닥에 방치하게 하고, 그의 시신을 거두는 자에게 사형을 내리겠다고 한다. 이처럼 국왕이 오빠(폴리네이케스)의 시신을 매장하는 것을 금지했음에도, 안티고네는 자신의 양심에 따라 폴리네이케스의 시체를 묻어주었다가 붙잡히게 된다. 이에 분노한 크레온은 안티고네를 굶어 죽도록 산 채로 무덤에 감금시킨다. 감금된 안티고네는

스스로 목숨을 끊었으며, 여동생 또한 언니의 죽음에 절망하며 똑같이 자살하게 된다. 이 사실을 알게 된 크레온의 아들이자 안티고네의 약혼자인 하이몬도 자살하고, 뒤이어 하이몬의 어머니이자 크레온의 아내인 에우리디케도 크레온을 저주하며 자살한다. 조카들의 연이은 자살에 이어 아내와 아들마저 잃은 크레온도 완전히 기력을 잃고 만다. 보다 자세한 내용은 소포클레스, 황문수 역(2009), 『안티고네』를 참고하기 바란다.

45) RH 1417a25–30.

46) RH 1378a20–25.

47) '예증'은 구체적인 사례를 들어 일반화시킴으로써 연설가가 제시하려는 결론을 이끌어내는 방법이다. 아리스토텔레스는 역사적인 여러 사실들을 들어 페르시아 왕들이 이집트를 정복한 후에는 그리스를 어김없이 공격해 왔기 때문에, 페르시아 왕이 이집트를 정복하는 것을 허용해서는 안 된다고 논증한 경우를 예로 든다(Aristoteles, 박문재 역, 2020: 324).

48) 생략삼단논법은 『수사학』 제22장에 상세하게 설명되어 있다. 간단하게 설명하자면, 생략삼단논법은 대전제–소전제–결론으로 구성되는 삼단논법에서 전제 중 하나, 또는 결론을 생략한 것이다. 예를 들어 "모든 사람은 죽고, 소크라테스는 사람이기 때문에, 소크라테스도 죽는다"라는 식의 논증이 전형적인 삼단논법에 해당한다. 여기서 "소크라테스가 죽는 것은 그도 사람이기 때문"이라거나 "소크라테스도 사람이기 때문에 죽는다"고 말하는 것은 대전제를 뺀 생략삼단논법이다. 또한 "사람은 죽고, 소크라테스도 사람이다"고 한다면, 결론이 빠진 생략삼단논법이 되는 것이며, 이 경우 청중에게 결론을 도출해내도록 함으로써 더 긴장감과 흥미를 고조시킬 수 있다(Aristoteles, 박문재 역, 2020: 323).

49) RH 1356b1.

50) RH 1418b10–20.

51) RH 1390b5.

52) RH 1419b30.

53) RH 1420a5.

54) RH 1356a10.

55) 최훈(2008), "사람에의 호소 논증과 사람에의 호소 오류", 『철학논총』, 51, p. 340.

56) 여기서 다루고 있는 내용은 서요련(2024), "하버마스–롤스 논쟁의 자유주의 해석에 관한 연구", 서울대학교 교육학박사 학위논문에서 인용한 것임을 밝혀둔다. 보

다 자세한 내용을 알고 싶으면 이 논문을 참조하기 바란다.

57) 서요련(2024), "하버마스-롤스 논쟁의 자유주의 해석에 관한 연구", 서울대학교 교육학박사 학위논문.

58) Finlayson, J. (2005), 서요련 역(2022), 『하버마스 입문』, 서울: 필로소픽, pp. 78-79.

59) 한상진(2024), "하버마스가 보는 동아시아 문명의 미래: 배타성 벗게 할 성찰적 학습능력", 『중앙SUNDAY』, 제984호, p. 26.

60) Tanesini, A. (2019), Virtues in the public sphere (Ch. 2), 이기연 · 김형렬 · 김하연 · 양해성 · 허윤회 · 정창우(2023), 『시민성, 시민적 우정과 의무』, 경기: 교육과학사, p. 80.

61) Ibid., pp. 82-84.

62) Ibid., pp. 83-84.

63) Maxwell, J. (2023), The 16 Undeniable Laws of Communication: Apply Them and Make the Most of Your Message, Maxwell Leadership, p. 1.

64) Ibid., pp. 17-296.

65) 16가지 법칙에 대한 설명은 Maxwell, J. (2023), pp. 17-296에서 발췌하였음을 밝혀 둔다.

66) Haidt, J., & Lukiabnoff, G. (2018), 왕수민 역(2019), 『나쁜 교육』, 경기: 프시케의 숲, p. 410.

67) Ibid., p. 415.

68) Ibid., pp. 415-416.

69) Ibid., p. 413.

70) Ibid., p. 460.

71) Ibid., p. 422.

72) Ibid., pp. 468-470.

2장

73) Parker, W. C. (Ed.). (2002), Education for democracy: Contexts, curricula, assessments, Information Age Publishing, p. ix.

74) Evans, R. W., Nemann, F. M., & Saxe, D. W. (1996), Defining issues-centered

education. In R. W. Evans & D. W. Saxe (Eds.), Handbook on teaching social issues: NCSS Bulletin93 (pp. 2－5). National Council for the Social Studies; Parker, W. C., & Hess, D. E. (2001), Teaching with and for discussion, Teaching and Teacher Education, 17(3), 273－289.

75) 롤스(J. Rawls)는 『정치적 자유주의』에서 '합당한 것'과 '합당한 불일치'라는 개념을 사용하고 있다. 그에게 '합당한 것'은 평등한 인격체로서 다른 사람들이 인정하리라고 합당하게 기대할 수 있는 방식으로 협동에 참여하고자 하는 것이다(Rawls, 2020: 144－147). 롤스는 우리가 합당한 존재인 한, 모든 사람들이 인정하고 그에 따라 행동할 것이라고 기대하는 것이 합당하다고 생각할 수 있는 그런 틀을 기꺼이 만들어 낼 것이라고 말한다. 또한 그는 '합당한 불일치'를 이러한 합당한 개인들 사이의 불일치로 정의한다. 즉 입헌정체에서 자유롭고 평등한 시민이 되기에 충분한 정도로 도덕적 능력을 실현시키고, 공정한 협동의 조건을 존중하고 사회의 협동적 구성원이 되고자 하는 지속적인 욕망이 있는 사람들 간의 불일치이다(Rawls, 장동진 역, 2020: 144－147).

76) Evans, R. W., Nemann, F. M., & Saxe, D. W. (1996), Defining issues－centered education. In R. W. Evans & D. W. Saxe (Eds.), Handbook on teaching social issues: NCSS Bulletin93 (pp. 2－5). National Council for the Social Studies; 노경주(2000), "초등 사회과에서의 쟁점중심교육", 『시민교육연구』, 31, p. 86에서 재인용.

77) 임동균(2018), "동아시아의 새로운 민주주의: 숙의 민주주의의 현황과 미래", 『다양성+아시아』, 1(2), 동북아시아센터.

78) 상대방이나 청중에게 설득력을 발휘하는 이유로, 의사결정은 정확한 증거와 타당한 추론에 기반을 둔 '정당한 이유'에 의해 정당화되어야 한다.

79) 정창우 외(2025 출간 예정), 『현대 사회와 윤리』, 서울: 미래엔, p. 18.

80) Aristoteles, 박문재 역(2020), 『아리스토텔레스 수사학』, 서울: 현대지성, p. 19.

81) 정창우 외(2025 출간 예정), p. 18.

82) Ibid., p. 18.

83) 서보현(2023), 『디베이터』, 경기: 문학동네, pp. 84－85.

84) 정문성(2017), 『토의 · 토론 수업방법 84(4판)』, 경기: 교육과학사, p. 18.

85) 최재천(2024), 『숙론』, 경기: 김영사, p. 17.

86) 한자사전(네이버)을 검색해보면, "토(討) 자는 '치다'나 '공격하다'라는 뜻을 가진 글자이다. 토(討) 자는 言(말씀 언) 자와 寸(마디 촌) 자가 결합한 모습이다. 촌(寸)

자는 손끝에서 손목까지의 길이를 뜻하는 지사문자(指事文字)로 '마디'나 '법도'라는 뜻을 갖고 있다. 이렇게 '법도'라는 뜻을 가진 촌(寸) 자에 언(言) 자가 결합한 토(討) 자는 '법도가 있는 말'이라는 뜻으로 해석된다. 토(討) 자는 본래 '탐구하다'나 '연구하다'와 같이 사물의 진리를 찾는다는 뜻을 표현하기 위해 만든 글자였다. 그러나 후에 법도가 없는 상대를 혼내준다는 의미가 확대되면서 '치다'나 '공격하다'라는 뜻이 파생되었다."라고 되어있다. 이처럼 본래 토(討) 자에는 사물의 진리를 찾는다는 뜻이 들어있었으나, 나중에 법도가 없는 사람을 혼내준다는 의미로 확대 해석되면서 '공격하다'라는 뜻이 담기게 되었다는 점을 이해한다면, 이 글자 자체를 부정적으로 평가할 필요는 없을 것이다.

87) 그는 책에서 "discourse(숙론)은 dialogue(담화)나 discussion(토론)의 좀 있어 보이는 표현으로 사뭇 진지하고 심각한 토론(discussion)을 의미한다."(최재천, 2024: 17)라고 밝히고 있다. 그렇다면 숙론과 토론을 구분하는 기준이 '있어 보임'과 '진지함과 심각성'에 있다는 것인데, 이는 개념의 본질이 아니라 외양과 정도에 중점을 두는 것으로서 개념 구분의 근거로 삼기에는 불충분하고 다소 부적절해 보인다.

88) The American Philosophical Association(1990), Critical Thinking: A Statement of Expert Consensus for Purposes of Educational Assessment and Instruction, LA: The California Academic Press.

89) 정창우(2020a), 『도덕교육 연구 및 실천의 방향과 과제』, 경기: 교육과학사, pp. 68–69.

90) Noddings, N., & Brooks, L. (2017), Teaching Controversial Issues, 정창우 · 김윤경 역(2018), 『논쟁수업으로 시작하는 민주시민교육』, 서울: 도서출판 풀빛, pp. 95–97.

91) 정창우(2022), 『변혁적 도덕역량 증진을 위한 도덕교육론』, 경기: 교육과학사, p. 148.

92) Noddings, N., & Brooks, L. (2017), 정창우 · 김윤경 역(2018), p. 98.

93) Ibid., p. 97.

94) Jones, H. (2019), Virtues in the public sphere (Ch. 15), 이기연 · 김형렬 · 김하연 · 양해성 · 허윤회 · 정창우(2023), 『시민성, 시민적 우정과 의무』, 경기: 교육과학사, pp. 436–439.

95) 교육부(2016), 『2015 개정 교육과정 총론 해설(초등학교)』, 교육부, p. 30.

96) OECD (2019), OECD Future of Education and Skills 2030 Concept Note: Skills for

2030, OECD, p. 3.

97) OECD (2019), OECD Future of Education and Skills 2030 Conceptual Learning Framework: Attitudes and Values for 2030, OECD, p. 4; Haste, H. (2018), Attitudes and Values and the OECD Learning Framework 2030: A Critical Review of Definitions, Concepts and Data., OECD, http://www.oecd.org/education/2030/.

98) https://www.student.unsw.edu.au/discussion-skills 에서 발췌하였음을 밝혀둔다.

99) Jones, H. (2019), Virtues in the public sphere (Ch. 15), 이기연 · 김형렬 · 김하연 · 양해성 · 허윤회 · 정창우(2023), 『시민성, 시민적 우정과 의무』, 경기: 교육과학사, p. 433.

100) Pinker, S. (2011), The Better Angels of Our Nature: Why Violence Has Declined, 김명남 역(2022), 『우리 본성의 선한 천사 – 인간은 폭력성과 어떻게 싸워 왔는가』, 서울: 사이언스북스, pp. 1132–1135.

101) Barrow, R. (2007), The introduction of moral philosophy and moral education, 정창우 역(2013), 『도덕철학과 도덕교육』, 서울: 도서출판 울력, p. 109.

102) Ibid., p. 110.

103) Ibid., p. 107.

104) Noddings, N., & Brooks, L. (2017), Teaching Controversial Issues, 정창우 · 김윤경 역(2018), 『논쟁수업으로 시작하는 민주시민교육』, 서울: 도서출판 풀빛, p. 314.

105) 김명주(2022), 『AI는 양심이 없다』, 경기: 헤이북스.

106) 손제연(2018), "법적 개념으로서의 인간 존엄", 서울대학교 박사학위논문.

107) 정창우(2024), "민주시민성", 『Big Five 시민성 교육론』, 서울: 한국문화사, p. 62.

108) Jacobs, J. (2019), Virtues in the public sphere (Ch. 3), 이기연 · 김형렬 · 김하연 · 양해성 · 허윤회 · 정창우(2023), 『시민성, 시민적 우정과 의무』, 경기: 교육과학사, pp. 114–115.

109) Kant, I. (1784), 이한구 편역(2015), "계몽이란 무엇인가에 대한 답변", 『칸트의 역사철학(개정판)』, 경기: 서광사, p. 16.

110) Jacobs, J. (2019), Virtues in the public sphere (Ch. 3), p. 107.

111) NE 1167a22–29. Aristoteles, 이창우 외 역(2008), 328쪽 참조.

112) 손병석(2020), "왜 친애(philia)가 정의보다 더 중요한가?: 아리스토텔레스의 정치적 친애(politikē philia)와 호모노이아(homonoia) 그리고 덕친애의 관계를 중심으로", 『철학연구』, 131, p. 9.

113) Pol. Ⅱ.1.1261b6.

114) 장미성(2016), "마음의 일치로서의 아리스토텔레스 정치적 친애", 『철학연구』, 115, p. 260.

115) 이영경(2024), 『한국사상과 마음의 윤리학』, 대구: 경북대학교 출판부, p. 29.

116) Ibid., pp. 29–30.

3장

117) Council of Europe (2015), Teaching controversial issues, 서울시교육청 역(2020), 서울: 서울시교육청; Council of Europe (2020), Teaching controversial issues through education for democratic citizenship and human rights, Council of Europe; Johnson, D. W. (2015), Constructive controversy, 추병완 역(2019), 『4차 산업혁명 시대의 혁신교수법: 건설적 논쟁의 이론과 실제』, 서울: 도서출판 하우; Lind, G. (2016), How to teach morality?, 박균열 · 정창우 역(2017), 『도덕적 민주적 역량, 어떻게 기를 것인가』, 서울: 도서출판 양서각; Noddings, N., & Brooks, L. (2017), Teaching Controversial Issues, 정창우 · 김윤경 역(2018), 『논쟁수업으로 시작하는 민주시민교육』, 서울: 도서출판 풀빛.

118) Geboers, E., Geijsel, F., Admiraal, W., & Dam, G. T (2013), Review of the Effects of Citizenship Education, Educational Research Review 9: 158 – 173; Hess, D., & Avery, P. (2008), Discussion of Controversial Issues as a Form and Goal of Democratic Education, In J. Arthur, I. Davis & C. Hahn (Eds.), The SAGE Handbook of Education for Citizenship and Democracy (pp. 506 – 518), London: SAGE; Knight Abowitz, K. & Harnish, J. (2006), Contemporary Discourses of Citizenship, Review of Educational Research 76: 653 – 690; Schuitema, J., Dam, T., & Veugelers, W. (2008), Teaching Strategies for Moral Education: A Review, Journal of Curriculum Studies 40 (1): 69 – 89.

119) Chinn, C. A., O'Donnell, A. M., & Jinks, T. S. (2000), The Structure of Discourse in Collaborative Learning, The Journal of Experimental Education, 69(1), 77 – 97; Veugelers, W. (2000), "Different Ways of Teaching Values", Educational Review, 52(1), 37 – 46.

120) Berkowitz, M., Althof, W., Turner, V. D., & Bloch, D. (2008), Discourse, De-

velopment and Education. In Getting Involved. Global Citizenship Development and Sources of Moral Values, edited by F. K. Oser and W. Veugelers, 189 – 201; Blatt, M., & Kohlberg. L. (1975), The Effects of Classroom Moral Discussions upon Children's Level of Moral Judgement, Journal of Moral Education 4 (2): 129 – 161; Nucci, L., Creane, M. W., & Powers, D. W. (2015), Integrating Moral and Social Development within Middle School Social Studies: A Social Cognitive Domain Approach, Journal of Moral Education 44 (4): 479 – 496.

121) Schulz, W., Ainley, J., Fraillon, J., Kerr, D., & Losito, B. (2010), ICCS 2009 International Report: Civic Knowledge, Attitudes, and Engagement among Lower Secondary School Students in 38 Countries, Amsterdam: International Association for the Evaluation of Educational Achievement (IEA); Torney–Purta, J. (2002), Patterns in the Civic Knowledge, Engagement, and Attitudes of European Adolescents: The IEA Civic Education Study, European Journal of Education 37 (2): 129 – 141.

122) Manganelli, S., Lucidi, F., & Alivernini, F. (2015), Italian Adolescents' Civic Engagement and Open Classroom Climate: The Mediating Role of Self–Efficacy, Journal of Applied Developmental Psychology 41: 8 – 18.

123) Godfrey, E. B., & Grayman, J. K. (2014), Teaching Citizens: The Role of Open Classroom Climate in Fostering Critical Consciousness among Youth, Journal of Youth and Adolescence 43 (11): 1801 – 1817.

124) Parker, W. C., & Hess, D. E. (2001), Teaching with and for discussion, Teaching and Teacher Education, 17(3), 273 – 289.

125) Althof, W., & Berkowitz, M. W. (2006), Moral Education and Character Education: Their Relationship and Roles in Citizenship Education, Journal of Moral Education 35: 495 – 518; Gutmann, A., & Thompson, D. (2004), Why Deliberative Democracy? Princeton, NJ: Princeton UP; Haste, H. (2004), Constructing the Citizen, Political Psychology 25: 413 – 439; Knight Abowitz, K. & Harnish, J. (2006), Contemporary Discourses of Citizenship, Review of Educational Research 76: 653 – 690; Parker, W. (2010), Listening to Strangers: Classroom Discussion in Democratic Education, Teachers College Record 112 (11): 2815 – 2832; Schuitema, J., Dam, T., & Veugelers, W. (2008), Teaching Strategies for Moral Education: A Review, Journal of Curriculum Studies 40 (1): 69 – 89.

126) Parker, W. C., & Hess, D. E. (2001), Teaching with and for discussion, Teaching and Teacher Education, 17(3), 273 – 289.

127) Hess, D., & Avery, P. (2008), Discussion of Controversial Issues as a Form and Goal of Democratic Education, In J. Arthur, I. Davis & C. Hahn (Eds.), The SAGE Handbook of Education for Citizenship and Democracy (pp. 506 – 518), London: SAGE.

128) Parker, W. C., & Hess, D. E. (2001), Teaching with and for discussion, Teaching and Teacher Education, 17(3), 273 – 289.

129) Hess, D., & Avery, P. (2008), Discussion of Controversial Issues as a Form and Goal of Democratic Education, In J. Arthur, I. Davis & C. Hahn (Eds.), The SAGE Handbook of Education for Citizenship and Democracy (pp. 506 – 518), London: SAGE.

130) 여기서 다루고 있는 내용은 정창우가 쓴 『변혁적 도덕 역량 증진을 위한 도덕교육론』(2022) 제13장 "논쟁 문제 수업에 대한 이해와 도덕 교사의 역할"의 일부를 수정 · 보완한 것임을 밝혀 둔다.

131) Noddings, N., & Brooks, L. (2017), Teaching Controversial Issues, 정창우 · 김윤경 역(2018), 『논쟁수업으로 시작하는 민주시민교육』, 서울: 도서출판 풀빛, p. 9.

132) 롤스는 "합당한 다원주의(reasonable pluralism)를 하나의 재앙으로 간주하는 것은 자유의 조건하에서 이성의 활용 그 자체를 하나의 재앙으로 간주하는 것과 같다."라고 주장하였다(Rawls, 장동진 역, 2020: 32).

133) Noddings, N., & Brooks, L. (2017), pp. 71–75.

134) Lind, G. (2016), How to teach morality?, 박균열 · 정창우 역(2017), 『도덕적 민주적 역량, 어떻게 기를 것인가』, 서울: 도서출판 양서각, p. 272.

135) 학교의 도움 없이, 또는 학교를 제외하고는 아동의 참여 권리와 학습권을 존중하고 실현시켜줄 수 있는 곳은 거의 없다.

136) Fisher, R. (2008), Teaching thinking: Philosophical enquiry in the classroom, 노희정 역(2011), 『사고하는 방법: 철학적 탐구공동체활동의 이론과 실제』, 경기: 인간사랑, pp. 18–19.

137) Stradling, R., Noctor, M., & Baines, B. (1984), Teaching Controversial Issues, Hodder & Stoughton Educational Division, p. 3.

138) 합리적이면 도덕적인가? 하버마스의 담론윤리학적 관점에서 볼 때는 그렇지만, 롤스나 나딩스 등의 관점에서는 그렇지 않다. 담론윤리학에서 하버마스의 '도덕적 관점'은 다원적 가치의 세계에서 개인 간의 실천적 상호관계가 합리적으로 이

루어진다는 의미를 담고 있다(한기철, 2003: 21). 따라서 합리성(rationality)은 도덕성(morality)을 함축한다. 하지만 롤스는 '합당한 것'과 '합리적인 것'을 구분하면서 후자를 개인의 이해타산적 사고와 유사한 것으로 간주하였다. 즉 합리적 인간(rational people)은 칸트가 말하는 '도덕적 인격에 대한 성향(the predisposition to moral personality)'을 결여하고 있다고 본 것이다(Rawls, 장동진 역, 2020: 144). 또한 나딩스에 따르면, 추상적 도덕원리에 기초한 도덕적 추론은 합리적이기는 하지만 이것이 곧 도덕적인 행위와 판단을 보장할 수는 없다(Noddings, 1980). 즉 합리적이지만 도덕적이지 않은 행위나 판단도 존재할 수 있다는 것이다. 이와 같이 합리성과 도덕성 간의 관계 설정은 학자에 따라 다르게 보는 측면이 있지만, 오늘날 윤리학 및 도덕 · 시민교육 영역에서는 나딩스의 입장이 보다 설득력을 얻고 있다(한기철, 2003: 3). 따라서 이 글에서는 합리성이 도덕성을 위한 필요조건이기는 하지만, 충분조건이나 필요충분조건은 아니라고 간주한다. 그리고 이에 따른 조치로서 의사소통행위 능력 앞에 '합리적'이라는 수식어와 함께 '윤리적'이라는 수식어를 병기하고자 한다.

139) Lind, G. (2016), How to teach morality?, 박균열 · 정창우 역(2017), 『도덕적 민주적 역량, 어떻게 기를 것인가』, 서울: 도서출판 양서각, pp. 48–49.

140) 필터 버블의 영향을 받고, SNS에서 끼리끼리 소통만 하게 되면, 확증편향은 더 강화될 수 있으며, 이를 극복하기 위해서는 반드시 비판적 사고가 필요하다. 하지만 우리의 교육 현실은 비판적 사고력 향상에 기여하지 못하고 있다. 2019년 세계경제포럼(WEF) 발표에 따르면, 한국의 국가경쟁력은 세계 13위를 기록했지만, 비판적 사고교육은 141개국 가운데 82위로 나타났다(출처: https://www.eduinnews.co.kr/news/articleView.html?idxno=21174). 이를 통해 볼 때 우리나라에서도 비판적 사고력을 기르기 위한 체계적인 교육이 필요하며, 논쟁 문제 수업은 이러한 비판적 사고를 증진하는 데 매우 효과적인 방안이 될 수 있다.

141) Fisher, R. (2008), Teaching thinking: Philosophical enquiry in the classroom, 노희정 역(2011), 『사고하는 방법: 철학적 탐구공동체활동의 이론과 실제』, 경기: 인간사랑, pp. 284, 351; Davies, S. (1994), Improving reading standards in primary schools project report, Dyfed LEA; Raitz, K. L. (1992), Philosophy for children in Guatemala, Thinking, 10(2), pp. 6–12.

142) Council of Europe (2015), Teaching controversial issues, 서울시교육청 역(2020), 서울: 서울시교육청; Fisher, R. (2008), Teaching thinking: Philosophical enquiry in the class-

room, 노희정 역(2011), 『사고하는 방법: 철학적 탐구공동체활동의 이론과 실제』, 경기: 인간사랑; Noddings, N., & Brooks, L. (2017), Teaching Controversial Issues, 정창우 · 김윤경 역(2018), 『논쟁수업으로 시작하는 민주시민교육』, 서울: 도서출판 풀빛; Johnson, D. W. (2015), Constructive controversy, 추병완 역(2019), 『4차 산업 혁명 시대의 혁신교수법: 건설적 논쟁의 이론과 실제』, 서울: 도서출판 하우; 정문성(2017), 『토의 · 토론 수업방법 84(4판)』, 경기: 교육과학사; 정창우(2020), 『도덕교육 연구 및 실천의 방향과 과제』, 경기: 교육과학사; 정창우(2020), 『도덕교육의 새로운 해법(2판)』, 경기: 교육과학사.

143) 여기서 다루고 있는 내용은 정창우가 쓴 『변혁적 도덕 역량 증진을 위한 도덕교육론』(2022) 제13장 "논쟁 문제 수업에 대한 이해와 도덕 교사의 역할"의 일부를 수정 · 보완한 것임을 밝혀 둔다.

144) Stradling, R., Noctor, M., & Baines, B. (1984), Teaching Controversial Issues, Hodder & Stoughton Educational Division, pp. 103–104.

145) 서울특별시교육청(2023), 『역지사지 공존형 토론수업』, 서울특별시교육청, p. 24.

146) Lind, G. (2016), How to teach morality?, 박균열 · 정창우 역(2017), 『도덕적 민주적 역량, 어떻게 기를 것인가』, 서울: 도서출판 양서각, p. 272.

147) Fisher, R. (2008), Teaching thinking: Philosophical enquiry in the classroom, 노희정 역(2011), 『사고하는 방법: 철학적 탐구공동체활동의 이론과 실제』, 경기: 인간사랑, pp. 284, 351; Davies, S. (1994), Improving reading standards in primary schools project report, Dyfed LEA; Raitz, K. L. (1992), Philosophy for children in Guatemala, Thinking, 10(2), 6–12.

148) 그렇지 않으면 학생들은 왜 자신들이 이 문제를 다루어야 하는지 파악하지 못하게 된다.

149) 시의성을 고려하더라도 아주 최근에 발생한 논쟁 문제라면 해당 문제를 충분히 균형 잡힌 시각으로 다루는 교수 자료를 얻기 어려울 수 있고, 이로 인해 교사가 다루는 자료가 편향되거나 모순적일 수 있으며(Stradling et al., 1984: 4), 학생들의 탐구 가능성을 제한할 수 있다는 점에 유의할 필요가 있다.

150) 어떤 특정한 논쟁 문제와 개인적 차원에서 직접적으로 연관된 학생들이 있다면 이런 학생들을 배려하기 위해 이 문제는 가급적 논쟁적 토론의 대상으로 삼지 않는 것이 좋다. 이런 주제를 다루게 되면 과도한 수치심이나 피해의식, 소외감을 느낄 수 있고 괴롭힘의 대상이 되게 만들 수도 있기 때문이다. 만약 교육과정 성취기

준 및 학습 목표와의 관련성을 고려하여 이를 논쟁 문제로 삼게 된다면, 관련 학생들을 어떻게 보호할 것인가에 대한 대책이 반드시 마련되어야 한다(Council of Europe, 서울시교육청 역, 2020: 14). 하나의 방편으로, '객관화' 기법을 활용하여 '개인의 생각'이 아니라 우리 '사회의 인식'이 어떤지 물을 수 있다. 예를 들어 '당신은(혹은 여러분은) 이주 노동자에 대해 어떻게 생각하나요?'가 아니라 '사람들은(혹은 우리 사회에서는) 이주 노동자에 대해 어떻게 생각하나요?'로 물음으로써 '개인의 생각'이 아니라 '사회적 인식'에 초점을 맞출 수 있다. 이런 방법은 이 문제에 직접적으로 관련되어있는 학생들에게 소외감이나 불쾌감이 생기지 않도록 예방하는데 효과적이다(Council of Europe, 서울시교육청 역, 2020: 61–63).

151) 노경주 · 구정화 · 조영제 · 주은옥(2001), 『논쟁 문제의 이론과 실제』, 서울: 원미사, p. 31 일부 인용.

152) Schuitema, J., Radstake, H., & Veugelers, W. (2018), Guiding classroom discussions for democratic citizenship education, Educational Studies, 44(4), 377–407.

153) Chinn, C. A., O'Donnell, A. M., & Jinks, T. S. (2000), The Structure of Discourse in Collaborative Learning, The Journal of Experimental Education, 69(1), 77 – 97.

154) Alexander, R. J. (2008), Towards Dialogic Teaching: Rethinking Classroom Talk, 4th ed. Cambridge: Dialogos; Brown, R. A. J., & Renshaw, P. D. (2000), "Collective Argumentation: A Sociocultural Approach to Reframing Classroom Teaching and Learning", In H. Cowie and G. Van der Aalsvoort (Eds.), Social Interaction in Learning and Instruction: The Meaning of Discourse for the Construction of Knowledge (pp. 52 – 66), Amsterdam: Pergamon; Chinn, C. A., O'Donnell, A. M., & Jinks, T. S. (2000), The Structure of Discourse in Collaborative Learning, The Journal of Experimental Education, 69(1), 77 – 97; Schuitema, J., Radstake, H., & Veugelers, W. (2018), Guiding classroom discussions for democratic citizenship education, Educational Studies, 44(4), 377–407.

155) Kumpulainen, K. & Kaartinen, S. (2003), The Interpersonal Dynamics of Collaborative Reasoning in Peer Interactive Dyads, Journal of Experimental Education, 71(4), 333 – 370.

156) Alexander, R. J. (2008), Towards Dialogic Teaching: Rethinking Classroom Talk, 4th ed. Cambridge: Dialogos.

157) Hess, D. (2009), Controversy in the Classroom: The Democratic Power of Discus-

sion, New York: Routledge; Scott, P. H., Mortimer, E. F., & Aguiar, O. G. (2006), The Tension between Authoritative and Dialogic Discourse, Science Education, 90, 605 – 631.

158) Schuitema, J., Radstake, H., & Veugelers, W. (2018), Guiding classroom discussions for democratic citizenship education, Educational Studies, 44(4), 377–407.

159) Hess, D., & Avery, P. (2008), Discussion of Controversial Issues as a Form and Goal of Democratic Education, In J. Arthur, I. Davis & C. Hahn (Eds.), The SAGE Handbook of Education for Citizenship and Democracy (pp. 506 – 518), London: SAGE; Veugelers, W. (2000), Different Ways of Teaching Values, Educational Review, 52(1), 37 – 46.

160) 예: Aguiar, O. G., Mortimer, E. F., & Scott, P. (2010), Learning from and Responding to Students' Questions: The Authoritative and Dialogic Tension, Journal of Research in Science Teaching, 47, 174 – 193; Alexander, R. J. (2008), Towards Dialogic Teaching: Rethinking Classroom Talk, 4th ed. Cambridge: Dialogos; Scott, P. H., Mortimer, E. F., & Aguiar, O. G. (2006), The Tension between Authoritative and Dialogic Discourse, Science Education, 90, 605 – 631; Wells, G., & Arauz, R. M. (2006), Dialogue in the Classroom, The Journal of the Learning Sciences, 15(3), 379 – 428.

161) Scott, P. H., Mortimer, E. F., & Aguiar, O. G. (2006), The Tension between Authoritative and Dialogic Discourse, Science Education, 90, 605 – 631.

162) Council of Europe (2015), Teaching controversial issues, 서울시교육청 역(2020), 서울: 서울시교육청, p. 25.

163) 여기서 다루고 있는 내용은 정창우가 쓴 『변혁적 도덕 역량 증진을 위한 도덕교육론』(2022) 제13장 "논쟁 문제 수업에 대한 이해와 도덕 교사의 역할"의 일부를 수정 · 보완한 것임을 밝혀 둔다.

164) Mill, J. S. (1859), On liberty, 박홍규 역(2013), 『자유론』, 서울: 문예출판사, p. 92.

165) Noddings, N., & Brooks, L. (2017), Teaching Controversial Issues, 정창우 · 김윤경 역(2018), 『논쟁수업으로 시작하는 민주시민교육』, 서울: 도서출판 풀빛, p. 86.

166) Barber, B. (1984), Strong democracy, CA: University of California Press, p. 175.

167) Mill, J. S. (1859), On liberty, 박홍규 역(2013), 『자유론』, 서울: 문예출판사, p. 93.

168) 임동균(2018), "동아시아의 새로운 민주주의: 숙의 민주주의의 현황과 미래", 『다양성+아시아』, 1(2), 동북아시아센터.

169) 정창우(2020), 『도덕교육 연구 및 실천의 방향과 과제』, 경기: 교육과학사, p. 191.

170) Ibid., p. 190.

171) 토론의 지나친 과열로 인해 교사가 논쟁을 통제하지 못할 경우, 교사의 권위가 떨어지거나 학생들 간에 심각한 갈등을 유발할 수 있으며, 학부모나 시민단체 등이 제기한 악성 민원에 시달릴 수도 있다.

172) Lind, G. (2016), How to teach morality?, 박균열 · 정창우 역(2017), 『도덕적 민주적 역량, 어떻게 기를 것인가』, 서울: 도서출판 양서각.

173) 하버마스의 '상호주관적 이해와 합의'라든가 롤스의 '중첩적 합의' 등을 예로 들 수 있다.

174) Lind, G. (2016), How to teach morality?, 박균열 · 정창우 역(2017), 『도덕적 민주적 역량, 어떻게 기를 것인가』, 서울: 도서출판 양서각.

175) 존슨(D. Johnson) 또한 참가자는 사람이 아니라 아이디어에 대해 비판적이어야 한다고 강조한 바 있다(Johnson, 추병완 역, 2019: 71).

176) 서요련(2021), "하버마스 민주적 법치국가 이론의 시민교육적 함의 연구", 서울대학교 교육학석사 학위논문, p. 105 재인용. 이 부분은 듀이의 주장(Dewey, 1927/2008: 204–205)에 대해 번스타인(Bernstein, 1998: 291)이 설명을 덧붙인 것이다.

177) Habermas, J. (1971), Theorie und Praxis, 홍윤기 · 이정원 역(1982), 『하버마스의 이론과 실천』, 서울: 종로서적, p. 24. 하버마스에 따르면, 화자가 진실하지 않거나(진실성), 객관세계의 대상에 대해 잘못 이해하고 있거나(진리성), 사회 세계에서 부당한 내용을 말하거나 주장할 때(정당성), 듣는 사람이 이해할 수 없는 내용을 말할 때(이해 가능성), 화자는 청자의 이해와 동의를 얻을 수 없다. 참고로, 하버마스의 후기 이론에서 '이해 가능성'은 의사소통의 타당성 요건에서 제외되었다.

178) Camicia, S. (2021), Discussion Methods for Teaching Social Issues, Handbook on Teaching Social Issues: 2nd Edition, Information Age Publishing, p. 290.

179) Young, I. M. (2002), Inclusion and democracy, Oxford University Press.

180) Hemmings, A. (2000), High school democratic dialogues: Possibilities for praxis, American Educational Research Journal, 37(1), 67 – 91.

181) Council of Europe (2015), Teaching controversial issues, 서울시교육청 역(2020), 서울: 서울시교육청, p. 29.

182) Camicia, S. (2021), Discussion Methods for Teaching Social Issues, Handbook on

Teaching Social Issues: 2nd Edition, Information Age Publishing, p. 290.

183) Hess, D., & McAvoy, P. (2015), The Political Classroom: Evidence and Ethics in Democratic Education, Boston, MA: Pearson/Allyn & Bacon.

184) Ibid, p. 202.

185) Council of Europe (2015), Teaching controversial issues, 서울시교육청 역(2020), 서울: 서울시교육청, p. 19. 일부 수정.

186) Kelly, T. E. (1986), Discussing controversial issues: Four perspectives on the teacher's role, Theory and Research in Social Education, 14(2), p. 114.

187) Apple, M. W. (2018), Ideology and curriculum (4th ed.), RoutledgeFalmer.

188) Kelly (1986), p. 116.

189) Ibid., p. 116.

190) Ibid., p. 122.

191) Ibid., p. 130.

192) Noddings, N., & Brooks, L. (2017), Teaching Controversial Issues, 정창우 · 김윤경 역(2018), 『논쟁수업으로 시작하는 민주시민교육』, 서울: 도서출판 풀빛, p. 100.

193) 스트래들링이 제시한 교수법 아이디어를 보완한 내용, 즉 수업 중에 교사는 ① 균형적인 방식, ② 중립적인 진행자 방식, ③ 입장 표명, ④ 의도적인 반대자 방식, ⑤ 연대 방식 등을 취할 수 있다는 점(Council of Europe, 서울시교육청 역, 2020: 19 재인용)을 참고했음을 밝혀둔다. ①과 ②를 기본으로 두면서, 필요시에 ③, ④, ⑤를 적용해야 한다는 것은 필자의 생각이다. ①과 ②가 기본이 되어야 하는 자세한 이유는 Lind, 박균열 · 정창우 역, 2017: 241-255, 279를 참조하기 바람.

194) 참고로, 법리 모형(사회과)이나 가치갈등 모형(도덕과), 콜버그의 딜레마 토론 모형에서는 수업의 절차에 '개념의 의미를 명확하게 정의'하는 부분이 포함되어 있다.

195) 물론 토론을 혼란에 빠트리지 않기 위해서 개념의 명료화가 필요하지만, 앞서 언급한 바와 같이 논쟁 문제 수업의 목표 중에 개념 이해와 형성이 들어있기도 하고, 소크라테스식으로 보자면, 진리 탐구는 핵심 개념의 진정한 의미를 발견하는 데 있기 때문에, 개념의 명료화가 필요하기도 하다.

196) 정창우 · 김혜진 · 김하연 · 이인태 · 오유진 · 이혜진(2020), 『도덕과 교재연구 및 지도법』, 경기: 교육과학사, pp. 77-78.

197) 이연주 · 임경수(2020), "Rasch 모형과 요인분석을 활용한 대학생 토론능력 평가도

구 개발과 타당화 연구", 『문화와 융합』, 42(9), p. 837.

198) 정창우 · 조성태 · 이병일 · 김용순 · 윤영진 · 김현섭 · 배은주(2007), 『도덕과 교수 · 학습방법 및 평가, 경기: 인간사랑.

199) 장영희(2009), "토론 능력과 토론 전략", 『한국콘텐츠학회논문지』, 9(2), 446-452.

200) 정창우 · 조성태 · 이병일 · 김용순 · 윤영진 · 김현섭 · 배은주(2007), p. 748.

201) 장영희(2009), pp. 448-449.

202) 유해준(2015), "대학생 토론 수업의 평가 방식 연구", 『교양학연구』, 다빈치미래교양연구소, 159-181.

203) Ibid., p. 167.

204) Ibid., p. 173.

205) 정창우(2022), 『변혁적 도덕역량 증진을 위한 도덕교육론』, 경기: 교육과학사, p. 553.

206) Brookhart, S. M., 장혜원 · 김민건 · 장연정 · 김연태 · 모진우 역(2018), 『교사를 위한 고차원적 사고력 평가의 실제』, 경기: 교육과학사, pp. 189-190.

4장

207) 강태완 · 김태용 · 이상철 · 허경호(2003), 『토론의 방법』, 서울: 커뮤니케이션북스, p. 4.

208) 여기서 토론 형식(format)은 몇 개의 절차 규칙과 더불어 발언 순서와 시간을 규정하는 '토론을 위한 합의된 틀'을 의미한다. 이러한 형식은 토론의 성격과 참여 경험에 상당한 영향을 미친다. 2인 토론 팀으로 파트너와 함께 참여하는 것은 일대일 토론이나 5명의 토론자로 구성된 팀 단위로 참여하는 것과 상당히 다른 경험을 제공한다.

209) Freeley, A. J., & Steinberg, D. L. (2014), Argumentation and debate: Critical thinking for reasoned decision making(13ed.), Boston, MA: Wadsworth, pp. 355-365.

210) Ibid., p. 356.

211) 〈표 11〉은 정문성(2017: 354)이 제시한 표의 틀을 기본적으로 활용한 것이지만, A안의 경우, 프릴리 등이 『논증과 토론』에서 제시한 최신 자료를 사용하였으며, ①에서 ⑫까지 절차에 대한 설명은 강태완 등의 연구(2003: 59-66)를 참고했음을 밝혀둔다.

212) Freeley et al. (2014), p. 357.

213) Ibid., p. 357.

214) Ibid., p. 358.

215) 출처: https://thehill.com/homenews/media/517946-no-safe-spaces-director-debuts-new-fox-nation-documentary-on-lincoln-douglas/

216) Freeley et al. (2014), p. 358.

217) 정문성(2017), 『토의 · 토론 수업방법 84(4판)』, 경기: 교육과학사; 강태완 · 김태용 · 이상철 · 허경호(2003), 『토론의 방법』, 서울: 커뮤니케이션북스, p. 75.

218) 〈표 12〉는 프릴리 등이 제시한 것(Freeley et al., 2014: 358)을 가져온 것이지만, ①에서 ⑦까지 각 절차에 대한 설명은 정문성의 연구(2017: 347-348)를 참고했음을 밝혀둔다.

219) 정문성(2017), p. 346.

220) 강태완 외(2003), p. 78; Freeley et al. (2014), p. 363.

221) 강태완 외(2003), p. 78.

222) Freeley et al. (2014), p. 364.

223) Ibid., pp. 364-365.

224) 출처: https://static1.squarespace.com/static/6455d3d82007782c081fad44/t/651adfb0545ebe0cf1d82869/1696260016506/Judge+Scoring+Form+%28Rev.+2023%29.pdf

225) 여기서 제시된 내용은 https://www.procon.org/에서 발췌하여 제시했음을 밝혀둔다.

226) 사형수들은 사형선고와 집행을 막기 위해 소송을 최대한 장기화하는 경향이 있다. 이에 따라 정부의 소송 관련 비용도 늘어난다. 집행 전까지 사형수를 가두어 두는 특수시설 자체도 별도의 비용을 요구한다.

227) 대체(Replacement, 동물의 사용을 대체 연구 방법으로 대체), 감소(Reduction, 가능하면 동물의 사용을 최소화), 개선(Refinement, 동물의 고통을 줄이고 동물의 생활 조건을 개선)

228) 실험동물에 관한 법률

229) 비판적 사고 세미나 동영상은 다음 주소에서 확인할 수 있음. https://www.procon.org/background-resources/procon-org-critical-thinking-seminar/

230) Antell, G., & Harris, W. (2001), Current issues in American democracy, An Amsco Pub.

231) 앤텔과 해리스의 '쟁점 찬반 토론'에서는 '찬반 토론'과 '성찰'의 단계를 제대로 제시하지 못한 한계가 있다.

232) Ibid., pp. 100–101.

233) 이 부분은 정창우 · 김혜진 · 김하연 · 이인태 · 오유진 · 이혜진(2020), 『도덕과 교재연구 및 지도법』, 경기: 교육과학사, pp. 141–148 내용을 이 책의 성격에 맞게 수정 · 보완한 것임을 밝혀둔다.

234) Johnson, D. W. & Johnson, R. T.(2007), Creative Controversy: Intellectual Challenge in the Classroom(4th ed.), Edina: Interaction Book Company; Johnson, D. W. & Johnson, R. T. (2015), "Constructive Controversy: Teaching Students How to Think Creatively", Springer Fachmedien Wiesbaden, 59–87.

235) Johnson, D. W. (2015), Constructive controversy, 추병완 역(2019), 『4차 산업혁명 시대의 혁신교수법: 건설적 논쟁의 이론과 실제』, 서울: 도서출판 하우, p. 76.

236) 정창우 외(2020), p. 145.

237) Ibid., pp. 145–146.

238) Ibid., pp. 142–144.

239) Johnson & Johnson (2015), p. 75.

240) 정창우 외(2020), pp. 146–148.

241) Harwood, A. M. & Hahn, C. L.(1990), Controversial Issues in the Classroom, ERIC Clearinghouse for Social Studies/Social Science Education Bloomington IN, pp. 3–4.

242) 이 부분은 정창우 · 김혜진 · 김하연 · 이인태 · 오유진 · 이혜진(2020), 『도덕과 교재연구 및 지도법』, 경기: 교육과학사, pp. 82–91 내용을 이 책의 성격에 맞게 수정 · 보완한 것임을 밝혀둔다.

243) Ibid., pp. 85–88.

244) Ibid., p. 83.

245) 이인태 · 박균열(2019), "도덕적 사고 능력 향상을 위한 교수학습방법 및 평가 도구로서 KMDD와 MCT의 활용 가능성에 대한 연구", 『도덕윤리과교육』제65호, p. 8.

246) 정창우 · 김혜진 · 김하연 · 이인태 · 오유진 · 이혜진(2020), pp. 89–90.

247) 이인태 · 박균열(2019), p. 8.

248) Ibid., p. 22.

249) 이 부분은 서울특별시교육청(2023), 『역지사지 공존형 토론수업(안내서)』에서 발췌한 것임을 밝혀둔다.

250) 이 부분은 서울대학교 기초교육원 홈페이지(https://liberaledu.snu.ac.kr/snu-%ed%86%a0%eb%a1%a0%ed%95%9c%eb%a7%88%eb%8b%b9-%ec%86%8c%ea%b0%9c/)에서 발췌한 것임을 밝혀둔다.

부록 미주

1) 이 글은 이희지(서울 오주중) 선생에 의해 작성되었으며, 이 책의 성격에 맞게 일부 수정 · 보완되었음을 밝혀둔다.
2) SBS뉴스(2017.10.31), 「[마부작침] 종(種)의 종말 ②: 줄어드는 생물종, 늘어나는 외래종…"한국도 예외는 아니다"」(https://news.sbs.co.kr/news/endPage.do?news_id=N1004456879&plink=ORI&cooper=NAVER), 국립생태원 제공(2017.10. 기준).
3) 생물다양성 보전 및 이용에 관한 법률
4) 레오폴드, 송명규 역(2023), 『모래 군(郡)의 열두 달』, 히스토리아, pp. 244-268.
5) 한국일보(2023.9.6), "황소개구리, 뉴트리아, 경제도 망친다. 유엔 외래종 피해액 연간 560조 원", (https://www.hankookilbo.com/News/Read/A2023090515570003309?did=NA)
6) 한겨레(2019.10.19), "뉴트리아, 넌 누구쥐? '괴물 쥐' 오명부터 '웅담 성분' 발견까지", (https://www.hani.co.kr/arti/society/environment/780997.html)
7) 위 신문
8) 연합뉴스(2015.9.17), "생태계 교란식물 '가시박' 확산 비상… 지자체, 제거 안간힘", (https://www.yna.co.kr/view/AKR20150917082000064?input=1195m)
9) KTV국민방송(2021.11.4), "식물계 황소개구리 '가시박' 신음하는 생태계", (https://www.ktv.go.kr/content/view?content_id=636098)
10) 헬로 아카이브, (https://www.helloarchive.co.kr/contents/PC-M20201005000113990?collection=editorials&d_provider_code=YH&direction=justified&-fields=all&ha_group=0101&page=1&page_size=60&product_id=5e95312397f74&que-ry=%EA%B0%80%EC%8B%9C%EB%B0%95&response_format=json&sort=recent&-subPageName=main&version=1.0&viewTitle=true)
11) 환경부 홈페이지(www.me.go.kr)

12) 매일경제(2020.7.1), "[생명과 과학] 환경오염 못지않은 위협, '생태계 교란종'", (https://www.mk.co.kr/news/economy/9410184)
13) 중앙일보(2022.5.4), "하천변서 '휙휙' 휘파람 부니 얼굴을 '쏙'. 도심에 사는 1급 멸종위기종 수달", (https://www.joongang.co.kr/article/25068681)
연합뉴스(2023.4.23), "생태교란종 미국가재를 수달이 먹었다", (https://www.yna.co.kr/view/AKR20230422042500530?input=1195m)
14) 경남도민일보(2021.8.17), "생태계 교란생물 줄지만 여전히 위험", (http://www.idomin.com/news/articleView.html?idxno=770014)
15) 연합뉴스(2023.4.23), "생태교란종 미국가재를 수달이 먹었다", (https://www.yna.co.kr/view/AKR20230422042500530?input=1195m), 국립생태원 제공
16) SBS뉴스(2017.10.31), "[마부작침] 종(種)의 종말 ②: 줄어드는 생물종, 늘어나는 외래종…한국도 예외는 아니다", (https://news.sbs.co.kr/news/endPage.do?news_id=N1004456879&plink=ORI&cooper=NAVER)
17) 칸트(2012), 『윤리 형이상학』, 백종현 역, 아카넷, 108.
18) MK스포츠(2019.8.30), "유튜버 '우마', 생태계 교란종 뉴트리아 이어 '꼽등이 먹방'", (https://n.news.naver.com/mnews/article/410/0000619282)
19) 슈바이처, 천병희 역(1999), 『나의 생애와 사상』, 문예출판사, p. 144.
20) 이 글은 박정선(경기 한여울초) 선생에 의해 작성되었으며, 이 책의 성격에 맞게 일부 수정 · 보완되었음을 밝혀둔다.
21) 박재학 · 안나(2020), 『동물과 인간』, 토일렛프레스, p. 153.
22) https://news.mt.co.kr/mtview.php?no=2020042114001495020 참고.
23) Cairoscene(2018.6.10), "Animal Euthanasia in Egypt: Merciful Option or Murder?", (https://cairoscene.com/in-depth/animal-euthansia)
24) Freie Universitat Berlin (2021.7.28), "Sick Animals Are Welcome Any Time", (https://www.fu-berlin.de/en/featured-stories/campus/2021/small-animal-clinic/index.html)
25) Peta (2018.11.28), "Why You Should Treat Your Cat Like a Dog", (https://www.peta.org/living/animal-companions/why-you-should-treat-your-cat-like-a-dog/)
26) 박찬구(2016), 『생활속의 응용윤리(1판)』, 세창출판사, pp. 172-173.
27) 한양대학교 ERICA실험동물센터 "실험동물 안락사 기준 및 방법", p. 1 참고.
28) Change.org(2017.6.30), "PREVENT the EUTHANASIA of ANIMALS", (https://www.change.org/p/greg-abbott-prevent-the-euthanasia-of-animals-05dd0b9e-

5935−44f4−a2d1−bbedd0f8274e)

29) 문성학(1998), “안락사의 도덕성 논쟁”, 『철학논총』, 15, p. 245.

30) Rollin, B. E. (2009), Ethics and euthanasia, The Canadian Veterinary Journal, 50(10), p. 1081.

31) 문성학(1998), p. 245.

32) Salvation bark(2023.5.7), “ANIMAL SHELTERS IN THE US”, (https://salvationbark.com/blogs/news/animal−shelters−in−the−us)

33) 박찬구(2016), p. 173.

34) Ibid., pp. 172−173.

35) Beauchamp, T., & Childress, J. (2017), 『생명의료윤리의 원칙들 (6판)』, 부크크, p. 159.

36) 이 글은 권혜주(서울 잠일고) 선생에 의해 작성되었으며, 이 책의 성격에 맞게 일부 수정 · 보완되었음을 밝혀둔다.

37) 이지은(2022), “조력 사망에 대한 고찰”, 『의료법학』 제2권 50호, pp. 67−96.

38) 국가법령정보센터, 「대한민국헌법 제10호」, (https://www.law.go.kr/%EB%B2%95%EB%A0%B9/%EB%8C%80%ED%95%9C%EB%AF%BC%EA%B5%AD%ED%97%8C%EB%B2%95/%EC%A0%9C10%EC%A1%B0).

39) An official website of the State of Oregon, 「Death with Dignity Act」, (https://www.oregon.gov/oha/PH/PROVIDERPARTNERRESOURCES/EVALUATIONRESEARCH/DEATHWITHDIGNITYACT/Pages/ors.aspx)

40) An official website of the State of Oregon, (https://www.oregon.gov/oha/PH/PROVIDERPARTNERRESOURCES/EVALUATIONRESEARCH/DEATHWITHDIGNITYACT/Pages/ors.aspx)

41) 이인영(2022), “미국의 의사자살방조에 관한 법리 논쟁과 입법에 관한 고찰”, 『법학연구』 제33권 1호, pp. 107−152.

42) 중앙일보(2023.4.8), “약자 희생 우려했지만…‘조력존엄사법’ 26주년 그곳의 반전”, (https://www.joongang.co.kr/article/25153493#home)

43) An official website of the State of Oregon, (https://www.oregon.gov/oha/PH/PROVIDERPARTNERRESOURCES/EVALUATIONRESEARCH/DEATHWITHDIGNITYACT/Pages/ors.aspx)

44) 이인영(2022), “미국의 의사 자살 방조에 관한 법리 논쟁과 입법에 관한 고찰”, 『법

학연구』 제33권 1호, pp. 107−152.

45) 청년의사(2022.8.13), "'조력존엄사법', 의료계 · 환자 · 법조계 반대…'죽음 강요 문화' 생성 우려", (https://www.docdocdoc.co.kr/news/articleView.html?idxno=2026129)

46) National Library of Medicine(2022.7.16), 「Aggregating 23years of data on medical aid in dying in the United States」, (https://www.ncbi.nlm.nih.gov/pmc/articles/PMC9588508/)

47) 이지은(2022), "조력 사망에 대한 고찰", 『의료법학』 제2권 50호, pp. 67−96.

48) 한겨레(2024.3.19), "세계는 안락사 논쟁 중…"죽음에 대한 선택권 존중" vs "완화 치료 확대가 선행", (https://www.hani.co.kr/arti/international/international_general/1132842.html)

49) 이 글은 김지원(서울 오류중) 선생에 의해 작성되었으며, 이 책의 성격에 맞게 일부 수정 · 보완되었음을 밝혀둔다.

50) Andrew Niccol, (감독). (1997). 가타카[영화], 컬럼비아 픽처스.

51) 동아사이언스(2020.10.7), "노벨화학상 받은 크리스퍼 유전자 가위는 무엇인가", (http://m.dongascience.com/news.php?idx=40443)

52) 한겨레(2022.2.28), "4살 된 세계 첫 유전자 편집 아기…이들을 계속 '관찰'해야 하나?", (https://www.hani.co.kr/arti/science/science_general/1032831.html)

53) 바이오스펙테이터(2020.11.10), "차세대 CRISPR '프라임에디팅', "정확성 높다" 검증", (http://biospectator.com/view/news_view.php?varAtcId=11757)

54) 연합뉴스(2016.9.28), "세 부모에게서 유전자 받은 세계 첫 아이 탄생", (https://www.yna.co.kr/view/AKR20160928028000075)

55) 한겨레(2022.2.28), "4살 된 세계 첫 유전자 편집 아기…이들을 계속 '관찰'해야 하나?", (https://www.hani.co.kr/arti/science/science_general/1032831.html)

56) 한겨레(2021.7.1), "프랑스, 비혼여성 · 동성커플 체외수정 허용", (https://www.hani.co.kr/arti/international/international_general/1001532.html)

57) 동아사이언스(2023.12.6), "시험관 배아 임신 전 유전자 분석한다… 선천적 결함 등 확인", (http://m.dongascience.com/news.php?idx=62793)

58) 정신의학신문(2024.1.22), "로봇 영화를 보고 불쾌감을 느꼈다면? 언캐니 밸리", (https://www.psychiatricnews.net/news/articleView.html?idxno=35065)

59) 조선일보(2023.11.23.), "유전자가위 등장에 들썩이는 바이오업계…어떤 국내사 주

목받나", (https://it.chosun.com/news/articleView.html?idxno=2023092105030)

60) 김현섭(2010), "유전자 편집기술의 윤리적 문제의 생명윤리법의 재검토", 『한국의료윤리학회지』, 20(2), p. 210.

61) 헌법재판소 2008. 7. 31. 선고 2004헌바81 전원재판부 결정(김윤선, 2024, "인간 유전자 편집 규제에 관한 연구", 『사법정책연구원 연구총서』, p. 98에서 재인용)

62) IBid., pp. 99–100.

63) 이 글은 김정래(서울대 윤리교육과 석사과정) 선생에 의해 작성되었으며, 이 책의 성격에 맞게 일부 수정 · 보완되었음을 밝혀둔다.

64) World Economic Forum(2024), Global Risks Report 2024, 6–28.

65) 행정규제기본법 제2조(정의) 제1항

66) BuzzFeedNews(2017.11.17), "This Analysis Shows How Viral Fake Election News Stories Outperformed Real News On Facebook", (This Analysis Shows How Viral Fake Election News Stories Outperformed Real News On Facebook (buzzfeednews.com))

67) Allcott, H., & Gentzkow, M. (2017), Social Media and Fake News in the 2016 Election, JOURNAL OF ECONOMIC PERSPECTIVES, 31(2), 211–236

68) Meta(2018.1.22), "Hard Questions: What Effect Does Social Media Have on Democracy?", (Hard Questions: What Effect Does Social Media Have on Democracy? | Meta (fb.com))

69) UNESCO(2018), Journalism, fake news & disinformation: handbook for journalism education and training, 32–43.

70) 김유리 · 이건(2022), "Z세대 서울학생의 디지털리터러시와 학교환경과의 관계", 『서울교육 이슈 페이퍼』, 3(38), 1–24.

71) 연합뉴스(2019.10.4), "UN인권조사관 "가짜 뉴스, 형사 처벌 · 규제 옳지 않아"", (https://www.yna.co.kr/view/AKR20191004113000017)

72) European Commission(2018), A multi–dimensional approach to disinformation: Report of the independent High level Group on fake news and online disinformation, 29–30.

73) 연합뉴스(2021.12.18), "[문해력 리포트] ② 한국 청소년 '디지털 문해력'마저… OECD 바닥권", (https://www.yna.co.kr/view/AKR20211209134600501)

74) UN(2022), Countering disinformation for the promotion and protection of human rights and fundamental freedoms: report of the Secretary–General, A/77/251, pp. 6–11.

75) 이 글은 김상원(서울대 윤리교육과 박사과정) 선생에 의해 작성되었으며, 이 책의

성격에 맞게 일부 수정 · 보완되었음을 밝혀둔다.

76) 반면 FTM 선수들에 대해서는 특별한 소명을 요구하고 있지 않다.

77) https://news.gallup.com/poll/507023/say-birth-gender-dictate-sports-participation.aspx

78) https://www.independent.co.uk/news/world/americas/lia-thomas-trans-swimmer-ron-desantis-b2091218.html

79) Itani, Satoko., 서울대학교 일본연구소 역(2020), "스포츠 분야 트랜스젠더 배제(Trans-Exclusion)에 대한 "페미니즘" 담론", 『일본비평』, 23, pp. 178-207.

80) 박성주(2020), "트랜스젠더의 스포츠 접근권에 관한 윤리적 고찰", 『한국체육학회지』, 2020, 제59권 제6호, pp. 1-12.

81) Ibid., pp. 1-12.

82) Lopiano, Donna A. (2000), MODERN HISTORY OF WOMEN IN SPORTS: Twenty-five Years of Title IX, Clinics in Sports Medicine, 19(2), pp. 163-173, (https://doi.org/10.1016/S0278-5919(05)70196-4)

83) Lumpkin, A., 김성준 외 역(2016), 『현대 스포츠 윤리』, 서울: 라이프사이언스, pp. 97, 168.

84) Loland, S., 손환 · 임석원 (2008), 『스포츠 윤리학』, 서울: 철학과현실사.

85) English, J. (1978), Sex Equality in Sports, Philosophy & Public Affairs, 7(3), pp. 269-277.

86) 예를 들어 복싱의 경우 체급에 따라 종목을 세분하여 진행하고 있다. 육상, 수영 등의 종목도 마찬가지이다.

87) https://www.bbc.com/sport/61346517

88) 이정학(2019), "스포츠에서 경쟁의 이중적 가치에 대한 이해", 『한국체육철학회지』, 27권 제2호, 7-17. https://doi.org/10.31694/PM.2019.06.27.2.001 이 논문에서 이정학은 스포츠에서의 승리지상주의를 옹호하는 것은 물론 아니지만, 스포츠에서 승리가 중요하다는 사실을 부정할 수 없다는 사실을 분명히 언급한다.

89) 하남길 · 오동섭(1996), "체육철학: 영국(英國) Athleticism의 이념적(理念的) 체계 고찰: 신사도(紳士道)", 『한국체육학회지』, 35(2), p. 9.

90) Simon, R. L., 김태훈 역(2021), 『우리가 꼭 알아야 할 스포츠 윤리』, 서울: 글로벌콘텐츠, pp. 81-82.

91) 이 글은 조수영(서울 번동중) 선생에 의해 작성되었으며, 이 책의 성격에 맞게 일

부 수정 · 보완되었음을 밝혀둔다.

92) 조선닷컴(2019.6.22), 끝나지 않는 논쟁, '성매매 특별법', (http://news.chosun.com/site/data/html_dir/2016/04/04/2016040400756.html)

93) 이지영(2009), "감정노동-소진과정에서 자기효능감의 조절효과", 『인적자원관리연구』 16(4), p. 238.

94) BBC뉴스(2019.4.27), "성매매 합법화: 성매매도 직업으로 인정받을 수 있을까?", (https://www.bbc.com/korean/vert-cap-48010713)

95) 국민일보(2021.8.31), "성매매 합법화한 독일... 인신매매 급증 부작용에 시달려", (https://www.kmib.co.kr/article/view.asp?arcid=0924207000)

96) 성을 바라보는 입장으로는 보수주의, 쾌락주의, 중도주의가 존재한다. 보수주의의 경우, 출산을 위한 성관계만을 윤리적으로 허용하고, 쾌락주의의 경우, 성인 간의 합의 등을 전제로 쾌락을 위한 성관계를 허용한다. 마지막으로 중도주의의 경우, 보수주의도 쾌락주의도 아닌 '사랑' 혹은 '결혼을 전제로 한 연인' 사이에서의 성관계를 윤리적으로 허용하고 있다. '사랑'을 성관계의 중요한 조건으로 내세우고 있는 입장은 중도주의의 입장으로 볼 수 있다.

97) 김성한(2014), "성매매와 포르노그래피, 어느 쪽이 더 문제인가?", 『철학탐구』 36, p. 279.

98) Ibid., p. 294.

99) 이 글은 이창용(강원 황지초) 선생에 의해 작성되었으며, 이 책의 성격에 맞게 일부 수정 · 보완되었음을 밝혀둔다.

100) 물질적 지원을 어디까지로 볼 것인가? 여기서는 임신 · 출산 · 육아 · 양육단계에서 현금성으로 지원하는 일체를 '물질적 지원'으로 보고자 한다. 보다 구체적으로는 임신 과정에서 난임시술비 지원, 임신 및 출산 진료비 바우처 지원, 산후 조리비용 세액 공제, 육아 · 양육 단계에서의 부모급여 인상, 육아 휴직 급여 상한, 넓게는 주택 대출 인하, 다자녀 특별 공급 청약 우선 제도 등까지 포함한다. 육아 휴직이나 휴가 기간 동안 근로자에게 임금을 지급해야 하는 기업, 회사, 고용주 등에게 임금을 보조하는 것 또한 물질적 지원이라 할 수 있다. 최근 2024년 기준 상향된 물질적 지원 관련 내용은 다음을 참조하라. 보건복지부 · 저출생고령사회위원회(2024.1.5), 0~1세 영아기 지원금 2000만원 + α… 저출생 지원 대폭 확대. 대한민국 정책 브리핑. https://www.korea.kr/news/policyNewsView.do?newsId=148924447#goList

101) 짧은 영상의 설명이 직관적인 이해에 도움이 될 것이다. (이상림 박사[SBS D Forum]. 2024.4.8., "멸종을 고민해야 되는 종이에요", Youtube. https://www.youtube.com/shorts/8VAsLywsnJA)

102) 저출생 현상은 선진국에서 거부할 수 없는 세계적 흐름이다. 인구 정책에 있어서 모범적이라 평가받는 핀란드 또한 출산율은 "2022년 1.32명을 기록하고 1776년 집계 시작 후 최저로 떨어졌다." 스웨덴의 경우도 출산율이 지난 10년간 하락 중이다. 일각에서는 "1970년부터 2014년까지 세계 인구가 두 배 넘게 기하급수적으로 증가한 상황에서 출산율 감소와 인구 감소가 지나치게 암울하게 평가되고 있단 주장"이 있다. 그러나 이러한 추세를 감안하더라도 한국의 저출생 현상은 역사적으로나 세계적으로 이례적인 현상임에 분명하다. 관련 논의는 다음을 참조하라. 윤세미(2024.2.28), "핀란드 1.32명, 스웨덴 1.52명 ..." 저출생 이제 세계적 현상?. 머니투데이. https://news.mt.co.kr/mtview.php?no=2024022809175395450

103) 뉴욕 타임스 "한국은 소멸하고 있나?"의 칼럼에서 14세기 중세 유럽의 인구가 흑사병으로 50-60퍼센트 비율로 사망하였다는 점을 비교한다면, 대한민국의 오늘날 인구 감소율의 추이는 더 놀랍다(조기원(2023.12.3), 뉴욕타임스 '한국 소멸하나' 칼럼…"흑사병 창궐 수준 인구감소". 한겨레, https://www.hani.co.kr/arti/international/international_general/1118859.html)

104) 본 토론 주제는 2017년 인구보건복지협회 주최 인구토론대회 결승전 주제였던 '저출생 해결은 물적 지원보다 인식(가치관)에 달려있다'의 주제를 참조하였다(김태완(2017.7.12), 인구협회 '전국대학생 인구토론대회' 개최. 현대건강신문. http://www.hnews.kr/news/view.php?no=41381).

105) 박성민(2024.1.20), "'저출생 쇼크' 체코… 스웨덴-佛모델 도입하자 출산율 40% 늘어", 동아일보, (https://www.donga.com/news/Society/article/all/20240119/123140408/1)

106) 강진규(2023.5.18), "'복지강국 스웨덴' 출산율 미스터리…"공식 깨졌다" 당혹 [강진규의 데이터너머]", 한국경제, (https://www.hankyung.com/article/2023051838311)

107) OECD(2019), Rejuvenating Korea : Policies for a Changing Society. (https://www.oecd-ilibrary.org//sites/defa43d0-en/index.html?itemId=/content/component/defa43d0-en#boxsection-d1e16538)

108) 뉴스핌(2024.2.28). "저출생 심각한데 예산은 찔끔 · · · OECD 주요국 대비 '하위' 수준", (https://www.newspim.com/news/view/20240228000544)

109) 김정현(2023.12.8), "[한은이 본 초저출생 대책] 해도 안된게 아니다…OECD 못미

친 정책", 연합인포맥스, (https://news.einfomax.co.kr/news/articleView.html?idx-no=4290699)

110) OECD(2019), "Rejuvenating Korea : Policies for a Changing Society", (https://www.oecd-ilibrary.org//sites/defa43d0-en/index.html?itemId=/content/component/de-fa43d0-en#boxsection-d1e16538)

111) 앞의 자료

112) 권윤희(2023.10.30), "2050년 전세계 인구 4명 중 1명은 아프리카인" (NYT), 서울신문, (https://www.seoul.co.kr/news/international/2023/10/30/20231030500028)

113) 김민식(2020.12.31), "출산율 낮은 국가들의 특징", 홍주일보, (https://www.hjn24.com/news/articleView.html?idxno=105594)

114) 계승현(2023.6.13), "'베이비시터' 없이도 출산율 높은 스웨덴…비결은 '성평등'", 연합뉴스, (https://www.yna.co.kr/view/AKR20230612134500530)

115) 이현정(2023.6.29), "여성의 81%가 일하고, 아빠 휴직 할당… 비결은 '양성평등'[인구가 모든 것의 모든 것이다]," 서울신문, https://www.seoul.co.kr/news/plan/population_everything/2023/06/29/20230629001005

116) 계승현(2023.6.13), "'베이비시터' 없이도 출산율 높은 스웨덴…비결은 '성평등'", 연합뉴스, (https://www.yna.co.kr/view/AKR20230612134500530)

117) 임주영(2023.3.20), "한국, 행복순위 세계57위 … OECD 하위권", KBS, (https://news.kbs.co.kr/news/pc/view/view.do?ncd=7630932)

118) 한국자살예방협회(2024.4.8), "긴급성명서 - 자살 사망자 증가에 대한 적극적 대책 촉구", (http://suicideprevention.or.kr/04_sub/03_sub.html?no=206&bbs_cmd=view&page=1&key=&keyfield=&category=&bbs_code=Site_BBS_3)

119) IPSOS(2023.7.26), "세계에서 유독 낮은 한국의 행복 순위, 미래는 어떤 모습일까?", (https://www.ipsos.com/ko-kr/%EC%84%B8%EA%B3%84%EC%97%90%EC%84%9C-%EC%9C%A0%EB%8F%85-%EB%82%AE%EC%9D%80-%ED%95%9C%EA%B5%AD-%ED%96%89%EB%B3%B5-%EC%88%9C%EC%9C%84-%EB%AF%B8%EB%9E%98%EB%8A%94-%EC%96%B4%EB%96%A4-%EB%AA%A8%EC%8A%B5)

120) IPSOS(2023.7.26), "세계에서 유독 낮은 한국의 행복 순위, 미래는 어떤 모습일까?", (https://www.ipsos.com/ko-kr/%EC%84%B8%EA%B3%84%EC%97%90%EC%84%9C-%EC%9C%A0%EB%8F%85-%EB%82%AE%EC%9D%80-%ED%95%9C%EA%B5%AD-%ED%96%89%EB%B3%B5-

%EC%88%9C%EC%9C%84-%EB%AF%B8%EB%9E%98-%EB%AA%A8%EC%8A%B5)

121) 서미량[YTN], 2023.10.10., "한국 저출생 원인은... 노벨 경제학상 수상자의 분석", Youtube, (https://www.youtube.com/watch?v=2lrRzYT37_4&t=2s)

122) 한애란(2023.12.6), "저출생으로 국가소멸? 스파르타와 로마제국이 알려주는 것", 동아일보, (https://www.donga.com/news/Economy/article/all/20231205/122488879/1)

123) 김자아(2024.1.8), 美작가 "세계서 가장 우울한 한국, 유교와 자본주의 단점만 … 희망은. 조선일보, (https://www.chosun.com/national/national_general/2024/01/28/24ANOV3CBBGK7LYHS37PSW5EL4/)

124) 정창우(2020), 『도덕교육 연구 및 실천의 방향과 과제』, 교육과학사, p. 16.

125) 이 글은 이소연(경기 원동초) 선생에 의해 작성되었으며, 이 책의 성격에 맞게 일부 수정 · 보완되었음을 밝혀둔다.

126) 위키백과 검색.

127) 유은경(2020), "프랑스 동성결혼 논쟁의 행위자와 담론", Comparative Korean Studies, 28(2), pp. 259 – 295.

128) 네이버 블로그 검색, "그리스 동성결혼 합법화 동성결혼 허용 국가들", (https://blog.naver.com/jwaroundtheworld/223361549788), 출처: Statista (2024.2. 기준)

129) 이재경(2004), "한국 가족은 '위기'인가?: '건강가정' 담론에 대한 비판", 『한국여성학』, 20(1), pp. 229–244.

130) 대학신문(2012.5.13), "변화하는 가족 형태, 제도는 제자리걸음".

131) 여성신문(2021.5.5), "동거 · 비혼 · 입양 · 퀴어...영화로 보는 다양한 가족 이야기", (https://www.womennews.co.kr/news/articleView.html?idxno=211141)

132) 한상희(2023), "헌법상 혼인제도와 동성혼", 『입법학연구』, 20(2), pp. 279–319.

133) 세계일보(2008.12.12.), "동성결혼 합리화는 허구", (https://n.news.naver.com/mnews/article/022/0002007704?sid=110)

134) 연합뉴스TV(2021.12.15), "저출생대책", (https://n.news.naver.com/article/422/0000461714)

135) 시사경제신문(2019.5.31), "동성결혼 법제화, 찬성 35% vs 반대 56%", (https://www.sisanews.kr/news/articleView.html?idxno=39456)

136) 이투데이(2024.3.29), "동성결혼, 반대하는 이유 1위는?", (https://www.etoday.co.kr/news/view/2345764)

137) 이 글은 이사라(서울 창동고) 선생에 의해 작성되었으며, 이 책의 성격에 맞게 일부 수정 · 보완되었음을 밝혀둔다.
138) 빈곤 퇴치, 기아 종식, 건강과 복지, 양질의 교육, 양성평등, 깨끗한 물과 위생, 경제적인 청정 에너지, 양질의 일자리와 경제성장, 산업혁신 및 인프라, 불평등 감소, 지속 가능한 도시와 공동체, 책임 있는 소비와 생산, 기후 대책, 해양 생태계 보존, 지상에서의 안전한 생활, 평화 및 정의와 강력한 제도, 목표를 위한 협력 등에 해당한다.
139) 고영상 외(2021), 『인공지능 윤리개론』, 커뮤니케이션북스, p. 2.
140) 뉴 사이언티스트 외(2017), 『기계는 어떻게 생각하고 학습하는가』, 한빛미디어, p. 244.
141) 엄민재, "사람 말 알아듣고 스스로 척척... 제조업에 쓰이는 AI 로봇", SBS뉴스, 2024.1.16., (https://youtu.be/s9iVueXtCiQ?si=zsV4t8i1sLEXMxbg)
142) 뉴 사이언티스트 외(2017), pp. 216–218.
143) 뉴 사이언티스트 외(2017), p. 228.
144) 딥러닝은 머신 러닝의 방법 중 하나로, 인간의 두뇌 작동 방식을 흉내 낸 것이 특징이다. 뇌의 신경망 연결구조를 모방하여 인공지능 프로그램의 구조를 구축하는 것이다.
145) 김성애 외(2022), 『모두를 위한 인공지능과 윤리』, 삼양미디어, p. 117.
146) 노컷뉴스(2018.2.12), "인공지능 얼굴인식 기술도 '피부색 · 성 차별'", (https://www.nocutnews.co.kr/news/4923151)
147) 김성애 외(2022), p. 118.
148) 뉴 사이언티스트 외(2017), p. 240.
149) 엄효진 · 이명진(2020), "인공지능(AI) 기반 지능정보사회 시대의 노동시장 변화: 경제사회학적 접근을 중심으로", 『정보사회와 미디어』, 21(2), p. 13.
150) 경향신문(2023.4.17), "키오스크라는 차별과 배제, 당신은 괜찮나요", (https://www.khan.co.kr/economy/market-trend/article/202304170830001)
151) 위 신문
152) 한겨레(2022.9.5), "인공지능 그림 '악마의 영감을 받은 느낌'... 미술전 1위 논란", (https://www.hani.co.kr/arti/science/technology/1057475.html)
153) 미디어오늘(2024.5.4), "공모전에 쏟아진 AI 작품, '창작'인가 '반칙'인가", (https://www.mediatoday.co.kr/news/articleView.html?idxno=317761)

찾아보기

ㄱ

가짜 뉴스 272, 273, 274, 278
감정적 추론 64
개방성 16, 22, 32, 34
건설적 논쟁 204
게티스버그 연설 41
경청 96
공감 20, 99
공동선 20
공자 43
공적 이성 44
공정으로서의 정의 44
관용 16, 22, 37, 45, 46, 69, 118
관점채택 118
교차조사 136, 147
귀납주의 모델 71
그랜트 13, 63
기술 79, 80, 81

ㄴ

나딩스 75, 102, 126
논쟁 문제 70, 113, 116, 118, 119, 120, 125, 129, 130, 131, 135, 204
논증 16, 29, 44, 45, 71, 72, 85, 87, 93, 94, 95, 123, 137
논증대화 47, 48

ㄷ

다양성 35, 36
다원주의 34, 35, 36, 45, 46, 116, 277
대화 15, 16, 190
도덕적 권리 101, 102
도덕적 딜레마 114
도덕적 추론 114
동물 실험 167, 168, 169, 170, 171
동물 안락사 243, 246, 250, 251
동성결혼 310, 311, 313, 314, 316, 317
듀이 26, 129
디지털 문해력 276, 277, 278, 279

ㄹ

로고스 14, 37, 39, 41, 43
롤스 44, 45, 46
린트 121, 129, 209
립맨 121
링컨-더글러스 토론 148, 149, 150

ㅁ

마음의 일치 106, 107, 108
마음챙김 64
맥스웰 50, 52, 53, 54, 55, 56, 57, 58, 59, 60, 61, 62
메타인지 34, 79, 139, 140
모델 71

미끄러운 경사길 논증 257, 258, 259
민주주의 26, 27, 29, 30, 69, 116, 120, 144
밀 32, 125

ㅂ

바버 126
반론 87, 123, 136
배타적 중립형 132, 133
배타적 편파형 132, 133
법적 권리 101, 102
불쾌한 골짜기 266
브루너 58
비생산적 토론 76, 77
비에스타 104
비판적 사고 74, 75
비판적 사고 세미나 157, 172, 173, 174, 177

ㅅ

사형제도 72, 159, 161, 162, 164, 165
삼단논법 39, 40
상대주의 35, 36
샌델 228
생물학적 결정론 283
생산적 토론 76, 77, 78, 79, 83, 92
생태계 교란 생물종 233, 234, 235, 236, 237, 239, 240, 241, 242
생활 세계의 합리화 46
설득 14, 16, 37
소극적 안락사 252
소크라테스 118, 140
소통 13, 14, 15, 16, 17, 18, 27, 28, 29, 30, 43, 50, 65, 93, 108
소포클레스 38
쇼펜하우어 16
숙론 73, 74
숙의 19, 30, 70, 117, 126, 128, 135
숙의 민주주의 115, 118
스토리텔링 58, 59
스트래들링 118
시민다움 14, 22, 24, 25, 26, 27, 28, 35, 36, 104
시민성 22, 25, 26, 115, 139, 158
시민적 덕 14, 16, 17, 21, 22, 27, 32, 34, 78, 143
시민적 예의 118, 127
시민적 지식 114
시민적 품격 22
시민 참여 114
신념을 가진 공정형 132, 133, 134
심의 70

ㅇ

아렌트 31
아리스토텔레스 37, 38, 39, 40, 41, 42, 43, 71, 101, 107
아카데미식 토론 144
악마의 변호인 126, 134
악마화 105
안티고네 38
앤텔과 해리스 144, 195, 196, 197, 198, 199, 200
어린이철학 121

에코 체임버 효과 18
에토스 14, 37, 38, 41, 42, 43
역지사지 공존형 토론수업 215, 216
역효과적 토론 76, 77
연역주의 모델 71
예증 39, 40, 71
원효 43, 108
위치성(positionality) 130, 131
유전자 편집 기술 262, 263, 264, 265, 269, 270, 271
윤리적 공백 263
윤리 토론 대회 151, 152, 153, 156
의료 조력 사망 252, 253, 254, 256, 257, 259
의사소통윤리 14, 22
의사소통윤리 위반 21
의사소통의 합리성 47
의사소통행위 46, 47, 117, 118
의회식 토론 150
이중 결과의 원리 255
인간 존엄성 99, 293
인공임신중절 201, 202, 203
인공지능 기술 319, 320, 321, 322, 324, 325
인권 99
인성 139
인식론적 버블 31
인신공격 42, 64, 96
인지편향 32, 34, 75, 139
인지행동치료 64
일심(一心) 108

ㅈ

자기 결정권 253, 291
장상호 23
쟁점 찬반 토론 195, 199, 200
적극적 안락사 252
정체성 정치 35
정치적 양극화 19
정합주의 71
정합주의 모델 72
중립성 130, 133
중립적 공정형 132, 133, 134
지적 겸손 22, 32, 34, 64, 94, 98

ㅊ

참된 앎 30, 31
철학적 탐구공동체 121
초저출생 문제 298, 299
최재천 73, 74
추론 85, 207

ㅋ

칸트 102, 105, 240, 293
커뮤니케이션 14
켈리 132, 133
콘스탄츠 딜레마 토론 방법 209, 210, 214, 215
콜버그 209
킹 41

ㅌ

타네시니 21, 48, 49
탈진실 18, 274

태도 79, 80
토론 15, 16, 69, 72, 73, 74, 93, 115, 123, 124, 136, 190
토론 문화 103, 105, 106, 107
토론을 위한 가르침 114, 115
토론을 통한 가르침 114, 115
토의 15, 16, 72, 73
퇴계 108
트랜스젠더 281, 282, 283, 285

ㅍ

파커 69, 114, 115
파토스 14, 37, 38, 39, 41, 43
판단의 부담 45, 46
포퓰리즘 19, 20
표현의 자유 277, 279
프로-콘 협동학습 204, 205, 207, 208, 209
프릴리 145
플라톤 37
피드백 16, 139, 140
핀레이슨 45
필터 버블 18
핑커 98

ㅎ

하버마스 29, 46, 47, 48, 129
하이트 33, 62, 63, 64, 65
합당성 45
핵심역량 27, 28
허위조작정보 272, 273, 274, 275, 276, 278, 279, 280
헤스 114, 115
협력적 태도 22, 24, 25
호모노이아 107
화이부동 43
화이트헤드 23
화쟁 43

영문

C

CEDA 145, 146, 147, 148, 151

S

SNU 토론한마당 220

| 저자 소개 |

정 창 우

서울대학교 사범대학 윤리교육과 교수이다. 한국도덕윤리과교육학회장, 서울대학교 인성교육연구센터장, 국가 인성교육진흥위원회 위원을 역임했다. 주요 저서로는 [21세기 인성교육 프레임], [인성교육의 이해와 실천]이 있고, 역서로는 [논쟁 수업으로 시작하는 민주시민교육](공역), [시민성, 시민적 우정과 의무](공역), [도덕적 민주적 역량, 어떻게 기를 것인가](공역) 등이 있다.

김 형 렬

서울대학교 사범대학 윤리교육과 교수이다. 2020년부터 서울대학교 인성교육연구센터장을 맡고 있으며, 서울대학교 시민교육역량강화사업단 단장을 역임했다. 주요 저서로는 [시민성 이론과 시민교육](공저), [세계의 시민교육](공저), [Big Five 시민성 교육론](공저), [도덕성과 윤리교육](공저)이 있고, 역서로는 [시민성, 시민적 우정과 의무](공역) 등이 있다.

정 혜 인

중앙대학교에서 국어국문학과 심리학을 전공했다. 현재 중앙대학교 교양대학에서 근무 중이다. 주요 관심 분야로는 사회심리학 및 소통의 심리학, 영화 비평, 화용론, 논리와 논술 등이 있다. 최근에는 특히 소통의 [illegible]와 방법에 관심을 두고 있다. 분열의 시대를 극복하기 위해서는 소통 능력과 태도를 갖춘 '토[illegible] 시민'이 필요하다고 보기 때문이다.

품격 있고 협력적인 시민을 위한 **토론의 미학**

2024년 9월 25일 1판 1쇄 인쇄
2024년 9월 30일 1판 1쇄 발행

저 자: 정창우 · 김형렬 · 정혜인
발행인: 한 정 주
발행처: **교육과학사**

경기도 파주시 광인사길 71
전화: (031) 955-6956~8 팩스: (031) 955-6037
Home-page: www.kyoyookbook.co.kr / E-mail: kyoyookbook@daum.net
등록: 1970년 5월 18일 제2-73호

정가 25,000원

ISBN 978-89-254-1994-7

Printed in Korea